Thüringen Seine Geschichte
Die Schlacht bei Jena und Auerstedt 1806

Claus Reuter
German Canadian Museum

Inhalt

Thüringen

Thüringen, in der Mitte Deutschlands liegend, kann auf eine lange Geschichte zurückblicken. Als ein eigenständiges Land oder Staat aber ist die Geschichte Thüringens nur sehr kurz.

Die Thüringer Gegend war schon in der Steinzeit besiedelt, was durch Ausgrabungen belegt wurde. Der Wald mit seinen Tieren und der fruchtbare Boden zogen immer wieder neue Siedler an, die sich hier ohne Schwierigkeiten ernähren konnten. Keltische Flieh- und Wallburgen waren die ersten größeren Bauten, die im Thüringer Raum errichtet wurden. Heute zeugen noch einige dieser Fliehburgen von diesen ersten keltischen Siedlern.

Diese Fliehburgen dienten zur Abwehr und zum Schutz der keltischen Bevölkerung vor den aus Nordosten eindringenden Germanenstämmen, die im 4. Jahrhundert vor Christi in Thüringen einfielen. Sie drängten die keltischen Bewohner langsam nach Südwesten zurück.

Im 3. Jahrhundert vor Christi, in der sogenannten Eisenzeit, war Thüringen schon von germanischen Stämmen besiedelt. Welcher germanische Stamm sich zuerst in Thüringen ansiedelte, ist nicht mit Sicherheit festzustellen. Es können die Hermunduren, aber auch die Cherusker gewesen sein, die sich zuerst im Thüringer Raum ansiedelten. Im 3. Jahrhundert nach Christi waren es die Angeln, die Warnen und Sueben, die sich hier niederließen. Durch die Verschmelzung aller dieser Stämme wurde das Reich und Volk der Thüringer geschaffen.

Der Name Thüringen wird verschieden gedeutet. Als Nachkommen der Duri, nämlich Hermunduren, erklären Forscher das Stammwort Duringi. Der Name aber, der auch in der Form Thoringi auftritt, kann vermutlich im Zusammenhang mit Thor, dem Nationalgott der Nordgermanen, stehen.

Thoringi würde danach die Söhne oder Abkömmlinge Thors bedeuten. Devrient gibt dazu folgende Erklärung: „Als sich die Cherusker den Angeln anschlossen oder von ihnen unterworfen wurden, beschworen beide Völker einen dauernden Bund auf Thors Heiligtum. Dieser Eid verband beide Stämme zur nationalen Einheit der Thorongi".

Der Kult- und Wehrverband der Thoringi war im 5. Jahrhundert ein geschlossenes mächtiges Reich. Das Gebiet dehnte sich weit über die Grenzen des heutigen Thüringens aus. Im Westen reichte es bis an die Werra, im Osten bis an die Elbe, im Norden bis an den Harz und im Süden bis an die Donau.

Bei ihren Nachbarn genossen die Söhne Thors ein hohes Ansehen. Sie galten als kriegerisches, kampfgeübtes Volk. Weit über ihre Grenzen hinaus waren die Thoringi für ihre Pferdezucht berühmt. Nichts Sicheres ist über die ersten Könige der Thoringi bekannt. Unter König Basinus, nach anderen Angaben Bissinus oder Bissino, erreichte das Reich seine größte Ausdehnung. Er starb um 500 n. Christi und seine drei Söhne teilten sich die Herrschaft des Reiches. Baderich, Berthar und Irminfried regierten das Land. Der bedeutendste der drei Söhne war Irminfried, der auf der Burg Scitingi, dem heutigen Burgscheidungen, residierte. Er war mit dem mächtigen Ostgotenkönig Theoderich verbündet, der alle Germanenstämme vereinigen wollte, um so der Eroberungspolitik der Franken entgegenzuwirken.

Die Nichte Theoderichs, Amalaberga, wurde Irminfried zur Frau gegeben. Durch die Rachsucht seiner Frau machte sich Irminfried durch Verrat, Mord und Treubruch zum alleinigen Herrscher des thüringischen Reiches. Franken und Sachsen verbündet zogen gegen den Tyrannen Irminfried zu Felde. Bei Burgscheidungen wurde im Jahre 531 die entscheidende Schlacht geschlagen. Durch die Niederlage Irminfrieds endete das Thüringer Reich.

Franken und Sachsen teilten sich das Land. Sachsen erhielt den nördlichen Teil. Der fränkische Teil behielt den Namen Thüringen. Die Franken, die von dem eroberten Land Besitz ergriffen, verschmolzen schnell mit den artverwandten Thüringern. Die Provinz wurde in Gaue aufgeteilt und planmäßig besiedelt. Fränkische Adlige erhielten zur Aufrechterhaltung der militärischen Macht Grund und Boden.

Wehrhafte Bauernsiedler folgten. An strategisch wichtigen Punkten und Heerstraßen wurden militärische Befestigungen angelegt, die die fränkische Herrschaft sicherten. Burgen und Königshöfe wurden gebaut und gegründet.

Im 7. Jahrhundert rückten die slawischen Stämme der Sorben und Wenden in das Gebiet zwischen Elbe und Saale ein. Sie bedrohten die fränkische Provinz Thüringen. Radulf zog gegen sie im Jahre 633 zu Felde und besiegte sie in einer Schlacht und warf sie über die Saale zurück. Als Dank dafür wurde Radulf zum Herzog ernannt. Er wollte aber mehr, und es war sein Gedanke, das thüringische Reich wieder zu errichten. Im Jahre 641 sagte er sich vom Frankenreich los und stellte sich König Siegbert zum Kampf. In der Nähe von Steinklöbe kam es zur Schlacht, die für Radulf siegreich verlief. Trotz der gewonnenen Schlacht musste er die fränkische Oberherrschaft anerkennen. Als Herzog von Thüringen erhielt er aber weitgehende Machtbefugnisse und er konnte in Thüringen eine selbstständige Politik betreiben.

Es war im 7. Jahrhundert, als die Thüringer zum Christentum bekehrt wurden. Die politische Bedeutung Thüringens ging bis 900 stetig zurück, dann gewann Thüringen wieder eine größere Bedeutung, da es die Grenzmark des fränkischen Reiches bildete und Ungarn und Slawen das fränkische Reich bedrohten. Burchard, der letzte der fränkischen Markgrafen, fiel im Kampf gegen die Ungarn im Jahre 908. Als das Reich der Karolinger zerbrach, übernahm der Thüringer Adel die Führung der Provinz, war aber zu schwach, um ein selbstständiges Herzogtum zu errichten.

Die Ludolfinger, die in Sachsen herrschten, bewog es, nach Thüringen überzugreifen und die Macht dort an sich zu reißen. Graf Otto der Erlauchte, einer der mächtigsten Fürsten seiner Zeit, war in Nord- und Südthüringen begütert und hielt in Wallhausen an der Helme Hof. Sein Sohn Heinrich nahm den Titel eines Herzogs von Thüringen an. Er vereinigte das Land mit seinem Stammherzogtum Sachsen. Als er im Jahre 919 zum deutschen König gekrönt wurde, bildeten beide Länder die Stützen seiner Macht. Er erbaute feste Burgen und Städte, um so das Reich gegen die fortwährenden Einfälle der Ungarn zu schützen.

Er organisierte die Streitkräfte des Landes neu. Als er sich stark genug fühlte, kündigte er den geschlossenen Waffenstillstand mit den Ungarn und verweigerte den Tribut. Ungarische Reiterschwärme fielen in Nordthüringen ein. Heinrich trat ihnen entgegen und am 15. März 933 kam es bei Riade an der Unstrut zur Schlacht, in der die Ungarn besiegt wurden.

Nach diesem Sieg blieb Thüringen von weiteren Einfällen der Ungarn verschont. Heinrich I. und seine Nachfolger organisierten eine straffe Verwaltung, an deren Spitze sie die Markgrafen stellten. Um das Jahr 1000 hatten die Ekkehardiner dieses Amt inne. Ekkehard I., Markgraf von Meißen und Thüringen, wurde durch Volkswahl zum Herzog erhoben.

Mit dem Übergang der Königswürde auf die Franken löste sich das Verhältnis Thüringens zu Sachsen auf. Die Schwächung der Zentralgewalt des Frankenkaisers wurde durch den Thüringer Adel ausgenutzt, um wieder ein selbstständiges Herzogtum zu errichten. Kaiser Heinrich IV musste mit Gewalt den Thüringer Adel niederwerfen. Kaiserliche Truppen eroberten 1073 Burgscheidungen und besiegten das Heer der Thüringer und Sachsen im Jahre 1075 in der mörderischen Schlacht von Langensalza. Im Jahre 1080 schlug er noch einmal bei Wenigenlupnitz die Sachsen und brandschatzte die Stadt Erfurt.

Die politische und territoriale Zersplitterung Thüringens nahm ihren Anfang im 11. und 12. Jahrhundert. Weltliche und geistliche Herren, Grafen, Vögte, Klöster und Orden teilten sich das Land. Kleine und kleinste Herrschaften grenzten aneinander. Herren und Grafen von Beichlingen, Gleichen, Heldrungen, Hohnstein, Käfernberg, Kirchberg, Schwarzburg, Treffurt, Vargula, Witzleben und wie sie alle hießen, waren mannigfaltig miteinander verwandt, verschwägert und verschuldet. Mit ihrem Tod wurde ihr Territorium unter ihren Erben aufgeteilt, sodass die bestehende Zersplitterung immer größer wurde.

Daran änderte sich auch nichts, als Kaiser Lothar im Jahre 1130 den Grafen Ludwig aus dem Geschlecht der Ludolfinger zum Landgrafen von Thüringen erhob. Die Ludolfinger stammten aus Franken. Ludwig mit dem Barte war der Großvater des ersten Landgrafen. Er war es, der die Schauenburg bei Friedrichsroda erbaute. Sein Sohn, Ludwig der Springer, konnte seine Macht auf die festen Stützpunkte Wart- und Neuenburg stützen.

Als Ludwig I. Landgraf wurde, umfasste sein Territorium Westthüringen um Eisenach, Nordthüringen um Sangershausen und das Unstrut-Finne-Land von Eckartsberga bis Freyburg. Durch Heirat erwarb er reiche Besitzungen in Hessen. Thüringen wurde der Schauplatz der Entscheidung zwischen Staufern und Welfen. Genau wie sein Sohn Ludwig II. der Eiserne und sein Enkel Ludwig III. der Fromme unterstützte er den Staufenkaiser. Der Welfenherzog, Heinrich der Löwe, fiel in Thüringen ein, brannte Nordhausen nieder, schlug den Landgrafen Ludwig III. bei Weißensee und brannte dann Mühlhausen nieder. Auf dem Reichstage in Erfurt, im Jahre 1183, musste sich dann Heinrich der Löwe doch Kaiser Friedrich Barbarossa unterwerfen.

Der Erwerb der Pfalzgrafschaft Sachsen, nach dem Sturz Heinrichs des Löwen, war der Lohn dafür. Seit 1180 waren die Landgrafschaft Hessen und Thüringen vereint. Diese Vereinigung währte bis 1247. Zwischen beiden Gebieten lagen die verschiedenen Herrschaften und Ämter. In der Mitte Thüringens, unter der Herrschaft des Bistums Mainz, begann die Stadt Erfurt ihre Macht zu entfalten. Schon unter seinen Nachfolgern brach wieder ein blutiger Streit aus. Mit Heinrich Raspe war das ludowingische Landgrafenhaus im Mannesstamm ausgestorben.

Kaiser Friedrich der II. hatte schon 1243 dem Wettiner Markgrafen Heinrich dem Erlauchten die Anwartschaft auf das Erbe erteilt. Der thüringische Adel sträubte sich dagegen, doch blieb Heinrich Sieger im Thüringer Erbfolgekrieg. Heinrich das Kind, ein Enkel Ludwigs IV., wurde mit den hessischen Besitzungen abgefunden.

Das wettinische Fürstenhaus fasste nur schwer in Thüringen Fuß, da Heinrichs Sohn Albrecht 50 Jahre als unfähiger Tyrann herrschte. Als König Adolf von Nassau Meißen als heimgefallenes Lehen einzog und Thüringen von Albrecht kaufte, konnte er mit der Unterstützung des Thüringer Adels rechnen. Er konnte aber auch mit dieser Hilfe nicht das Gebiet behaupten. Sein Nachfolger Albrecht I. wurde am 31. Mai 1307 bei Lucka von den Söhnen Albrechts entscheidend geschlagen. Weimar wurde 1309 erobert. Die Stadt Erfurt aber konnte nicht genommen werden, und Friedrichs Truppen mussten abziehen.

Friedrich II. der Ernsthafte, machte in den Jahren 1334 - 1335 den mächtigen Bund der Thüringer Grafen, Herren und Städte unschädlich. Er siegte im sogenannten Thüringer Grafenkrieg. Friedrich der Ernsthafte gelangte noch in den Besitz des Oster- und Pleißnerlandes. Unter ihm erreichte das thüringische Landgrafenhaus die größte Ausdehnung seiner Macht.

Der Besitz der Wettiner unter Friedrich III., dem Strengen, vermehrte sich durch Heirat. Die Grafschaft Henneberg kam in seinen Besitz. Sein Bruder Balthasar setzte sich in den Besitz der Pflege Coburg. Im Jahre 1373 wurde mit dem Landgrafen von Hessen eine Erbverbrüderung geschlossen. Bei der Teilung der wettinischen Lande unter den drei Söhnen Friedrichs III. fiel Thüringen an Balthasar. Er erneuerte im Jahre 1392 die Erbverbrüderung mit Hessen. Im Jahre 1440 fiel Thüringen an die kurfürstlich-sächsische Linie und wurde vom Kurfürsten Friedrich II., dem Sanftmütigen, und Herzog Wilhelm III., dem Tapferen, gemeinsam regiert. Bei der Teilung im Jahre 1445 bekam Wilhelm III. Thüringen und Friedrich II. bekam Meißen. Zu den Fehden der Fürsten kamen die Überfälle der Raubritter, die die Gegend unsicher machten. Rudolf von Habsburg zerstörte allein in Thüringen 66 Raubnester.

Diese Teilung führte zum sächsischen Bruderkrieg von 1446 - 1451. Er verwüstete erneut die thüringischen Lande. Schwere Kämpfe tobten um Altenburg, Kapellendorf,

Stadtilm, Leutenberg und Tonna. Die Wachsenburg wurde von den Erfurtern erobert. Herzog Wilhelm besetzte 1450 mit einem böhmisch-thüringischen Heer die Stadt Gera. In Pforta wurde dieser Bruderkrieg endlich 1451 beigelegt, der Wilhelm, den Tapferen, als Sieger sah. Er wurde als Landgraf von Thüringen bestätigt.

Mit dem Tod des kinderlosen Herzogs Wilhelm III., dem Tapferen, im Jahre 1482 wurde das Gebiet von Kurfürst Ernst von Sachsen und Herzog Albrecht, dem Beherzten von Sachsen gemeinsam regiert. Beide waren Söhne des Kurfürsten Friedrich II. des Sanftmütigen. Dadurch wurden die 1445 geteilten wettinischen Lande wieder vereinigt. Aber schon im Vertrag zu Leipzig am 26.8.1485 teilten sich die Brüder den gemeinsamen Besitz.

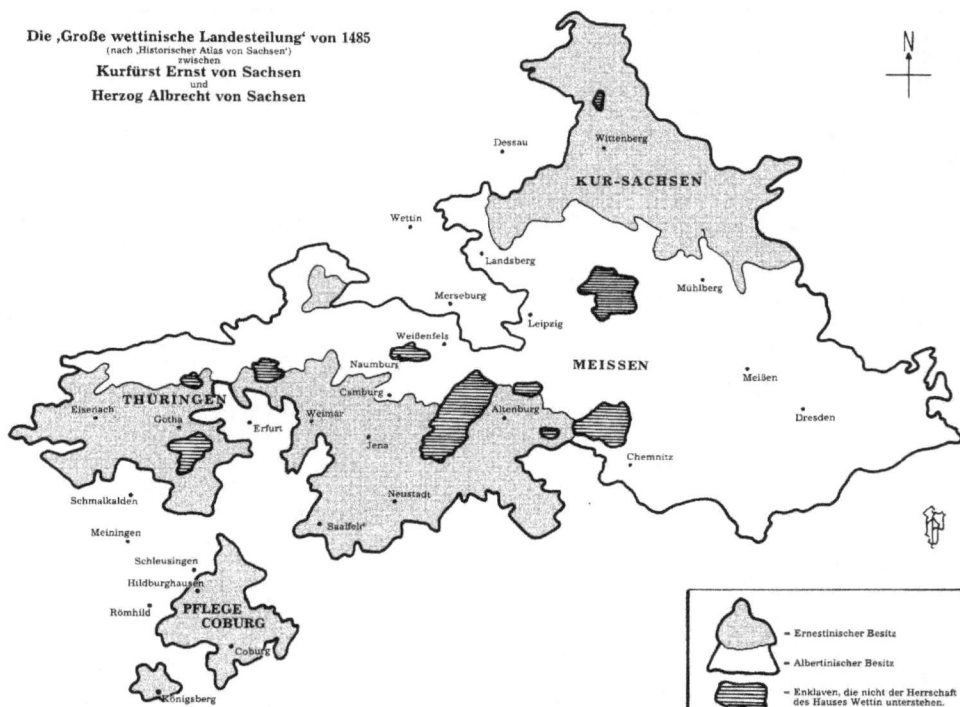

Die Große wettinische Landesteilung, 1485

Das Haus Wettin spaltete sich in zwei Linien, (die nie wieder vereinigt wurden) und zwar in die jeweils nach dem Vornamen der teilenden Brüder genannte Linie:

1. Kurfürstlich (herzogliche) Sachsen, ernestinische Linie unter Kurfürst Ernst von Sachsen mit der Residenz Wittenberg.

2. Herzoglich Sachsen, albertinische Linie unter Herzog Albrecht von Sachsen mit der Residenz Dresden.

In der kurfürstlichen Linie führte unter mehreren Brüdern der jeweils ältere Bruder den Titel „Kurfürst", die nachfolgenden Brüder den Titel „Herzog". Bei dieser Teilung nahm nach sogenannten „alten Sachsenrecht" Kurfürst Ernst als der ältere Bruder die Landesaufteilung in eine thüringische Hälfte und eine meißner Hälfte vor.

Albrecht der jüngere Bruder durfte dann unter den aufgeteilten Landeshälften wählen. Zum Verdruss seines älteren Bruders Ernst wählte er die ertragreichere meißner Hälfte. Die thüringischen Lande fielen so an die ernestinische Linie unter Kurfürst Ernst. Im Jahre 1525 brach, wie auch in anderen Teilen Deutschlands, in Nordthüringen der Bauernkrieg aus. Er richtete sich zuerst gegen die Kirche und weitete sich dann gegen die geistlichen und weltlichen Fürsten aus. In Thüringen bildeten sich neun Bauernhaufen mit einer Stärke von 63.500 Mann.

Die niedrigen Bevölkerungsschichten verschiedener Städte schlossen sich der Aufstandsbewegung an. Allstedt, Mühlhausen und das obere Werragebiet waren das Zentrum der Bewegung.

Bis aufs Blut ausgepresste Bauern bewaffneten sich unter der Führung von Thomas Müntzer. Am 18.4.1525 brach der Aufstand bei Vacha los und erfasste bald das ganze Land. Es bildeten sich folgende Bauernhaufen:

Neun Haufen in Thüringen mit 63.000 Mann.
Operationsgebiet war die Gegend um Mühlhausen, Franken-hausen, Erfurt, Arnstadt, Saalfeld und das Werratal.

Drei Haufen in Franken mit 19.000 Mann.
Operationsgebiet war Rothenburg, das Maintal und der Odenwald.

Fünf Haufen in Oberschwaben mit 43.000 Mann.
Operationsgebiet war der Allgäu, der Bodensee und Schwaben.

Vier Haufen im Breisgau mit 12.000 Mann.
Operationsgebiet war der südliche Schwarzwald.

Drei Haufen im Elsass mit 27.000 Mann.
Operationsgebiet war der Elsass.

Schwarzwälder Haufen mit 6.000 Mann.
Operationsgebiet der mittlere Schwarzwald

Württembergischer Haufen mit 20.000 Mann.
Operationsgebiet war Württemberg.

Von Mühlhausen aus zog ein Haufen durch das Eichsfeld, nahm Heiligenstadt und zerstörte zahlreiche Klöster und Adelssitze. Bei Frankenhausen bezogen im April die Bauern ein Lager. Am 11.5.1525 trafen Verstärkungen aus Mühlhausen und aus dem Werratal ein.

Der Adel blieb nicht müßig und stellte unter der Führung von Herzog Georg von Sachsen und dem Landgrafen Philipp I. von Hessen ein Heer zusammen, das gegen die Aufständischen zog. Das Heer der Bauern wurde vom Heer der Fürsten, das aus Berufssoldaten bestand, mühelos geschlagen. Am 25.5. wurde Mühlhausen eingenommen. Die Haufen in Süd- und Westthüringen lösten sich auf, und die Erhebung war fehlgeschlagen. Das Blutgericht der Fürsten war furchtbar. Viele Bauern, darunter auch ihr Führer Thomas Müntzer, wurden hingerichtet. Diese schweren Opfer verbesserten die Lage der Bauern nicht.

Durch fortwährende Erbteilung zersplitterte das Thüringer Gebiet in immer neue Nebenlinien. Eine Reihe dieser Linien starben wieder aus und das Gebiet fiel dann an die verbleibenden Linien.

Über Jahrhunderte hinweg änderten sich dadurch die Namen und Grenzen der ernestinischen Nebenlinien und Herzogtümer. Der Höhepunkt der Zersplitterung wurde in der zweiten Hälfte des 17. Jahrhunderts erreicht. Zu diesem Zeitpunkt bestanden 11 Nebenlinien und Herzogtümer der ernestinischen Linie. Zwischen 1671 und 1825 starben sieben dieser Linien wieder aus.

Nach dem unglücklichen Geschehnissen des Schmalkaldischen Krieges von 1546/47 und der Grumbachschen Händel 1566/67 verloren die Ernestiner die sächsische Kurwürde, aber auch große Teile ihres Besitzes an die Albertiner in Dresden, die wiederum ihr Herrschaftsgebiet weiter nach Osten ausweiten konnten. Die Ernestiner konnten zur Mitte des 16. Jahrhunderts nur die Ämter Camburg und Römhild in ihren Besitz bringen.

Die albertinische Linie, bis 1546/47 Herzogtum Sachsen, seither Kurfürstentum Sachsen (Kursachsen) erweiterte ihren Besitz durch die folgenden Gebiete:

Pleißner Land: Verloren die Ernestiner unter Johann Friedrich I, dem Großmütigen, nach dem Schmalkaldischen Krieg 1546/47, zusammen mit dem allerdings 1554 wieder zurückerhaltenen Gebieten Altenburg und Eisenberg an die Albertiner.

Neustadt (Neustädter Kreis): Unter Friedrich II, dem Mittleren, verloren die Ernestiner Neustadt 1566/67 an die Albertiner.

Plauen (Vogtland): Kam mit 1569 aus dem Besitz der Grafen Reuß an die Albertiner.

Merseburg: Kam Mitte des 16. Jahrhunderts an die Albertiner.

Schleusingen: Kam mit dem Aussterben des Hauses Henneberg-Schleusingen 1583 in den Besitz der Albertiner.

Oberlausitz, Niederlausitz: Fiel 1622/35 aus bislang böhmischen Besitz an die Albertiner.

Die ernestinische Linie, bis 1546/47 Kurfürstentum Sachsen, seither nur Herzogtum Sachsen erhielt:

Camburg: Kam 1554 unter Johann Friedrich II., dem Mittleren, zusammen mit der Rückgabe der 1546/47 vorübergehend verlorenen Gebiete Altenburg und Eisenberg aus dem Besitz der Albertiner an die Ernestiner.

Königsberg: Kommt 1400 unter Friedrich I, dem Streitbaren, in wettinischen Besitz. Fiel bei der Teilung von 1485 an die Ernestiner. Ging aber 1546/47 an Brandenburg-Kulmbach verloren. Unter Herzog Johann Wilhelm fiel es 1569 an die Ernestiner.

Römhild: Kam unter Johann Friedrich II, dem Mittleren, 1555 an die Ernestiner.

In diese beiden Linien, die Ernestinische und die Albertinische, blieb das Land nun Jahrhunderte lang gespalten. Die Folge der Grenzziehung war aber nicht nur, dass Thüringen in zwei Teile zerfiel, der nördliche Teil, der den Albertinern gehörte, verlor allmählich den Zusammenhang mit dem übrigen Thüringen und nahm den Namen des Landes, zu dem es nun gehörte, Sachsen, an. Als Provinz Sachsen wurde es 1813 preußisch.

Graf Günther von Schwarzburg war einer der größten Söldnerführer seiner Zeit. Er kämpfte viele Jahre in den Niederlanden und war im Krieg gegen Schweden dänischer Feldobrist. Im Jahre 1566 diente er als kaiserlicher Feldherr gegen die Türken.

Kurfürst August von Sachsen rückte 1567 gegen Herzog Johann Friedrich und Grumbach vor, um die Reichsexekution gegen diesen durchzuführen. Mit 6.000 Reitern und 10.000 Mann rückte er vor die Stadt und Schloss Gotha. Im April 1567 ergab sich die Stadt. Der Herzog wurde verhaftet, Grumbach hingerichtet.

Das Schicksal des ernestinischen Teiles war es, durch weitere Teilungen in kleine und kleinste Fürstentümer zerrissen zu werden, wodurch die bekannte Thüringer Kleinstaaterei entstand.

Vom späten 16. Jahrhundert an, zerfiel das Herzogtum Sachsen, also der Besitz der ernestinischen Linie des Hauses Wettin, durch fortwährende Erbteilungen in eine stetig zunehmende Vielzahl kleiner ernestinischer Fürsten- bzw. Herzogtümer. Am Ende des 16. Jahrhunderts existieren bereits vier ernestinische Herzogtümer.

Herzogtum-Sachsen-Coburg:

Herzogtum-Sachsen-Weimar: entstand durch die erste ernestinische Landesteilung vom 6.11.1572/86.

Herzogtum-Sachsen-Altenburg: entstanden 1573 durch eine abermalige Teilung Sachsen-Weimars.

Herzogtum-Sachsen-Eisenach: entstanden 1596 durch eine abermalige Teilung Sachsen-Coburgs.

Mit dem Vertrag vom 13.2.1640 einigten sich die regierenden Herzöge von Sachsen-Weimar und Sachsen-Altenburg über die Aufteilung das seit dem 23.10.1638 verwaisten Herzogtums Sachsen-Eisenach. Dabei fielen 66% des Gebietes und zwar der eisenach-gothaische Landesteil, sowie die ehemaligen coburgischen Ämter und Städte Heldburg, Ummerstedt, Veilsdorf und Eisfeld an Sachsen-Weimar. 33% des Gebietes, bestehend aus dem restlichen coburgischen Landesteil mit den Ämtern und Städten Coburg, Rodach, Gestungshausen, Neustadt, Mönchröden, Sonnefeld, Römhild, Hildburghausen, Sonneberg und Schaulkau, ferner die Stadt Pößneck und das halbe Amt Ahlstadt an Herzog Friedrich Wilhelm II., von Sachsen-Altenburg.

Mit dem Tod des erst 15-jährigen, noch unter Vormundschaft stehenden Friedrich Wilhelm III., starb die Linie Sachsen-Altenburg aus. Der Besitz wurde im Erbteilungsvertrag vom 16.5.1672 aufgeteilt. Es fielen ¼ des Gebietes an Sachsen-Weimar und ¾ des Gebietes an Sachsen-Gotha, das am 12.9.1641 aus einer nochmaligen Teilung Sachsen-Weimars unter Herzog Ernst I., von Sachsen-Gotha, am 16.5.1672 als Sachsen-Gotha-Altenburg entstanden ist.

Vom wettinisch-ernestinischen Gesamtgebiete lag außerhalb der Regierungsgewalt Ernst des Frommen lediglich das Herzogtum Sachsen-Weimar, das von Herzog Johann Ernst II. regiert wurde. Es bestanden noch die kleinen Herzogtümer Sachsen-Eisenach unter Herzog Johann Georg I. und Sachsen-Jena unter Herzog Bernhard II. die 1662 nach dem Tod des Herzogs Wilhelm durch eine erneute Erbteilung Sachsen-Weimars entstanden waren.

Die Linie Sachsen-Jena starb 1690 mit Herzog Johann Wilhelm aus. Die Linie Sachsen-Eisenach unter Herzog Wilhelm Heinrich starb 1741 aus. Beide Territorien fielen an das Herzogtum Sachsen-Weimar zurück, das dann ab 1741 den Namen Sachsen-Weimar-Eisenach führte. Unter Herzog Karl August wird es 1815 zum Großherzogtum erhoben, das bis 1918 existierte.

Nach dem Tod des Herzogs Ernst I., regierte Herzog Friedrich I. von Sachsen-Gotha-Altenburg zusammen mit seinen sechs jüngeren Brüdern das Herzogtum. Schon bald kam es aber zwischen den sieben Brüdern zu Differenzen. Die ältesten Brüder, Albrecht und Bernhard, verlangten eine Landesteilung. Nach langen schwierigen Verhandlungen wurde in einem Vertrag vom 24.2.1680 die Teilung des Besitzes in sieben Herzogtümer vorgenommen.

Bei der Teilung erhielt der älteste Bruder Friedrich ungefähr 43,75%, die beiden nächstfolgenden Brüder, Albrecht und Bernhard je 15,6% und die restlichen Brüder je 6,25% des Besitzes. Zu den sieben neuen Herzogtümern gehören folgende Ämter und Städte:

Sachsen-Gotha unter Herzog Friedrich I.: bestehend aus Gotha, Tenneberg, Georgenthal, Schwarzwald, Reinhardsbrunn, Wachsenburg, Ichtershausen, Altenburg, Leuchtenburg, Orlamünde, Volkenroda und Pößneck.

Sachsen-Coburg unter Herzog Albrecht: bestehend aus: Coburg, Rodach, Neustadt, Sonnefeld, Mönchröden, Sonneberg und Neu-haus.

Sachsen-Meiningen unter Herzog Bernhard I: bestehend aus Meiningen, Maßfeld, Salzungen, Wasungen, Sand, Frauenbreitungen und dem Gut Henneberg.

Sachsen-Römhild unter Herzog Heinrich: bestehend aus Römhild, Königsberg und Themar.

Sachsen-Eisenberg unter Herzog Christian: bestehend aus Eisenberg, Ronneburg, Camburg und Roda.

Sachsen-Hildburghausen unter Herzog Ernst bestehend aus: Hild-burghausen, Heldburg, Eisfeld, Veilsdorf und Schalkau.

Sachsen-Saalfeld unter Herzog Johann Ernst: bestehend aus: Saalfeld, Graefenthal und Zella.

Die einsetzende Zersplitterung des wettinisch-ernestinischen Landbesitzes begann am Ende des 16. Jahrhunderts mit der Teilung, 1572 (Sachsen-Weimar, Sachsen-Coburg) und 1596 (Sachsen-Coburg, Sachsen-Eisenach), setzte sich mit der Absplitterung Sachsen-Altenburgs von Sachsen-Weimar fort und erreichte in der Dreiteilung Sachsen-Weimars 1641, in der Vierteilung Sachsen-Weimars 1672 und der Siebenteilung Sachsen-Gotha-Altenburgs 1680 seinen Höhepunkt.

Am Ende des 17. Jahrhunderts zerfiel das Haus Wettin in vier Albertinische und zehn Ernestinische, also insgesamt 14 Fürsten- und Herzogtümer. Die albertinische Viererteilung von 1656/57 hob sich innerhalb eines Jahrhunderts wieder auf.

Das Albertinische Territorium bestand 1690 aus dem Kurfürstentum Sachsen, das von 1806 bis 1918 das Königreich Sachsen war,

dem Herzogtum **Sachsen-Zeitz**, das von 1657 bis 1718 bestand,

Sachsen-Merseburg, das von 1657 bis 1738 bestand,

Sachsen-Weißenfels, das von 1657 bis 1746 bestand.

Zeitz, Merseburg und Weißenfels fielen durch Aussterben der Herrscherlinien an das Kurfürstentum Sachsen zurück.

Die ernestinischen Besitzungen waren im Jahre 1690 noch weiter zersplittert. Es bestanden:

Das Herzogtum **Sachsen-Weimar** bestand bis 1918, ab 1815 war es Großherzogtum, etwas später dann Großherzogtum Sachsen-Weimar-Eisenach.

Sachsen-Marksuhl bestand von 1662 bis 1671 und fiel dann an Sachsen-Eisenach,

Sachsen-Jena bestand von 1662 bis 1690 und fiel dann an Sachsen-Weimar,

Sachsen-Eisenach bestand von 1662 bis 1741 und fiel dann ebenfalls an Sachsen-Weimar,

Sachsen-Gotha-Altenburg bestand bis 1826 und wurde dann durch das Aussterben der Linie am 12.11.1823 neu verteilt.

Sachsen-Coburg bestand von 1680 bis 1699 und fiel dann an Sachsen-Saalfeld und Sachsen-Meiningen,

Sachsen-Eisenberg bestand von 1690 bis 1707 und fiel dann an Sachsen-Gotha-Altenburg,

Sachsen-Römhild bestand von 1680 bis 1710, fiel dann an Sachsen-Hildburghausen und Sachsen-Gotha-Altenburg,

Sachsen-Saalfeld bestand von 1680 bis 1735, ab 1735 bis 1826 wurde es Sachsen-Coburg-Saalfeld. Von 1826 bis 1918 hieß es dann Sachsen-Coburg-Gotha,

Sachsen-Hildburghausen bestand von 1680 bis 1826 und wurde bei der Neuverteilung am 12.11.1826 Sachsen-Altenburg,

Sachsen-Meiningen bestand von 1680 bis 1826. Bei der Neuverteilung 1826 wurde daraus Sachsen-Meiningen-Hildburghausen.

Andere Teile Thüringens gehörten zum Kurfürstentum Sachsen, zu Kurmainz oder aber zu den Fürstentümern Schwarzburg-Rudolstadt, Schwarzburg-Sondershausen, Reuß ältere Linie und Reuß jüngere Linie.

Bis 1918 hatte sich nicht viel an diesen Zuständen geändert. Thüringen bestand aus 27 Hofhaltungen, zwei freien Reichsstädten und vier fremden Herrschaften (Hessen, Hannover, Bayreuth und Preußen). Als die erste Eisenbahnlinie um 1830 gebaut wurde machte sich diese Zersplitterung sehr negativ bemerkbar. Die neue Bahnlinie von Gera nach Saalfeld führte durch sieben Staaten. Verkehr und Handel wurden durch die vielen Grenzen sehr in Mitleidenschaft gezogen.

Auch der 30 jährige Krieg zog über die Thüringer Lande her und brachte furchtbares Elend mit sich. Verschiedene Teile des Landes wurden durch den Krieg bis zu 75% entvölkert. Was Kaiserliche, Schweden und Franzosen, was Tilly, Wallenstein und Gustav Adolf unter dem Deckmantel religiöser Auseinandersetzungen dem deutschen Land und deutschen Menschen an Not, Tod, Raub und Verwüstung zufügten, ist eines der dunkelsten Kapitel der deutschen Geschichte.

Die hin- und herflutenden Kriegsscharen, die mit der Länge des Krieges den letzten Rest von Zucht und Ordnung verloren, zogen plündernd und mordend durch das Land. Alles wurde von ihnen niedergemacht. Was ihnen entkam, ging an Pest und Hunger zugrunde. Ganze Dörfer starben aus.

Erfurt wurde von den Schweden besetzt. Dieser wichtige Stützpunkt wurde erst nach dem Friedensschluss in Münster von den Schweden geräumt. Kriegerische Handlungen gab es nur im Mai 1640 bei Saalfeld, wo der schwedische Feldherr Baner vergeblich das kaiserliche Hauptheer angriff.

Es ist erschütternd, die Berichte zu lesen, die sich in alten Chroniken und Kirchenbüchern erhalten haben. Es brauchte eine lange Zeit, um diese Wunden zu heilen. Als 1648 der Westfälische Friede den Krieg beendete, war die Stadt Erfurt wirtschaftlich ausgezehrt. Die von der Stadt erstrebte, von Schweden unterstützte Reichsunmittelbarkeit verhinderten Kurmainz und Kursachsen. Nach wenigen Jahren verfiel die Stadt der Reichsacht. Der Kurfürst von Mainz wurde beauftragt, die Reichsacht zu vollziehen.

Er belagerte und besetzte Erfurt am 5. Oktober 1664 mit Hilfe von Französischen, Kurkölner, Kurtrierer und anderen Hilfstruppen. Nach der Eroberung begann der Kurfürst von Mainz unter der Leitung des Baumeisters Antonio Petrini auf dem Petersberg ein starkes Festungswerk zu errichten. Dieses Festungswerk stellte kein Bollwerk des Kurfürsten gegen die Stadt Erfurt dar, sondern sollte die Besitzungen vor Angriffen von außen schützen. Das ist aus dem Lageplan der Festung klar ersichtlich. Alle starken Außenwerke befanden sich auf der von der Stadt abgewandten Seite der Festung. Petrini arbeitete auch an der Festung Rosenberg in Kronach und der Festung Marienberg in Würzburg. Bis 1803 blieb Erfurt weiterhin im Besitz der Kurfürsten von Mainz, danach fiel es an Preußen.

Der Siebenjährige Krieg berührte die thüringer Gegend nur am Rande. Preußische Truppen streiften durch die Gegend, besetzten auch für kurze Zeit Gotha. Franzosen und Reichsarmee zogen durch Thüringen, um bei Roßbach von Friedrich dem Großen entscheidend geschlagen zu werden. Das Land litt sehr unter dem Durchzug der Franzosen.

50 Jahre später ereignete sich die Schlacht bei Jena-Auerstedt, auf die noch ausführlicher eingegangen werden soll. Die verbündeten Preußen und Sachsen wurden in dieser Doppelschlacht vom Franzosenkaiser Napoleon entscheidend geschlagen. Die folgende Besetzung des Landes durch die Franzosen saugte das Land bis aufs letzte aus. Französische Einquartierungen und Eintreibungen ruinierten das Land.

Viele Söhne Thüringens starben als Soldaten der Rheinbundarmee im Dienste der Franzosen in Russland und Spanien. Das Joch der französischen Fremdherrschaft konnte endlich nach der Völkerschlacht von Leipzig abgeschüttelt werden.

Französische Truppen mussten die Stadt Erfurt nach einer Beschießung im Jahre 1813 räumen, hielten aber die Festung Petersberg bis 1814 besetzt. Die entscheidende Schlacht von Belle-Alliance[1]) im Jahre 1815 beendete endlich die Regierung von Kaiser Napoleon Bonaparte.

Napoleon erreichte aber, dass die Zersplitterung Thüringens teilweise rückgängig gemacht wurde. Viele der kleinen Herrschaften wurden aufgelöst. Von den zehn ernestinischen Linien des Jahres 1680 starben bis 1826 sechs Linien aus. Herzog Ernst I. gründete 1826 das Herzogtum Sachsen-Coburg-Gotha. Er trat im Vertrag von Hildburghausen den Landesteil Saalfeld und das Amt Themar an das Herzogtum Sachsen-Meiningen ab und erhielt dafür den Gothaer Landesteil, des seit 1825 verwaisten Herzogtums Sachsen-Gotha-Altenburg. Die beiden Teile Coburg und Gotha wurden in Personalunion regiert.

Mit der Neuverteilung der 1825 mit Herzog Friedrich IV. ausgestorbenen Linie Sachsen-Gotha-Altenburg im Vertrag von Hildburghausen verändert sich aber nicht nur das Territorium von Sachsen-Coburg, sondern es änderten sich auch Namen und Territorien der Herzogtümer Sachsen-Meiningen, regiert von Herzog Bernhard II. und Sachsen-Hildburghausen unter Herzog Friedrich. Sachsen-Meiningen erhielt nahezu das gesamte Gebiet von Sachsen-Hildburghausen und das Gebiet Saalfeld und hieß nun Sachsen-Meiningen-Hildburghausen.

Der bisherige Herzog Friedrich von Sachsen-Hildburghausen erhielt den Landesteil

---

1) Waterloo

Altenburg des seit 1825 verwaisten Sachsen-Gotha-Altenburger Landes. Er war nun Herzog im Herzogtum Sachsen-Altenburg. Alle vier ernestinischen Herzogtümer bestanden aus mehreren räumlichen weit entfernten Teilgebieten.

Sachsen-Weimar-Eisenach aus sechs Teilgebieten,
Sachsen-Altenburg aus zwei Teilgebieten,
Sachsen-Coburg-Gotha aus drei Teilgebieten,
Sachsen-Meiningen-Hildburghausen aus vier Teilgebieten.

Ferner gab es noch eine Reihe kleiner und kleinster Enklaven.

Das Herzogtum Sachsen-Weimar-Eisenach hatte seine ernestinischen Stammlande im Osten mit dem Neustädter Kreis, im Westen mit ehemaligen Fuldaer Gebiet und im Norden mit ehemaligen Erfurter Besitz erweitern können. Sachsen-Coburg-Gotha entwickelte sich im 19. Jahrhundert zu einer europäischen Dynastie. Söhne, Töchter und Enkelkinder des Hauses Coburg gelangten auf die Throne mächtiger europäischer Königshäuser:

seit 1831 in Belgien zur belgischen Königskrone,

seit 1836 - 1910 in Portugal, Ferdinand II. König von Portugal,

seit 1840 in Großbritannien. Der Name Sachsen Coburg-Gotha wurde 1917 in House of Windsor umbenannt.

seit 1887 bis 1944 in Bulgarien, Zar Ferdinand I. von Bulgarien

seit 1932 in Schweden.

Schon 35 Jahre nach der Schreckensherrschaft Napoleons brachen neue Unruhen aus. Die Revolution von 1848 sollte dem Volk neue Freiheiten bringen. Es dauerte aber nicht lange, bis die herrschenden Fürsten diese Unruhen niederschlugen.

Im Jahre 1866 fielen zum letzten Male bei Langensalza Deutsche im Kampf gegen Deutsche. Die Armee Hannovers, das mit Österreich verbündet war, wurde dort von den preußischen Truppen geschlagen. Das Königreich Hannover hörte auf zu bestehen. Der Weg zur deutschen Einheit hatte begonnen.

Im Krieg 1870/71, der Frankreich gegen Preußen ins Feld schickte, endete mit der Niederlage Frankreichs und der Schaffung eines vereinigten Deutschlands unter der Krone der Hohenzollern. Alle deutschen Staaten, darunter auch Sachsen und die thüringischen Fürstentümer, stellten Truppen in diesem Kampf gegen Frankreich. Die Vereinigung Deutschlands im Jahre 1871 erreichte aber noch nicht, dass Thüringen ein selbstständiges Land oder Provinz wurde.

Die Ermordung des österreichischen Thronfolgers in Sarajewo im Jahre 1914 zog die Welt in den 1. Weltkrieg, der von allen Seiten die größten Opfer forderte. Das Ende des Krieges im Jahre 1918 schaffte die Voraussetzungen für den 2. Weltkrieg. Die Abdankung des Kaisers und der verschiedenen Fürstenhäuser der deutschen Kleinstaaten führte zur Ausrufung der Republik in Weimar. Im Jahre 1920 wurde dann endlich wieder ein selbstständiges Thüringen geschaffen. Es wurde aus den verschiedenen ehemaligen sächsischen Herzogtümern Schwarzburg-Rudolstadt, Schwarzburg-Sondershausen, Reuß-Gera und Reuß-Greiz formiert. Erfurt zählte allerdings noch nicht zum Thüringer Staat.

Am 1. Mai 1920 kam der Zusammenschluss der verschiedenen Territorien und am 11. März 1921 wurde die Gründung durch eine Verfassung verankert. Teile des ehemaligen Fürstentums Sachsen-Coburg fielen an Bayern. Die Weimarer Republik war von Beginn an zum Scheitern verurteilt. Der Versailler Vertrag, die Kriegszahlungen und Besetzung von Teilen Deutschlands durch die Sieger des 1. Weltkrieges gaben der Republik keine Chance zum Überleben. Eine Weltwirtschaftskrise sorgte für den Rest. Schlechte wirtschaftliche Zeiten bedingten, dass viele Bewohner nur den Ausweg sahen, sich der Bewegung Hitlers anzuschließen. Er versprach in seinem Wahlprogramm die Schaffung von Arbeitsplätzen.

Die Eigenstaatlichkeit Thüringens wurde 1933 aufgehoben und der Reichsgau Thüringen formiert. Eine geplante Reichsreform vereinigte am 1. Juli 1944 den preußischen Regierungsbezirk Erfurt mit dem Reichsgau Thüringen. Seit langer Zeit war Thüringen wieder vereinigt.

Nach dem Zusammenbruch des Deutschen Reiches erlangte Thüringen unter sowjetischer Militärherrschaft bis zum 23. Juli 1952 seine volle Selbstständigkeit. Danach wurde Thüringen in die drei Bezirke Erfurt, Suhl und Gera aufgeteilt. Dieser Zustand dauerte bis zum 3. Oktober 1990, dann kam die deutsche Wiedervereinigung, die von den meisten Deutschen gewünscht, nun das Land wieder vereinigte. Seit diesem historischen Datum besteht wieder ein Bundesland Thüringen, allerdings in den ehemaligen Grenzen von 1921.

Sachsen-Weimar

Unter den verschiedenen sächsischen Herzogtümern der ernestinischen Linie, erreichte im 30 jährigen Kriege Sachsen-Weimar die größte Bedeutung. Herzog Wilhelm von Sachsen-Weimar trat 1631 mit von ihm geworbenen Truppen an die Seite des Schwedenkönigs Gustav Adolf. Der Bruder des Herzogs, Bernhard von Weimar, war einer der bedeutendsten Heerführer seiner Zeit. Er diente zuerst in schwedischen und dann in französischen Diensten. Nach seinem Tode blieben seine Truppen weiterhin bis zum Ende des Krieges in französischem Sold.

Die sächsischen Herzogtümer gehörten zusammen mit Brandenburg, Pommern, Kursachsen, Schwarzburg und Reuß zum Obersächsischen Kreis und stellten für diesen 1664 und 1676 Kreisregimenter für die Reichsarmee auf.

Seit 1680 bestanden die ernestinischen Staaten aus den Herzogtümern Sachsen-Coburg, Sachsen-Eisenach, Sachsen-Gotha (seit 1672 mit Altenburg vereinigt), Sachsen-Meiningen und Sachsen-Weimar. Im August 1683 sandten die Herzogtümer ein gemeinsames Bataillon zur Befreiung Wiens, das im fränkischen Korps diente. Dieses Bataillon „Herzog Ernst" bestand aus sechs Kompanien. Vier der Kompanien wurden von Gotha inklusive Hildburghausen gestellt. Je eine Kompanie wurde von Meiningen und Coburg gestellt. Das Bataillon nahm am 4. August 1683 an der Schlacht von Wien und im Frühjahr 1685 an der Schlacht gegen die Türken und an der Eroberung von Neuheusel teil.

Danach spielten die Herzogtümer Sachsen-Gotha und Sachsen-Weimar die Hauptrolle in der militärischen Geschichte Thüringens. Dadurch, dass die thüringischen Kleinstaaten nur sehr kleine Staaten waren, wurde dem Militär eine wichtige Rolle zugedacht. Der Großteil der Truppen wurde vermietet, um so Geld diesen Kleinstaaten zuführen zu können, das für die Hofhaltung und den Ausbau der Staaten gebraucht wurde. Sachsen-Weimar machte da keine Ausnahme.

Nach der Vereinigung der Reichsarmee am 23.8.1690 im Pfälzischen Erbfolgekrieg hatte auch Sachsen-Weimar ein Bataillon der Reichsarmee zugeführt. Das aus 770 Mann bestehende Regiment zu Fuß „Bibra" war aus sieben Kompanien zusammengestellt. Diese Einheit trug graue Uniformen mit roten Umschlägen.

Im Jahre 1702 überließ Sachsen-Weimar dem Kaiser das Bataillon „Bibra", bestehend aus 500 Mann, das aufseiten des Kaisers in Italien kämpfen sollte. Das Bataillon sollte am 13.6.1702 bei Haßfurt gemustert werden. Bei dieser Musterung waren schon 136 Mann von der Truppe desertiert.

Ursprünglich sollten Sachsen-Eisenach und Sachsen-Weißenfels dem Kaiser 2.000 Mann an Truppen stellen. Von diesen 2.000 Mann trafen im Juli 1702 nur noch 1.100 Mann bei der Armee in Italien ein. Wegen der starken Desertion wurden diese Soldaten unter die dänischen Infanterie-Regimenter verteilt.

Am 28.10.1702 wurde eine Kompanie „Garde zu Fuß" aufgestellt, die unter dem Befehl von Rumroth stand. Als nächstes stellte Sachsen-Weimar zusammen mit Sachsen-Eisenach das Regiment zu Fuß „Rumohr" auf, das im Jahre 1703, sechs Kompanien stark beim Korps Styrum im Kampf gegen Bayern stand. Im Jahre 1704 war die Einheit teilweise in Regensburg. Winterquartiere wurden in der Heimat bezogen. Nachdem die Einheit 1703 vervollständigt wurde, rückte sie zur Reichsarmee vor die Festung Philippsburg. Die Stärke betrug 708 Mann. Im Jahre 1706 stand das

Regiment wieder vor Philippsburg und der Festung Landau. Hier erhielt das Regiment den Namen „Friesen", da es jetzt von Oberst Friesen kommandiert wurde. Im Jahre 1708 ging das Regiment an Oberst Friedrich von Uslar über. Das Regiment trug nun den Namen „Uslar". Das Regiment lag jetzt in Landau und war 1095 Mann stark. Die Einheit geriet bei der Kapitulation der Festung Landau am 28.8.1713 in französische Kriegsgefangenschaft.

Am 28. August 1732 schloss Sachsen-Weimar einen neuen Vertrag mit dem Kaiser ab. Nach diesem Vertrag sollte das Herzogtum in Friedenszeiten ein Regiment zu Fuß, 1.200 Mann stark und ein Kürassier-Regiment von 500 Mann in Diensten halten. Im Kriegsfalle sollte die Infanterie auf 2.000 Mann und das Reiter-Regiment auf 1.000 Mann verstärkt werden. Das Infanterie-Regiment zu Fuß „Sachsen-Weimar" wurde von Oberstleutnant Ernst von Stangen und das Kürassier-Regiment „Sachsen-Weimar" von Oberstleutnant von Könitz befehligt. Das Regiment zu Fuß marschierte im September 1735, 1.300 Mann stark, bestehend aus zwei Bataillonen, nach Heilbronn zur Reichsarmee, wo die Einheit sieben Kompanien als Festungsbesatzun g nach Freiburg und fünf Kompanien nach Breisach abgab. Das 1734 ankommende III. Bataillon ging in Heilbronn in Garnison. Das I. und II. Bataillon kamen zur Feldarmee.

Das Kürassier-Regiment marschierte am 13. Mai 1734 zur Reichsarmee. Es bestand aus 13 Kompanien und war 1.094 Mann stark. Eine der Kompanien war eine Karabinier-Kompanie. Vom Oberrhein kehrte es im Jahre 1736 mit 822 Mann zurück nach Weimar. Hier angekommen, wurde es auf sechs Kompanien mit 360 Mann reduziert.

Beim Regierungsantritt Herzog Ernst Augusts bestand eine „Leibgarde", die am 9.3.1729 aus der Garde-Kompanie zu Fuß formiert wurde. Am 12.1.1742 wurde es in „Leibregiment" umbenannt. Das Leibregiment bestand aus fünf Musketier- und einer Grenadier-Kompanie. Befehligt wurde die Einheit von Oberstleutnant von Stangen. Bei 1744 war die Einheit 990 Mann stark und war in acht Musketier- und zwei Grenadier-Kompanien gegliedert. Seit 1755 wurde die Einheit von Oberstleutnant von Lossberg befehligt.

Das Kürassier-Regiment „Sachsen-Weimar" bestand weiter fort. Im Jahre 1740 stand es unter dem Befehl von Oberstwachtmeister von Burgsdorff und hatte eine Stärke von 256 Mann. Im Jahre 1747 bestand es aus zehn Kompanien mit einer Stärke von 509 Mann. Im Jahre 1748 wurde die Einheit aufgelöst.

Sehr frühzeitig errichtete das Herzogtum eine Husareneinheit. Am 20. Oktober 1730 wurden vom Herzog 120 Tolpatschen zu Fuß angeworben, um ein Husarenkorps zu errichten. Dieser Versuch schlug fehl und die 120 Mann wurden 1742 entlassen. Aber schon am 10. Oktober 1737 wurden zwei Kompanien Husaren aus je 76 Mann bestehend angeworben. Bei 1747 bestand die Husareneinheit aus zehn Kompanien zu 371 Mann unter dem Kommando von Oberstleutnant von Burgsdorff.

Nach dem Tode des Herzogs von Weimar, (19.1.1748) wurde vom Vormund des elfjährigen Thronfolgers Ernst August Constantin, vom Herzog Friedrich III. von Sachsen-Coburg die Garde aufgelöst. Übrig blieben noch zwei Infanterie-Bataillone zu je vier Kompanien.

Als 1742 mit Herzog Heinrich Wilhelm die Linie Eisenach-Jena ausstarb, fiel das Land und auch die Armee an Weimar. Die vorhandenen vier Kompanien Garde zu Fuß (drei der Kompanien standen in Eisenach und eine Kompanie stand in Jena), wurden mit dem Weimarischen „Leibregiment" unter Oberstleutnant von Buttlar vereinigt. Da s aus acht Kompanien bestehende Regiment wurde 1750 von Generalmajor Georg Heinrich von Burgsdorff übernommen. Er blieb Chef bis zu seinem Tode im Jahre 1773. Das Infanteriekorps wurde von Oberst Johann Max Albrecht von Lassberg seit 1755 befehligt.

Mit dem Eisenacher Gebietsanteil übernahm der Herzog Ernst August drei Kompanien Garde zu Fuß in Eisenach, eine Kompanie Garde zu Fuß in Jena und ein

Regiment Landmiliz zu zehn Kompanien.

Eine seiner ersten Sorgen war, seine gesamten Truppen gleichmäßig zu organisieren, auszubilden und auf gleichen Löhnungsfuß zu setzen. Er verschmolz das Eisenacher Militär mit dem Weimarischen. Zunächst begann er damit, das in Weimar bestehende Kriegskollegium durch Ernennung einer mit ihm verbundenen Kriegskommission in Eisenach zu erweitern und dadurch eine gemeinsame obere Landesmilitärbehörde zu schaffen.

Der Ausbildung der Mannschaften wurde das weimarische Exerzierreglement zugrunde gelegt, von welchem leider kein Exemplar in offizieller Form, sondern nur noch unvollständige Abschriften vorhanden sind. Die im Reglement festgesetzte Rangierung der Infanterie in vier Glieder ist im Siebenjährigen Kriege auf drei Glieder abgeändert worden. Die Exerziermethode waren schwerfällige Kommandos, Handgriffe und äußerst schwierige Bewegungen, bevor Friedrich der Große, das preußische Exerzierreglement überarbeitete und etwas vereinfachte. Über Manövrieren im heutigen Sinne enthalten die Vorschriften nichts. Die Formation des Karrees, dessen vier Seiten auf eine sehr einfache Weise durch die vier Divisionen des Bataillons gebildet wurden, finden wir bereits eingeführt. Für die Exerzierübungen wurde wenig Zeit verwendet; der Hauptdienst war der Wachdienst, der in Weimar und Belvedere außer einem Kapitän und einen Leutnant 101 Köpfe in Anspruch nahm.

Die Infanterie wurde vom Herzog fortwährend vermehrt, die Anfangs 40 Mann starken Kompanien allmählich bis zum Jahre 1747 auf 80 bis 100 Mann gebracht. Die Garde, zwei Kompanien zu 211 Köpfen in Weimar und Belvedere stehend, trug rote Uniformen mit schwarzen Kragen und Aufschlägen, gelbe Westen, Grenadiermützen mit schwarzen und roten Borten, weißes Lederzeug. Die Westen der Offiziere waren mit Silber verziert. Die reguläre Infanterie, 1742 zu zwei Bataillonen (damals Regimenter genannt) zu je fünf Kompanien formiert, hatte ihre Garnison in Weimar Eisenach, bis 1746 stand auch noch eine Kompanie in Jena. Das Eisenacher Bataillon (Oberstleutnant v. Buttlar), das gegen 500 Mann stark war, gab eine tägliche Wache von etwa 80 Mann. Bewaffnet war die Infanterie mit geradschäftigen Steinschlossgewehren und Seitengewehren nach dem Muster der Altpreußischen Modelle.

1743 erhielt die Infanterie weiße Uniformen mit blauen Kragen und Aufschlägen. Nach 1748 wurde den Offizieren eine Staatsuniform vorgeschrieben, von rotem Tuch, schwarzsamtenem Ausputz, silbernen Tressen und Knöpfen. Die Stabsoffiziere trugen die sogenannte „Plumage" (eine Straußenfeder) auf dem Hute.

Die Landmiliz verlor bei der fast ausschließlich dem regulären Militär zugewendeten Tätigkeit zunehmend an Bedeutung. Sie war im Jahre 1751 bis auf wenige Offiziere vermindert, aber dann bis zum Jahre 1757 wieder auf ein Regiment in Weimar und ein Regiment in Eisenach gebracht. Sie besaß aber keinen militärischen Wert und blieb schließlich nur ein die Eitelkeit der Bürger kitzelndes Paradespiel. Trotzdem wurde sie noch bis 1860 beibehalten.

Mit dem am 19. Januar 1748 eingetretenen Tode des Herzogs war sein 11-jähriger Sohn Ernst August Constantin zur Regierung gekommen, dessen Vormundschaft nach den bestehenden Erbverträgen der Herzog Friedrich III. von Gotha übernahm, dem die soldatische Passion Ernst Augusts abging. Außerdem huldigte er anderen Grundsätzen über die Verwendung der Geldmittel des Landes und nahm deshalb eine vollständige Umwandlung des ganzen Militärwesens vor.

Zunächst wurde die ganze Kavallerie bis auf eine kleine Leibwache des minderjährigen Herzogs (vier Offiziere, 45 Köpfe Garde du Corps und eine Husarenabteilung) von einem Offizier und 14 Husaren aufgelöst. Die Artillerie verschwand bis auf wenige Konstabler. Die Infanterie wurde auf zwei Bataillone zu acht Kompanien und eine als Besatzung für Jena und für das noch mit Fulda rechtsstreitige Amt Fischberg bestimmte Kompanie vermindert. Die Garde wurde aufgelöst.

Aus einem noch vorhandenen Parolebuch, das die Jahre von 1742 - 1755 umfasst, lässt sich ein gutes Bild über die militärischen Verhältnisse jener Zeit gewinnen:

Die „Soldeska" ist ein buntes Gemisch von Garde zu Fuß, zu Pferd, von Husaren, Dragonern, von Grenadiers, Musketiers, von Holländern und Landmiliz. Die stehende Truppe wurde teils durch Aushebung von Inländern, teils durch Werbung von Ausländern aufgebracht. Wer einmal Soldat war, blieb Soldat bis zur Invalidität oder bis zur Desertion. Die Werbung erfolgte nur nach Bedürfnis. Es kam daher vor, dass auf das strengste auf fremde Werber gefahndet und eigene Werbung empfohlen wurde, dann aber durften sich fremde Werber in Eisenach mit Erlaubnis einnisten, und die Befehle gingen nur dahin, die eigenen Truppen vor Verführung zur Desertion bzw. Anwerbung seitens fremder Werber zu sichern.

Über Bekleidung und Bewaffnung enthält das Orderbuch wenig Bemerkenswertes. Aus den Befehlen geht nur hervor, dass der ganze Unterhalt einschließlich der Beimontur, d.h. Schuhe, Gamaschen, lederne Hosen, Binde und Schloss, Zopf und Halsband, ebenso auch Gewehre und Armaturstücke im Ganzen von der Landschaftskasse geliefert wurden.

An Bartbefehlen fehlt es nicht, so heißt es in einem Befehl: „Die Leute sollen ihre Barthaare wachsen, aber nicht wie die Husaren herunterhängen lassen, sondern herauf wichsen".

Unteroffiziere und Hautboisten hatten sich herausgenommen, weiße Perücken zu tragen, was aber strengstens verboten wurde. Im Jahre 1751 wurde befohlen: „Leute, welche noch jung und Haare haben sollen sich Treppen schneiden lassen usw."

Von militärischen Übungen ist fast gar keine Rede. Nur im Frühjahr wurden die Beurlaubten zu einer Exerzierperiode eingezogen. Das Ausrücken zum Exerzieren geschah sehr zeitig, schon um 4 Uhr früh. Vor jeder Exerzierperiode mussten die Offiziere mehrere Male unter sich üben, ebenso auch die Unteroffiziere.

Die Mannszucht war recht locker und konnte es wohl auch nicht anders sein. Trunkenheit, Spiel, Schlägerei mit den Bürgern, Jagd- und Holzfrevel, Felddieberei, nachlässige Haltung im Dienst, Widerspenstigkeit gegen Vorgesetzte, - dies war das Bild des Soldatenunwesens, von dem jede Seite des Orderbuchs zeugt.

Hier einige Befehle:

„Den 3. Nov. 1743. Auf gnädigen Befehl Seiner Hochfürstlichen Durchlaucht lassen Herr Obrist v. Buttlar den sämtlichen Comp. wie auch den allhiesigen Husaren und Holländern anbefehlen, dass sich künftighin keiner mehr unterstehen soll, ins Holz zu gehen, dergleichen auch keine Soldatenfrau und Kinder, weil der hiesige Wildmeister die hohe Ordre von Seiner Durchlaucht hat: Wenn er Einen antreffen sollte, er mag sein auch wer er will, tot zu schießen; sollte Einer angetroffen werden, soll er gleichfalls mit Todesstrafe angesehen werden."

„Am 17. April 1744. Auf gnädigsten Befehl Hochfürstl. Durchlaucht lassen der Herr Major von Ende ernstlich anbefehlen, dass sich Keiner unterstehen soll, hinkünftig in einem herrschaftlichen Garten zu gehen, viel weniger Etwas daraus zu entwenden. So Einer angetroffen wird und vor 1 Rthlr. Wert stiehlt, soll mit dem Strange vom Leben zum Tode gebracht werden."

„Den 11. Dezbr. 1744. Auf gnädigsten Befehl lassen der Herr Oberst hiermit ernstlich befehlen, dass sich kein Unteroffizier noch Gemeiner unterstehen soll, in ein Branntweinhaus zu gehen und sich niedersetzen, worauf scharfe Aufsicht gehalten werden wird; wie auch sogar das Branntweintrinken schon verboten ist. Wenn einer auf Parade kommt oder außer Dienst nach Branntwein riecht, soll sogleich auf öffentlicher Parade exemplarisch bestraft werden."

Den 4. Mai 1745 wurde durch Befehl Betrunkenheit mit viermaligen Spießrutenlaufen bedroht.

„Den 27. Juni 1745. Wenn künftig ein Soldat auf Wache kommandiert wird, so soll er sich nicht unterstehen, gegen seinen Vorgesetzten Offizier oder Unteroffizier, der ihn kommandiert, zu Räsonieren; sondern er soll dahin gehen, wohin er kommandiert wird; ist sein Wacht oder Kommando vorbei wie wohl keine Zeit und Stunde angesetzt ist, wenn er auf Wacht zu kommandieren kann er sich bei seinen vorgesetzten Stabsoffizier beschweren."

„Den 22. August 1745. Wenn ein Unteroffizier oder Hautboist sich betrinkt oder des Nachts wohl gar nicht nach Hause kommt, soll selbiger des anderen Tages vor der Wachtparade tüchtig ausgefuchtelt[1] und der Gemeine tüchtig ausgeprügelt werden."

„Den 26. August 1747. Die Harmonie mit Husaren und Kavallerie wird nochmals ernstlich anbefohlen. Der Erste, der in den Bierhäusern oder auf der Straße Händel anfängt, soll mit Spießrutenlaufen bestraft werden."

Nicht nur Streitereien und Trunkenheit wurden in den Befehlen erwähnt, sondern es ist auch häufig die Rede von Rekruten- und Soldatenweibern.

Am 2. November 1742 heißt es. „Es soll sich Keiner unterstehen, bei Serenissimo um den Trauschein anzuhalten, er habe sich dann zuvor bei dem Kommandanten des Bataillons gemeldet. Für den Trauschein soll jeder Unteroffizier 30 Rthlr., ein Gemeiner aber 24 Rthlr. zahlen; jedoch haben sich dessen nur wirklich angesessene Landeskinder, die etwas Ansehnliches erheurathet, zu erfreuen."

In einem anderen Befehl vom 13. April 1748 heißt es:

„Weilen seither große Unordnung bei den Gemeinen von der Infanterie eingerissen und etliche sich mit liederlichen Dirnen, ohne Konsens auswärts haben trauen lassen, auch nicht einmal bei ihren Vorgesetzten davon etwas gemeldet haben, als lassen der Herr Oberst v. Buttlar hiermit ernstlich befehlen und den Compagnien bekannt machen, dass sich künftighin Keiner mehr unterstehen soll, von der Compagnie, worunter er steht, heimlicherweise weg zugehen oder sich ohne Konsens trauen zu lassen derjenige, so wider diesen Befehl handelt, soll mit der härtesten Strafe belegt werden und das Mensch ins Zuchthaus bei Wasser und Brod!"

Laut Befehl sollte Reveille wie Zapfenstreich das Zeichen zum Gebet sein. Jeden Sonntag wirbelten die Tamboure und pfiffen die Pfeifer Vor- und Nachmittag durch die Stadt die Soldaten zur Kirche. Aber die ersten, welche ausgerissen, waren die Tambours und Pfeifer, welche schon während des Trommelns und Pfeifens in die Häuser schlüpften und schließlich in den Bierhäusern kneipten.

Nicht besser machten es die Soldaten beim Hinführen in die Kirche. Es kam so weit, dass die Mannschaften, welche zur Kirche kommandiert waren, mit bewaffneter Eskorte zur Kirche gebracht wurden. In der Kirche selbst waren überall Offiziere und Unteroffiziere aufgestellt, um zu verhüten, „daß die Kerls sich nicht rekelten, schliefen, plauderten usw." Während der Kirche gingen dauernd Patrouillen, um die Soldaten aus den Wirtshäusern zu treiben.

Den 25. Mai 1746 wurde befohlen: „Es lassen der Herr Major nochmals anbefehlen, das künftighin nach der Reveille und nach dem Zapfenstreich der Morgen- und Abendsegen zu lesen, wie auch zwei Lieder zu singen, besser beobachtet werden, als seither geschehen. Nämlich es wird nach Reveille und Zapfenstreich auf der Hauptwache ordentliche Betstunde gehalten, Morgen- und Abendsegen durch einen Unteroffizier gelesen und zwei Lieder vor und nachgesungen, Sonntags aber ordentliche Kirche gehalten, das Evangelium danebst einer Predigt aus der Postille von einem Unteroffizier hergelesen und vor und nach die gehörigen Lieder gesungen und darf hiervon bei schwerer Strafe keiner von der Hauptwache, als die ausgesetzten Posten davonbleiben, worauf die Herrn Offiziers und Unteroffiziers wohl Acht zu geben."

Die Hauptwache, die Torwachen mit ihren Posten und Patrouillen dienten zur Aufrechterhaltung der Disziplin und zur Handhabung des Polizeidienstes. Niemand, selbst Offiziere nicht, durften die Tore ein- und auspassieren. Unausgesetzt, alle halben Stunden gingen Patrouillen nach den Bierhäusern in der Stadt und vor den

---

1 Fuchteln: Unteroffiziere wurden nicht mit dem Stock geschlagen. Sie wurden gefuchtelt, d.h. mit der blanken Degenklinge auf den Rücken geschlagen.

Toren, die Trunkenbolde, Spieler und dergleichen zur Ordnung zu bringen.

Auf den Wachen, welche mit Arrestanten überfüllt waren, wurde gelärmt und gespielt. Die Arrestanten, sowohl Militärs, wie Bürgersleute machten alle Torheiten mit. An Geld fehlte es nicht; denn die Arrestanten mussten an die Wache, je nach ihrem Stande, nicht unbedeutende Strafgelder zahlen, wenigstens 1 Rthlr. Musste doch auch Soldaten- und Rekrutenweibern das Verbleiben des Nachts auf Wache verboten werden.

Die meisten Befehle betrafen das Ein- und Auspassieren an den Toren. Menschen, Vieh, Waren, Lebensmittel, Alles war Gegenstand der Kontrolle.

Hochfürstl. Befehl vom 20. November 1742: „Unteroffiziere, Gefreite und Thorschreiber in den Thoren sollen darauf sehen, dass alle französischen Offiziere ihre Pässe wohl angesehen werden, ob selbige sich richtig befinden; der keinen Pass hat, soll sogleich zum Herrn Obristlieutenant gebracht werden."

Hochfürstl. Befehl vom 30. Januar 1744: „Die Schildwacht an den Thoren soll keinen herrschaftlichen Hund hinaus lassen und soll sich eine jede Schildwache einen langen Stock anschaffen, womit dieselben anzuhalten."

Am 17. Juli 1743 wurde befohlen: „Wenn künftighin Adlige oder sonst von Condition Weibspersonen hereinpassieren, sollen sie ebenfalls in dem Passantenzettel gemeldet werden."

Befehl vom 30. Mai 1744: „Weilen große Klagen eingelaufen, dass die Schildwacht an dem Thore im Schießgraben nach dem Zapfenstreich die Bürgersleute aus- und einpassieren lassen, also lassen der Herr Oberstleutnant befehlen, dass Schildwachten sich nicht unterstehen sollten, nach den Zapfenstreich Jemanden weder ein- noch auszulassen, es sei auch wer es wolle. Wer dawiderhandelt, soll mit harter Strafe angesehen werden."

Als der Herzog Ernst August Constantin am 29. Dezember 1755 zur selbstständigen Regierung gekommen war, ließ er die Infanterie unverändert bestehen.

Trotz allen Zögerns musste endlich im Frühjahr 1758 das Reichskontingent gestellt werden. Es war erst im Oktober (ein Bataillon zu fünf Kompanien, zusammen 668 Köpfe, Kommandeur Oberst v. Lassberg) marschbereit. Außerdem hatte das Herzogtum seinen Anteil Besatzungstruppen für die Reichsfestung Philippsburg zu stellen, welche auf Anforderung des kaiserlichen Hauptmanns von Eisenach mittels Laufpasses nach jener Festung geschickt wurden. Nach dem Abzug des Reichskontingentes verblieben drei Kompanien im Lande.

Das Feldbataillon rückte am 18. Oktober 1758 nach Franken und teilte von da ab die Schicksale der Reichsarmee. Auf dem Rückzuge aus der Stellung bei Asch verlor das Bataillon den Leutnant Kalbe und neun Mann, dann marschierte es gegen Eger und darauf bis Nürnberg. Im Mai nächsten Jahres rückte es nach Sachsen, wo es einen Teil des unter dem General Grafen St. Andre bei Leipzig stehenden Korps bildete, das im Sommer einen vergeblichen Versuch machte, Torgau wieder zu nehmen.

Nach dem Kriege konnte durch die Auflösung des zurückgekehrten Reichs- kontingentes die vor Ausbruch des Krieges vorhandene Truppenstärke wieder erreicht werden. Im Jahre 1772 bestand die Infanterie aus einem Oberst, zwei Majors, zwei Bataillonen zu acht Kompanien, die in Weimar, Eisenach und Jena standen. In dieser Stärke und Formation übernahm 1775 der 18 jährige Herzog Carl August die Truppe beim Antritt seiner selbstständigen Regierung. Die daneben noch bestehenden beiden Landregimenter von Weimar und Eisenach wurden infolge einer Verordnung vom 4. Juni 1778 aufgelöst „wegen des beträchtlichen Aufwandes und wegen der Seltenheit der Gelegenheit, wo einiger Gebrauch von selbigen zu machen gewesen". In demselben Jahre erschien auch die Bestimmung, dass kein Offizier sich ohne vorherige Genehmigung des Herzogs verloben sollte.

Im Jahre 1779 hatte das Herzogtum acht Kompanien unter Waffen. Vier Kompanien standen in der Residenz Weimar, zwei Kompanien befanden sich in Eisenach, zwei Kompanien standen in Jena.

Sachsen-Weimer Husar um 1775

Sachsen-Weimar, Scharfschütze 1806

Die Stärke dieser acht Kompanien betrug nur 235 Mann. Im Jahre 1784 wurde Christoph Ludwig von Bendleben Chef des Infanterie Korps, das im Jahre 1788 in ein Jäger- oder Scharfschützenkorps umgewandelt wurde. Das Korps bestand aus vier Kompanien. Eine Kompanie befand sich in Jena, eine Kompanie in Eisenach und zwei Kompanien in Weimar.

Bis zum Jahre 1790 trat nun ein Abschnitt der Ruhe ein. Die Infanterie, lediglich mit dem Garnisonsdienst beschäftigt, wurde nur im Herbst zur vierwöchigen Übung zusammengezogen, für die übrige Zeit des Jahres hatten die Kompanien nur je 36

Mann im Dienst, d.h. so viele als nötig waren, um mit einem viertägigen Wachwechsel die Posten in der Stadt und an den Toren zu besetzen. Die Verminderung geschah namentlich vom Jahre 1780 an, um die aus dem Siebenjährigen Krieg herrührenden bedeutenden Landesschulden nach Kräften abtragen zu können.

Das Herzogtum Sachsen-Weimar war im 19. Jahrhundert nach Fläche und Bevölkerungszahl das zweitstärkste der thüringischen Kleinstaaten. Die Größe betrug 1815, 3.611 qkm, mit einer Einwohnerzahl von 138.000. Das Land gliederte sich in drei Hauptteile. Die größten Städte des Herzogtums waren Weimar, Jena, Apolda, Eisenach und Neustadt an der Orla. Kleine Enklaven gab es um Alsfeldt, Ilmenau und Ostheim an der Rhön.

Das Sachsen-Weimarische Scharfschützen-Bataillon

Im Jahre 1790 bildete Herzog Carl August aus der vorhandenen Infanterie ein neues Scharfschützen-Bataillon in einer Stärke von 600 Mann. Das neue Bataillon stand unter dem Kommando von Major von Germar. Es bestand aus fünf Kompanien, zwei in Weimar unter den Hauptleuten von Rothmaler und von Bindoff, zwei Kompanien in Eisenach unter den Hauptleuten von Germar und von Henning und der auf 80 Mann verstärkten Garnisonskompanie in Jena unter dem Kommando des Hauptmanns von Bentheim.

Eine Verordnung vom 7. Januar 1795 teilte mit, dass der Herzog mit dem K.K. General Erbprinzen Reuß eine Konvention abgeschlossen hatte, in dem sich der Herzog verpflichtete, ein Jäger- und Schützenkorps zu errichten. Die Mannschaften der Einheit sollten zu zwei dritteln vom Fürstentum Weimar und Jena und zu einem drittel vom Fürstentum Eisenach gestellt werden. Die Mannschaften sollten aus Inländern im Alter von 18 bis 40 Jahren bestehen. Die Größe der Rekruten sollte nicht unter fünf Fuß vier Zoll betragen.

Von der Aushebung sollten befreit sein:

Söhne, die zur Betreibung des elterlichen Gewerbes unentbehrlich sind,

Unter mehreren Söhnen einer, falls nicht ein anderer schon aus irgendeinem Grunde befreit ist,

Alle Handwerksmeister und Künstler,

Alle Kaufleute, Handlungsdiener und Lehrburschen,

Alle fürstlichen Diener und schriftsässigen Personen,

Alle in geistlichen oder weltlichen Ämtern Angestellten, auch wenn sie nicht schriftsässig sind, wie Schuldiener, Schultheißen, Gerichtsschöppen, Vormund - schaftspersonen, Gemeindeschreiber usw., Gymnasiasten, wenn deren Aufführung gut ist.

Die zur Aushebung geeigneten jungen Leute sollten an einem bestimmten Tage zusammengebracht und zuerst gefragt werden, wer von ihnen freiwillig dienen wolle; falls sich auf diese Weise nicht genug Mannschaften fänden, so solle das Los entscheiden. Die vom Lose Getroffenen hatten das Recht, sich durch Stellvertretung vom Militärdienst zu befreien.

Die Beschränkung der Aushebung auf Unbeweibte fiel nach ganz kurzer Zeit. Schon am 27. Januar befahl der Herzog, dass „beweibte junge Männer, deren Eheweiber sich ohne deren Beihilfe ernähren können und deren Aufenthalt dem dasigen (Jena) gemeinen Besten nicht besonders nützlich erachtet wird, zur Losung beigezogen werden sollen". Eine Verordnung vom 7. Juli 1800 sagt dann auch, dass Wohlhabenheit kein Grund mehr zur Freilassung sein solle.

Ferner wurden auch gesetzlich befreite Mannschaften auf Ansuchen ihrer Familien, Vormünder usw. in das herzogliche Militär auf unbestimmte Zeit gesteckt, um die „unnützen Pursche" zurechtzustutzen, ebenso wie solche, deren Kapitulation abgelaufen, nicht zur Entlassung kamen, wenn sie sich nicht gut geführt, oder auch weil kein Ersatz für sie augenblicklich vorhanden war.

Über die Dauer der Dienstzeit hat eine gesetzliche Bestimmung aller

Wahrscheinlichkeit nach nicht existiert, es war nur verordnet, das Kapitulationen nicht über das 30. Lebensjahr abgeschlossen und kein Mann vor Ablauf seiner Kapitulation entlassen werden sollte.

Die die Entlassung Suchenden wandten sich meist direkt an den Herzog, der die Entscheidung über die Personalfragen mittels „Conseilbeschlusses" traf. Einen besonderen Ersatz erhielt das Scharfschützen-Bataillon dadurch, dass alle gelernten Jäger mit Ausnahme weniger, die auf den Revieren unbedingt nötig waren, bei demselben zum Dienst eintreten mussten.

Nach der vom Herzog gegebenen „Instruction für das zum Reichskontingent bestimmte herzoglich Sachsen-Weimarische Büchsenschützen-Bataillon" war dasselbe nur für den Dienst der leichten Infanterie bestimmt, es sollte „bloß im coupirten Terrain, Büschen, Wäldern, Gruben agieren"; es sollte nicht vorkommen, dass geschlossene Züge en front aufträten, sondern stets nur zwei und zwei Mann zusammenbleiben und „sich einander soutenieren". Nur gegen Kavallerie sollten die Trupps sich zusammenziehen. Geschlossene Kolonnen waren nur auf dem Marsch gestattet. Indessen blieb dem Kommandeur unbenommen, auch das Bataillon dahin zu bringen, dass es Züge und Sektionen formieren und in selbigen marschieren konnte, auch Karrees vom ganzen Bataillon oder aus Teilen desselben zu formieren.

Die ausschließlich Unteroffiziersdienst tuenden gelernten Jäger hatten auf Ordnung, Haltung und gutes Schießen der Büchsenschützen zu sehen, sollten selbst wenig und nur dann schießen, wenn sie ihre guten Schüsse sicher anbrachten, ferner bei Rückzügen und Kavallerieangriffen aus den formierten Abteilungen heraus schießen, auf Märschen in der Nähe des Feindes das Patrouillieren und die Seitendeckungen übernehmen, kleine wichtige Engen verteidigen, stets die richtige Behandlung der Büchsen beaufsichtigen und die Leute im Schießen unterrichten.

Im Hinblick auf die bald zu erwartende kriegerische Verwendung des Schützenbataillons war am 20. Februar 1795 befohlen worden, dass zum 1. März sämtliche beim Scharfschützenkorps neu angestellten Offiziere und gelernten Jäger bei ihren Kompanien eintreffen sollten; vom Juli an war das Bataillon marschbereit. Das genannte Jahr verstrich jedoch, ohne dass ein Marschbefehl eintraf; im November wurde sogar, um Ersparnisse zu machen, eine Verringerung der Kompanien um je 40 bis 50 Mann angeordnet, bis dann im Frühjahr die allgemeinen politischen Verhältnisse den Ausmarsch des Bataillons mit sich brachten.

Der Feldzug von 1796

Am 20. März 1796 wurde das Bataillon in Eisenach zusammengezogen und marschierte unter dem Kommando des Oberstleutnants von Germar in der Stärke von 25 Offizieren, 552 Unteroffizieren und Gemeinen mit 110 Reit-, Pack- und Wagenpferden am 4. April über Fulda, Hanau, Frankfurt a.M. nach Mainz ab, wo es am 13. April eintraf und dem 10.000 Mann starken kursächsischen Armeekorps unter Generalleutnant von Lind zugeteilt wurde. Dieses gehörte zur kaiserlich österreichischen Armee am Niederrhein unter dem Befehl des Erzherzogs Karl.

Das Bataillon wurde im Verlaufe des ganzen Feldzuges in Gemeinschaft mit der leichten Kavallerie zum Vorpostendienst verwendet. Es fand nur einmal Gelegenheit, sich in einem größeren Gefecht ehrenvoll hervorzutun. Während Jourdan bei Neuwied den Rhein überschritt und Ehrenbreitstein anzugreifen suchte, zog sich der Erzherzog Karl auf das rechte Rheinufer zurück und marschierte mit der Hauptmasse seiner Truppen über Butzbach nach Wetzlar, um den linken Flügel des französischen Heeres anzugreifen. Diese Absicht führte am 15. Juni zu einem blutigen Gefecht zwischen dem Korps des österreichischen Feldmarschallleutnants von Werneck und dem des französischen Generals Lefêbvre. Die Österreicher wurden im Anfang von dem Plateau am Zusammenfluss der Dill und Lahn sowie von der Abtei von Altenburg nach Wetzlar zurückgedrängt.

Gerade in diesem kritischen Moment erschien der Erzherzog Karl mit dem sächsischen Korps und befahl einen allgemeinen Angriff auf die Lefêbvreschen

Truppen. Das sächsische Korps kämpfte bei der Unterstützung der Österreicher, namentlich aber bei der Wegnahme des Dorfes Altenburg und der Besetzung der Höhe von Altstädten mit größter Tapferkeit. Lefèbvre wurde mit ziemlichen Verluste zum Rückzuge genötigt, Jourdan infolgedessen gezwungen, am 17. Und 18. Juni bei Neuwied auf das linke Rheinufer zurückzugehen. Das herzogliche Scharfschützen-Bataillon hatte an jenem Tage seine ganze Munition verschossen, erlitt jedoch nur einen Verlust von fünf Toten und 20 Verwundeten.

Die außerordentlichen Fortschritte Bonapartes in Italien machten eine Verstärkung der transalpinisch-österreichischen Armee dringend nötig, um den Feind den Eingang in Tirol und in die österreichischen Erblande zu verwehren. Deshalb brach Feldmarschall Graf von Wurmser mit einem Teil der oberrheinischen Armee schleunigst dahin auf. Moreau konnte infolgedessen am 23. Juni mit 40.000 Mann bei Wanzenau unweit Straßburg über den Rhein gehen, Kehl nehmen und sich bis gegen Offenburg ausbreiten. Hierdurch wurden die Streitkräfte des Erzherzogs Karl auf bedenkliche Weise geteilt; denn ihm lag es nun ob, das ganze Land von der Sieg am Niederrhein bis hinauf an die Grenzen der Schweiz zu decken.

Das herzogliche Schützenbataillon wurde mittlerweile dem Korps des österreichischen Generals von Hadik zugeteilt, mit welchem es am 11. Juli oberhalb Frankfurts den Main passierte und von da über Großgerau und Mannheim nach Pforzheim marschierte. Während die Franzosen nach einer zweitägigen Beschießung am 16. Juli in Frankfurt einzogen, war für das Hadiksche Korps nichts von Bedeutung vorgefallen bis auf ein Vorpostengefecht bei Wildbad, bei welchem ausschließlich die Weimarische Kompanie von Rothmaler mit dem Feinde engagiert und ihr Führer selbst in Gefangenschaft geraten war. Am Neckar vereinigte sich das Bataillon wieder mit dem kursächsischen Korps.

Da sowohl die Fortschritte Moreaus am Oberrhein, als auch das Vordringen Jourdans in das Herz von Franken, nach der unglücklich abgelaufenen Schlacht bei Rastatt und der am 24. Juli erfolgten Übergabe von Würzburg die österreichische Armee zum eiligen Rückzuge nach den kaiserlichen Erbstaaten bewogen hatten, marschierte Generalleutnant von Lind mit dem gesamten kursächsischen Korps zur Deckung des eigenen Vaterlandes am 28. Juli von Heilbronn aus über Ansbach, Erlangen, Bayreuth und Hof in Eilmärschen nach Sachsen zurück. Das herzogliche Schützenbataillon rückte am 10. August wieder in Weimar ein, wurde aber erst am 1. November wieder auf Friedensfuß gesetzt.

Die Friedensjahre 1797 - 1805

Am 18. Dezember 1796 erschien ein „Reglement für die Kriegs- und Reichscontingents-kasse, nach welchem die einstweilige Demobilmachung und das Beurlaubungssystem bei dem Scharfschützenkorps, sowie die übrigen Ausgaben für das gesamte hiesige Militair vom 1. Januar 1797 an eingerichtet werden sollen".

Die Rationen der berittenen Offiziere wurden wesentlich herabgesetzt. Im „Capitainstractement" sind alle ehemals genossenen Zulagen, wie Quartiergelder, Kompagnie-Douceurs, Beurlaubungsgelder usw. inbegriffen; die Kompagniechefs sollen dafür auch ordentliche Montierungskammern halten, dagegen von der Reparatur der Büchse, ausschließlich Lederwerk daran, befreit sein. Neben seinem „Tractament" erhält der Capitain noch die Beimontursgelder gegen die Verpflichtung, letztere auch zu beschaffen, und außerdem monatlich drei Taler Reparaturgelder zur Instandhaltung der Seitengewehre, des Lederwerks an den Büchsen, der Cartouchen, Säbelkoppel, Riemen für die Decken usw. Im „Tractament" der Subalternoffiziere ist das Quartiergeld mit enthalten, auch sollen die von der Kompagnie zu stellenden „Pursche" wegfallen.

Zu größerer Ersparnis sollen auch die für 1797 neuauszuhebenden 180 Rekruten bis auf die zweimonatliche Herbstübung in ihre Heimat beurlaubt werden. Eine gleiche Wohltat sollte ferner stets acht Korporale vom Bataillon treffen; da sich jedoch wegen schlechten Erwerbs nur sehr wenige fanden, die ihre Beurlaubung wünschten, sah man sich veranlasst, unterm 27. Januar 1797 zu befehlen, dass bei der Besetzung von

Unteroffiziersstellen darauf zu sehen sei, dass die Betreffenden finanziell in der Lage seien, auf längere Zeit ohne „Tractement" beurlaubt werden zu können, ein Befehl, der bei dem damaligen Ersatz jedenfalls ohne jeden Erfolg geblieben ist. Immerhin aber wurden die Ausgaben für das Schützenbataillon im Vergleich zu denen des Jahres 1796, nämlich 95 644 Thlr. 1 Sgr. 9 Pfg., erheblich heruntergedrückt.

In den nächsten Jahren ist nur die Einführung eines neuen, im Sinne der damaligen Taktik gehaltenen Exerzier-Reglements erwähnenswert. Persönliche Veränderungen traten ein durch den Tod des Kommandanten von Jena, Oberstleutnants von Bentheim, zu dessen Nachfolger Major von Mitkau ernannt wurde. Nach dessen schon 1802 erfolgtem Tode übernahm die Dienstgeschäfte Major von Hendrich.

Wie reichlich das Scharfschützen-Bataillon zu jener Zeit mit Weibern und Kindern versehen war - ein Umstand, der auf eine außerordentliche Beschäftigung derjenigen Mannschaften, welche nicht gerade auf Wache standen, schließen lässt, da sie sonst wohl nicht so zahlreiche Familien zu ernähren imstande waren - zeigt ein Bericht der Kriegskommission vom 25. September 1800, welcher bei den verschiedenen Kompanien die Frauen und Kinder aufzählt:

Bei der v. Hönningschen Kompanie: 35 Weiber, 44 Kinder

Bei der v. Bindoffschen Kompanie: 36 Weiber, 63 Kinder

Bei der v. Schardtschen Kompanie: 32 Weiber, 37 Kinder

Bei der v. Egloffsteinschen Kompanie: 37 Weiber, 49 Kinder

Bei den beiden Kompanien in Weimar war eine Musik eingerichtet. Für sie wurden für 79 Thlr. 12 Sgr. folgende Instrumente beschafft:"1 Clarino, 3 B-Clarinetten, 3 C-Clarinetten, 2 Oboes, 2 Octav-Flauti, 2 Fagotti, 2 Tenorhorns mit Crombogen und die Aufsätze auf einige Trompeten und Hörner".

Die Zeit, welche auf die kriegsmäßige Ausbildung verwendet wurde, war nach unsern heutigen Begriffen äußerst knapp bemessen. Die beurlaubten Mannschaften der beiden Kompanien in Weimar wurden im Jahre 1803 von Ende März bis 20. Mai, die der Eisenacher Kompanien von Ende März bis 15. April und dann noch einmal im Juni auf einige Wochen zusammengezogen; hiervon gingen noch die Sonntage, die Tage der Einkleidung, Auskleidung und schlechter Witterung ab.

Am 1. Oktober desselben Jahres wurde sodann, jedenfalls der Ersparnis halber, die Anzahl der Garnisonsmannschaften genau auf so viel Köpfe vermindert, als nötig waren, um vier „Paraden" oder Ablösungen der Wache zu haben, in Weimar 208 Mann zu täglich 52 Schützen für 16 Posten, in Eisenach 140 Mann zu täglich 35 Schützen auf 10 Posten einschl. der Gefreiten. Eine besondere Ausgabe entstand durch die Abschaffung der bisher getragenen Korsikanerhüte, an deren Stelle Kasketts mit Rossschweifen traten. Zu dieser Veränderung wurden jedem Kapitän für seine Kompanie unterm 29. April 100 Thlr. bewilligt.

Am 28. Oktober 1803 erhielt das Bataillon neue Kriegsartikel, die durch ihre große Strenge auffallen. Nur ein einziges Verbrechen, das unentschuldigte Nichterscheinen „zur Wache, zum Marsch, überhaupt zum Dienst, oder wenn Feuerlärm geblasen oder geschlagen wird", wurde mit Arrest belegt, alle übrigen Dienstvergehen wurden mindestens mit sechsmaligen Gassenlaufen durch 200 Mann geahndet. Wer über Nacht ausblieb, musste schon das erste Mal zwölfmal, im ersten Rückfall 20-mal Gassenlaufen; wer vor dem Feinde floh, wurde gehenkt, so wurde er mit dem Rade bestraft; wer mit Stock oder Gewehr im Dienst seinen Vorgesetzten bedrohte, bekam die Kugel vor den Kopf. Schlägereien und Duelle wurden mit 6- bis 30-maligen Gassenlaufen, wenn aber einer entleibt worden, mit dem Tode bestraft.

Entlief ein einem Kommando anvertrauter Arrestant, so traf die Strafe des zehnmaligen Gassenlaufens alle, die zum Kommando gehören. Schulden machen ohne Erlaubnis und Verloben oder Verehelichen ohne Vorwissen des Kapitäns wurde mit Gassenlaufen bestraft. Ein Verbrechen im Rückfall wurde mit verschärften Strafen oder nach Umständen mit sechsmonatigen Zuchthaus belegt. -- Wie man die Stellung des Unteroffiziers zu jener Zeit auffasste, zeigt der Artikel 26, welcher lautet:

„Unteroffiziers werden bei verwirkten geringen Strafen, statt derselben, krumm geschlossen, gefuchtelt, auf ein bis drei Monate degradiert und alsdann verhältnismäßig mit Stockschlägen bestraft; wenn sie aber bei sehr groben Verbrechen außer der erfolgten Degradation noch zum Gassenlaufen verurteilt werden müssen, zugleich auf immer degradiert."

Wenn das Jahr 1804 nichts Bedeutungsvolles für das Bataillon mit sich brachte, so bescherte es doch wenigstens am dritten Weihnachtsfeiertag sämtlichen Unteroffizieren eine Löhnungserhöhung von 1 Thlr. 8 Sgr. Monatlich bis zum Jahre 1808, zu welchem Termin von neuem über die Löhnungsverhältnisse Bericht erstattet werden sollte. Für die angetane Verbesserung versäumten die Unteroffiziere nicht, in einem direkt an den Herzog gerichteten Schreiben ihren untertänigsten Dank auszusprechen.

Als im Jahre 1805 die Möglichkeit kriegerischer Verwicklungen näher rückte, erging an die Militärkommission der Befehl, dass vom 1. September an das ganze Jahr hindurch jede Kompanie 150 Gemeine stark sein sollte und von diesem Tage ab auch größere Herbstübungen beginnen sollten.

Die Ausrüstungs- und sonstigen Kammerbestände wurden in Ordnung gebracht und vervollständigt, am 1. September auch ein neues „Reglement über die große und kleine Montierung für das fürstliche Scharfschützen-Bataillon" herausgegeben, in welchem namentlich die Haltezeit der Montierung bedeutend (auf ein Jahr „für die komplette Montierung mit dem 2 Paar Unterkleidern") herabgesetzt wurde. Unter dem 14. November erschienen Bestimmungen, nach welchen in den Fürstentümern Weimar und Eisenach sowie in dem Jenaischen „Landesteil" Rekruten ausgehoben werden sollten.

Im Allgemeinen sind die bisherigen Grundsätze mit wenigen Abänderungen festgehalten. Das Land ist in Bezirke eingeteilt, die Städte Weimar und Jena ausgeschlossen, in denen nur alle zwei Jahre ausgehoben wird. Gesetzliche Befreiungsgründe sind zahlreicher geworden, so z.B. werden befreit: Brauer, Müller, Bergleute, Salinenarbeiter, alle Schüler, die sich dem Studium widmen; alle, die mehr als zwölf Acker besitzen und ihr Besitztum selbst verwalten; Verheiratete, wenn sie mit der Frau leben und sich ordentlich nähren; Kapitalisten, die von ihren Renten leben; alle Ausländer mit ihren Söhnen; Kammerdiener und Köche. Die Dauer der Dienstzeit bleibt unbestimmt, es bedarf daher keiner Kapitulation. Ausgehoben wird nach Bedarf und zu beliebigen Zeiten. Entlassungen und Verabschiedungen erfolgen nur mit dem Montierungswechsel, selbst bei Untauglichen.

Im Dezember wurde das Bataillon während der damaligen Demonstration der preußischen Armee gegen Frankreich mobil gemacht, aber sehr schnell infolge des Preßburger Friedens wieder auf Friedensstand gesetzt.

Erfurt 1802
Am Abend des 28. Juli 1802 ertönte von den zahlreichen Türmen der Stadt Erfurt Trauergeläute. Weithin schallten die dumpfen Klänge der großen Domglocke Maria Gloriosa. Die Nachricht war in der Stadt eingetroffen, dass der Landesherr Kurfürst Friedrich Karl Joseph von Mainz, verstorben war.

Am folgenden Sonntag wurden unter Verkündigung des Todesfalles die Untertanen von den Kanzeln herab ermahnt, dem bisherigen Koadjutor Karl Theodor von Dalberg als nunmehrigen Kurfürsten, die Treue zu leisten, wie solche, die sie dem verstorbenen Kurfürsten geleistet hätten.

Gleichzeitig verbreitete sich aber auch die Nachricht, dass der König von Preußen, durch die Gebietsverluste der am Rhein gelegenen Besitzungen mit dem Eichsfeld und der Stadt Erfurt und deren Gebiet entschädigt werden sollte.

Am 5. August erhielt das seit dem Jahre 1748 in Erfurt in Garnison gelegene österreichische Infanterie-Regiment „Erbach" aus Wien den Befehl, die Stadt zu verlassen und nach Böhmen zu marschieren. Die Festung Petersberg und die Cyriaksburg blieben von dem schwachen kurmainzischen Infanterie-Regiment unter dem Befehl des Generalmajors von Knorr besetzt. Die Tore der Stadt wurden von

Wachen des Bürgerregiments unter dem Kommando des Stadtmajors besetzt.

Dieses Regiment war ein Überbleibsel aus den sogenannten „tollen Jahren" Erfurts. Es wurde infolge eines Bürgerkrieges errichtet. Schon seit längerer Zeit waren diese Soldaten keine schlagkräftige Truppe mehr, die hier mit alten Musketen und Säbeln den Dienst an den Toren übernahmen.

An einen Widerstand gegen die Besitznahme durch Preußen konnte nicht gedacht werden. Nicht nur die Truppe hatte keinen Kampfwert mehr, sondern auch die Festungswerke um die Stadt befanden sich in einem trostlosen Zustand.

Die erste Anlage von Schutzwehren in Erfurt, gegen räuberische Nachbarn erbaut, verlegt die Sage in das 11. Jahrhundert. Erzbischof Adalbert soll den Domberg zu einer Festung ausgebaut haben. Schon im Jahre 1387 soll der stumpfe Turm erbaut worden sein. In den Hussitenkriegen von 1432 wurde auch die Stadtumwallung verbessert und die Stadt wurde zum Teil mit einer neuen Doppelmauer umgeben.

Die nach der Reformation sich steigernden Streitigkeiten zwischen dem Erfurter Rat und dem Erzstifte Mainz führten dazu, dass zwischen 1606 und 1623 die Stadt mit einem modernen Festungsgürtel umgeben wurde. König Adolf von Schweden gab bei seinem Aufenthalt in der Stadt, im Jahre 1626, den Befehl, die Befestigungen weiter auszubauen und zu verstärken. Erfurt blieb für sechs Jahre in den Händen der Schweden.

Eingangstor Zitadelle Petersberg um 1910

Im Jahre 1644 wurde die Cyriaksburg zu einem modernen Fort ausgebaut, um so die Stadt verstärkt zu schützen. Der Erfurter Rat hatte die Befestigungen Erfurts für so stark gehalten, dass er es gewagt hatte, sich nicht nur den Anforderungen des Erzstiftes Mainz zu widersetzen, sondern auch einer im Jahre 1660 ausgesprochenen Reichsacht zu trotzen.

Der Erzbischof Johann Philipp von Mainz, welcher sich die Reichsexekution hatte übertragen lassen, konnte nur mit Hilfe einer französischen Armee, welche aus Ungarn in die Heimat zurückkehrte, nach vierwöchiger Belagerung Erfurt im Jahre 1664 einnehmen.

Die kurmainzische Regierung erneuerte nicht mehr die Festungswerke der Stadt, da die alten Befestigungen die Stadt nicht mehr schützen konnten. Begonnen wurde aber mit dem Bau von einem neuen Festungswerk, das den Anforderungen des modernen Krieges gerecht wurde. Weiterhin genutzt wurde das starke Fort Cyriaksburg. Neu errichtet wurde auf einer Anhöhe im westlichen Teil der Stadt, dem Petersberg, eine starke Festungsanlage, die die Stadt gegen feindliche Angriffe schützen sollte.

Am 21. August um 8 Uhr morgens sprengte ein preußisches Dragoner-Detachment unter dem Kommando des Leutnants von Biberstein durch die Straßen der Stadt. Das kurmainzische Regierungskollegium wurde nach dem Statthaltereigebäude zusammengerufen und dort kündigte Leutnant von Biberstein die preußische Besitznahme an. Die Okupationstruppen waren bereits bei Ilversgehofen versammelt.

Um 9 Uhr rückten unter dem Kommando des Generalleutnants Graf Wartensleben das Dragoner-Regiment „von Voss", das Infanterie-Regiment „Graf Wartensleben" und die Füsilier-Bataillone „von Rabenau" und „Rühle" mit fliegenden Fahnen und klingenden Spiel durch das Krämpfer Tor in der Stadt ein.

Zum Krämpfer Tor war eine Deputation des Erfurter Stadtrates den Truppen entgegengegangen. Während der feierlichen Anrede des Stadtsyndicus Dr. Schorch wurde die Bürgerwache abgelöst. Preußische Truppen besetzten das Fort Cyriaksburg, die Festung Petersberg und sämtliche Tore der Stadt. Die bisherige Besatzung wurde dort entwaffnet. Der Marsch der preußischen Truppen ging über den Anger und die Lange Brücke zum Paradeplatz, „vor den Graden", dem heutigen Domplatze hin.

Eine große Menschenmenge hatte sich dort versammelt, um dieses Schauspiel zu beobachten. Am Fuße der Graden, bei der breiten Steintreppe, deren 70 Stufen zum Dome Beatae-Mariae-Virginis und der Kirche St.Severi emporführten, wurde von den preußischen Soldaten ein Viereck gebildet. Das kurmainzische Regiment erschien sehr bald ohne Waffen, und es musste hier preußische Dienste annehmen und dem König von Preußen den Eid auf Treue schwören.

An allen Straßenecken und öffentlichen Gebäuden wurde das preußische Besitznahmepatent und auch ein Generalpardon angeschlagen. Am Statthaltereigebäude und am Rathaus wurde der preußische Adler angebracht. Dadurch, dass die Übernahme friedlich verlief, wurden die Truppen bald in ihre Quartiere entlassen. Die Dragoner wurden auf die Dörfer des Erfurter Gebietes gelegt, die Infanterie in der Stadt einquartiert. Generalleutnant Graf Wartensleben nahm Quartier in der Statthalterei. Zivilkommissare übernahmen die Verwaltung der Stadt und des Landes Erfurt.

Die formelle Abtretung erfolgte jedoch erst durch den Reichsdeputations-hauptbeschluß vom 25. Februar 1803. Da die Übernahme friedlich ablief, konnten sehr bald die Wachen verringert werden und die Füsilier-Bataillone „Rabenau" und „Rühle" und das Dragoner-Regiment „von Voss" kehrten in ihre schlesischen Garnisonen zurück.

Das Militär

Die Erwerbung des neuen Gebietes machte für Preußen die Errichtung neuer Truppenteile notwendig. Generalleutnant Graf Wartensleben erhielt den Auftrag, aus dem ehemaligen kurmainzischen Infanterie-Regiment und aus dem 2. Bataillonen seines, die Armeenummer 43 tragenden Regiments, ein neues zu formieren.

Das kurmainzische Regiment „von Knorr" war 534 Mann stark gewesen, dazu hatten noch ein Generalstab von 17 Personen, ein Artilleriekommando von 26 Mann und ein Husarenkommando von 11 Mann gehört. General von Knorr wurde nachgesagt, dass er eine gute Disziplin in seinem Regiment eingeführt hatte. Er hatte sich aber auch sehr um die Gesundheit seiner Untergebenen verdient gemacht, indem er die Soldaten von der ewig vorhandenen Krankheit der Krätze befreite. Dies wurde durch scharfe diätetische Aufsicht erreicht. Er schuf zu diesen Zwecken eine auf eigene Kosten angelegte Bibliothek.

Musiker des Regiments „Knorr" musizieren auf dem Erfurter Markt

In den Kämpfen der neunziger Jahre des 18. Jahrhunderts, bei der Wiedereroberung und Verteidigung der Stadt und Festung Mainz hatte das kurmainzische Regiment tapfer gekämpft. Bis zum Friedensschluss von Basel hatte das Regiment unter preußischen, danach unter österreichischen Oberbefehl gestanden.

Das preußische Regiment Nr. 43, welches Teile des neuen Regiments stellte, war ein in Schlesien liegendes Regiment. Es war von Friedrich dem Großen aus der Breslauer Stadtgarde errichtet worden und hatte in den schlesischen Kriegen sowie im polnischen Insurrektionskriege von 1794 mit Auszeichnung teilgenommen.

Das neu zu errichtende Regiment sollte die Armeenummer 59 führen; es erhielt denselben Etat wie die bestehenden Infanterie-Regimenter der Armee und auch eine entsprechende Uniformierung. Wie in anderen deutschen Staaten führte das Regiment neben der genannten Regimentsnummer auch den Namen des Inhabers des Regiments.

Es wurden zwei Musketier-Bataillone zu je fünf Kompanien und ein drittes (Depot-) Bataillon zu vier Kompanien, sowie zwei Grenadier- und einer Invaliden-Kompanie errichtet. Die Stärke an Offizieren betrug ein Chef, vier Stabsoffiziere, fünf Kapitäne, sieben Stabskapitäne, zehn Premierleutnante, 28 Sekondeleutnants und zehn Fähnriche.

Für das III. Bataillon betrug die Stärke an Offizieren ein Stabsoffizier und vier

Kapitäne für die Invalidenkompanie ein Kapitän und ein Leutnant.

Die Stärke einer Grenadier-Kompanie betrug 14 Unteroffiziere, drei Spielleute, zehn Schützen und 160 Gemeine. Die Stärke einer Musketier-Kompanie des I. und II. Bataillons betrug 12 Unteroffiziere, drei Spielleute, zehn Schützen und 130 Gemeine. Anders verhielt sich die Zusammenstellung einer Kompanie des III. Bataillons. Die Stärke betrug neun Unteroffiziere, drei Spielleute und 120 Gemeine. Bei den Grenadier-Kompanien sowie bei den Kompanien des I. und II. Musketier-Bataillons gab es außerdem noch ein Artillerieunteroffizier, 17 Artilleristen und acht bzw. zehn Zimmerleute, die aber nur im Kriegsfalle zugeteilt wurden. Dieses Personal bediente im Kriegsfalle die mitgeführten Bataillonskanonen.

Regiment Nr. 59, „Graf von Wartensleben"

Die Stärken in Friedenszeiten variierten sehr, schon um Kosten zu sparen. Außerdem musste grundsätzlich das zehnmonatliche Gehalt für 26 Unteroffiziere, 42 Artilleristen und 588 Gemeine erspart werden. In Folge der zu diesem Zwecke stattfindenden Beurlaubungen waren daher die Kompanien durchschnittlich nur acht bis zehn Unteroffiziere und 60 bis 70 Gemeine stark. In der genannten Zahl war noch eine große Anzahl sogenannter Freiwächter einbegriffen. Diese blieben zwar in der

Garnison, verzichteten aber auf Löhnung, dafür waren sie von allen Diensten befreit.

Der Uniformrock war der bekannte aus grobem blauen Tuch gefertigte, mit Knöpfen verziert und mit Haken geschlossene Rock. Die besonderen Regimentsabzeichen bestanden in weißen Aufschlägen, Rabatten und Kragen. An dem Uniformrock sollen weiße Westenschöße angenäht gewesen sein. Es ist aber sehr wahrscheinlich dass eine normale Weste getragen wurde. Das Säbelkoppel wurde über die Weste geschnallt getragen, bei nur angenähten Westenschößen war es sehr schwierig das Säbelkoppel anzuschnallen. Dadurch dass die Soldaten nur den Rock als wichtigstes Kleidungsstück hatten, wäre das Tragen einer Weste bei kalten Wetter doch sehr nützlich.

Zu kurzen, weißen Beinkleidern wurden Schuhe mit blank gewichsten Stiefeletten getragen. Die Halsbinde war rot und die Kopfbedeckung bestand aus einem dreieckigen schwarzen Filzhut. Diese dreieckigen Hüte entsprachen dem unter Friedrich dem Großen getragenen Muster. Nur waren die Krempen jetzt höher und die vordere Spitze mehr abgeflacht, wie es die zu Ende des 18. und Anfang des 19. Jahrhunderts herrschende Mode mit sich brachte. Die Hutkrempen hatten eine etwa fingerbreite Einfassung von weißer Borte, die aus Wolle bestand. Auf dem Hut saß ein aufrechtstehender wollener Busch, der sogenannte Hutpüschel.

Er saß an der vorderen Kante der Hutkrempe und wahrwahrscheinlich innen am Hutkopf befestigt. Der Puschel hatte bei jedem Regiment seine eigene Farbkombination. Das Regiment Wartensleben hatte weiße Püschel mit rotem Kern. Unteroffiziere, Hoboisten und Schützen des Regiments trugen Hutpüschel in den Farben schwarz und weiß geviertelt. Diese Püschel und Farbenkombination wurde von allen Unteroffizieren, Spielleuten und Schützen der Armee getragen. Um den Hutkopf lief der sogenannte Kordon. Es war eine weiße wollene Schnur, die an den Enden mit kleinen Quasten oder Püscheln verziert war. Diese Püschel kamen an der Seite des Hutes zum Vorschein, hingen aber nicht über die Krempe heraus. Kordon und Hutpüschel waren immer in der gleichen Farbe. Der Hutkordon sollte dazu dienen, die Hutform zu erhalten, wenn der Hut nass werden sollte.

Was den Sitz des dreieckigen Hutes anbelangt, so pflegte man 1806 die vordere Seite nach links zu drehen und die rechte Hutkrempe wurde etwas über das rechte Auge gedrückt. Auf diese Weise waren die Seitenkrempen beim Exerzieren mit der langen Muskete nicht im Wege.

Die Uniformierung der Offiziere war sehr ähnlich der der Gemeinen, jedoch trugen sie zum Teil Stiefel und schwarze Halsbinden sowie gelbe Stulpenhandschuhe. Ihre Hüte zierten eine schmale goldene Tresse und ein Federbusch. Hutpüschel wurden von den Offizieren nicht getragen. Sie trugen eine Kokarde am Hut. Im Dienst wurde außer der zweimal um den Leib gewundenen Schärpe ein silberner Ringkragen getragen. Dieser Ringkragen, ein Überbleibsel der mittelalterlichen Ritterrüstung, zeigte an, ob der betreffende Offizier sich im Dienst befand. Offiziere der Jäger und der Füsiliere trugen diesen Ringkragen nicht.

Offiziere und Mannschaften trugen der Mode entsprechend den bekannten Zopf, welcher mit Puder und Pomade dick gemacht wurde. Bei den Offizieren mussten die Zöpfe bis an die Taille reichen. Das Regiment „Wartensleben" trug seitlich am Kopf drei Locken. Die Bestimmung der Zahl der Locken war dem Regimentschef überlassen. Die Zöpfe der Gemeinen und Unteroffiziere wurden schon kürzer getragen als zurzeit Friedrich des Großen.

Unteroffiziere und Mannschaften trugen einen Säbel an einem weißen ledernen Säbelkoppel. Dieser Säbel wurde im Kriegsfalle nie verwendet. Er war mehr ein Zeichen des Soldatenstandes. Das um die Hüfte gehende Säbelkoppel wurde durch eine Messingschnalle geschlossen. Diese Schnalle wurde wie in unserer Zeit mit einem Haken eingehakt und wurde so geschlossen. Am Koppel sollte auch das Bajonett getragen werden, welches aber immer auf dem Gewehr aufgesteckt blieb.

Die Patronentasche wurde an einem ledernen Bandelier über der linken Schulter getragen. Die lederne Patronentasche enthielt 30 Patronen in einem Einsatz, der aus

Leder hergestellt war. Unter dem Einsatz war ein weiterer Vorrat von 30 Patronen verstaut. Unter dem Deckel der Tasche war eine kleine runde Tasche aus Leder aufgenäht, die die Feuersteine und Werkzeuge enthielt. Auf dem Deckel war ein Blech befestigt, das den königlichen Namenszug zeigte. Die Bleche waren aus Messing geprägt oder aber aus Messing gegossen. Die Regimenter trugen zum Teil alle verschiedenartige Bleche auf ihren Patronentaschen. Die Munition bestand aus einer aus Papier gerollten Röhre, in die das Pulver und die Kugel eingebunden waren. Zum Laden musste das Ende der Patrone aufgebissen werden und wurde dann in den Lauf gesteckt und mit den Ladestock heruntergestoßen.

Die Mannschaften führten das Steinschloßgewehr Mod. 1780/87 mit Bajonett. Dieses Modell war eine Weiterentwicklung des Gewehrs M 1740 dem sogenannte Kuhfuß. Der Lauf war blank poliert und der Schaft war schwarz gefirnisst. Eine Unsitte, die in der Preußischen Armee Fuß gefasst hatte, war es das Lockern der Schrauben am Gewehr, um so Geräusche beim Exerzieren zu erzielen. Die Schützen der Einheit trugen das sogenannte Scharfschützengewehr Mod. 1787. Dieses Gewehr war kürzer als das normale Infanteriegewehr, und war mit einem gezogenen Lauf ausgerüstet, der ein genaueres Schießen ermöglichte.

Andere wichtige Ausrüstungsgenstände, die von den einfachen Soldaten getragen wurden, waren ein leinener Brotbeutel und der sogenannte Tornister. Tornister und Brotbeutel wurden über der rechten Schulter getragen und sollten so als Gegengewicht zur schweren Patronentasche dienen.

Die Unteroffiziere trugen das sogenannte Kurzgewehr. Diese Stangenwaffe, zusammen mit den Unteroffiziersstock, waren das Zeichen des Unteroffiziersranges. Grenadier- und Schützenunteroffiziere führten ein gezogenes Gewehr. Die Offiziere führten außer dem Degen das Sponton, eine Stangenwaffe, dem Kurzgewehr der Unteroffiziere ähnlich.

Garnison für die alle drei Bataillone des Regiments wurde die Stadt Erfurt. Die Grenadier-Kompanien wurden nach Mühlhausen, die Invalidenkompanie nach Heiligenstadt verlegt. Im Kriegsfalle sollten die Grenadier-Kompanien in Mühlhausen mit den Grenadier-Kompanien des Regiments „Kurfürst von Hessen" zusammentreffen und so ein neues Grenadier-Bataillon formieren.

Chef des neu errichteten Regiments wurde Generalleutnant Graf Wartensleben. Am 10. Februar 1803 war er bereits zum Gouverneur der Stadt und Festung Erfurt ernannt worden. Generalleutnant Wartensleben gehörte einer Familie an, die nahe Beziehungen zum Königshause hatte. Der Großvater war der Generalfeldmarschall Wartensleben gewesen. Sein Vater hatte von der Thronbesteigung Friedrich II. an bis zum Ausbruch des Siebenjährigen Krieges als Generaladjutant des Königs fungiert.

Graf Leopold Alexander von Wartensleben wurde 1745 geboren und hatte als Offizier im Ersten Bataillon „Garde" die beiden letzten Feldzüge des Siebenjährigen Krieges, zum Teil als Adjutant des Markgrafen Karl, mitgemacht. Nach dem Friedensschluss hatte er in Potsdam zu den Vertrauten des Prinzen Friedrich Wilhelm, des nachmaligen Königs Friedrich Wilhelm II., gehört und sich dadurch die Ungnade des Königs Festungsarrest und Versetzung in das in der Provinz Preußen liegende Regiment „Alt Sutterheim" zugezogen.

Er wurde bereits 1773 bei der zu Marienburg erfolgenden Formierung des Regiments „von Krokow" Nr. 51 zum Kapitän, im Jahre 1779 zum Major befördert. Nach der Thronbesteigung König Friedrich Wilhelm II. war er zum Kommandeur des in Brandenburg garnisonierenden Regiments „von Raumer", Nr. 36 ernannt worden. In gleicher Eigenschaft wurde er 1792 zu dem in Spandau stehenden Regiment „Prinz Heinrich", Nr. 35 versetzt.

An der Spitze des Regiments war er an den Rhein gezogen und hatte an dem Feldzug von 1793/94 teilgenommen. In der Nacht vom 16./17. November 1793 hatte er mit Freiwilligen verschiedener Regimenter einen Überfall auf die Bergfeste Bitch ausführen müssen. Nach Beendigung des Rheinfeldzuges wurde er zum Generalmajor befördert. Am 19. Mai 1795 wurde er Chef des in Liegnitz stehenden Regiments Nr. 43. Der Erwerb großen Grundbesitzes in Schlesien hatte ihn im Jahre 1802, in Verbindung mit dem Hervortreten eines schweren Bruchleidens veranlasst, um seine Verabschiedung zu bitten. Dieses Gesuch wurde aber vom König abgelehnt. Bei den Manövern in Potsdam im Jahre 1791 wurde ihm der Orden Pour le Mérite verliehen. Den Roten Adlerorden erhielt er 1797. Nach dem Tilsiter Frieden wurde von Wartensleben verabschiedet und starb im Jahre 1822.

Kommandeur des Regiments wurde der aus einer thüringischen Familie stammende Major von Ebra, erst 42 Jahre alt, war er aber schon mit dem Orden Pour le Mérite ausgezeichnet worden. Im Alter von 36 Jahren war er bei der Formierung des Regiments „Courbiere" Nr. 58 Stabsoffizier geworden und hatte zuletzt das aus den Grenadier-Kompanien dieses Regiments und des Regiments „Reinhardt" bestehende Grenadier-Bataillon in Oletzko kommandiert. Er starb im Jahre 1818 als Generalleutnant a.D.. Major von Ebra war ein ausgezeichneter Exerziermeister und Praktiker.

Der nach der Dienstaltersliste (Anciennetät) als ältester geführte Stabsoffizier, Major von Kraft, wurde im Regiment angestellt. Er war 38 Jahre alt und seit drei Jahren Stabsoffizier. Er zeichnete sich in den Kämpfen des folgenden Befreiungskrieges in hohem Maße aus und wurde im Jahre 1820 kommandierender General des I. Armeekorps.

Von den übrigen Stabsoffizieren waren die Majore von Schenk, von Gfung, Hofer von Lobenstein und von Bennigsen 54, 50, 42 bzw. 38 Jahre alt. Major von Schenk fiel bei Auerstedt, die Majore von Gfug und Hofer von Lobenstein wurden nach dem Tilsiter Frieden pensioniert. Major von Bennigsen hatte sich 1793 bei der Belagerung von Mainz den Orden Pour le Mérite erworben. Er machte die Feldzüge 1813/14 in der Russisch-Deutschen Legion mit. Zuletzt führte er das Kommando als Brigade-kommandeur.

Kommandeur des III. Bataillons war der 63 jährige Oberst von Amelunxen. Er hatte einen 67-jährigen Kompaniechef, Major von Cave, unter sich. Oberst von Amelunxen war im Jahre 1814 immer noch Kommandeur des Erfurter Landsturms.

Die Offiziere des Regiments wurden zum Teil altpreußischen Regimentern entnommen. Zum Teil wurden aber auch Kurmainzische, aus Süddeutschland und Thüringen gebürtige Offiziere eingestellt. In der Rangliste finden sich die Namen: Löwenstein, Seckendorf, Eberstein, Bodungen, Biela, Holleben, Wolffersdorf, Berlepsch usw. Die übernommenen Offiziere waren im Allgemeinen kein ganz leicht zu behandelndes Element. Zur Charakterisierung der kurmainzischen Offiziere dienen die Tatsachen, dass im Juli 1802 in Erfurt im großen Saale des alten Rathauses ein Regierungsrat, Graf Reuß, von einem Leutnant Schwartz in seiner Trunkenheit erstochen worden war. Desgleichen war im Oktober desselben Jahres der Oberstleutnant Buchholz von dem Oberleutnant Patrick vor der Grünen Apotheke auf offener Straße erstochen worden.

Von den Kapitänen und Leutnanten des Regiments sind bei Auerstedt 26 teils gefallen, teils verwundet worden. 32 von ihnen haben der Armee des Jahres 1813 angehört. Von ihnen fielen die Kapitäne Baron von Linsingen und Graf Löwenstein-Wertheim und der Premierleutnant von Ingersleben als Stabsoffiziere im Jahre 1813, die Leutnante von Seckendorf und von Holleben fielen 1814 bzw. 1815.

Zu den Offizieren des Regiments gehörten zwei, deren Namen 1813 in weiten Kreisen bekannt wurden. Knod von Helmenstreit errichtete die Infanterie des Lützowischen Freikorps und Ferdinand von Witzleben, unter dem Namen von Tromlitz, wurde als Schriftsteller bekannt und machte sich als Oberst und Brigadier der Hanseatischen Legion einen Namen.

Auch zwei Söhne des Regimentschefs dienten im Regiment, der eine als Stabskapitän und Generaladjutant, der andere als Sekondeleutnant. Beide zeichneten sich im Befreiungskriege aus und erwarben das neu geschaffene Eiserne Kreuz. Die

Unteroffiziere und Mannschaften des Regiments wurden dem II. Bataillon des Regiments Nr. 43 und dem Regiment „von Knorr" entnommen. Das Alter der Unteroffiziere variierte zwischen 24 und 50 Jahren, das der Mannschaften zwischen 20 und 40 Jahren. Doch befand sich auch manche alte verwitterte Gestalt, dessen Haar kein Puders mehr benötigte, in den Reihen des Regiments. Speziell unter den Grenadieren befanden sich sogenannte „weiße Grenadiere". Einige von Ihnen hatten noch in der Reichsarmee am Ausgang des Siebenjährigen Krieges teilgenommen.

Die Dienstzeit war für Inländer und Ausländer verschieden. Inländer waren die aus den Kantons ordnungsgemäß ausgehobenen Mannschaften, während unter den Ausländern nicht nur die aus dem Auslande angeworbenen Mannschaften, sondern auch Soldatensöhne, Mannschaften aus enrollierungsfreien Städten und Gegenden, Söhne von besitzlosen Vätern und etwa vorhandene unsichere Kantonisten gerechnet wurden.

Die Dienstzeit der Kantonisten betrug 20 Jahre. Mit den Ausländern, deren Zahl auf 70 per Kompanie festgesetzt war, wurden 10 jährige Verträge abgeschlossen. Die Ausländer durften nicht außerhalb der Garnison beurlaubt werden. Infolge der langen Dienstzeit waren fast die Hälfte der Unteroffiziere und Mannschaften verheiratet, daher spielten auch die Soldatensöhne eine Rolle für den Ersatz. Rekrutengestellung sollte aus dem erfurtschen Gebiete und dem Eichsfeld, sowie aus den Städten Mühlhausen und Nordhausen erfolgen. Diese Städte waren der Kanton des neu errichteten Regiments.

Der Errichtungstag war der 1. März 1803. Am Tage vorher fand die Nagelung der verliehenen Fahnen im Saale des Statthaltereigebäudes durch die Offiziere und durch eine Abordnung der Unteroffiziere und Mannschaften statt. Die Fahnenstangen waren weiß lackiert. Die Leibfahne war von weißer, die übrigen Fahnen von grüner Seide. Auf der einen Seite befand sich in Silber der gekrönte königliche Namenszug, auf der anderen Seite der schwarze heraldische Adler, inmitten eines durchgehenden roten Kreuzes.

Am 1. März nahm das Regiment auf dem Exerzierplatz, dem Krämpferfelde, an der Straße nach Kerbsleben, Aufstellung. Die Bataillone waren in Linie zu drei Gliedern aufgezogen. Die Kompanien wurden nach dem Dienstalter der Chefs formiert. Eine Ausnahme machte die Kompanie des Zweitältesten, die auf dem linken Flügel stand. Acht Schritte vor der zweiten Rotte ihrer Züge standen die Offiziere. Vor der Mitte der Kompanien standen die Tambours, vor den Tambours in der Mitte standen die neu verliehenen nun entrollten Fahnen, zwei bei jedem Bataillon.

Nach Ankunft des Generalleutnants Graf Wartensleben wurde das Regiment im langsamen Schritt mit steil im linken Arm geschultertem Gewehr rechts und links geschwenkt und in einen Kreis formiert. Es erfolgte das Kommando: „Gebt Achtung - Präsentiert das Gewehr", hierbei salutierten die Offiziere mit dem Sponton in der rechten Hand, während mit der linken Hand der Hut abgenommen wurde. Unter präsentiertem Gewehr las der Regimentsauditeur Berndes die Kriegsartikel vor.

Nachdem das Gewehr beim Fuß genommen war, hielt der Regimentsprediger Marquardt ein Gebet und bat darin „Gott um seine Gnade, dass er einen guten Soldaten vor dem Meineid bewahren und ihn so regieren wolle, dass ein jeder, bei allen Begebenheiten, es sei in der Bataille, in Belagerung oder anderen Affairen, seiner Fahne treu bleibe und selbige bis auf den letzten Blutstropfen verteidige, damit nie eine solche Fahne in des Feindes Hände kommen möge". Nach dem Gebet des Geistlichen folgte der Schwur auf die Fahne aller Offiziere, Unteroffiziere und Gemeinen. Das Gewehr wurde dabei geschultert im linken Arm getragen. Eine Ermahnung der Kapitäne an ihre Leute, den Eid nicht zu vergessen, beendete die Feierlichkeiten.

Die Friedensjahre

Das Regiment „Wartensleben" verlebte drei Friedensjahre in Erfurt. Der Chef des Regiments lebte als Gouverneur auf großem Fuße. Sein Privatvermögen ermöglichte das. In den Memoiren der Gräfin Wartensleben, geb. Gräfin Reichenbach, seiner Schwiegertochter heißt es: „Die Eltern bewohnten in Erfurt den Palast des Statthalters und waren dort fürstlich eingerichtet. Zu einem glänzenden Hausstande waren sie genötigt, weil der König und die hochselige Königin alljährlich eine Zeit lang dort verweilten, wo dann die Herzöge von Weimar, Gotha usw. und die Königlichen Verwandten ihren Besuch abstatteten. Der Vater hatte dort von Meppes aus Mainz ein Weinlager für 8.000 Taler gekauft, war auf Jahre mit Wachslichtern, Gewürzen und Vorräten versehen. Er hatte dort sein beträchtliches Silber, Münzkabinett, Karten, Bücher, Porzellan, Glas und Weißzeug, hatte für 3.000 Taler die Gärten in den Festungswerken angekauft, hatte seine 12 Pferde und mehrere Wagen dort, als es unvermutet zum Kriege kam".

Das Auftreten des Gouverneurs und Chefs stand in ziemlich grellem Gegensatz zu dem Leben der Offiziere. Sie waren größtenteils auf das Tractament angewiesen. Die Stabsoffiziere erhielten als Kompaniechefs 66 Taler und 16 Groschen monatlich als Gehalt, dazu eine Stabszulage, welche für den Kommandeur monatlich 27 Taler und 12 Groschen ausmachte.

Für den nächstältesten Stabsoffizier betrug die Stabszulage 18 Taler und 8 Groschen, für die Übrigen betrug die Zulage 9 Taler und 4 Groschen. Der Kapitän als Kompaniechef erhielt ebenfalls das genannte Gehalt von 66 Talern und 16 Groschen. Die Kompaniechefs erhielten für die Ökonomie ihrer Kompanien Pauschalsummen ausgezahlt, die für die Instandhaltung der Gewehre und Säbel, der Anwerbung von Ausländern, der Beschaffung von den kleinen Montierungsstücken usw. Verwendet wurden. Sie hatten das reglementmäßige Recht Überschüsse aus diesen Geldern zu behalten.

Der Stabskapitän und der Premierleutnant erhielten monatlich 15 Taler und 8 Groschen, der Sekondeleutnant und Fähnrich erhielten 13 Taler. Erst im Jahre 1805 wurden diese Sätze um monatlich 4 Taler erhöht. Für die Montierung einschließlich des Schärpenabzuges wurden monatlich 4 bis 5 Taler abgezogen.

Durch das Reglement war die jährliche Beschaffung einer neuen Montierung vorgeschrieben. Es blieben daher dem Subalternoffizier einschließlich des Stabskapitäns monatlich höchstens 9 bis 10 Taler zur Bestreitung seines Lebensunterhalts übrig. Diese Kärglichkeit des Gehaltes hing mit der früheren Sitte zusammen, dass die Subalternoffiziere früher ihren Mittagstisch beim Kompaniechef gefunden hatten. Sie brauchten sich deshalb um ihre Verpflegung nicht zu kümmern. Der Fähnrich hatte allerdings meistens aufstehen müssen, wenn der Braten am Tisch gereicht wurde. Auch der Leutnant hatte häufig nur eine Sorte Wein und einen normalen Braten bekommen, wenn noch andere Gäste am Tisch waren. Einen gemeinsamen Mittagstisch gab es nicht. Ein Teil der Offiziere ließ sich aus Garküchen das Essen holen oder nahmen am Tische der Quartierwirte teil. Ein anderer Teil ließ sich gemeinschaftlich durch ihre Burschen das Essen kochen. Andere wiederum verließen sich darauf, etwas in der Wachtstube zu bekommen.

Die Offizierswachtstuben auf dem Petersberg und auf dem Platz vor den Graden vertraten die Stelle eines gemeinschaftlichen Kasinos. Auf der letztgenannten Wache pflegte sich gewöhnlich mindestens ein Offizier als Arrestant aufzuhalten. Der Kommandeur konnte jeden Stabsoffizier, der Stabsoffizier den Kapitän, der Kapitän den Leutnant auf Wachtarrest schicken. Dies geschah sehr häufig auch gegen kleine Vergehen.

Die Unteroffiziere und Mannschaften litten bei ihrem Tractament sehr unter der in Erfurt herrschenden Verteuerung. In den Jahren 1803 und 1805 hatte es in den Thüringer Landen Missernten gegeben. Im Jahre 1805 kostete in Erfurt 1 Metze Korn 1 Taler 8 Groschen, 1 Metze Gerste 18 Groschen, 1 Metze Kartoffeln 8 Groschen. Das Tractement für einen Sergeanten betrug 4 Taler, für einen Mittelunteroffizier 3 Taler, 1 Groschen und 6 Pfennige, für einen Korporal 3 Taler monatlich. Der gemeine Mann erhielt alle 5 Tage 8 Groschen. Die Portion Brot betrug täglich 1 3/4 Pfund Kleibrot.

Dem Kapitänen war durch das Reglement vorgeschrieben, „auf die Conservation der Soldaten jederzeit ein besonderes Augenmerk zu richten, welches durch Reinlichkeit, Menage machen und täglich warmes Essen geschieht". Indessen war die Ausführung nicht so einfach zu bewerkstelligen. Vom Tractement musste ein nicht unwesentlicher Teil für Puder, Schuhwachs, Schmirgel, Seife u.s.w. ausgegeben werden. Zimmereinrichtungen für die persönlichen Gegenstände gab es nicht.

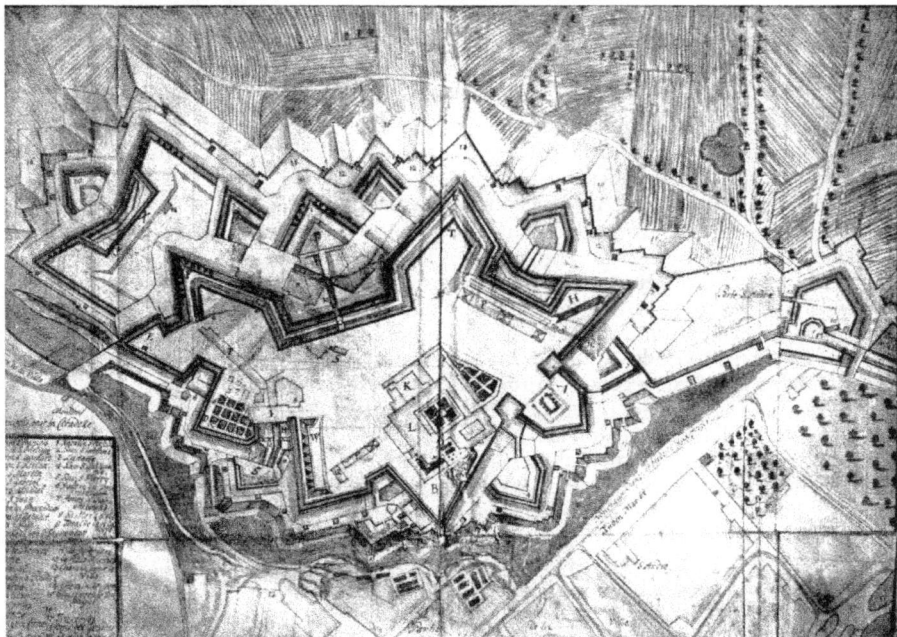

Festung Petersberg, 1710

Die Leute mussten korporalschaftsweise kochen oder einzeln für sich selber sorgen. Vielfach war die Lebensweise eine sehr dürftige und karge. Morgens für einen Dreier einen Nordhäuser und ein Stück Kommissbrot, mittags aus der Garküche für einen anderen Dreier, Suppe und ein Stück Kommissbrot, abends für einen Dreier Lichtenhainer und abermals Kommissbrot. Wer es besser haben wollte, war gezwungen, sich einen Nebenverdienst zu verschaffen. Am Brühler- und Löber Tor sah man die Mannschaften des Regiments, die aus dem Thüringer Wald kommenden Holzfuhren erwarten, um sich zum Abladen und Holzspalten anzubieten.

Andere traf man auf dem Anger an den Straßenecken, gewöhnlich den Uniformrock über die Schulter geworfen, als Zeichen, dass sie Arbeit annehmen wollten. Andere verrichteten bei den Bürgern der Stadt, für einen geringen Lohn, niedrigste Hausknechtsdienste. Wieder andere arbeiteten in ihren Quartieren, bis aufs Hemd entkleidet, für die Wollwebereien. Sie kratzten oder verspannen die Wolle. Wohlwollende Kompaniechefs sorgten für ihre Unteroffiziere und Mannschaften, als ständen sie an der Spitze einer Erwerbsgenossenschaft. Sie ließen die Soldatensöhne ein Handwerk erlernen, unterstützten die Rekruten und neu verheirateten durch Vorschüsse zur Anschaffung von Handwerkszeug, Betten usw. Sie sorgten auch dafür, dass wenn eine einträgliche Arbeit eine Art von Kaution erforderte, diese von ihnen bezahlt wurde.

Die Offiziere waren ebenso wie die Unteroffiziere und Mannschaften in Bürgerquartieren untergebracht. Nur auf der Festung Petersberg und in Neu-Erbe gab es einige Kasernen ähnliche Einrichtungen. Die heute sich auf dem Petersberg befindlichen kasemattierten Räume sind erst später erbaut worden.

Das dienstliche Leben spielte sich hauptsächlich auf dem Platze vor den Graden und auf dem Exerzierplatz bei Kerbsleben ab. Auf dem Platze vor den Graden fand um 11 Uhr das tägliche Aufziehen der Wachtparade mit feierlicher Paroleausgabe statt. Vor der Paroleausgabe exerzierte die Wachtparade für eine längere Zeit, bevor sie offiziell aufzog. Eine Diskussion der Offiziere über die Vorfälle des kleinen Dienstes folgte.

Der Platz vor den Graden war zur Zeit der Wachtparade auch der Ort, wo die Strafen ausgeführt wurden. Die Arreststrafen, wie Lattenarrest, wurden nur selten ausgeführt. Der Kompaniechef konnte Arrestanten mit bis zu 30 Stockschlägen bestrafen. Er musste jedoch die Ausführung der Strafen vor versammelter Wachtparade oder Kompanie durchführen.

Sogenannte Stubenexekutionen waren streng verboten. Ebenso war es den Offizieren bei Arrest- und Festungsstrafe untersagt: „einen Soldaten mit Faustschlägen ins Gesicht, noch mit Stockschlägen auf die Schienenbeine und Lenden oder mit anderen unanständigen Strafen und Ausdrücken zu misshandeln".

Grobe Trunkenheit im Dienste, Insubordinationsvergehen und Desertation w urden mit Spießrutenlaufen bestraft. Die Verhängung des Spießrutenlaufens erfolgte meist standrechtlich. Bestätigung oder Verhängung durch den Chef oder in dessen Abwesenheit durch den Regimentskommandeur war vorgeschrieben. Sollte die Exekution des Gassenlaufens vollzogen werden, so wurde auf dem Platze vor den Graden die Wachtparade auf 200 Mann verstärkt und in zwei Glieder formiert. Nachdem das Zeichen gegeben wurde, mit der Exekution zu beginnen, wurde das Gewehr präsentiert, das erste Glied machte linksum kehrt, es erfolgte das Kommando, das Gewehr in die linke Hand zu nehmen. Sodann ging der Profoss zwischen den Gliedern hindurch. Jeder Soldat erhielt so viele Ruten, wie Delinquenten durchzulaufen hatten. Nach der Verteilung der Ruten schlugen die Tam bours am linken Flügel einen Wirbel, unter Trommelklang nach der noch aus der Landsknechts- zeit stammenden Melodie: „Warum bist du fortgelaufen, darum musst du Gassen laufen, darum bist du hier", wurde der Delinquent von einem Unteroffizier mit vorgehaltenen Kurzgewehr zwischen den Gliedern hindurchgeführt.

Während der Exekution ritt der Major neben dem ersten Glied auf und nieder, der Adjutant ging hinter dem zweiten Gliede entlang. Unteroffiziere gingen hinter den Gliedern entlang, um sicher zu machen, dass die Ruten auch richtig gebraucht wurden. Beim Durchlaufen der Gasse waren die Delinquenten an die Unteroffiziere gefesselt, so dass sie nicht zu schnell durch die Gasse gingen. Nach beendeter Exekution erfolgte das Kommando: „Ruten weg! Das Gewehr in die rechte Hand". Sehr häufig fanden jedoch die Exekutionen des Spießrutenlaufens nicht statt.

Das Desertieren eines Soldaten wurde durch drei Kanonenschüsse vom Petersberg aus bekannt gegeben. Noch seltener wie Desertationen waren Selbstmordfälle. Aus de m Jahre 1805 wird nur ein solcher Selbstmordfall gemeldet: ein im Rathause auf Posten stehender Soldat erschoss sich.

Das Exerzieren im Regiment fand bei Kerbsleben auf dem Übungsplatz statt. Nach dem Reglement sollte eigentlich an allen Geldtagen, wenn es die Witterung erlaubte, im Regiment exerziert werden. Dies war aber in Rücksicht auf die vielen Beurlaubten und Freiwächter unausführbar. Das Exerzieren beschränkte sich dadurch nur auf die Revuezeit, der einzigen Zeit, in der das Regiment komplett war. D ie Revuezeit dauerte alljährlich von Mitte April bis in die ersten Tage des Monats Juni. In den ersten vier Wochen wurde im Detail, in Peletons und Divisionen, dann im Regiment exerziert. Das gültige Reglement war das von 1788, doch waren schon vielfach Än derungen ergangen. Besondere Sorgfalt wurde auf die Chargierung[1] gelegt. Die Revuezeit galt als der alleinige Maßstab der Ausbildung der Truppen. Die Truppen wurden in den verschiedenen Arten des Manövrierens wie im Avancieren und Retirieren geübt. Es gab das Hecken- und Peletonfeuer, sowie Bataillonssalven. Die Evolutionen, auf einen ebenen Exerzierplatz berechnet, mussten mit der größten Accuratesse stets im Tritt

---

[1] Chargierung, gefechtsmäßiges Feuern und manövrieren auf dem Schlachtfeld.

ausgeführt werden.

Das Exerzieren wurde gewöhnlich mit einem Vorbeimarsch in Zügen en Parade, beendet. Übungen im Tiraillement waren auf die 40 Schützen per Bataillon beschränkt, welche mit dem gezogenen sogenannten Scharfschützengewehr Modell 1787 bewaffnet waren. Sie sollten zwar „geübt sein, wie die Fußjäger zu fechten und selbst gewöhnt sein, die steilsten Felsen hinaufzuklettern". Wie weit die hier beschriebenen Manöver der leichten Infanterie in der Schlacht verwendet wurden, muss noch genauer festgestellt werden. Sie wurden jedoch nur als eine Art Eclaireurs verwandt. Im Gefecht sollten sie zurückgezogen und zur Deckung der Flanken benutzt werden.

Der Vorpostendienst wurde nicht geübt, nur der Lagerdienst. Die sogenannten Feldwachen waren die am weitesten vorgeschobenen Lagerwachen. Der Vorpostendienst, die Besetzung von avancierten Posten und Außenposten, fiel grundsätzlich den leichten Truppen zu. Im Scheibenschießen wurden nur die Schützen geübt. Die übrigen Mannschaften verschossen nur eine Pulverladung ohne Kugel, um das schnelle Laden zu üben.

Den Schluss der Exerzierzeit bildete die Specialrevue. In den Jahren 1803 und 1804 wurde sie vom Regimentschef selber abgehalten. Am 1. Juni, dem 1. Pfingstfeiertage des Jahres 1805, hielt König Friedrich Wilhelm III. diese Revue persönlich ab. Der König, die Königin Louise und der Bruder des Königs, Prinz Wilhelm, waren tags zuvor in Erfurt angelangt und waren im Statthaltereigebäude abgestiegen.

Der 1. Pfingstfeiertag 1805 war ein besonders kalter Tag, an dem „es vor Frost auf freien Felde nicht auszuhalten gewesen sein soll". Das Regiment marschierte morgens gegen 7.45 Uhr auf den Krämpfer Felde zur Spezialrevue auf. Der Befehl war erteilt worden, dazu die neue Montierung, aber die alten Tuchhosen zu tragen. Die Kompanien wurden in vier Zügen formiert. Die Fahnen und Überkompletten befanden sich bei den Kompanien. Als das Regiment aufmarschiert war, wurden die Glieder geöffnet und das Regiment neu gerichtet. Die Ober-, Unteroffiziere und Schützen wurden vorgenommen. Die aus- und inländischen Rekruten traten vor, machten rechts um und marschierten zu den Flügeln des Regiments. Die Ausländer marschierten auf den rechten, die Inländer auf den linken Flügel. Hier standen auch die im Regiment neuen Unteroffiziere und Junker.

Nach der Formierung wurde von jeder Kompanie zweimal mit hölzernen Patronen geladen, um dem König den Ausbildungsstand der Einheit im schnellen Laden vorzuführen. Nachdem die jeweilige Kompanie dieses Manöver ausgeführt hatte, wurden die Glieder wieder geöffnet, das Gewehr wurde abgenommen, bis alle Kompanien dieses Manöver beendet hatten, dann marschierte das Regiment im Paradeschritt am König vorbei. Beim Vorbeimarsch im Paradeschritt sollten alle im egalen Schritt sein, die Offiziere und Unteroffiziere mussten sich richtig rechts gerichtet haben. Die Tambours und Junkers marschierten an den Seiten etwas rückwärts versetzt zu den Offizieren, sodass die Soldaten richtig marschieren konnten. Beim Abmarsch zog die Wache in die Stadt. Vor der Stadt wurde dann noch die neue Parole ausgegeben.

Zu dieser Spezialrevue war auch das Grenadier-Bataillon „Krafft" aus Mühlhausen herangezogen worden. Major von Krafft, der Kommandeur des Bataillons, erhielt bei der Revue den Orden Pour le Mérite vom König verliehen. Im Laufe des Sommers 1805 begann sich der politische Horizont zu verdunkeln, das Regiment „Wartensleben" konnte hoffen, sehr bald zu kriegerischer Tätigkeit herangezogen zu werden.

Die Politik Frankreichs

Im restlichen Europa tobte gerade der 3. Koalitionskrieg, der England, Österreich, Russland, Schweden und Neapel auf der einen und Frankreich auf der anderen Seite gegeneinander ins Feld führte. Preußen blieb bei diesem Ringen neutral und versäumte so die große Chance, mit ihren Truppen im Verband der anderen

Koalitionsmitglieder eine Entscheidung und Niederlage über Napoleon herbeizuführen. 220.000 preußische Soldaten standen zusammengezogen in Preußen und griffen in diese Kämpfe nicht ein.

Die 1789 begonnene französische Revolution brachte anfänglich eine große Erleichterung für das französische Volk. Große Verbesserungen für die einfachen Bürger traten ein. Österreich und Preußen suchten im Jahre 1792 den Vormarsch der Revolution zu stoppen, die sich nicht nur zum Ziel gesetzt hatte, die revolutionären Ideen weiter zu verbreiten, sondern viel wichtiger für Frankreich noch, eine natürliche Grenze auf Kosten anderer Länder zu schaffen.

Am 1. März 1792 war Kaiser Leopold II. gestorben. Schon am 20. April 1792 wurde von der französischen Nationalversammlung die Kriegserklärung Louis XVI an Franz II. König von Böhmen und Ungarn bewilligt. Franz II. wurde am 5. Juli 1792 zum Kaiser gewählt. Mit der Kriegserklärung an Österreich begann der Krieg der ersten Koalition. Der Krieg der von Frankreich entfacht wurde sollte die nächsten 25 Jahre andauern und brachte Europa nur Leid und Schrecken.

Am 5. April 1795 schloss Preußen den Frieden von Basel mit Frankreich Sachsen, Hannover und Hessen-Kassel schlossen sich dem Frieden an. Am 17. Mai wurde eine Scheidelinie vereinbart und die dahinter gelegenen Länder für neutral erklärt. Was hinter dieser Linie sollte im noch währenden Krieg unberührt bleiben. Frankreich versprach Kriegsoperationen nicht dorthin auszuweiten. Preußen verbürgte sich für die strenge Neutralität der innerhalb dieser Grenze liegenden Regierungen.

Österreich setzte den Krieg fort und schloss am 17. Oktober 1797 den Frieden von Campo Formio. Die Bedingungen des Friedens von Campo Formio war in 2 Teile gegliedert, ein öffentlicher und ein geheimer Teil.

Öffentliche Bedingungen.

1. Österreich tritt Belgien und die Lombardei an Frankreich ab und erhält dafür Venetien, Istrien, Dalmatien, die venezianischen Inseln im adriatischen Meer und die Mündung von Cattaro.

2. Österreich erkennt die zisalpinische Republik an, gebildet aus der Lombardei, den Gebieten von Bergamo, Brescia, Crema, Mantua, Peschiera, einem Teile des venezianischen Festlandes, Modena, Massa, Carrara und den drei Legationen Bologna, Ferrara und Romagna.

3. Der Herzog von Modena wird von Österreich mit dem Breisgau entschädigt.

4. Frankreich behält die ionischen Inseln und die früheren venezianischen Besitzungen an der albanischen Küste.

5. Zu Rastatt soll ein Kongress zusammentreten, bestehend aus Bevollmächtigten des Reiches und der französischen Republik, um auf der Grundlage der Unverletzbarkeit des Reiches über den Frieden mit dem deutschen Reiche zu beraten.

Geheime Bedingungen.

1. Der deutsche Kaiser Franz II. willigt in die Abtrennung des linken Rheinufers von Basel bis Andernach, von da längs der Nette über die Eifel und an der Roer und Maas hinab bis Venlo.

2. Die durch diese Abtrennung beeinträchtigten Fürsten sollen in Deutschland, im gemeinsamen Einverständnis mit der französischen Republik entschädigt werden.

3. Frankreich wird sich verwenden, das Österreich das Erzbistum Salzburg und Bayern bis zum Inn erhält.

4. Wechselseitige Gewährleistung, dass Preußen, nachdem es seine links-rheinischen Besitzungen Cleve, Moers und Geldern zurückerhalten hat, keine neuen Erwerbungen machen soll.

Das Heilige Römische Reich Deutscher Nation diente als Entschädigungsgegenstand nicht nur für deutsche, sondern auch für nicht-deutsche Fürsten. Der Rastatter Kongress war schon eine abgemachte Sache. Den österreichischen Gesandten fiel zunächst die Aufgabe zu, die Lüge des deutschen Kaisers Franz II., dass auf der Grundlage der Unverletzbarkeit des Reiches unterhandelt werden solle, während das linke Rheinufer bereits abgetreten war, vor den Gesandten der übrigen Reichsstände geheim zu halten. Da Franz II., als deutscher Kaiser, als Mitglied der Reichsfriedensdeputation, und als König von Böhmen und Ungarn, war durch drei Gesandte vertreten, Graf Metternich, Lehrbach und Cobenzl.

Als am 30. Dezember 1797 unter den geheimen Bedingungen des Friedens von Campo Formio die Franzosen Mainz und die Österreicher Venedig besetzten konnten diese Bedingungen nicht mehr geheim gehalten werden.

Am 17. Januar 1798 ging die Frechheit Frankreichs weiter. Die französischen Gesandten traten öffentlich mit der Forderung hervor, das Frankreich als Grundlage des Friedens nicht nur das linke Rheinufer bis Andernach sondern das gesamte Ufer erhalten sollte. Die einzelnen Reichsstände sollten für ihre Verluste aber entschädigt werden.

Am 23. Januar 1798 annektierte die französische Republik das linke Rheinufer, und schuf daraus die vier französischen Department Roer, Saar, Rhein-Mosel und Donnersberg. Am 11. März willigte der Rastatter Kongress in die Abtretung des linken Rheinufers ein. Am 10. Februar 1798 rückte Berthier in Rom ein. Der Kirchenstaat wurde in eine römische Republik umgewandelt, Papst Pius VI wurde als Gefangener abgeführt. Am 29. März 1798 wurde die Eidgenossenschaft in die helvetische Republik umgewandelt. Franz II., zeigte kein großes Interesse am Heiligen Römischen Reich Deutscher Nation. Als deutscher Kaiser ging es ihm nur um die Erhaltung seiner habsburgischen Stammlande.

Mit dem Begriff römisch-deutscher König werden in der neueren historischen Fachliteratur die Herrscher des Heiligen Römischen Reiches für die Zeit zwischen ihrer Wahl zum König und ihrer Krönung zum Kaiser bezeichnet. Ihr eigentlicher Titel lautete seit der späten Salierzeit Römischer König oder König der Römer (lat.: Rex Romanorum). Die moderne Terminologie soll Verwechslungen mit den altrömischen Herrschern der Königszeit verhindern, ebenso wie der analog gebildete Begriff Römisch-deutscher Kaiser der Unterscheidung zwischen den mittelalterlichen und frühneuzeitlichen deutschen Herrschern des Heiligen Römischen Reiches Deutscher Nation und den preußisch-deutschen Kaisern des 1871 gegründeten Deutschen Reichs dient.

Der Titel Rex Romanorum tritt während der späten Ottonenzeit auf, verstärkt zurzeit Kaiser Heinrichs II. Die nachfolgende Dynastie der Salier nutzte ihn bewusst und intensiv. Dies geschah im Gegensatz zu dem teils von den Päpsten verwendeten Titel Rex Teutonicorum (König der Deutschen), der im Mittelalter keinen offiziellen Gebrauch fand, da der Titel Rex Romanorum ihr Anrecht auf die römische Kaiserwürde verdeutlichen sollte. Da damit auch ein sakraler Anspruch verbunden war, wurde der Titel Rex Romanorum während des Investiturstreits mit dem Papst zur gängigen Titulatur.

Im späten Mittelalter wurde er zum üblichen Titel für Herrscher, die noch nicht zum Kaiser gekrönt waren. In der frühen Neuzeit - als der Kaisertitel fast ununterbrochen beim Haus Habsburg verblieb - wurde die Bezeichnung Römischer König zu einer Art Kronprinzentitel. Er wurde zu Lebzeiten seines Vorgängers vorgeschlagen, gewählt und gekrönt und galt somit als designierter Nachfolger.

Kaiser von Österreich war die Titulatur der österreichischen Regenten zwischen 1804 und 1918. Der deutsche Kaiser Franz II. aus dem Hause Habsburg hatte 1806 das Heilige Römische Reich Deutscher Nation für aufgelöst erklärt. Zwei Jahre zuvor, 1804, hatte er seine erzherzoglichen Länder („sämtlichen deutschen Provinzen und Reichsländer") im heutigen Österreich gemeinsam mit den anderen Kronländern der Habsburger (vor allem Böhmen und Ungarn) zu einem Erbkaisertum (Kaisertum Österreich) erhoben. Als Kaiser von Österreich nannte er sich Kaiser Franz I.

Der polnische Aufstand im Jahre 1794 reduzierte die Truppenstärke Österreichs und

Preußens, die gegen Frankreich ins Feld geführt werden konnten, dramatisch. Es schuf die Möglichkeit für Frankreich, das heutige Belgien zu erobern und in Deutschland sengend und plündernd einzufallen. Die Ideen der Revolution wurden sehr schnell von den einmarschierenden französischen Revolutionsarmeen vergessen als sie plündernd in Deutschland einfielen.

Im Jahre 1796 gelang es dem österreichischen Erzherzog Karl und General Wartensleben, die stärkere französische Armee in Deutschland aus zu manövrieren, sodass diese sich aus Deutschland zurückziehen musste. Die plündernden Truppen Frankreichs konnten nun endlich aus Deutschland verdrängt werden.

Auch auf dem norditalienischen Kriegsschauplatz standen die Chancen der dort stehenden französischen Armee sehr schlecht, bis ein bis dahin wenig bekannter Artillerieoffizier mit dem Namen Bonaparte das Kommando übernahm. Mit genialen Zügen führte er die französischen Truppen dort zum Erfolg. Bonapartes erfolgreicher Vormarsch brachte ihn von Norditalien kommend bis auf 100 Kilometer an die Hauptstadt Wien heran. Die österreichischen Truppen erlitten große Verluste, und Österreich musste mit Frankreich einen Waffenstillstand schließen.

Eine 2. Koalition zwischen England, Österreich, Russland, Neapel, Portugal und der Türkei wurde formiert. Die Kämpfe begannen sehr erfolgversprechend für die neue Koalition. Frankreich wurde in verschiedenen Schlachten in Italien und den Niederlanden geschlagen. In den Kämpfen ging Norditalien für Frankreich verloren. General Bonaparte und eine französische Armee waren in Ägypten gelandet und schlugen in der Schlacht am Nil eine türkische Armee. Dieser Erfolg konnte aber von Frankreich nicht ausgenutzt werden, da die französische Flotte, die die Armee in den Orient transportiert hatte, von den Engländern bei Abukir vernichtet wurde. Der Weg der französischen Armee zurück in die Heimat war abgeschnitten. Es gelang General Bonaparte, an Bord eines Schiffes zurück nach Frankreich zu gelangen.

Im Oktober 1799 riss er die Macht an sich. Eine Entscheidung, die für das weitere Schicksal Europas in den nächsten 15 Jahren sehr tragische Folgen haben sollte.

In seinem im Jahre 1800 begonnenen Feldzug gegen Österreich schlug er diese bei Mengen, Meßkirch und Biberach und fiel dann in Norditalien ein. In kurzer Zeit eroberte er Norditalien. Von dort wandte er sich nach Norden und marschierte in Österreich ein. Bei Hochstädt und Hohenlinden kam es zur Schlacht, in der die österreichischen Truppen geschlagen wurden. Bonaparte erreichte einen Punkt, der nur 25 Kilometer von Wien entfernt war. Am 25. Dezember 1800 unterschrieb Kaiser Franz einen Waffenstillstandsvertrag. Preußen war wieder in diesen Kämpfen neutral geblieben.

Im Reichsdeputationshauptschluss im Jahre 1803 erzwang Bonaparte die Beseitigung von 112 deutschen Zwergstaaten. Im Jahre 1804 trat in Frankreich das fortschrittliche bürgerliche Gesetzbuch (Code Napoleon) in Kraft. Im selben Jahr krönte sich Bonaparte selber zum Kaiser aller Franzosen. 15 Jahre nach Beginn der Revolution war Frankreich wieder in der Hand eines Monarchen. Ein Monarch allerdings, der mehr für sein Land tat, als die verhassten vor ihm regierenden Bourbonenkönige.

Der am 25. März 1802 in Amiens geschlossene Vertrag, der den 2. Koalitionskrieg beendet hatte, wurde im Mai 1803 von England gebrochen. Napoleon zog nun im Lager von Boulogne seine Truppen zusammen, um England zu erobern. Dieser Versuch mußte aber 1805 aufgegeben werden, als die vereinigte französisch-spanische Flotte bei Trafalgar von der englischen Flotte unter Admiral Nelson vernichtet wurde.

Im Jahre 1805 wurde dann die 3. Koalition bestehend aus Russland, Österreich, Sizilien und Schweden gegen Frankreich formiert, die nach dem großen Siege Napoleons bei Austerlitz wieder auseinander brach.

Im Jahre 1806 wurde die Vormachtstellung der Habsburger durch Napoleon in Deutschland gebrochen. Das Heilige Römische Reich Deutscher Nation hatte aufgehört zu bestehen. Im gleichen Jahr schlossen sich 16 west- und süddeutsche Fürsten unter dem Druck Napoleons zum Rheinbund zusammen. Napoleon hatte so das Werkzeug geschaffen, das den westlichen Teil Deutschlands für ihn kontrollierte.

Seine neuen Verbündeten mussten im Kriegsfalle Truppen für den französischen Kaiser stellen. Die Weichen waren gestellt, der Deutsche gegen Deutsche ins Feld führte.

Preußen

Kritiker bringen die Niederlage Preußens immer wieder mit der veralterten Taktik der preußischen Armee in Zusammenhang, die der französischen Kampfesweise so weit unterlegen gewesen sein sollte.

Die Leibeigenschaft der Bauern ist ein anderer Punkt, der immer wieder gegen das preußische System vorgebracht wird. War dies der Fall oder spielten andere Faktoren eine Rolle im Zusammenbruch Preußens?

Das politische Leben des europäischen Kontinents steht ab etwa 1630 für fast zwei Jahrhunderte im Zeichen Frankreichs, des ersten modernen Nationalstaates. Wurde vorher unter weltanschaulichen Aspekten um Geltung und Bestand gerungen, so ist schon das 17. Jahrhundert erfüllt von Kriegen, in denen es ganz nackt nur noch um Territorium und Machtausübung geht. Kein Staat konnte sich diesem neuen Denken entziehen, und hinter ein paar veralteten und verlogenen Fetzen idealer Draperien sieht die Gewalt des Stärkeren frech hervor.

Nur an dieser Situation sind auch die Ziele und Methoden Brandenburg-Preußens zu messen, durch die es als Klein- oder recht ärmlicher Mittelstaat sich so drastisch und schmerzhaft ins Blickfeld der westlichen Welt drängte. Die Nöte der Zeit hatten die Bevölkerungen der deutschen Territorien gelehrt, im fürstlichen Absolutismus wohl oder übel eine Lebenschance zu sehen. Bejahte der Fürst die ihm so erwachsenen Pflichten, so konnte es zur Verbundenheit zwischen Herrscher und Untertan kommen, denn „dei gratia" - man mag das übersetzen wie man will - war er verpflichtet, auf das Wohl der Herde zu denken, - notfalls streng, vielleicht gerecht, vor allem aber wirksam.

Drei solcher Herrscher haben in Brandenburg - Preußen ab 1640 regiert, und zwar in anderthalb Jahrhunderten immerhin über 120 Jahre lang. Ob das Konglomerat der Besitzungen, die ihnen durch Geschichte und Politik zugeworfen waren, einer so anhaltenden politischen Bemühung wert war, sei dahingestellt, weil es auch damals gar nicht zur Frage stand. Mit ein paar Fetzen allseits bedrohten Landes fangen sie an, um nicht nur einen „formidablen" Staat, sondern - wichtiger und dauerhafter - einen neuen Stil, eine neue Idee staatlichen Lebens überhaupt zu hinterlassen. Man mag zum Ergebnis stehen, wie man will, - das Phänomen an sich bleibt beachtlich.

Von 1640 bis 1763 war ihre Situation kein Zustand, sondern eine Aufgabe. Trotz Geschick und beachtenswerter Standfestigkeit auch gegen Rückschläge war bis 1713 die Territorialpolitik des Hauses Hohenzollern doch erst so weit gediehen, dass die Verteilung des Besitzes einem beschaulichen Gemüt das Gruseln lehren konnte: ohne jede natürliche Grenze sah man sich von Ostpreußen bis zum Rhein an allen Händeln dieser bösen Welt sofort und unmittelbar beteiligt, - „toujours en vedette" selbst in den raren Augenblicken, da nicht vor irgendeiner dieser Grenzen gerauft wurde. Nur wer stets zur Aktion bereit war, konnte sich mit dem zweiten ganz auffallendem Charakteristikum dieses Streubesitzes trösten, - man saß an allen deutschen Strömen mit gesicherten Übergängen in Ost-West-Richtung: Küstrin, Magdeburg, Minden und Wesel.

Erschien die äußere Lage 1713 beunruhigend, so war die Innere trostlos. Denn die Mittel-Provinzen waren von der Natur stiefmütterlich bedacht, - wahrhaft „des Reiches Streusandbüchse" - Ostpreußen aber durch die Pest so ruiniert, dass die Bedeutung der dortigen Souveränität durchaus gemindert war. Was der Große Kurfürst an nationalem Ruf (Fehrbellin), an wirtschaftlichem Aufstieg und an Anfängen einer verbindenden Staatsgesinnung in der Bevölkerung hinterlassen hatte, vertat der erste König zugunsten einer Krone, die im übrigen Europa eher belächelt wurde.

Schon als Kronprinz hatte Friedrich Wilhelm diese Bilanz gezogen, und seine

Maßnahmen ab 1713 entsprachen ihr hart und folgerichtig. In der Wirtschaftspolitik rangierte vor dem Konsum nun die Produktion, wobei man zugunsten einer aktiven Außenhandelsbilanz auch die Veredlung der Naturprodukte möglichst im Lande durchzuführen suchte. Diese durchaus planwirtschaftlichen Maßnahmen verlangten von weiten Kreisen zunächst Opfer, waren also äußerst unpopulär; sie erforderten aber darüber hinaus den weiteren Umbau des Staates, d. h. den Zentralstaat, in welchem die Rechte der Stände immer weiter zurückzutreten hatten. Somit war das Verhältnis auch zum Adel grundsätzlich gespannt, worüber seine Begünstigung im Offizier-Korps der Armee nicht hinwegtäuschen darf; es entsprach dem politischen Denken der Dynastie, die Unterliegenden auf diese Weise standesgemäß und doch nutzbringend einzusetzen, wobei man ihre aktiven Elemente in der strengen militärischen Form gebändigt und gefangen hielt, - in einer Disziplin, die jenem rasch verderblich werden konnte, der den königlichen Appell zum Gehorsam als Ehre etwa überhören wollte.

Auch im Bürgertum hat Friedrich Wilhelm I. keine Stütze finden können. Von den Leiden des Dreißigjährigen Krieges erschöpft, verharrte es noch im Zustand der Indolenz; seine Spitzen, die Stadtmagistrate, waren derart korrupt und unfähig, dass eine Menge lebenswichtiger städtischer Funktionen - wie etwa Polizei, Marktaufsicht, Feuerlöschwesen und die so wichtigen Akzisemaßnahmen - unter militärische Leitung gestellt werden mussten.

Da der Bauernstand schließlich - weitgehend in adliger Leibeigenschaft - nur ein Objekt der Bemühung, aber noch kein Faktor politischen Lebens war, verblieben als königliche Machtmittel nur drei Institutionen; Kirche, Verwaltung und Armee. Die Rechte des Landesherrn im kirchlichen Leben waren erheblich, aber doch eingegrenzt und nicht erweiterungsfähig: Toleranz und Vorsicht schienen erstes Gebot, da der König reformiert, die Untertanen aber überwiegend lutherisch waren, - damals ein wesentlicher Unterschied. Die Verwaltung wurde erst durch Zurückdrängen der ständischen Rechte allmählich bedeutsam, - und so blieb die Armee das entscheidende königliche Machtmittel. Sie verkörperte dem Soldatenkönig zugleich jenes Dienen und Gehorchen, das nach seiner Überzeugung allein noch diesen Staat allmählich sanieren und sichern konnte; er hat diesen Stil nicht nur von all seinen Untertanen gefordert, sondern ihm auch die eigene Person, das eigene Tun und Lassen völlig unterworfen.

Wie nahe liegt es, in solcher Lage sich einfach auf die Macht der Waffen zu stützen; mancher hat es versucht, und oft ist es sogar langfristig geglückt. Den Hohenzollern hat dieser Gedanke grundsätzlich ferngelegen; selbst Friedrich, der große Skeptiker, hat im sicheren Gefühl der „Berufung" regiert, und noch im März 1848 hat sich der König von Preußen im gleichen Sinne nicht zum letzten Appell an die Bajonette entschließen können. Selbstverständlich war die Armee einfach nur durch ihr Vorhandensein auch innenpolitisch ein Machtfaktor, aber ihre direkte und aktive Bedeutung lag in ganz anderen Funktionen soziologisch-politischer Art.

Erstens verschob sie das innere Gleichgewicht aktiv zugunsten des Königs durch die soziale Aufwertung des vierten Standes; die Bauernsöhne rückten zusammen mit den Junkern zum Militärdienst ein, aber unter sehr verschiedenen Bedingungen. Denn für den Junker bedeutete der Dienst als Offizier eine lebenslängliche grundsätzliche Beschränkung der sonst in Europa üblichen adligen Lebensform, während Bauernsöhne und Knechte durch breite Aushebung als Soldaten und Unteroffiziere aus der Leibeigenschaft zum Dienst am Staate gehoben wurden. Was hier fast hundert Jahre hindurch an positiver Umformung in aller Stille geleistet wurde, war viel grundlegender als die Reformbeschlüsse nach 1806, die das längst Gewordene zum Teil nur bestätigten, zum Teil auch - den Händen der Reformatoren bald entwunden - zu einem Bauernlegen übelster Art führten.

An die öffentliche Meinung seiner Zeit hat sich dieser König „schlecht verkauft". Als Einzelgänger von schroffem, jähzornigem Auftreten fiel er privat wie öffentlich aus der Reihe seiner fürstlich barocken Kollegen allzu stark heraus und allzu vielen Mitmenschen auf die Nerven. **Roi sergeant** - Unteroffizier auf dem Thron - nannte ihn sein Vetter Georg II. von England/Hannover. War es zum Teil eine Schutzhaltung?

Tragischer Zwiespalt seines Lebens wird gelegentlich offenbar: er unterhält sich gern mit seinen Untertanen, aber Müßiggänger sind ihm zuwider, und, so läuft ein Potsdamer Bürger voll Angst vor ihm davon, er aber hinterher mit geschwungenem Stock; und dem Ruf: „Ihr sollt mich nicht fürchten, ihr sollt mich lieben."

Das Staatsgebiet war in drei völlig isolierte Teile zerrissen, von denen (Ost) Preußen und die Mittelprovinzen (Marken, Pommern, Magdeburg) an Raum und Menschenzahl dominierten, die kleinen Streugebiete im Westen dagegen an Reichtum und Kultur. Alle deutschen Ströme durchquerten zwar das Staatsgebiet, aber nicht eine Mündung war in preußischer Hand, bis man 1715 aus der Katastrophe Schwedens wenigstens die Odermündung (Stettin) festhalten konnte. Der Besitz befestigter Übergänge an all diesen Strömen - Küstrin, Magdeburg, Minden und Wesel - war nur ein Positivum, wenn man im Falle der Gefahr die Kräfte überhaupt besaß, die auf einer solchen inneren Linie vorteilhaft zu verschieben waren.

Die Streulage von West nach Ost konfrontierte den König mit allen europäischen Problemen; die unnatürliche Grenzziehung forderte die Ambitionen missgünstiger Nachbarn geradezu heraus. Weiter stand man - aufgrund alter Erbverträge - stets vor der Frage, ob, wann und wie sehr gerechte Ansprüche zu realisieren waren: etwa in Schlesien oder auf Jülich/Berg und Ostfriesland im Westen. Wie sollte ein so ärmlicher und geschwächter Staat jedoch eine „formidable Armee" überhaupt unterhalten, wenn nicht als Soldtruppe für die Interessen eines Größeren? Diese Abhängigkeit - zu seiner Zeit für Mittel- und Kleinstaaten gang und gäbe - war dem jungen König ein Greuel, und so erkannte er genau das, was der kluge Mirabeau siebzig Jahre später übersah:

Wirtschaft

Hüten wir uns vor »Persönlichkeitskult«: auch Friedrich Wilhelm I. lebte in den Ideen seiner Zeit und musste mit ihren Realitäten rechnen auch zum wichtigsten Punkt seines Programms, dem Umbau der preußischen Wirtschaft. Bisher hatte Preußen nur einen wesentlichen Rohstoff produziert, aber überwiegend exportiert: Schafwolle. Diese Tiere begnügten sich mit den kargen Boden, aber die Wolle ging zur Verarbeitung vorwiegend nach Sachsen; was man selbst daraus fertigte, war nach Umfang und Qualität dürftig. Hier setzte der König an, um statt des Rohprodukts eine veredelte Qualitätsware auszuführen. Solch ein Gedanke war dem „Merkantilismus" der Zeit durchaus vertraut, und auch sein Großvater hatte ähnliches schon versucht - ohne Erfolg, und wir werden sehen, weshalb. Uns erinnert das Problem lebhaft an die aktuelle Frage „Entwicklungs- oder Industrieland?" Der junge König war überzeugt, dass die Situation sich verändern ließ durch ein Programm von fünf logisch ineinander greifenden Punkten, das wir aus der Tätigkeit seiner ersten Jahre herausschälen können:

1. Reformen brauchen Investmittel. Die ganze Pracht des Vaters - Schlösser voll silbernen Geräts - geht auf den Markt oder in die Münze; ganz Ausgefallenes wird politisch verschenkt, wie das Königsberger Bernsteinkabinett und die Lustjacht an den Zaren Peter von Russland und gelegentlich wird Chinaporzellan sogar direkt gegen sächsische Soldaten eingetauscht. Denn Soldaten bleiben seine große Liebe, und schon werden sie wirksam: die adligen Grundbesitzer leisten - anders als gegenüber dem Großen Kurfürsten - keinen Widerstand mehr, als er die Wollwirtschaft umgestaltet in eine

2. Staatliche Planwirtschaft. Armee und Zivil werden zum Inlandkonsum verpflichtet. Die Einfuhr fremder Woll-, auch Baumwollwaren, wird verboten, ebenso die Ausfuhr von Rohwolle; die Wollpreise werden staatlich kontrolliert. All das erfordert zugleich, die

3. Verarbeitung der Wolle im Lande zu organisieren. Das „Lagerhaus" in Berlin führt an als zentrale Manufaktur - zunächst privat, dann staatlich - mit ca. 500 Arbeitskräften; nur hier darf zusätzlich importierte Merinowolle verarbeitet werden. In den Provinzen werden kleinere Manufakturen gefordert, die „Gewerke" der Tuchmacher zu besserer Arbeit angehalten. Die Umstellung der Wirtschaft soll getragen werden durch

4. Erhöhte Produktivität. Auch heute gehört zum „Sozialprodukt" ganz wesentlich der Fleiß des einzelnen, die Arbeitsdisziplin der Gesamtheit. Damals wird durch Edikte der „blaue Montag" verboten, die Arbeitspflicht der Arbeitslosen - des „herrenlosen Gesindes" - anbefohlen, und der König selbst kontrolliert das alles mit Gebrüll, Stock und notfalls „Spinnhaus"-Strafe. Auch die Frauen der Soldaten und ihre Kinder - selbstverständlich spinnen sie Wolle! Nach dem „Manchestertum" des 19. Jahrhunderts sind wir empfindlich gegen Kinderarbeit; wer sich in diesem Sinne über das Große Militärwaisenhaus Potsdam entrüstet, bedenke Pestalozzis Industrieschulen oder heute die ägyptische Teppichmanufaktur Harrania: so lange ein Entwicklungsland keine effektive Sozialfürsorge tragen kann, bleibt für das Kind angemessene Arbeit besser als Hunger, Krankheit und Tod. Als sich im Land die Hände regen, erhebt sich die

5. Absatzfrage zunächst als Inlandsproblem. Und wer springt ein? Natürlich wieder die Armee. Wir begegnen ihr nun - schon verstärkt und organisatorisch gestrafft - als Konsumenten von Uniformen, also vor allem von Tuchen. Der Schnitt der Bekleidung wird zwar sparsamer, aber all die Soldaten werden zunächst zweijährig und bald sogar jährlich neu gekleidet, - ein selbst für reiche Großmächte unvorstellbarer Luxus.

Ist die neue Uniform fällig, gehört die alte dem Soldaten, denn er hat sie aus Soldabzügen bezahlt und kann sie nun verschenken oder verkaufen. So billige Bekleidung für die männliche Bevölkerung bewirkt, dass in den Mittel- und Ostgebieten des Staates der dunkelblaue Rock alsbald Volkstracht der Männer wird.

Der alljährliche Bedarf der Truppe wird teils vom Regiment, teils zentral mit Gewerken und Manufakturen „accordiert", und zwar für Jahre im voraus: verbindliche „Ökonomie-Reglements" der Regimenter planen z. B. von 1725 voraus bis 1740. Bemerkenswert ist dabei die misstrauische Abneigung des Königs gegen jeden unproduktiven Zwischenhandel. Mit der Qualität der Tuche wächst die Möglichkeit, sie zu exportieren. Ab 1725 liefert eine Handelskompanie in Berlin - staatlich gestützt - der russischen Armee das Uniformtuch, England vom Markt verdrängend - es war alles schon mal da gewesen.

Genug der Einzelheiten. Diese Planwirtschaft hat sogar funktioniert, aber wie und wem haben die Eingriffe denn genützt? Ohne Zweifel auch dem Untertan: es gibt vor 1740 keine wesentliche Statistik, aber wir kennen das Aufkommen der Gelder durch die Verzehrsteuer (Akzise); sie betragen 1740 etwa das Anderthalbfache von 1715. Der gesteigerte Konsum breiter Kreise ist deshalb sicher, weil die Hebesätze nur einmal unbedeutend erhöht wurden und weil kein wesentlicher Luxuskonsum reicher Verbrauchergruppen das Bild verschleiert. Denn

Kapitalisten

Waren dem König, zu mal aus dem Ausland, nur willkommen, wenn sie ihr Vermögen produktiv in Manufakturen arbeiten ließen. Größere Barvermögen in Privathand schätzte er nicht: „Der Kerl hat 30.000 Taler, der Kerl muss bauen", und so gab es in preußischen Städten - nicht nur in Berlin - stets mehr Wohnungen als Mieter. Der Hausbau wurde auch grundsätzlich gefördert; allerdings hatte jeder Hauswirt Soldaten aufzunehmen, je nach Größe des Hauses. Erst spät beginnt der Bau von Kasernen, damals vorzugsweise für „beweibte" Soldaten, die ihren Quartierwirten besonders lästig fielen.

Billige Kleidung, billige Mieten, billige und stabile Lebensmittelpreise, denn in guten Jahren magazinierte der Staat Korn, das er in schlechten ausgibt: Preußen kannte keine Hungersnot mehr, und das Getreide, mit dem der König anno 1739 die noch österreichischen Schlesier vom Hungertode rettete, hat dem Sohn 1740 den Weg zu ihren Herzen geebnet.

Zwei Drittel des Staatshaushalts nur fürs Militär?

Wir müssen korrigieren: es waren sogar mehr! Aber wir müssen nochmals korrigieren: es gab damals noch gar keinen Staatshaushalt im heutigen Sinne. So oft ging man inzwischen an der damaligen Wahrheit vorbei, dass hier den Staatsfinanzen Preußens eine Erläuterung zu widmen ist.

Dem Fürsten stehen zu von alters:

Die Regalien: Zölle, Nutzung der Bodenschätze u. *a.*, vor allem aber die Einkünfte aus seinen bzw. des Staates Ländereien (Domänen), was man in Preußen relativ früh zu trennen beginnt. Diese Einkünfte laufen über die Generaldomänenkasse und waren seit jeher den Ausgaben des Fürsten für seinen Hof, für die Verwaltungs- und Justizspitzen und für alte Wehrausgaben (Milizorganisation, Zeughäuser, Festungen o. ä.) gewidmet. Sie schlagen 1715 mit 1,9 und 1740 mit 3,3 Millionen Talern zu Buch; man hat auch diese Quellen also sehr gepflegt und verbessert.

Die Steuern, die von den adligen Landständen für Militärzwecke angesichts kriegerischer Zeitläufe zugebilligt werden, weil der akute Notfall kostspielige Berufssoldaten erfordert. Solche Steuern bewilligen die Stände am liebsten nur jedes Jahr neu; der Fürst jedoch wünscht Dauerbewilligung, um ein stehendes Heer zu halten, das allein den Bestand des Staates verbürgt, während es die Stände als fürstliches Machtinstrument fürchten. Dieser Streit füllt im 17. Jahrhundert überall die innere Geschichte; er wird mit Gewalt oder List geführt, und nur selten rollt des Fürsten Kopf (England 1640), meist obsiegt er. So auch in Brandenburg durch schmerzlichen Verzicht:

1653 werden für eine Dauerbewilligung die Bauern völlig dem Adel ausgeliefert - als Leibeigene - und es dauert 60 Jahre, bis der Enkel zum Gegenangriff antreten kann. Diese Steuer zahlt das flache Land als Abgabe vom Boden, die Städte als Akzise, al so Verzehrsteuer. Die Generalkriegskasse verwaltet die Gelder: 2,5 Millionen Taler 1715, 3,6 Millionen 1740.

Preußische Besonderheit ab 1713 ist und bleibt nur, dass diese Militärsteuern auch wirklich für das Heer verwendet wurden und nicht für fürstliche Launen aller Art, die gelegentlich auch kulturelle Werte zeitigen können. Es gab in Preußen deshalb keine Prunkschlösser mehr mit oder für Mätressen, italienische Opern, Gemäldesammlungen etc., aber es gab auch keine politischen Abenteuer, wie etwa das Polnische das Sachsen auffraß. Nein, von den ganz vorwiegend für Militärzwecke bewilligten Steuern wurden eben 70 Prozent auch für Militärzwecke ausgegeben. Offen bleibt die Frage: wenn der Staat zwei drittel seiner Einnahmen pflichtgemäß derart zu verwenden hatte:

Wer sorgte für das übrige?

Dieses übrige gehörte eben damals nicht in diesen Staatsetat. Sozialwesen, Kultur und Wissenschaft lagen in Händen der *Corpora pia* einschließlich der Universitäten, hoher Schulen usw.; sie verfügten über Eigenvermögen, das häufig auf in der Reformation säkularsiertem Kirchengut basierte. Die Verwaltung und Justiz waren nur in den Spitzen staatlich; an der Basis lagen sie auf dem Lande in den Händen des grundbesitzenden Adels oder der königlichen Domänenpächter, und in den Städten waren sie immer noch grundsätzliche Sache der Bürgerschaft.

Der Grundsatz allgemeiner Wehrpflicht

Der Große Kurfürst hatte ja 1653 die Bauern dem Adel ausliefern müssen, damit dieser Dauersteuern für ein stehendes Heer bewilligte; wer von den Bauern seine Freiheit nicht urkundlich nachweisen konnte, wurde Leibeigener, also unfrei. Und wer hatte schon Schriftliches, auf dem Lande und nach dem Dreißigjährigen Krieg? Nun schlug der Enkel, auf eben dies stehende Heer gestützt, zurück auf völlig neue Weise: jeder männliche Einwohner war grundsätzlich wehrpflichtig - so bestätigt noch durch einen Reichstag-Abschied von 1554 -, aber nur zur Landesverteidigung im Notfall. Das dehnte der König jetzt bedenkenlos zur absoluten Militärpflicht aus, in deren Rahmen nur er selbst die notwendigen Ausnahmen bestimmte. Nur so konnte er etwa die Hälfte der Armee - mehr war volkswirtschaftlich nicht tragbar - aus dem eigenen Lande nehmen. Man sagte noch „Werbung" dazu, aber es war glatte Aushebung. Der alte Milizbegriff, also paramilitärische Ausbildung nur für Landesverteidigung, hatte bisher vom Dienst im stehenden Heer befreit, jedoch keine brauchbaren Truppen ergeben; das alles hörte nun auf und selbst der Gebrauch des Wortes „Miliz" wurde unter Geldstrafe gestellt.

Der erste Versuch war rüde: die Truppenchefs raubten in Stadt und Land die ihnen genehmen Leute von der Straße weg, aus den Häusern. Endlose Klagen und Flucht der Wehrfähigen aus dem Lande waren die Folge, sodass das Verfahren alsbald geregelt und 1733 die nun längst geübte Praxis durch klare Verfügungen fixiert wurde: jedes Regiment waren und blieben etwa 6.000 Feuerstellen als „Kanton" zugewiesen. Dort wurden die Neugeborenen „enrolliert", die Heranwachsenden mit roter Halsbinde und Regimentspuschel geschmückt, jährlich kontrolliert, nach der Konfirmation auf den König vereidigt und mit frühestens 17 Jahren zum Dienst eingezogen, nach Maßgabe der erreichten Körpergröße.

1715 bis 1720 klagen Preußens Behörden über Landflucht der Wehrpflichtigen ins Ausland, 1737 klagen die Behörden der sächsischen Lausitz über Bauernflucht nach Brandenburg hinein: zahlreiche Familien fliehen z. T. mit fahrbarer Habe, z. T. lassen sie alles stehen und liegen.

Königsdienst statt Adelswillkür

Bauer (Kossäte, Tagelöhner) Meyer hat drei Söhne, Anton, Carl, Georg. Alljährlich kommt die Regimentskommission ins Dorf: Offizier, Unteroffizier, ein Soldat mit Messlatte - dazu der Pastor, dessen Kirchenbuch zugleich das Standesamtsregister darstellt, und der Dorfschulze. Wichtig sind der Offizier und die Messlatte, denn der König nimmt Soldaten nur von 160 cm aufwärts. Eine Marotte des Königs? Wir werden sehen . . .

Wer das kritische Alter und Maß erreicht hat, kann nach Belieben des Regiments als Soldat eingezogen werden, falls er nicht einziger Erbe eines Hofes oder körperlich untauglich ist. Anton geht mit 18 Jahren und 163 cm zuerst zum Regiment. Nach mindestens zwei Jahren hat er hohe Chance, als „Urlauber" zurückzukehren, um künftig nur noch die Exerzierzeit beim Regiment mitzumachen: sechs Wochen im Jahr zwischen März und Oktober, genau nach Stand und Bedürfnis der Landwirtschaft programmiert, unter Berücksichtigung des jeweiligen Saatenstandes. Als Anton zurückkehrt, bringt er schon Grüße von Carl mit, der inzwischen auch drangekommen ist; sollte er des Lesens und Schreibens leidlich kundig sein, wird er vielleicht Unteroffizier, sonst ebenfalls Urlauber.

Alles ganz wie heute? Mitnichten. Die vielen Ausnahmen von der Wehrpflicht mögen damals wie heute gleich sein, aber Anton und Carl bleiben zeitlebens „Soldat" im rechtlichen Sinne, mit der Uniform im Schrank, die sonntags anzuziehen Pflicht ist. Ihr „Gerichtsstand" bleibt das Regiment; wenn sie etwas ausfressen, kann der ländliche Guts- und Gerichtsherr sie nicht wie früher aburteilen nach Gebrauch oder Willkür. Etwa einen Mann des Königs schlagen? Das ist vorbei! Der Herr kann ihn höchstens auf eigene Kosten zum Regiment bringen und dort verklagen. Das ist der Anfang vom Ende schöner Adelsherrlichkeit. Und Georg? Georg erreicht schon mit 17 Jahren das Traummaß von 180 cm „und hat noch Wachstum zu erwarten". Er wird unbedingt und sofort eingezogen und da kein Platz frei ist für ihn, wird Töpfers Wilhelm - kümmerliche 161 cm! - definitiv und für ganz nach Hause geschickt, aber unter beibehalt des Rechtsstatus als „Urlauber", denn wer kann in die Zukunft schauen? Es gibt viele Georgs und stets ebenso viele Wilhelms; ein Regiment - Nr. 22 in Stargard - hat sie um 1750 zu Tausenden.

Armee der Junker

Überblickt man die Leiden und die Ausdauer dieser Menschen in den späteren Kriegen, so möchte man meinen, sie wussten, weshalb sie aushielten.

Die Stellung der ganz überwiegend adligen Offiziere in der Armee mochte dagegen äußerlich noch so glänzend sein - sie blieb - mit früherer Adelsfreiheit verglichen - ein besseres Gefängnis. Viel Ehre, wenig Brot! Materiell lohnte es sich für einen „guten Wirt" erst, wenn er nach langen Jahren endlich „die Kompanie erhielt", also die

Disposition über vom König ausgesetzte Werbe-, Gewehr- und ähnliche Gelder. Aber nur wer sich im Sinn des Königs bemühte, wurde soweit befördert. So waren die Offiziersstellen wahrhaft eine „Reservation" des Adels, notwendig als Schlusspunkt der Auseinandersetzung zwischen Fürst und Ständen. Frankreichs König wie Japans Shogun ließen den besiegten Adel bei Hof laufend wirtschaftlich zur Ader; Preußen war zu arm, so wurden die Herren nutzbringend, aber ehrenvoll ins Heer gesperrt: stete Aufsicht unter strengem Recht, dem Range nach erster Stand im Staate, aber ohne Macht.

Das Ausländerproblem der Infanterie

Während sich die Kavallerie - schwächer an Zahl, als Gattung angesehener und ohne scharfe Größenanforderungen - leicht und z. T. freiwillig ergänzen ließ, blieb die Infanterie stets auf zusätzliche Ausländerwerbung angewiesen.

Die Inländer (Kantonisten) durften aus volkswirtschaftlichen Gründen höchstens 50 Prozent der Truppe betragen, denn die geschilderte Umstellung der Wirtschaft brauchte arbeitende Hände. Der Rest von 60, mindestens 50 Prozent waren „Ausländer", die als Wacht- und Ausbildungskader stets in der Garnison verblieben.

Ehe ihre Rolle dort erörtert wird, ist wieder einmal der damalige Begriff selbst zu klären: wer nicht als Kantonist erfasst ist, gilt als Ausländer!

So enthält diese Gruppe auch alle Freiwilligen, die aus irgendeinem Grunde keiner Kantonspflicht unterliegen, wie z. B. Einwohner dienstbefreiter Städte oder Bezirke. Weiter sind „Ausländer" alle Soldatensöhne: von klein auf bei der Truppe aufgewachsen, erst vielleicht Tambour, dann Soldat, häufig später Unteroffizier, jedenfalls besonders zuverlässig. Unter denen, die auch wir heute als Ausländer bezeichnen würden, sind weitere durchaus ordentliche Leute, die sich freiwillig haben werben lassen oder sich später gut in ihr Los finden, wie etwa besonders viele Mecklenburger, die den Zuständen ihrer Heimat nicht nachzutrauern brauchten.

Der Rest, also etwa 20 Prozent der Dauerkader, ist Abschaum der mitteleuropäischen Werbeplätze, oft kriminell, noch öfter „liederlich" und um des jeweiligen Handgeldes willen fahnenflüchtig sozusagen von Beruf. Sind sie hochgewachsen, nimmt man sie trotzdem, und so verdirbt eine kleine aktive Gruppe Ruf und Milieu einer ganzen Institution - ein offenbar zeitloses Phänomen.

Was sich in diesem Sinne auf den Exerzierplätzen abspielte, war ohne Beispiel und geeignet, den preußischen Namen in der Welt mit wenig Mühe verhasst zu machen, soweit man das gerade für nötig hielt. Unter dem Mantel der Notwendigkeit dürfte auch manche Rohheit unterlaufen sein; das ist ein auch heute noch ungelöstes Problem, weil Notwendigkeit und Übertreibung stets fließend ineinander übergehen werden. Auf Altpreußens Exerzierplätzen wurde durchaus geschlagen, doch sind in der Beurteilung verschiedene Umstände mit in Erwägung zu ziehen:

Ein Teil der „Ausländer" war von minderer Qualität des Charakters, - soziales Treibgut aus aller Potentaten Länder, für das die militärischen Institutionen nicht nur in Preußen die Rolle einer Korrektur-Anstalt spielten. In der gleichen Gruppe der „Ausländer" treffen wir aber z.B. auch schon die vielen braven Mecklenburger, die ganze Regimenter füllten, - wie etwa das der später so berühmten „Bayreuth" - Dragoner. Gerade die Mecklenburger Rekrutierungs-Exzesse spielen in der Literatur eine sehr negative Rolle, und ohne Zweifel hat hier der preußische Lebenswille die deutsche Kleinstaaterei grob ad absurdum geführt. Da jedoch zahlreiche dieser Soldaten zwischen den Exerzierzeiten als des Königs Urlauber zu Hause lebten und arbeiteten, muss die Mehrzahl freiwillig gedient oder sich doch zumindest sekundär gut mit dem Dienst abgefunden haben.

Die ländlichen Verhältnisse Mecklenburgs selbst noch im ersten Drittel unseres Jahrhunderts machen wahrscheinlich, dass des Königs Dienst gegenüber mecklenburgischer Gutsarbeit doch wohl Vorzüge gehabt hat. Bildungsmäßig stand ihnen ein großer Teil der inländischen Rekruten, der Kantonisten also, sehr nahe, - Kontingente aus Hinterpommern und Kaschubien vermutlich noch niedriger. Für sie alle zusammen galten bindende und ausführliche Vorschriften, dass dem gutwilligen Rekruten gelinde und mit großer Geduld zu begegnen sei. In der Ausbildung war der Stock nur gegen störrische oder sonst völlig unbelehrbare Leute in engsten Grenzen zugelassen; schwer bestraft wurde, wer einen Mann „ungesund" schlug.

Weiter wird meist nicht genügend berücksichtigt, dass schon damals die Rekrutenschule etwas ganz anderes war, als das Übungs-Chargieren der ausexerzierten Mannschaften, in die der Rekrut erst eingereiht wurde, wenn er ausgebildet war. Aber auch beim Bataillons-Exerzieren übte man gleichsam zur Wiederholung erst noch einmal die Handgriffe durch mit einem geradezu lächerlich langen Abstand von Griff zu Griff, - und dann auch noch mit Blick auf den Flügelmann, der als eine Art Vorturner 24 Schritte vortrat.

Nach dieser gemächlichen Repetition wurde dann allerdings in der Chargierung das Äußerste verlangt: nun vertrat der Stock das Prinzip staatlich geforderter Höchstleistung, - aber wieder nur in den soeben erwähnten Grenzen. Dem Schlag klebte auch nichts Ehrenrühriges an, - offensichtlich war er mehr die Unterstreichung der vermutlich auch nicht gerade feinen verbalen Ermahnungen, die wir selbst noch zweihundert Jahre später auf den Exerzierplätzen hörten. Als der preußische Unteroffizier a. D. Johann Müller, nun wieder Bürger und Freifähnrich der Stadt Schaffhausen, dort die Miliz auf „Preußisch" einexerzieren sollte, beschließt er in seinem 1759 gedruckten „Manual" den Abschnitt Chargierung mit dem schönen Satz: „Wer bey den Preußen der letzte ist, hat allmal seine richtigen Schläge" - wobei man das „richtig" beachten möge! - und den Unteroffizieren und ihrem Stock widmet er die sinnige Bemerkung: „Diese geben Achtung, dass der Gemeine keinen Fehler begeht, und wo der eine oder andere sich in Gedanken vertieft, so wecken sie selbigen mit den bey sich habenden Weckern wieder auf".

Das Reglement von 1788 legte die Formation zu Grunde, die durch Kabinetts Ordre vom 27. Januar 1787 angenommen worden war. Danach zählten die Regimenter vom 1. Juni ab je 1 Grenadier- 2 Musketier-Bataillon zu vier Kompanien. Die vier Garde Bataillone blieben unverändert zu sechs Kompanien einschließlich einer Flügel Grenadier-Kompanie. Die bisherige Zusammenstellung der seit 1735 bei jedem Regiment vorhandenen zwei Grenadier-Kompanien in Bataillone zu vier Kompanien fiel fort. Auch die neuen Füsilier-Bataillone waren vier Kompanien stark.

Friedrich Wilhelm III. kehrte indessen mit Kabinetts Ordre vom 28. Februar 1799 zu der Formation zurück, die unter Friedrich dem Großen bestanden hatte. Vom 1. Juni 1799 ab zählten also die Infanterie Regimenter wieder je zwei Grenadier-Kompanien und zwei Musketier-Bataillone zu fünf Kompanien. Die Grenadiere von je zwei Regimentern bildeten fortan aber schon im Frieden selbstständige Bataillone mit eigenem Stabe und vielfach mit besonderer Garnison. Sie erhielten auch wieder Grenadiermützen neuer Art.

Eine durch Kabinetts Ordre vom 5. Juli 1806 verfügte Neuformation der Regimenter, wonach sie außer den zwei Grenadier-Kompanien künftig drei Feld Bataillone zu vier Kompanien haben sollten, wurde angesichts der Kriegsjahre vertagt, ist aber 1807 der neuen Einteilung zu Grunde gelegt worden, nur dass den Regimentern als drittes ein Füsilier Bataillon zugeteilt wurde.

Danach zählte die Infanterie 1806 an Feld Bataillonen (ohne Nr. 56 Regiment „Tauentzien" und Nr. 60 „Chlebowski"):

4 Garde Bataillone zu 6 Kompanien,

28 Grenadier Bataillone zu 4 Kompanien,

112 Musketier Bataillone zu 5 Kompanien.

Die leichte Infanterie umfasste:

24 Füsilier Bataillone zu 4 Kompanien,

das Feldjäger Regiment mit 3 Bataillonen zu 4 Kompanien.

Jedes Musketier-Bataillon zählte seit 1799 5 Kompanien und 10 Züge, nicht mehr 8, wie das auf die bisherige Formation zu 4 Kompanien gegründete Reglement von 1788 bestimmte. Die Musketier-Kompanie hatte im Felde 120 Gemeine, das Bataillon also 200 dreigliedrige Rotten, der Zug 20. Die Grenadier-Bataillone hatten zwar nur 4 Kompanien und folglich 8 Züge. Da aber die Grenadier-Kompanie 150 Gemeine stark war, so zählten diese Bataillone gleichfalls 200 Rotten, der Zug 25. Diese Frontbreite wurde beibehalten; laut Kabinetts Ordre vom 5. Oktober 1805 sollten „in Kompanie die aus den beiden ersten Gliedern abgehenden Leute von dem 3. Glied ergänzt werden, dergestalt, dass die beiden vorderen Glieder beständig vollzählig bleiben und das Manequement nur beim 3. Gliede stattfindet".

In den Bataillonen rangierten die Kompanien nach dem Dienstalter ihrer Chefs, nach denen sie benannt wurden, von den Flügeln nach der Mitte. Beim I. standen also von rechts nach links: Leib Kompanie, Majors Kompanie, jüngste, älteste Kapitäns Kompanie, Kommandeurs Kompanie, beim II. rechts die Kommandeurs, links die Majors, dazwischen die drei Kapitäns Kompanien, die jüngste in der Mitte. Wenn sich das Bataillon zur Chargierung schloss, d.h. wenn es aus der gewöhnlichen Aufstellung mit geöffneten Gliedern (Gliederabstand 2 Schritt, Offiziere 8 Schritt vor der Front verteilt, Fahnen 5 Schritt vor dem 6. Peleton, hinter ihnen die Hautboisten, Spielleute 3 Schritt vor dem rechten Flügel ihrer Kompanien, Unteroffiziere und Schützen 4 Schritt hinter dem 3. Gliede) in die Gefechtsformation überging, so schlossen die beiden hinteren Glieder: „auf die Säbelspitze" der Vorderleute auf und zwischen den 5. und 6. Zug traten die Fahnen ein. Von diesen hatte seit Kabinetts Ordre vom 27. Februar 1787 jedes Bataillon nur noch 2, nicht mehr jede Kompanie eine. Im 1. Gliede befand sich die Avancierfahne (beim I. Batl. Leibfahne genannt), im 3. die Retirierfahne, getragen von Gefreitenkorporalen, die zwischen je 2 Feldwebeln standen. Grenadiere, Füsiliere und Jäger hatten keine Fahnen; hier traten nur die 4 Feldwebel in der Mitte ein.

Zur Erleichterung des Sammelns bei einem Alarm sollte jede Kompanie allabendlich in 2 Züge abgeteilt werden, bei denen ihre Offiziere und Unteroffiziere blieben. „Auf solche Art", setzt das Reglement hinzu, „ist das Bataillon in 10 Zügen augenblicklich formiert, und dieses kann auch in der Armee und überall, wo es nötig ist, bei entstehenden Alarm geschehen." Diese einfache und natürliche Formation hat nach und nach die alte zu 8 Peletons ganz verdrängt; im Siebenjährigen Kriege wurde die kompanieweise Einteilung zu 10 Zügen allmählich mehr und mehr genutzt. Die bisher mit einer Menge von Umständlichkeiten, Kommandos, Trommelwirbeln, Honneurs vor den Fahnen und sonstigen zeitraubenden Feierlichkeiten bewirkte „Formierung des Bataillons" fiel daher durch Kabinetts Ordre vom 7. April 1772 zunächst für die Berlinischen und Märkischen Feldregimenter ganz fort und der 1779 ausgegebene Anhang zum Reglement dehnte dies auf alle augmentierten Regimenter aus. Seitdem hat sich die Einteilung des Bataillons stets nach der Zahl der Kompanien gerichtet, die auch im Bataillon geschlossen blieben.

Die alte Einteilung der Kompanien zu 4 Zügen blieb daneben bestehen, auch 1788. Bei den Füsilier-Bataillonen, die in 2 Gliedern und 260 Rotten rangierten, ist dies bis 1806 die gewöhnliche gewesen; obwohl auch diese zur Chargierung nur 8 Peletons hatten, exerzierten und manövrierten sie viel in 16 Zügen. Bei der Infanterie kam sie dagegen, außer beim Abmarsch der Kompanien zum Exerzieren und beim Einrücken, kaum noch vor, wurde 1798 in Berlin überhaupt auf die Spezialrevue beschränkt und hatte also 1806 keine Bedeutung mehr.

Die Kriegsstärke und Zusammensetzung eines preußischen Bataillons nach den 1806 gültigen Etats ergibt nachstehende Übersicht:

Grenadier-	Musketier-	Füsilier-	Bataillon
18	22 - 23	19	Offiziere
56	60	48	Unteroffiziere
1	1	-	Artillerie Unteroffizier
4	5	4	Chirurgen

12	15	5	Tambours, einschl. 1.-Batl. (Regts.) Tambours, bzw. Batl. Hornisten
1	1	8	Hornisten
8	-	-	Pfeifer
17	17	-	Artilleristen
40	50	40	Schützen
600	600	520	Gemeine
40	50	40	Überkomplette
774	793	661	Ohne die Offiziere, den Artillerieunteroffizier, die Chirurgen und die Zimmerleute
614	413	361	Einländer
160	380	300	Ausländer
16	10	8	Unteroffiziere (Beurlaubte)
17	17	-	Artilleristen
376	320	296	Gemeine
40	50	40	Unteroffiziere (Diensttuer)
21	16	13	Spielleute
304	380	304	Gemeine
774	793	661	Summe

Aus diesen Zahlen geht hervor, dass nach Beendigung der 6 Wochen betragenden Exerzierzeit im Frühjahr jede Kompanie 76 Gemeine zum Dienst behielt, und dass diese Zahl dem Ausländerstamm bei den Musketieren und Füsilieren gleich kam, dass folglich bei der Beurlaubung in erster Linie sämtliche überhaupt vorhandenen Einländer die Truppe verließen. Alle irgend sicheren Ausländer, zu denen bekanntlich auch alle Nichtkantonpflichtigen, wie Soldatensöhne und Freiwillige aus kantonfreien Städten und Landesteilen, zählten, wurden dann auch noch als „Freiwächter" in der Garnison beurlaubt.

Unter den Ausländern der Armee gab es viele, die achtbare Soldaten waren. Sie zogen den Dienst in der preußischen Armee vor, da der Sold pünktlich gezahlt wurde und sie mit einer guten Uniform rechnen konnten. Viele andere Ausländer waren aber der Abschaum der Bevölkerung, die nur durch harte Disziplin zusammengehalten werden konnten. Die Frage stellt sich, warum man auf diese Ausländer zurückgreifen musste? Die Antwort war, dass man nicht zu viele Landeskinder der Industrie, dem Handwerk und der Landwirtschaft entziehen wollte.

Dies wurde durch die lange Dienstzeit bestimmt. Warum die Dienstzeit nicht verkürzt wurde, kann nicht geklärt werden. König Friedrich Wilhelm II., (1786-1797) konnte nicht mit den vorher regierenden Königen verglichen werden. Der durchaus intelligente König wurde in politischen Fragen und Entscheidungen sehr schlecht beraten. Sein Sohn Friedrich Wilhelm III., (1797-1840) war ein schwacher Herrscher. Er sah zu, wie deutsches Gebiet an Frankreich abgetreten wurde. Er selber tauschte preußisches Gebiet gegen andere Gebiete ein. Er war ein Mann des Zögerns, der sich nur immer schwer zu Taten hinreißen ließ. Um 1806 war die soziale Struktur Preußens zum Teil veraltet, war aber nicht der Ausschlag der kommenden Katastrophe.

Von 1795 bis 1805 verfolgte Preußen eine Politik der strikten Neutralität. Eine Politik, die von Graf von Haugwitz als Preußens Außenpolitik für zehn Jahre betrieben wurde und die nur das Ziel hatte, ohne Krieg das Beste für Preußen zu erreichen. Die Mittel, um dieses zu erreichen, waren oft sehr fragwürdig. Am Anfang war diese Politik sehr erfolgreich, musste dann aber zur Katastrophe von Jena und Auerstedt führen. Wie sich später zeigte, konnten nur die Nationen Europas vereint den Tyrannen Napoleon besiegen und zur Abdankung zwingen.

In 1805 hatte diese Möglichkeit schon einmal bestanden, aber Preußen wollte diese Chance nicht wahrnehmen, und so mussten Hunderttausende von Bewohnern der verschiedenen Länder Europas in den folgenden Jahren für diesen Fehler mit ihren Leben bezahlen. Regierungen müssen, ob sie wollen oder nicht, auch einmal unpopuläre Entscheidungen treffen, um ein größeres Übel abzuwenden.

Die Schaukelpolitik Preußens war natürlich auch Napoleon bekannt. Um Preußen aus der 3. Koalition herauszuhalten, versprach er Preußen das Kurfürstentum Hannover. Dieses Angebot reizte Preußen, vor allem Graf von Haugwitz sehr. Preußen konnte sich aber zu keinem Entschluss durchringen, da es sonst einen Zusammenstoß mit England und Russland befürchten musste.

Bewaffnung und Taktik

Wenden wir uns hier kurz zur Bewaffnung der Armee. Nach Clausewitz war das preußische Gewehrmodell das „schlechteste in Europa". Teilweise waren die Läufe durch das Exerzieren mit den schweren zylindrischen Ladestöcken in Mitleidenschaft gezogen worden. Der Hauptfehler der der preußischen Muskete nachgesagt wird, ist die steile Schäftung, die kein genaues zielen ermöglichte. Moderne Feuerwaffen sind aber auch mit einer steilen Schäftung versehen.

Scharnhorst ließ 1810 mit verschiedenen Gewehren Schießversuche durchführen. Auf eine Scheibe 1,8 m hoch und 30 m weit wurden je Waffe 200 Schuss abgegeben. Die Ergebnisse der Versuche waren folgende:

Modell	100 Schr. Entfern.	200 Schr. Entfern.	300 Schr. Entfern.	400 Schr. Entfern.	Treffer insgesamt
Altpreuß. M 1740	92	64	64	42	262
Altpreuß. M 1780/87.	150	100	68	42	360
Nothardt Gew. M 1801	145	97	56	67	385
Neupr. Gew. M.1809/12	149	105	58	32	344
Franz. M. An 9 (1800/01)	151	99	53	55	358
Eng. Brown Bess	94	116	75	55	340
Schwedisches Gewehr	80	116	58	47	301
Russisches Modell	104	74	51	49	278

Diese Versuche sollten zeigen dass das altpreußische Gewehr, das Schlechteste war. Warum aber das schlechteste Gewehr auf eine Entfernung von 300 Schritt das dritt beste Ergebnis erzielen konnte ist doch sehr merkwürdig. Ein schlechtes Gewehr schießt schlecht auf alle Entfernungen.

Das immer wieder angegebene Argument das die preußische Muskete sich nicht für einen genauen Schuss eignete und das die Soldaten nicht zum Zielen angehalten wurden trifft auf alle anderen Armeen zu. Visiere waren an diesen Waffen nicht vorhanden, egal ob es die englische Brown Bess Muskete oder die französische Charleville Muskete war. Das schnelle Schießen in Gefechtssituationen erlaubte es nicht ein gezieltes Feuer abzugeben, egal ob es sich um die preußische, französische oder englische Armee handelte.

Die 10,5 Gramm schwere Pulverladung der Patrone verursachte einen so starken Rückstoß der ein genaues Zielen sehr erschwerte. Das Gleiche trifft natürlich auch auf das französische Musketen Model zu. Prellungen und Knochenbrüche verursacht durch den starken Rückstoß waren keine Seltenheit. Ob der von Feldmarschall von Möllendorf an die Berlinische Inspektion am 12. Juli 1803 erlassene Befehl: „Denen Leuten muss das Anschlagen besser gezeigt werden, dass sie den Kopf nicht mehr wie bisher auf die Kolbe ziehen, sondern die Kolbe an die Schulter drücken, den Kopf gerade aufrecht haltend, und so horizontal anschlagen, als welches Seine Majestät der König bei der diesjährigen Revue hauptsächlich erinnert und befohlen haben!" Es zeigt aber dass der Kopf zum Schießen auf den Kolben heruntergebracht wurde und der Versuch zum Zielen unternommen wurde. Ob dieser Befehl ausgeführt wurde kann nicht mit Sicherheit belegt werden. Warum, wird beim konischen Zündloch erklärt.

Im Prinzip unterschied sich das preußische Gewehrmodell wenig von den Musketen anderer Länder. Hauptunterschiede waren die Verwendung eines zylindrischen Ladestockes und eines konischen Zündloches. Dies erlaubte es dem preußischen Infanteristen schneller zu schießen als jeder andere Soldat in den anderen europäischen Armeen. Mit dem zylindrischen Ladestock entfielen das zweima lige herumdrehen des Ladestockes beim Ladevorgang. Der zylindrische Ladestock wurde 1773 und das konische Zündloch im September 1780 eingeführt. Ladestock und das konische Zündloch sparten Zeit beim Ladevorgang. Es erlaubte es der preußische Armee schneller zu feuern.

Auf Vorschlag von Christian Wilhelm von Freytag, Premierleutnant im Regiment Lossow (Nr. 41), wurden ab September 1780 die Gewehre mit dem sogenannten konischen Zündloch und einer abgeänderten Schwanzschraube versehen. Das konische Zündloch hatte einen Durchmesser von drei Millimetern. Die ersten zwei Millimeter des Zündloches verliefen für zwei Millimeter zylindrisch dann erweiterte es sich nach innen zu einer Weite von 8 Millimetern. Dadurch bildete sich ein Trichter zum Pfannenaustritt hin, sodass das in den Lauf geschüttete Pulver bei senkrecht stehendem Gewehr selbstständig auf die mit dem Pfannendeckel verschlossene Pfanne lief. Ein separates beschütten mit Pulver aus der aufgebissenen Patrone entfiel. Zwei Ladebewegungen konnten dadurch eingespart werden.

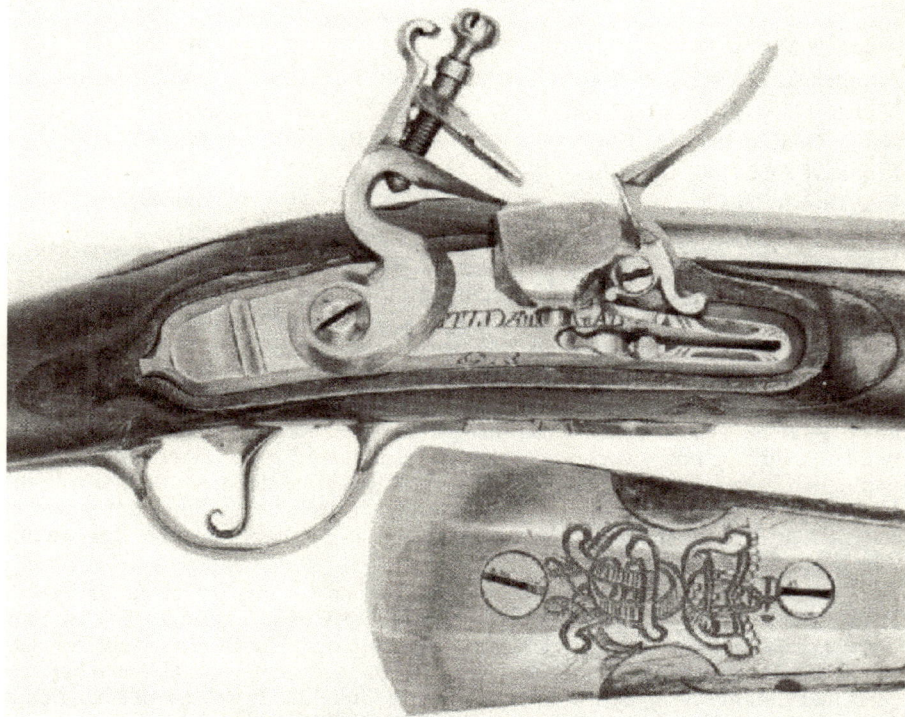

Preußisches Infanteriegewehr M. 1780/87

Der große Durchmesser des Zündloches brachte einen großen Nachteil mit sich. Beim Abschuss entstand ein starker Feuerstrahl der nach der rechten Seite austrat. Dieser Feuerstrahl beeinträchtigte den Nebenmann gewaltig. Schon aus diesem Grund, um dem Feuerstrahl auszuweichen, war es ratsam den Kopf zu neigen. Um diese

Belästigung etwas einzuschränken wurde 1790 ein seitlicher Feuerschirm an das Schloss angebracht.

Das Infanteriegewehr 1780/87 kann als die Waffe des 18. Jahrhunderts angesehen werden, mit der in Abhängigkeit von Drill und Technologie der Zeit die höchste Feuergeschwindigkeit erzielt werden konnte, nämlich beim gefechtsmäßigen Exerzieren bis zu 6 Schuss in der Minute.

Der Soldat trug eine Patronentasche mit 60 Schuss Munition. Das Gewicht der Tasche mit Ladung betrug um die 4 kg. Weitere 60 Schuss wurden auf dem Patronenwagen mitgeführt. Die günstigste Schussentfernung lag unter 75 Meter.

Das Infanteriegewehr Modell 1780/87 hatte ein Kaliber von 18,6 mm: Gesamtlänge 1465 mm: Lauflänge 1053 mm und ein Gewicht von 5,3 kg.

Das Reglement für die leichte Infanterie von 1788 sah für die Füsiliere innerhalb der rangierten Schlachtordnung eine Aufstellung in nur 2 Glieder vor. Jede Kompanie in 4 Züge geteilt. In der geschlossenen Ordnung fiel daher das Niederknien des ersten Gliedes fort. Eine Besonderheit bei der Chargierung war, dass sich das erste und achte Peleton zur Schwärmattacke in eine lockere Schützenlinie auflösen sollten.

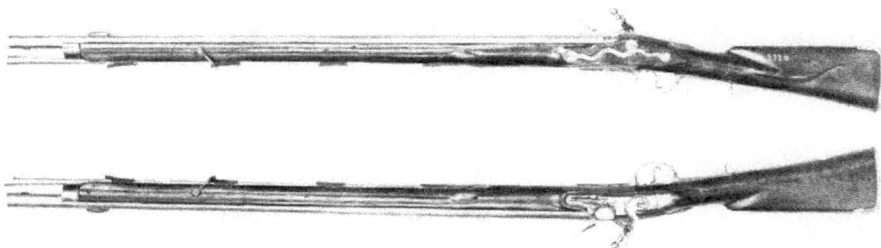

Preußisches Füsiliergewehr M. 1787

Das für die grünen Füsiliere 1787 eingeführte Gewehr unterscheidet sich von dem Infanteriegewehr 1780/87 nur durch eine kürzere Gesamtlänge von 130 mm.

Die preußische Infanterie sah 1806 einer Umbewaffnung entgegen. Am 14. Februar 1801 genehmigte Friedrich Wilhelm III., die Einführung eines ganz neuen Gewehrs, das nach seinem Konstrukteur, dem Kapitän v. Nothardt vom Regiment „von Grevenitz" (Nr. 57 der Stammliste) benannt wurde. Dieser erhielt dafür vom König den Orden „Pour le Merite" und ein größeres Geldgeschenk. Ein Kapitän v. Nothardt wird in den preußischen Ranglisten dieser Zeit im Regiment v. Grevenitz geführt.

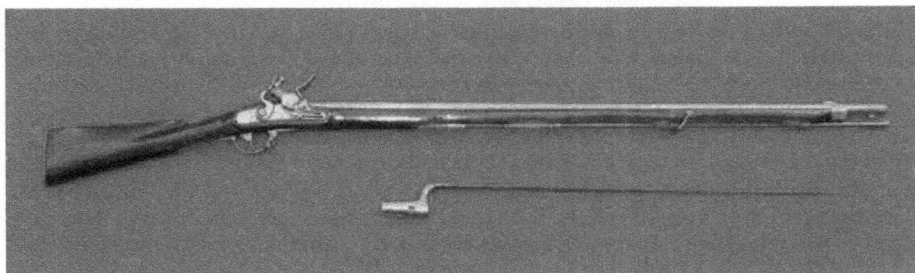

Altpreußisches Infanteriegewehr M. 1801 (Nothardt)

Die Produktion des M. 1801 lief Anfang 1802 an und bis 1806 waren vermutlich 20.000 Gewehre gefertigt worden. Doch nur die 4 Gardebataillone, das Regiment des Königs und das Grenadier-Bataillon Rabiel Nr. 18/27 zogen mit dem Nothardt-Gewehr in den Krieg. Die umfassende Ausgabe sollte erst noch Abschluss der gesamten Produktion stattfinden, um eine Bevorratung von zwei Munitionsarten für die Infanterie zu vermeiden. Gegenüber dem M. 1780/87 zeichnen das neue Gewehr folgende Vorzüge

aus:
- Erleichterung um 3 Pfund
- Erhöhung der Treffsicherheit und Schussweite
- geringerer Pulververbrauch und
- kleineres Kaliber (Karabiner-Kaliber 15,1 mm)
- verbesserter, im Kolben gekrümmter Schaft
- verminderter Rückstoß.

Darüber hinaus ist eine kleine Verbesserung am Schloss feststellbar, der Pfanndeckel hatte nämlich in einer Verlängerung der Pfanne ein zweites Lager erhalten. Der Namenszug des Königs (FWR) wurde auf einem verbreiterten Schlossgegenblech eingraviert, den Kolbenblechfortsatz konnte man deshalb auf 40 mm verkürzen. Das konische Zündloch und der seitliche Feuerschirm blieben unverändert, während der Schweifteil der Schwanzschraube einen Aufsatz mit Korneinschnitt erhielt. Der Bajonetthaft wurde in der gleichen quaderförmigen Gestalt beibehalten.

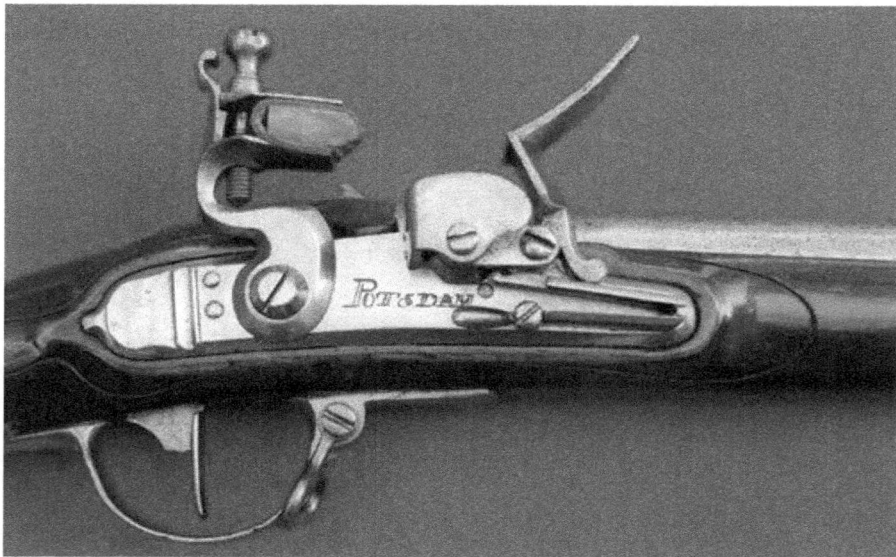

Schloß und Feuerschirm des Nothardt Gewehrs

Zum Gewehr gehörte ein außerordentlich langes Bajonett von 795 mm. Die bei unveränderter Lauflänge von 1005 mm durch die Kaliberverkleinerung auf 15,1 mm erzielten höheren ballistischen Leistungen zeigten erst ab 400 Schritt Entfernung deutliche Auswirkungen. Das Nothardt-Gewehr wurde auch nach Einführung des M. 1809 noch einige Zeit weitergebaut. Mit dem größten Teil der erbeuteten Bestände rüsteten die Franzosen noch 1806 die Truppen der Rheinbundstaaten aus.

Für das Schützengefecht in aufgelöster Ordnung vor der Front und für Aufgaben des Kleinkrieges gab es in jeder Infanterie-Kompanie einige Schützen, bei den Grenadieren die Unteroffiziere, bei Musketieren ein Unteroffizier und 10 Mann, bei den Füsilieren einen noch stärkeren Prozentsatz. Diese Leute führten ein gezogenes Bajonettgewehr, eine Sonderwaffe, die im Jahre 1807 wieder zurückgenommen wurde.

Damit in besonderen Gefechtslagen, in denen der gut treffende Einzelschuss zu fordern war, die Kavallerie mit ihren besonders schlecht schießenden glatten Karabinern nicht völlig hilflos wäre, führte der große König es ein, dass bei Kürassieren, Dragonern und Husaren 10 Mann in jeder Schwadron mit gezogenen Karabinern bewaffnet wurden. Diese Karabiner waren noch etwas kürzer als die glatten Karabiner der verschiedenen Reitergattungen.

Die Jägerbewaffnung wurde wieder vereinheitlicht und sollte in der sogenannten alten Korpsbüchse bestehen. Die Durchführung dieser Anordnung hat sich bis zum Jahre 1796 hingezogen. Die alte Korpsbüchse war zum Aufpflanzen eines Hirschfängers eingerichtet.

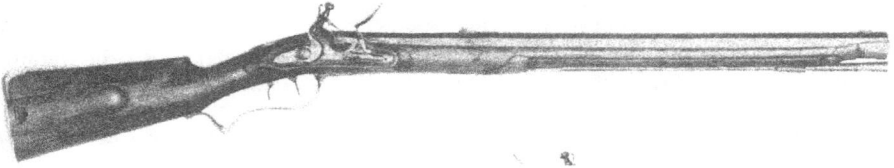

Altpreußische Jäger-Korpsbüchse

Die Schäfte der Büchsen waren aus Nussbaumholz, die Läufe aus Schmiedeeisen. Bei der Fertigung der Läufe sind noch gewisse Eigentümlichkeiten zu besprechen. Ohne wirkliche wissenschaftliche Kenntnisse auf diesem Gebiet, muss man in damaliger Zeit doch schon gefühlsmäßig etwas von Laufschwingungen beim Schuss und ihren Einfluss auf die Treffleistungen geahnt haben. Die bei den Büchsen angewandten dicken Laufstärken, die sich natürlich sehr auf das Gewicht der Waffe auswirkten, haben die Laufschwingungen sehr gemildert, das umso mehr, als die Pulverladung verhältnismäßig schwach war. Das genügte den Waffenkonstrukteuren anscheinend noch nicht, die offenbar nur im Sinn gehabt haben können, die Laufschwingungen an der Mündung zu beseitigen. Die Läufe hatten hinten, wo der höchste Gasdruck wirkte, naturgemäß die größte Wandstärke. Nach vorn verjüngten sie sich. Aber nach der Mündung zu verwendete man wieder eine dickere Wandstärke. Je nach der Form der Laufverdickung am Vorderteil des Laufes, bezeichnete man die Konstruktionen als Büchsen mit Aufwurf oder als Büchsen mit gestauchter Mündung. Die Dicke der Laufwände bot an der Mündung der Büchse eine gewisse breite Ringfläche. Zum Übergang an dieser Fläche nach dem Inneren der Seelenwände wurde die scharfe Kante gebrochen. So erleichterte man das Einsetzen der Kugel in die Mündung und ihr Einschlagen mit dem Holzhammer. Man beugte auf diese Weise auch vor, dass der Mündungsrand bestoßen wurde und nicht einen die Kugel störenden Grat erhielt.

Bei der alten Korpsbüchse war ein Messingkorn auf den Lauf gelötet. Das Standvisier sollte einen Kernschuss auf 150 Schritt (112,5 m) haben. Bei späteren Büchsen sind Korn und Visier mit einer Fußplatte schwalbenschwanzartig in Ausschnitte des Laufes eingeschoben. Einhiebe auf Fußplatte und Lauf legten die richtige Stellung fest und machten sie kontrollierbar. Durch seitliche Verschiebung der Fußplatten konnten Seitenabweichungen der Visierlinie korrigiert werden. Als Material für das Korn kam anstatt Messing auch Neusilber zur Anwendung.

Am Lauf war rechts neben der Mündung ein langer, mit einer Kerbe versehener eiserner Haken angebracht. Er diente zum Aufpflanzen des Hirschfängers. Zu diesem Zweck hatte letzterer am Griff einen Kasten zum Aufschieben auf den Haken. Eine Feder in dem Kasten klinkte in die Kerbe des Hakens und gab dem Hirschfänger einen festen Halt. Schon bei diesen Büchsen kam es vor, dass man sie anstatt mit der gut geführten, also gut treffenden Pflasterkugel mit fertigen Papierpatronen lud. Die Kugeln dieser Patronen mussten natürlich einen etwas geringeren Durchmesser haben als die Pflasterkugeln. Sie hatten mehr Spielraum im Lauf, waren also schlechter geführt und schossen schlechter. Sie ließen sich aber in Fällen der Not bedeutend schneller laden und bildeten in Bezug auf Feuergeschwindigkeit und auf Treffsicherheit ein Mittelding zwischen der Flintenkugel und der Pflasterkugel.

Auf demselben Standpunkt standen die schon erwähnten Schützenwaffen bei vereinzelten Infanteristen und die gezogenen Karabiner bei der Kavallerie. Sie wurden alle mit Papierpatronen geladen, hatten kein Kugelpflaster und bedurften keines Holzhammers. Sie schossen schlechter als die Pflasterbüchsen, aber besser als die glatten Flinten. Sie schossen schneller als die Pflasterbüchsen, aber langsamer als die

Flinten. Der Ladestock war nach alter Form konisch und musste also noch beim Laden gewendet werden. Die dadurch bedingte kleine Zeitverzögerung kam bei diesen Waffen gegenüber den sonstigen Nachteilen des zylindrischen Ladestockes nicht in Betracht. An Zügen waren meist acht vorhanden, selten waren es sieben. Die Visierung entsprach etwa der der alten Korpsbüchse. Die Schützengewehre hatten ein dreikantiges Bajonett mit aufgeschnittener Dille.

Das Schützengewehr Mod. 1787 war nur wenig kürzer als die glatte Infanteriemuskete. Das Kaliber war um ein geringes Maß enger, damit der Spielraum der Kugel der Papierpatrone möglichst gering war, um überhaupt noch eine Spur von Kugelführung abzugeben. Was in dieser Beziehung an Dicke der Kugel noch fehlte, musste durch Stöße des Ladestockes beim Laden der Kugel sozusagen noch angestaucht werden. Das Papier der Patrone gab der Kugel auch genug Führung um einen genaueren Schuss abzugeben. Die Schäftung sah eine für den Zielanschlag verbesserte Kolbensenkung vor. Von der Pflasterbüchse unterschied sich das Schützengewehr wiederum durch das Fehlen eines Stechers.

Altpreußisches Scharfschützengewehr M. 1787

Feuersteinschloß des Scharfschützengewehrs

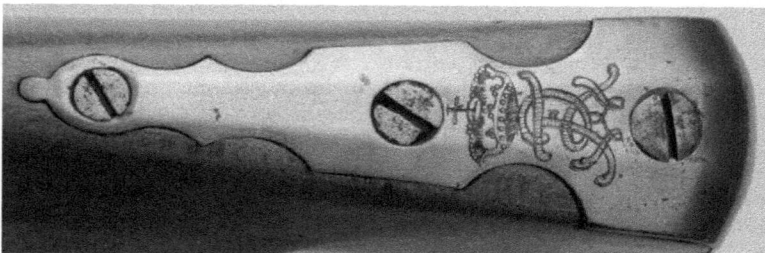

Kolbenblech mit Gravur

Korn und Truppenstempel

Eine eigentümliche Erscheinung, die mit dem Schützengewehr Mod. 1787 verbunden war, bedarf noch der Erwähnung. Die alte Muskete des Dreißigjährigen Krieges hatte noch eine Stützgabel verlangt. Das Gewicht der Waffe hatte eigentlich nicht mehr die Anwendung einer Stützgabel erfordert. Aus alter Gewohnheit blieb letztere aber immer noch in der Truppenausrüstung. In der schwedischen Armee verschwanden 1655 die letzten Stützgabeln aus den Regimentern der Feldtruppen. Hier beim preußischen Schützengewehr, Mod. 1787, tauchten sie wieder auf in der Form eines Zielstockes. Ein Stock mit einer Gabel zum Auflegen des Gewehrs im knienden Anschlag sollte das Zielen erleichtern. Hier beim Modell 1787 hatte sich der Gedanke, der militärisch tatsächlich wertlos ist, doch einmal bis zur Einführung durchgesetzt. Mit der Waffe verschwand später auch der Zielstock wieder. Auch die österreichische Armee hat einmal eine solche Periode durchmachen müssen.

Am 19. September 1805 wurde die Mobilmachung der preußischen Armee befohlen. Dann traf in Berlin die Nachricht ein, dass Frankreich preußisches Gebiet verletzt hatte. Am 3. November wurde ein Vertrag mit Russland geschlossen, in dem festgelegt wurde, dass Preußen einen Unterhändler an Napoleon schicken würde, um zu verlangen, dass französische Truppen aus Deutschland, Holland, der Schweiz und Süditalien abgezogen werden sollten. Wenn dieser Vertrag innerhalb von vier Wochen nicht von Napoleon akzeptiert werden würde, würden 180.000 preußische Soldaten in die Kämpfe eingreifen.

Der Zar versprach Preußen, dass er sich dafür einsetzen würde, dass Preußen Hannover zugesprochen bekommen würde. Als Unterhändler wurde Haugwitz ernannt, der sich sehr viel Zeit ließ, um ins französische Hauptquartier zu gelangen. Ende November traf er im französischen Hauptquartier ein. Durch die Hinhaltepolitik Napoleons, die durch den Eitlen von Haugwitz noch gefördert wurde, gelangte dieses Ultimatum erst nach der Schlacht von Austerlitz in die Hand Napoleons. Jetzt war es aber zu spät, da Russland und Österreich nach der verlorenen Schlacht schon einen Friedensvertrag mit Napoleon abschließen mussten.

Am 15. Dezember zwang Napoleon Haugwitz einen Bündnisvertrag auf. Preußen erhielt Hannover, verlor aber Ansbach, Kleve, Neuenburg und Wesel. Am 11. Juli 1806 erklärte England Preußen den Krieg. Mehr und mehr schlitterte der preußische Staat in eine ausweglose Situation hinein. Auf den Druck Napoleons wurde der Franzosenfeind Hardenberg entlassen und Haugwitz zum Außenminister ernannt. Preußen splitterte sich in eine Kriegspartei und eine französische Partei.

Die französische Partei wollte die bis jetzt geführte Politik weiterführen. Die Kriegspartei aber wollte den Kampf gegen Napoleon aufnehmen, denn sie machte sich keine Illusionen darüber und wusste, dass ein Kampf unausweichlich war. Prinz Louis Ferdinand und die Königin Louise z.B. waren Vertreter der Kriegspartei.

Das immer wieder zitierte negative Bild der preußischen Handfeuerwaffen, von Clausewitz verfasst, wurde schon bei der Heeresreform 1810/12 von Scharnhorst durch Reihenversuche mit preußischen Waffen widerlegt. Die Waffen waren nicht besser oder schlechter als Waffen anderer Staaten. Durch das konische Zündloch und den zylindrischen Ladestock waren die preußischen Waffen in der Feuergeschwindigkeit den französischen Waffen überlegen.

Die französische Tirailleurtaktik entstand aus der Not des amerikanischen Unabhängigkeitskrieges, da die amerikanischen Rebellen keine ausgebildeten Soldaten ins Feld schicken konnten. Die französische Republik stand vor dem gleichen Dilemma. Dieser Krieg, der so wichtige taktische Verbesserungen hervorgebracht haben sollte, wurde nie genau analysiert. Taktische Werke sind zum großen Teil nur über den kleinen Krieg vorhanden. Johann Ewald war der einzige, der dieses Thema genauer studierte. Warum die Amerikaner den Krieg gewannen, kann nicht auf diese neue Taktik zurückgeführt werden.

Der Krieg wurde nicht durch diese Taktik entschieden, sondern er wurde entschieden durch die massive französische und spanische Intervention und durch die Fehler, die von der englischen Führung begangen wurden. Die Engländer schlugen sich selber. In einer offenen Feldschlacht konnten die amerikanischen Verbände die europäischen Armeen kaum schlagen. Die beiden größten Siege der Amerikaner, bei Saratoga und Yorktown erfochten, zeigen auf amerikanischer Seite eine vier bis fünffache Überlegenheit an Truppen, zeigten aber auch, dass sich General Burgoyne und General Cornwallis in eine Lage manövrieren ließen, aus der es kein Entkommen gab. Im sogenannten kleinen Krieg waren die deutschen Jägerverbände unter Kommandeuren wie Ewald und Reitzenstein den amerikanischen Büchsenschützen weit überlegen. In den letzten Jahren des Krieges löste General Washington viele der sogenannten Rifle units auf, da bei diesen Einheiten die Disziplin fehlte.

Es darf nicht vergessen werden das French-Kanadier und Indianer unter dem Befehl französischer Offiziere die englischen Kolonien für Jahrzehnte in Angst und Schrecken versetzt hatten. Sie waren die Meister des kleinen Krieges. General Washington musste sich Ihnen ergeben, wurde freigelassen mit dem Versprechen nicht mehr in diesem Krieg zu dienen. Ein Versprechen das gebrochen wurde. Die preußische Armee hatte leichte Truppen, wie Füsiliere, Schützen und Jäger. Es war also keine Taktik, die der preußischen Armee unbekannt war.

England sammelte in Nordamerika die größte Erfahrung aller beteiligten Mächte und schloss daraus die richtigen Folgen. Bis 1815 kämpfte England sehr erfolgreich in der so veralteten Lineartaktik.

Die Taktik der Verbündeten im Befreiungskriege war nichts anderes als die alte bewährte Lineartaktik. Gerade in der entscheidenden Schlacht von Belle Alliance versagte die französische Kolonnentaktik gegen die veraltete und heute so verpönte Lineartaktik. Auch in Spanien führte die französische Taktik nicht zum Erfolg.

Die altpreußische Lineartaktik war eine Taktik des schnellen Manöverierens auf dem Schlachtfeld. Die Taktik der Tirailleure wurde nicht von Frankreich, sondern schon früher von Preußen entwickelt. Die Wirkung des Tirailleurfeuers wurde doch sehr überschätzt.

Die französischen Tirailleure konnten nicht wie die preußischen oder englischen Schützen zum präzisen Einzelschuss eingesetzt werden, da ihre glatten Waffen dies nicht zuließen. Das Feuer der französischen Infanterie war langsamer als das der Preußischen. Die preußische Infanterie verschoss bei Vierzehnheiligen viermal, die Artillerie zweimal ihre gewöhnliche Munition, und der entscheidende Stoß der Franzosen traf schließlich nicht mehr eine Aufstellung, sondern nur noch das Skelett einer solchen.

Die leichte preußische Infanterie zeigte sich den Feinden gewachsen. Die mit Büchsen bewaffneten Schützen waren den französischen Tirailleuren überlegen. (Höpfner, I, S. 322). Dr. Herbert Schwarz in seinem Buch „Gefechtsformen der Infanterie und ihre Entwicklung in Mitteleuropa" schreibt dazu: „In dem Gegensatz um 1800 zwischen der französischen Taktik und der preußischen Taktik wird den Franzosen nicht nur die Einführung der Kolonne als Angriffskolonne im Gefecht, sondern auch die Entwicklung des Schützengefechtes zugeschrieben. Tatsächlich aber entwickelt Preußen, soweit übersehbar, in einer Zeit, als in Frankreich Schützenverwendung vernachlässigt wird, das schon mit der geschlossenen Truppe verbundene Schützengefecht früh schon wendig und abwechslungsreich. Die Zahl der Schützen ist allerdings gering.

Die Wirkung des Feuers bei der in größerer Zahl erfolgten Anwendung der Tirailleure in der französischen Revolutionsarmee ist nicht allzu groß. Die Franzosen selbst bewerten zu dieser Zeit das Infanteriefeuer als gering (Besnus, Paris). Die Schützen sind erst schlecht bewaffnet, schlecht ausgebildet, schlecht eingesetzt. Wie später nochmals erwähnt, besteht der Wert des Schützenfeuers mehr in der Störung und in der Verschleierung. Das Feuer der französischen Tirailleure der Revolutionsarmee und der Napoleonischen Armee ist störend durch die Menge der eingesetzten Schützen, nicht durch Qualität, sowie durch die Art, das Feuer auf ungebräuchliche Entfernung durch Bogenschüsse zu eröffnen. Einige Zeit früher lässt man das Feuer zur Ermutigung unerfahrener Truppen auf zu große Entfernung eröffnen, aber nicht mit Bogenschüssen, sondern mit Gellschüssen flach gegen den Boden, mit Abprallern. Im Gegensatz zu der mehr störenden und verschleierten Wirkung des französischen Schützenfeuers ist es bekannt, dass bei Jena und Auerstedt das in alter Manier durchgeführte Feuer der Preußen aus der Front heraus bei richtigem Einsatz der Truppe von geradezu vernichtendem Erfolg ist. Auffallend, wie hier alte Ansichten sich als falsch erweisen. Umgekehrt, wie angenommen, ist das Tirailleurfeuer der Franzosen von geringer tatsächlicher Wirkung, das alte abteilungsweise Feuer aber sehr wirkungsvoll.

Die französische Infanterie vertraut nicht auf das Feuer, ihr Stolz ist der Kolonnenstoß mit dem Bajonett. Die Kolonne, richtig in Bataillonsstärke, werden meisterhaft geführt, sie sind die Stärke und der Stolz der französischen Infanterie. In der Ansicht über den Wert des Feuers haben die Engländer, wie die Russen schwerere Kugeln schießend, entgegengesetzte Meinung. In den spanischen Schlachten und bei Waterloo stehen die Engländer in langen Linien, 2 bis 4 Glieder tief. So liefern sich in Spanien noch Mormont, der geschulte Taktiker auf französischer Seite, wie Ney oder Davoust, und Wellington Schlachten nach Art des Linearsystems, am markantesten die Schlacht von Salamanca, nach dem Ausfall Mormonts ein Debakel für die Franzosen. Soweit Dr. Schwarz.

Wie diese Ausführungen klar zeigen, war es nicht die „neue" Tirailleur- oder Schützentaktik der Franzosen, die die preußische Armee besiegte. Warum wurde nun die Schlacht von Preußen verloren? Es kann kaum auf Ausbildung und Taktik zurückgeführt werden. Die Antwort muss in der oberen Führung der Armee gesucht werden. Die meisten der höheren französischen Offiziere befanden sich im Alter von 30 bis 40 Jahren, die der preußischen Armee zwischen 50 und 70 Jahren.

Ohne weiteres war das Alter der höchsten Offiziere der preußischen Armee älter als in der französischen Armee, aber das war nicht unbedingt der entscheidende Punkt. Blücher zum Beispiel stand schon in einem hohen Alter als er die preußische Armee in 1814/15 gegen Napoleon führte. Ohne Napoleon der Ihnen die Befehle gab waren viele dieser jüngeren französischen Offiziere nur durchschnittliche Befehlshaber. In der französischen Armee war Napoleon der unumschränkte Oberbefehlshaber, in der preußischen Armee wenigstens auf dem Papier, war es der Herzog von Braunschweig. Das Problem hier war aber die Anwesenheit des Königs der mehr oder weniger in den zu treffenden Entscheidungen ein Wort mitredete. Nach der Verwundung des Herzogs bei Auerstedt verlor die preußische Armee ihren Oberbefehlshaber und jeder Kommandeur führte seine Einheit wie er es am besten sah. Ein anderer wichtiger Punkt warum die Armee versagte war die neue Armeestruktur. Kurz vor Ausbruch des Krieges wurde auf betreiben von Scharnhorst die Heereseinteilung, ähnlich wie in der französischen Armee geändert.

Aus allen drei Waffengattungen wurden Divisionen gebildet, nur wurde der Fehler begangen die gesamte Kavallerie und Artillerie schematisch auf die Divisionen zu verteilen und dadurch im Gegensatz zur französischen Armee keine kompakte Masse dieser Waffen mehr zur Verfügung zu haben. Diese Divisionseinteilung bestand vorläufig nur auf dem Papier, die Verbände sollten erst im Verlauf des Aufmarsches gebildet werden. Diese Einteilung versagte bei Hassenhausen als Blücher nur ungenügende Kavalleriekräfte zur Verfügung hatte, um die Franzosen anzugreifen.

Scharnhorst als Stabschef der Armee hätte hier das Kommando selber übernehmen müssen. Als tapferer Offizier versuchte er als Befehlshaber einer Division den Verlauf der Schlacht zu beeinflussen. Eine Aufgabe, die von anderen Kommandeuren hätte übernommen werden können.

Durch Offiziersberatungen konnte das Oberkommando der preußischen Armee keine schnellen Entscheidungen treffen, anders war es in der französischen Armee, wo alle Fäden in der Hand Napoleons zusammenliefen. Die preußische Führung versagte, nicht die Soldaten und Unteroffiziere der Armee.

Die letzten Vorbereitungen

Als französische Durchmärsche anlässlich des Krieges mit Österreich durch das Ansbach-Bayreuthische Gebiet erfolgten und dadurch die preußische Neutralität rücksichtslos verletzt wurde, sollte zunächst ein Beobachtungsverband im Vogtländischen unter dem Fürsten Hohenlohe aufgestellt werden. Infolgedessen wurde auch das Regiment „Wartensleben" auf Kriegsfuß gesetzt, die Augmentationsmannschaften, Urlauber und Artilleristen wurden einberufen, Trainknechte eingezogen, die Bataillonskanonen und Kriegsfahrzeuge bespannt.

Der Train des Regiments ergibt sich aus folgenden Zahlen:

Der Chef des Regiments hatte als Generalleutnant	33 Pferde
Der Kommandeur des Regiments hatte	6 Pferde
4 Stabsoffiziere a 3 Pferde	12 Pferde
4 Kapitäne a 3 Pferde	12 Pferde
2 Adjutanten a 3 Pferde	6 Pferde
36 Stabskapitäne und Subalternoffz. (einschl. Packpferde) 2 Pferde	72 Pferde
Regimentsfeldscher (einschließlich Packpferde)	4 Pferde
Auditeur (einschließlich Packpferd)	2 Pferde
Regimentsquartiermeister (einschließlich Packpferd)	2 Pferde
Feldprediger (einschließlich Packpferd)	2 Pferde
Zur Bespannung der Wagen waren nötig:	
1 vierspännige Kommandantenkutsche	4 Pferde
1 vierspänniger Geldwagen	4 Pferde
2 vierspännige Stabswagen	8 Pferde
10 vierspännige Brotwagen	40 Pferde
2 vierspännige Augmentationswagen	8 Pferde
Bespannung der Kanonen und Patronenwagen	36 Pferde
Es waren für jede Kompanie erforderlich:	
Packpferde für Zelte, Decken und Schippen	7 Pferde
Packpferd zu der Ökonomie des Kompaniechefs	1 Pferd
Packpferde für die Zelte und das Feldgerät d. Kompaniechefs	2 Pferde
Packpferde zu den Montierungsstücken der Komp., 12 per Kompanie	120 Pferde
Zum Fortschaffen der Wacht- und Brandwachtzelte	4 Pferde
Summe	375 Pferde

Die Zahl der Packpferde per Kompanie war so groß, da außer den Zelten für jede Kompanie 14 Schippen, 7 Hacken, 27 Beile, 27 Kessel und Kasserollen, 54 Decken mit fortgeschafft werden mussten.

An Knechten wurden gestellt:

Für 16 vierspännige Wagen	16 Knechte
Für Kanonen und Patronenwagen	18 Knechte

Für 46 Offiziere	46 Knechte
Per Kompanie 4 Knechte, die die Zeltpferde führten	40 Knechte
Per Kompanie 3 Knechte	30 Knechte
Für den Unterstab	5 Knechte
Für die Packpferde der Wacht- und Brandwachtzelte	2 Knechte
Summe	157 Knechte

Außerdem erhielt der Regimentschef 10, jeder Stabsoffizier bzw. Kompaniechef für die tägliche Ration einen Diener,

in Summa	20 Knechte

Die Uniformierung der Knechte war den Regimentern freigegeben, jedoch musste jedes Regiment seine besondere „Livree" haben. Auf den Patronenwagen wurden für jeden Mann der Etatsstärke 22 Patronen mitgeführt, außerdem führte jeder Mann 60 Patronen bei sich. Für die beiden 6 pfündigen Bataillonskanonen wurden 50 Kugeln und 30 Kartätschpatronen mitgeführt.

Kriegsvorbereitungen:

Am 16. November kam das Hauptquartier des Fürsten Hohenlohe nach Erfurt. Der Fürst Hohenlohe wurde vom Prinzen Louis Ferdinand begleitet. Unter dem 27. November wird von einer besonders glänzenden Wachtparade berichtet, der auch der Herzog von Weimar beiwohnte. Am Abend fand ein großer Ball beim Chef des Regiments statt.

Das Hauptquartier des Observationskorps blieb bis zum 12. Dezember in Erfurt und wurde dann nach Gera verlegt. Das Regiment Wartensleben marschierte am 11. Dezember aus Erfurt ab. Auf dem Marsche wurde eine neue Regelung des bis dahin angewandten Magazin-Verpflegungssystems angewendet.[1] Die Mannschaften wurden gegen Bezahlung von vier guten Groschen von den Wirten verpflegt. Sie hatten dafür Anspruch auf 2 Pfund Brot, ½ Pfund Fleisch und ½ Dresdener Kanne Bier. Nach Ankunft in den Kantonquartieren und bei Gera musste die Verpflegung noch drei Tage lang in gleicher Weise stattfinden. Danach wurde das Magazinverpflegungssystem wieder eingerichtet. Die Feldportion bestand täglich aus zwei Pfund Brot und zweimal wöchentlich aus einem halben Pfund Fleisch. Alle weiteren Lebensmittel mussten aus der Löhnung angekauft werden. Reichte die Löhnung nicht oder gab es keine Lebensmittel zu kaufen, so trat folgende reglementarische Bestimmung in Kraft:

„Wenn die Soldaten sonst nichts haben, so sollen sie Wasser kochen, Kommissbrot darein schneiden und Salz dazu thun, denn nichts trägt zur Conservation des Soldaten so sehr bei, als wenn sie täglich etwas Warmes genießen, weshalb denn auch die Capitaines und Commandeurs der Compagnien dafür verantwortlich sein sollen, das die Leute alle Tage fleißig kochen und unter einander Menage machen, auch das die Zeltkameradschaften so eingeteilt werden, das sie für ihre abwesenden Kameraden das Essen mitbesorgen können."

Am 2. Dezember 1805 wurde die Schlacht von Austerlitz geschlagen. Schon am 26. Dezember wurde der Frieden von Preßburg zwischen Österreich und Frankreich geschlossen. Da bereits Mitte Dezember die Verhandlungen über einen Bündnisvertrag zwischen Preußen und Frankreich begonnen hatten, wurde die Aufstellung eines preußischen Observationskorps überflüssig.

Die Auflösung desselben wurde am 24. Januar 1806 befohlen. Am 5. Februar 1806 rückte das Regiment Wartensleben in Erfurt wieder ein, jedoch blieb es in derselben Weise, wie die Regimenter der Magdeburgischen Inspektion, auf dem Kriegsfuße.

Im Laufe des Frühjahrs und Sommers 1806 wechselten Gerüchte über ein

---

1) Das Magazin- und Verpflegungssystem versorgte die Truppen mit Mehl, das in den verschiedenen Magazinen eingelagert war. Das Mehl wurde von den Feldbäckereien zu Brot verbacken. Alle größeren und wichtigen Städte des Königreichs Preußen waren mit Magazinen ausgestattet.

vollständiges Bündnis mit Frankreich und über einen baldigen Ausbruch des Krieges miteinander ab. Erst in den ersten Tagen des Monats August wurde es bekannt, dass die politischen Verhältnisse sich so gestaltet hätten, dass der Krieg so gut wie unvermeidlich war.

Am 9. August wurde zu Charlottenburg von König Friedrich Wilhelm III, der Befehl unterzeichnet, dass die vom Winter her noch mobilen Truppen sich marschfertig halten, die Übrigen mobil gemacht werden sollten. Die Armee sollte sich an der Saale von Halle aufwärts sammeln und in Brigaden und Divisionen formiert werden. Die Truppen in den östlichen Provinzen wurden nicht in Marsch gesetzt und fehlten so der preußischen Armee in den entscheidenden Kämpfen.

Generalleutnant Graf Wartensleben erhielt Befehl, mit dem Regiment „Wartensleben" und dem Grenadier-Bataillon „Krafft" nach Halle an der Saale abzumarschieren. Es sollten dort weitere Befehle abgewartet werden, ob eine Zuteilung zu dem in Westfalen stehenden Observationskorps oder zu der bei Magdeburg aus den Truppen der Berliner, Potsdamer und Magdeburger Inspektion zu formierenden Armee stattfinden sollte.

Das III. Bataillon „Wartensleben" sollte in Erfurt zurückbleiben und in Gemeinschaft mit dem III. Bataillon „Zweiffel", welches von Hof nach Erfurt in Marsch gesetzt wurde, die Besatzung des Petersberges bilden. Der 22. August war der Tag des Ausmarsches der Truppen aus Erfurt. Zu dieser Zeit war die Rangliste des Regiments folgende:

Chef: Generalleutnant Graf v. Wartensleben

Major und Kommandeur von Ebra,	Major von Krafft (Grenadier-Bataillon),
Major von Schenck,	Major von Gfug,
Major Baron Hofer von Lobenstein,	Major von Benningsen,
Kapitän von Posern,	Kapitän von Brause,
Kapitän von Schlegel (Grenadier-Batl.),	Kapitän von Nassau,
Kapitän von Reckowski,	Stabskapitän Freiherr von Linsingen,
Stabskap. Gr. v. Wartensleben (Generaladj.)	Stabskapitän Prinz zu Wittgenstein,
Stabskapit. Graf v. Löwenstein-Wertheim,	Stabskapitän von Kamptz,
Stabskapitän v. Hüttel (Grenadier-Batl.),	Stabskapitän von Schlechtendahl,
Premierleutnant von Bender,	Premierleutnant von Witzleben,
Premierleutnant von Ingersleben,	PreLt. v. Knod, genannt von Helmenstreit
Premierleutnant von Waldeck,	PreLt. v. der Osten I., (III. Batl.),
Premierleutnant v. Ingenheim, (III. Batl.),	Premierleutnant v. Helmoldt (III. Batl.),
PreLt. v. Niesemenschel, (III. Batl.).	Sekondeleutnant von Könneritz,
Sekondelt. v. Briesen (Grenadier-Batl.),	Sekondelt. v. Hacke, Generalstab III. Batl.,
Sekondeleutnant von Mumme,	Sekondelt. v. Seckendorf (Grenadier-Batl.),
Sekondelt. von Galiffe (Grenadier-Batl.)	Sekondelt. Prinz zu Carolath-Schönaich,
Sekondeleutnant von Restorff (Adjutant),	Sekondelt. v. Hoff (Grenadier-Batl.),
Sekondelt. Graf v. Löwenstein-Wertheim,	Sekondeleutnant von Münchhausen,
Sekondelt. Freih. v. Nordeck z. Rabenau,	Sekondeleutnant Graf von Bassau,
Sekondeleutnant von Heiderstedt,	Sekondelt. v. Forer (Grenadier-Batl.),
Sekondeleutnant von Droste,	Sekondelt. v. Biela (Grenadier-Bat.)
Sekondeleutnant von Eberstein I,	Sekondeleutnant von Eberstein II,
Sekondeleutnant von Knorr,	Sekondeleutnant von Francois (III. Batl.)
Sekondelt. v.d.Osten II (III. Batl., Adjutant)	Sekondeleutnant von Berlepsch (III. Batl.),
Sekondeleutnant v. Amelunxen (III. Batl.),	Sekondeleutnant von Reymond (III. Batl.),
Sekondeleutnant v. Hagen (III. Batl.),	Sekondelt. Baron v. Cramer (III. Batl.),

Fähnrich von Brause,
Fähnrich des Barrees,
Fähnrich von Wolffersdorff,
Fähnrich von Sobbe,
Fähnrich von Holleben,

Fähnrich von Gfug,
Fähnrich von Bila,
Fähnrich Graf von Keller,
Fähnrich von Tettenborn,
Fähnrich von Bodungen,

III. Musketier-Bataillon:
Oberst und Kommandeur von Amelunxen, Major von Cave,
Kapitän du Faye,   Kapitän von Reimond.,

Invaliden-Kompanie in Heiligenstadt:
Kapitän von Schlammersdorf,   Sekondeleutnant Richter.

Unterstab:
Regimentsquartiermeister Löber,   Feldprediger Marquardt
Auditeur Berndes,   Regimentschirurg Dr. Schilling,
Bataillonschirurg Loose,   Bataillonsquartiermeister und Auditeur von Heiligenstadt.

Das Regiment erreichte Halle an der Saale am 1. September. Dort deutete bereits die Anlage großer Magazine auf die Zusammenziehung größerer Truppenmassen hin. Dem Dazwischentreten des Generalleutnants Graf Wartensleben in Folge einer von den der Hallenser Studentenschaft überreichten Petition war es zu verdanken, dass die ehrwürdige Moritzkirche dem Schicksale entging, als Magazin gebraucht zu werden. In ihr war kurz zuvor durch Schleiermacher der akademische Gottesdienst eröffnet worden.

Am 11. September ging in Halle die Mitteilung ein, dass die unter dem Herzog von Braunschweig in Magdeburg versammelten Truppen in die Gegend von Naumburg an der Saale zur Bildung der Hauptarmee in Marsch gesetzt worden wären. Auf allerhöchsten Befehl wurde die Einteilung der Armee bekannt gegeben.

Generalleutnant Graf Wartensleben erhielt in der Hauptarmee die Division des rechten Flügels und hatte sein Hauptquartier in Naumburg an der Saale zu nehmen.

Das Regiment Wartensleben wurde dem Oberst von Lützow und der zu formierenden 1. Brigade, der von Generalleutnant Prinz von Oranien bei Querfurt sich zusammenziehenden Division des Zentrums, zugewiesen. Die erste Brigade sollte aus den folgenden Einheiten bestehen:
dem Regiment Wartensleben,
dem Regiment Möllendorf,
dem Grenadier-Bataillon Knebel und
der 12 pfündigen Batterie Lehmann.

Brigadekommandeur wurde Oberst von Lützow (geboren 1748, gestorben 1819 als Generalmajor a. D.). Bis zur Mobilmachung war er Kommandeur des Regiments Möllendorf und gleichzeitig Kommandant von Berlin. Bis zum Eintreffen in der Gegend von Halle hatte er eine aus dem Regiment „des Königs" und dem Regiment „Prinz Friedrich" bestehende Brigade geführt. Oberst Lützow besaß den Verdienstorden. Er hatte noch an den letzten Aktionen des Siebenjährigen Krieges im Regiment „Prinz von Bernburg", dem ehemaligen Regiment des alten Dessauer, Teil genommen.

Er war 57 Jahre alt und kaum noch felddiensfähig. Das bei einem Sturz im Kniegelenk gebrochene Bein war nicht richtig verheilt, sodass er nur auf einem besonders hergerichteten Sattel reiten konnte. Zum Brigadeadjutanten nahm sich Oberst Lützow einen seiner Söhne, welcher als zweitältester Fähnrich im Regiment

Garde stand (1843 gestorben als Generalleutnant und Kommandant von Berlin).

Das Regiment Möllendorf Nr. 25, das Regiment des greisen Feldmarschalls Möllendorf, des Helden von Burkersdorf, war ein besonders renommiertes Regiment der Berlinischen Inspektion, noch sieben Jahre fehlten am hundertjährigen Bestehen des Regiments.

Die Abzeichen des Regiments waren scharlachrote Rabatten, Aufschläge und Kragen. Die Stabsoffiziere des Regiments waren verhältnismäßig alt, viel älter als die des Regiments Wartensleben. Oberst von Rapin-Thoiras, welcher das Regiment ad Interim kommandierte, und in Folge der Strapazen bald nach Beendigung des Feldzuges starb, war 59 Jahre alt, Major von Wittken war 54 Jahre alt, Major von Woisky war 56 Jahre alt und Major von Puttkammer war 54 Jahre alt.

Das Grenadier-Bataillon „Knebel" bestand aus den Grenadier-Kompanien des Regiments „Möllendorf" und denen des Regiments „Oranien". Dieses Regiment hatte orangefarbene Aufschläge, Rabatten und Kragen.

Oberst von Knebel war 56 Jahre alt. Er war der Bruder des als Freund von Goethe und Schiller bekannten Majors von Knebel.

Die Batterie des Kapitäns Lehmann gehörte zu dem in Berlin in Garnison liegenden 1. Fuß-Artillerieregiment. Sie führte vier 12 pfündige Kanonen als Bewaffnung.

Der Divisionskommandeur, Generalleutnant Prinz von Oranien, war der Schwager Seiner Majestät des Königs. Er war der Sohn des letzten Erbstatthalters der Niederlande, der nachmalige König Wilhelm I. der Niederlande (1772 geboren, 1843 gestorben). Zu der Division Oranien gehörten außer der Brigade des Obersten Lützow die

2. Brigade unter Oberst Prinz Heinrich (Bruder des Königs von Preußen) bestehend aus den Regimentern

„von Puttkammer", Nr. 36
„Prinz Ferdinand", Nr. 39,
dem Grenadier-Bataillon „Rheinbaben"
und der 12 pfündigen Batterie „Riemer".

Kavalleriebrigade des Oberstleutnants Prinz Wilhelm, bestehend aus

Kürassier-Regiment, „Leibregiment", Nr. 3
„Leib-Carabiniers", Nr. 11 zu je 5 Schwadronen
der reitenden Batterie „Willmann"

den leichten Truppen unter dem Befehl des Generalmajors von Oswald, bestehend aus dem Füsilier-Bataillon „Oswald" dem 1. Bataillon Husaren-Regiment „Herzog Eugen von Württemberg" Nr.4.

Das Regiment Wartensleben verließ Halle an der Saale am 13. September. Beim Ausmarsch des Regiments wurde die Stärke in der Dislokationsliste für diesen Tag angegeben. Die Stärke war wie folgt:

Dislokation des Königlichen Infanterie Regiments Graf von Wartensleben am 13. September 1806.

Leibkompanie:

5 Offiziere, 7 Unterstab, 11 Unteroffiziere, 1 Chirurg, 10 Spielleute, 2 Zimmerleute, 140 Gemeine, 20 Knechte, 6 Weiber.
Summe 202 Köpfe und 41 Pferde.

Major von Ebras Kompanie:

4 Offiziere, 13 Unteroffiziere, 1 Chirurg, 3 Spielleute, 2 Zimmerleute, 140 Gemeine, 17 Knechte, 2 Weiber.
Summe: 182 Köpfe und 35 Pferde.

Major von Gfugs Kompanie:

4 Offiziere, 11 Unteroffiziere, 1 Chirurg, 3 Spielleute, 2 Zimmerleute, 140 Gemeine, 12 Knechte, 3 Weiber.
Summe: 176 Köpfe und 25 Pferde.

Major von Benningsens Kompanie:
4 Offiziere, 12 Unteroffiziere, 1 Chirurg, 3 Spielleute, 2 Zimmerleute, 139 Gemeine, 11 Knechte, 5 Weiber.
Summe: 177 Köpfe und 25 Pferde.

Kapitän Krauses Kompanie nebst der Artillerie des I. Bataillons:
4 Offiziere, 13 Unteroffiziere, 1 Chirurg, 4 Spielleute, 17 Artilleristen, 2 Zimmerleute, 140 Gemeine, 17 Knechte, 3 Weiber.
Summe: 200 Köpfe und 38 Pferde.

Major von Schenks Kompanie nebst der Artillerie des II. Batl.:
5 Offiziere, 13 Unteroffiziere, 1 Chirurg, 4 Spielleute, 17 Artilleristen, 2 Zimmerleute, 140 Gemeine, 21 Knechte, 2 Weiber.
Summe: 205 Köpfe und 51 Pferde.

Kapitän von Poserns Kompanie:
4 Offiziere, 12 Unteroffiziere, 1 Chirurg, 3 Spielleute, 2 Zimmerleute, 140 Gemeine, 10 Knechte, 3 Weiber.
Summe: 175 Köpfe und 22 Pferde.

Kapitän von Reckowskys Kompanie:
4 Offiziere, 12 Unteroffiziere, 1 Chirurg, 3 Spielleute, 2 Zimmerleute, 140 Gemeine, 10 Knechte, 4 Weiber.
Summe: 176 Köpfe und 22 Pferde.

Kapitän von Nassaus Kompanie:
4 Offiziere, 12 Unteroffiziere, 1 Chirurg, 3 Spielleute, 2 Zimmerleute, 140 Gemeine, 11 Knechte, 2 Weiber.
Summe: 175 Köpfe und 22 Pferde.

Major von Lobensteins Kompanie:
5 Offiziere, 12 Unteroffiziere, 1 Chirurg, 3 Spielleute, 2 Zimmerleute, 140 Gemeine, 13 Knechte, 3 Weiber.
Summe: 179 Köpfe und 25 Pferde.

Summe des gesamten Regiments:
43 Offiziere, 7 Unterstab, 121 Unteroffiziere, 10 Chirurgen, 38 Spielleute, 34 Artilleristen, 20 Zimmerleute,
1.399 Gemeine, 142 Knechte, 33 Weiber.

Summe: 1.847 Köpfe und 306 Pferde.

Der Chef des Regiments begab sich zur Übernahme des Kommandos nach Naumburg an der Saale, wo er am 20. im großen Hauptquartier eintraf. Das Regiment „Wartensleben" wurde am 19. nach Barnstedt in Bewegung gesetzt. An diesem Tage war die Zusammenziehung der Division beendet. Das Hauptquartier des Prinzen von Oranien war in Burgscheidungen, das Stabsquartier der Brigade in Gönitz.

Das Regiment Wartensleben behielt Barnstedt und Umgebung als Kanton; das Regiment Möllendorf bezog solche in Gönitz und Umgebung, das Grenadier-Bataillon und die Batterie befanden sich in Querfurt. Am 24. September wurde das Regiment „Wartensleben" nach Weißenschirmbach umquartiert. Sonst änderte sich bis zum 30. September nichts an der Zuteilung der Quartiere.

Am 25. September wurde nach längerem Schwanken im Hauptquartier der Beschluss zu einem offensiven Vorgehen über den Thüringer Wald gefasst. Die Feindseligkeiten sollten aber auf keinem Fall vor dem 8. Oktober eröffnet werden.

Über diese Vorgänge gelangten in die Kantonnements des Regiments nur dunkle Gerüchte. Die Parolebefehle enthielten nur die Mitteilung von Losung und Feldgeschrei, Festsetzungen über die Auszahlung des Brotgroschens, Verbote, Landfuhren zu benutzen usw., auch das Verbot, die Jagd zu betreiben, Jagd- und Windhunde mitzunehmen. Das letztere Verbot hatte der als passionierte Jagdliebhaber bekannte Fürst von Schwarzburg-Sondershausen, dessen Staaten man sich näherte, durchgesetzt.

Die Verpflegung der Truppe war im allgemeinen leidlich, soweit man sich nicht auf kursächsischem Gebiete befand und auf Widerwilligkeit kursächsischer Beamten stieß. Letztere wollten unter anderem auch die Befreiung der Rittergüter von jeglicher Einquartierung durchsetzen.

Am 25. September hatten die einzelnen Armeeabteilungen die folgende Zusammensetzung:

Die Hauptarmee bestand aus 6 Divisionen:
1. Division der Vorhut. Herzog von Weimar.
2. Division Prinz von Oranien.
3. Division Wartensleben.
4. Division Schmettau.
5. Division Kunheim.
6. Division Arnim.

Die Division 5 und 6 bildeten die Reserve unter Kalkreuth.

Die Hohenlohe'sche Armee war in folgende Divisionen eingeteilt:
1. Division der Vorhut. Prinz Louis Ferdinand.
2. Division Grawert.
3. Division Niesemeuschel (Sachsen).
4. Division der Reserve. Prittwitz.
5. Division, Korps unter Tauentzien.

Rüchel und Blücher bildeten folgende Divisionen:
1. Division Larisch.
2. Division Winning.
3. Division Tschammer.

Reserve unter dem Herzog von Württemberg:
1. Division Natzmer.
2. Division Jung-Larisch.

Nach dem Befehlen vom 25. September sollte sich Blücher bei Beginn der Feindseligkeiten bei Paderborn konzentrieren. Am 6. September erhielt Blücher von Hohenlohe den Befehl ein Detachment bei Münster, Lengerich, und in Ostfriesland zurückzulassen, mit dem Rest sich bei Paderborn und Beverungen zu konzentrieren. Er ließ unter Generalleutnant Brüsewitz die folgenden Truppen zurück:

Regiment „Lettow".
Füsilier-Bataillon „Ivernois".
Jäger-Kompanie „Charcot".
4 Schwadronen „Brüsewitz" Dragoner.
Halbe reitende Batterie „Lehmann".
Unter General Hagken im Paderborn'schen:
Regiment „Hagken".
1 Schwadron „Brüsewitz" Dragoner.
80 Pferde von verschiedenen Regimentern.

Am 18. September erreichte Blücher der Befehl nach Göttingen zu marschieren. Am 25. September befand er sich in der Gegend von Göttingen mit den folgenden Truppen:

Regiment „Winning".
Regiment „Kurfürst von Hessen".
Regiment „Schenk".
Regiment „Wedell".
Grenadier-Bataillon „Borstell".
Grenadier-Bataillon „Hallmann".
Füsilier-Bataillon „Ernest".
Füsilier-Bataillon „Sobbe".
Jäger-Kompanie „Kalkreuth".
Dragoner-Regiment „Wobeser".
Husaren-Regiment „Blücher".
12 pfündige Batterie „Kirchfeld".

Reitende Batterie „Neander".
Halbe reitende Batterie „Lehmann".

Die Hauptarmee stand am 25. September mit den folgenden Einheiten bei:
Division der Vorhut.
Bei Buttstädt, Apolda, Dornburg, Eckartsberga, Auerstedt, Sulza, Groß-Heeringen, Sonnendorf. Es fehlte noch das Dragoner Regt. „König von Bayern".

Division Oranien.
Zwischen Freiburg und Querfurt. Es fehlten noch:
I. Batl. „Württemberg" Husaren,
Füsilier-Batl. „Oswald", (Hohenlohe).

Division Wartensleben.
In und um Naumburg. Es fehlte: Füsilier-Batl. „Kloch", (Hohenlohe).

Division Schmettau.
Sie bestand aus Truppen die Hohenlohe abgeben sollte. Diese Einheiten waren noch auf dem Marsch nach Weißenfels.

I. Reserve Division Kunheim.
In und um Merseburg.

II. Reserve Division Arnim.
Fehlte noch. Sie bestand aus Truppen die erst zwischen dem 6. bis 24. September durch Berlin marschiert waren.

An technischen Truppen befanden sich bei der Hauptarmee:
4 Munitionskolonnen.
1 Pontontrain, 40 Pontons.
29 Backöfen
12 Mehlwagen Kolonnen.
1 Feldlazarett.

Da Eckartsberga, Naumburg, Weißenfels und Merseburg damals zu Kursachsen gehörten, mussten die in der Gegend stehenden sächsischen Truppen nach dem Altenburg'schen verlegt werden.

Hohenlohe.
Die sächsischen Truppen sollten sich wie folgt mobil machen:
Infanterie:
Grenadier-Bataillon „Thiollaz", bei Zeitz.
Grenadier-Bataillon „Winkel", 20. September Zwickau.
Grenadier-Bataillon „Hundt", 22. Sept. Camenz.
Grenadier-Bataillon „Metzsch", 22. September Kolditz.
Grenadier-Bataillon „Lecoq", 26. September Großenhain.
Grenadier-Bataillon „Lichtenhain", 20. September Borna.
Regiment „Kurfürst", 21. September bei Zeitz, am 25. Cosma..
Regiment „Xavier", 23. September bei Loitsch, am 25. Monstab.
Regiment „Clemens", 23. September Königshofen, am 26. Rosig.
Regiment „Maximilian", 20. September Chemnitz.
Regiment „Friedrich August", 21. September Oschatz.
Regiment „Rechten".
  I. Bataillon, 13 September Zwickau.
  II. Bataillon, 13. September Bautzen.
Regiment „Niesemeuschel", 21. September Bautzen.
Regiment „Low", 23. September Naundorf.
Regiment "Thümmel", 21. September Kolditz.
I. Bataillon „Bevilaqua", 20. September Döben.
Kavallerie.
Regiment „Karabiniers", 21. September Pegau, 25. Windischleuba.

Dragoner-Regiment „Polenz", 23. September Hohenmölsen, 26. Möckern.

Husaren-Regiment, 23. September Droyzig, 26. Schmölln.

Kürassier-Regiment „Kochtitzky", 20. September Schilda.

Dragoner-Regiment „Clemens", 20. September Rochlitz.

Dragoner-Regiment „Johann", 21. September Radeberg.

Dragoner-Regiment „Albrecht", 23. September Zwenkau.

Artillerie.

In und bei Dresden.

4 pfündige Batterie „Hoyer".

8 pfündige Batterie „Hausmann".

12 pfündige Batterie „Bonniot".

Granat Batterie „Tüllmann".

Granat Batterie „Kotsch".

Reitende Batterie „Großmann".

Am 17. September wurde der Befehl über die sächsischen Truppen vom Kurfürsten von Sachsen an Hohenlohe übergeben. Am selben Tag wurde beschlossen dass das

Regiment „Maximilian",

Regiment „Rechten",

Grenadier-Bataillon „Winkel",

Dragoner-Regt. „Johann",

Granat Batterie „Kotsch"

zur Unterstützung an Tauentzien abgegeben werden sollten.

Tauentzien

Er stand am 25. September bei Hof.

Reserve.

Die Reserve unter dem Herzog von Württemberg sollte sich bei Küstrin sammeln. Am 25. September befand sich die Reserve in der Gegend von Fürstenwalde, wo der Herzog vom Württemberg am 20. September aus Berlin kommend, sein Hauptquartier nahm.

Als der König bei der Armee erschien, hörte tatsächlich jede Einheit im Oberbefehl auf. Eine Konferenz folgte der Anderen. Am nächsten Tage nach der Ankunft des Königs fand die erste der vielen Konferenzen statt.

Unmittelbar nachdem Hohenlohe in Dresden eingetroffen war, hatte er am 11. dem König eine Denkschrift überreicht. Darin ging Hohenlohe von der Ansicht aus, das Napoleon seine Armee am oberen Main zusammen zog und von hier direkt auf Berlin oder Dresden marschieren würde. Nach Hohenlohe sollte die Armee folgendermaßen vorgehen:

Die Hohenlohe'sche Armee, welche aber nicht geschwächt werden durfte, sollte die Pässe von Saalfeld, Saalburg, Hof und Adorf besetzen.

Die Hauptarmee sollte auf der Frankfurter Straße in die Gegend von Vach und Fulda vorrücken. Ein kleines Korps von 6 – 10.000 Mann sollte von Erfurt aus sämtliche Übergänge über den Thüringer Wald besetzen. Rüchel sollte dem Zentrum und linken Flügel der Armee die rechte Flanke decken.

Die Reserve sollte eine Stellung bei Naumburg beziehen. Der Herzog lehnte diesen Plan ab. Der König befahl Hohenlohe am 21. September seine Truppen bis Hof und Plauen vorzuschieben. Am 24. erhielt Hohenlohe ein Schreiben des Königs das besagte das er seine Truppen bis Chemnitz vorschieben und auf weitere Befehle warten sollte.

Am 25. September wurde der folgende Operationsplan gefasst:

1. 10 Divisionen – 6 von der Hauptarmee, 4 von Hohenlohe – sollen in 6 Kolonnen über den Thüringer Wald gehen, sich bei Meiningen und Hildburghausen vereinigen und dann zum Angriff schreiten.

2. 1 Division – Tauentzien – sollte bei Hof stehen bleiben und die Aufmerksamkeit

des Feindes auf sich ziehen. Tauentzien sollte sich den Rückzug nach Sachsen offen halten und sollte die Verbindung mit den österreichischen Generalen in Böhmen aufrechterhalten.

3. 3 Divisionen – Rüchel – sollten von Eisenach auf der Frankfurter Straße vorgehen und sich für die Vorhut der Hauptarmee ausgeben.

4. Hohenlohe sollte zu diesem Zweck von Chemnitz aus, nicht wie es ursprünglich beabsichtigt war, auf Hof weiter marschieren, sondern er sollte sich in mehreren Kolonnen zwischen Gera und Schleiz fortbewegen, sodass er an der Saale angekommen, mit seinem rechten Flügel bei Jena, mit dem linken bei Saalfeld stand. Dann sollte er die Saale überschreiten und eine große Linksschwenkung ausführen, nach deren Vollendung er mit dem rechten Flügel bei Ohrdruf, mit dem linken bei Saalfeld stand. Hierauf sollte er den Thüringer Wald in 3 Kolonnen bei Ohrdruf, Frauenwald und Kahlert überschreiten und sich bei Hildburghausen mit der Hauptarmee vereinigen.

Die Reserve erhielt den Befehl mit den bei Fürstenwalde angekommenen Truppen nicht wie ursprünglich beabsichtigt war, auf Torgau oder Wittenberg weiter zu marschieren, sondern sich auf Magdeburg in Marsch zu setzen und daselbst auf den linken Elbufer Kantonnementsquartiere zu beziehen. Wenn dieser Operationsplan nicht durchführbar war, sollte eine Stellung hinter dem Thüringer Walde bei Erfurt und Weimar bezogen werden. Hohenlohe und Massenbach waren gegen diesen Operationsplan.

Der Stand der Armee war der folgende:

Hauptarmee.
Division der Vorhut: Apolda.
Division Oranien: Freiburg.
Division Wartensleben: Naumburg.
Division Schmettau: Im Marsch auf Weißenfels.
Division Kunheim: Merseburg.
Division Arnim: Noch nicht eingetroffen.

Hohenlohe.
Preußen zwischen Meißen und Rabenau.
Sachsen noch nicht mobil gemacht.

Hauptarmee.

1. Kolonne. Freiburg, Kölleda, Sömmerda, Vehra, Langensalza, Groß-Lupnitz, Eisenach, Marksuhl, Alten-Breitungen, Stepfershausen. 24 Meilen.

2. Kolonne. Naumburg, Herrengosserstedt, Neumark, Walschleben, Gotha, Schwarzhausen, Klein-Schmalkalden, Meiningen. 21 Meilen.

3. Kolonne. Weißenfels, Kamburg, Apolda, Weimar, Tonndorf, Wandersleben, Tambach, Schmalkalden, Marisfeld. 22 Meilen.

Hohenlohe.

1. Kolonne. Meißen, Chemnitz, Gera, Jena, Ohrdruf, Oberhof, Hildburghausen. 40 Meilen.

2. Kolonne. Rabenau, Freiberg, Chemnitz, Schleiz, Saalfeld, Königsee, Kahlert, Hildburghausen. 34 Meilen.

Der Herzog hatte nun zwischen 2 Entschlüssen zu wählen. Sofort angreifen oder die ganze Armee sammeln und dann los schlagen. Dadurch musste der Angriff hinausgeschoben werden. Der Herzog wählte die zweite Möglichkeit.

Am 30. September traf der Befehl ein, dass sich die Hauptarmee in Richtung Eisenach, die Division Oranien aber über Langensalza nach Großen-Lupnitz und Umgebung in Marsch setzten sollte.

Das Regiment Wartensleben marschierte am 1. Oktober nach Herrengosserstedt, wo dort die Mitteilung überreicht wurde, dass anstelle des bei der Hauptarmee als

CAPITAINE DE GUIDES angestellte Premierleutnant von Witzleben, der Sekondeleutnant von Briesen zum Premierleutnant, der Fähnrich von Gfug zum Sekondeleutnant und nach Einrangierung des aggregierten Fähnrichs von Weiss, der Junker von Dachröden zum überkompletten Fähnrich ernannt wurden.

Am 2. Oktober wurde nach Groß- und Kleinrudestedt, Schloss-Vippach, Eckstedt, Bachstedt, Kranichborn marschiert. Es ging der Befehl ein, dass die Feldkessel und Zeltdecken auf zwei Pferde gepackt werden sollten, damit allenfalls die Zelte zurückgeschickt oder zurückgelassen werden konnten. Die Decken und Kessel aber bei der Truppe verbleiben konnten.

Am 3. Oktober war Ruhetag. Am 4. Oktober marschierte das Regiment „Wartensleben" weiter nach Ballstedt, Burgtonna, und Aschara. Am 5. Oktober weiter nach Burla, Haina, Österbehringen und Tüngeda. In diesen Quartieren war am 6. wieder Ruhetag.

Am 7. Oktober wurde die Gegend des Hörselberges östlich von Eisenach erreicht. Divisionsstabsquartier wurde Friedrichswerth. Das Brigadestabsquartier befand sich in Großen-Lupnitz, die Kantonments des Regiments „Wartensleben" befanden sich in Melborn, Ettenhausen, Wahlenberg und Sättelstedt.

Der 8. Oktober war ein Ruhetag. Zu diesem Zeitpunkt waren bereits Befehle ausgefertigt worden, nach denen weitläufige Kantonierungen bezogen werden sollten. Doch am Abend des 8. brachten die zur Paroleausgabe in das Divisionsstabsquartier geschickten Offiziere den Befehl zum Rückmarsch in die Richtung auf Erfurt. Im großen Hauptquartier hatte man sich lange Zeit in völliger Unkenntnis über die Lage der französischen Armee befunden, doch nun waren Nachrichten eingetroffen, die besagten, dass die feindliche Armee am oberen Main konzentriert war.

Am 4. Oktober wurde zwischen dem König von Preußen und dem Herzog von Sachsen-Weimar, preußischerseits durch den Oberst und Generalindentanten von Guionneau, weimarischerseits durch den Major und Kammerherrn von Pappenheim, in Erfurt eine Konvention unterzeichnet, nach welcher das Scharfschützen-Bataillon auf zwölf Monate in preußische Dienste trat, um an dem bevorstehenden Kampfe gegen Frankreich und seine Verbündeten teilzunehmen.

Das mit gezogenen Büchsen bewaffnete Bataillon in der Stärke von 24 Offizieren, 718 Unteroffizieren und Gemeinen mit 46 Pack- und Wagenknechten und 107 Reit-, Pack- und Zugpferden, marschierte am 8. Oktober nach Erfurt, wo der König von Preußen in Gegenwart des Generalfeldmarschalls von Möllendorf die Parade des Bataillons abnahm. Bei dieser Gelegenheit erntete es wegen seiner guten Haltung, Bewaffnung und Ausrüstung das Lob des Königs. Das Bataillon wurde der Division des Prinzen von Oranien zugeteilt und trat zu der leichten Infanterie-Brigade des Generalmajors von Oswald.

Die Franzosen eröffneten den Feldzug mit dem Vormarsch durch den Thüringer Wald. Napoleon hatte seine Armee in 3 Kolonnen eingeteilt. Die Stärke dieser Kolonnen betrug:

Rechte Kolonne:

IV. Korps Soult:
Infanterie: 30.956 Mann, Kavallerie: 1.567 Reiter, Artillerie: 48 Kanonen.

VI. Korps Ney:
Infanterie: 18.414 Mann, Kavallerie: 1.094 Reiter, Artillerie: 24 Kanonen.

Bayern unter Wrede:
Infanterie: 6.000 Mann, Kavallerie: 1.100 Reiter, Artillerie: 18 Kanonen.
Summe: Infanterie: 55.370 Mann, Kavallerie: 3.761 Reiter, Artillerie: 90 Kanonen.
Gesamtsumme: 59.131 Mann.

Mittlere Kolonne:

I. Korps Bernadotte:
Infanterie: 19.014 Mann, Kavallerie: 1.580 Reiter, Artillerie: 34 Kanonen.

III. Korps Davout:
Infanterie: 28.655 Mann, Kavallerie: 1.528 Reiter, Artillerie: 44 Kanonen

Kaiserl. Garde Lefebvre:
Infanterie: 4.900 Mann, Kavallerie: 2.400 Reiter, Artillerie: 36 Kanonen

Kavallerie Reserve Murat:
Kavallerie: 17.550 Reiter, Artillerie: 30 Kanonen

Summe: Infanterie: 52.569 Mann, Kavallerie: 23.068 Reiter, Artillerie: 144 Kanonen

Gesamtsumme: 75.637 Mann

Linke Kolonne:

V. Korps Lannes:
Infanterie: 19.384 Mann, Kavallerie: 1.560 Reiter, Artillerie: 28 Kanonen

VII. Korps Augereau
Infanterie: 15.931 Mann, Kavallerie: 1.175 Reiter, Artillerie: 36 Kanonen

Summe: Infanterie: 35.320 Mann, Kavallerie: 2.735 Reiter, Artillerie: 64 Kanonen

Gesamtsumme: 38.055 Mann

Grouchys Korps mit 3.004 Mann.

Am 8. Oktober begann der französische Vormarsch. Soult erreichte Münchberg. Seine leichte Kavallerie wurde bis Hof vorgeschoben. Bernadotte befand sich bei Ebersdorf, Murat in und um Saalburg. Lannes befand sich noch hinter Coburg. Napoleon und die Garde war noch in Kronach.

Preußische Truppen waren der Hauptarmee vorgeschoben, um sie zu decken. Tauentzien stand mit 8.000 Mann bei Schleiz, 8.000 - 9.000 Sachsen standen bei Auma, Boguslawski war bei Neustadt, 600 Mann Kavallerie standen bei Pößneck.

Am 9. Oktober wurde Tauentzien in die ersten Kampfhandlungen mit den Vortruppen der französischen Armee bei Schleiz verwickelt. Gegen 8 Uhr wurden die preußischen Vorposten zurückgedrängt. Bila II. erreichte mit der Vorhut aus Schleiz kommend die preußischen Vorposten und griff in den Kampf ein. Er fiel den Franzosen in die Flanke und ein bis 14 Uhr währendes Feuergefecht begann. Da der französische Druck sich verstärkte, zog sich Tauentzien zurück. Bila deckte mit einem Bataillon Infanterie und einem halben Regiment Kavallerie den Rückzug.

Gegen 16 Uhr erreichte Drouet mit seinen Truppen Schleiz und gegen 17 Uhr erfolgte der Angriff auf Schleiz. Der Angriff Murats mit dem 4. Husaren-Regiment wurde von der preußischen Kavallerie zurückgeschlagen. In höchster Not erreichte das 5. Jäger-Regiment zu Pferde den hart bedrängten Murat und die preußische Kavallerie wurde bis hinter Öttersdorf zurückgedrängt. Französische Infanterie rettete Murat vor einem Angriff im Rücken. Bila ging von französischer Kavallerie verfolgt zurück. Ein Bataillon Infanterie, 1 Schwadron Kavallerie und 2 Kanonen unter Hobe befanden sich am linken französischen Flügel. Diese Abteilung erreichte Pornitz und befand sich somit fast im Rücken von Murats Kavallerie. Hobe wurde aber von französischer Infanterie von allen Seiten angegriffen und musste sich zurückziehen. Diese Aktion kostete Preußen 570 Mann und 1 Kanone.

Bei 19 Uhr erreichte Tauentzien Auma. Beide Armeen hielten in der Nacht des 9. Oktobers die folgenden Positionen:

Linke französische Flügel:
Lannes bei Gräfenthal- seine leichte Kavallerie stand auf der Straße nach Saalfeld. Augereau war noch bei Coburg.

Zentrum:
Bernadotte befand sich bei Schleiz und Saalburg, Napoleon bei Ebersdorf. Davoust erreichte Lobenstein. Die Dragoner und schwere Kavallerie befanden sich zwischen Bamberg und Steinwiesen. Die Garde war auch noch dort.

Rechte Flügel:
Soult hatte Hof besetzt. Ney befand sich bei Münchberg, die Bayern bei Bayreuth.

Die preußische Armee stand in den folgenden Positionen:

Hohenlohe stand mit 8.000 Mann in und um Orlamünde, Prinz Louis bildete mit 8.000 Mann bei Rudolstadt und Saalfeld die Vorhut. Auf der rechten Seite der Saale stand Tauentzien und Zezschwitz mit 16.400 Mann bei Auma und Mittelpöllnitz, Boguslawski mit 3.000 Mann bei Neustadt, Schimmelpfennig mit 600 Mann Kavallerie bei Pößneck.

Die Hauptarmee befand sich in Erfurt mit vorgeschobenen Einheiten bei Magdala, Jena und Lobeda. Der Herzog von Weimar mit der Vorhut stand zwischen Schmalkalden und Meiningen mit einer Vorhut bei Schweinfurt.

Rüchel stand zwischen Gotha und Jena, Blücher bei Eisenach und Winning bei Vach. Durch die Verzettelung der Armee fehlten so 11.000 Mann, die unter dem Befehl des Herzogs von Weimar und Winning so weit vorgeschoben waren.

Die Reserve der Armee unter dem Herzog von Württemberg befand sich in der Nähe von Magdeburg und fehlte genau wie die anderen Einheiten in der Schlacht.

Zu diesem Zeitpunkt kannte Napoleon nicht den genauen Standort der preußischen Armee, das preußische Oberkommando auf der anderen Seite wusste auch den genauen Standpunkt ihres Gegners nicht. Beide Seiten tappten im Dunkeln. Napoleon war überzeugt, dass die preußische Armee sich bei Gera konzentrieren würde.

Napoleons Befehle für den 10. Oktober schrieben die Marschroute der französischen Truppen vor. Soult sollte über Weida nach Gera marschieren, Ney nach Schleiz, die Garde sollte auch Schleiz erreichen, Lannes nach Saalfeld vorgehen. Bernadotte und Murat sollten nach Auma marschieren. Die schwere Kavallerie und Dragoner unter d'Hautpoult, Nansouty, Klein und Grouchy, die Artillerie und Pioniere sollten nach Schleiz marschieren.

Jerome und die bayerischen Truppen waren in Kulmbach und belagerten dort die sich in preußischer Hand befindende Festung Plassenburg. Lannes Lagerfeuer bei Gräfental konnten in einer klaren Nacht in Rudolstadt gesehen werden.

Saalfeld, Jena und Auerstedt

Prinz Louis befand sich mit 8.330 Mann in und um Rudolstadt. Zwei Bataillone, eine halbe Batterie und drei Schwadronen Kavallerie hatte er bis nach Schwarza vorgeschoben. In Blankenburg befanden sich 1 Bataillon Infanterie, 1 Jäger-Kompanie, 3 Schwadronen Kavallerie und eine halbe Batterie unter dem Kommando des Obersten Pelet. Die unter dem Kommando des 38 jährigen Prinzen Louis stehenden Truppen bestanden zum großen Teil aus sächsischen Einheiten. Um 7 Uhr ging Prinz Louis mit den Truppen aus Rudolstadt zur Unterstützung der Truppen bei Saalfeld vor. Gegen 9 Uhr wurde Saalfeld erreicht, und die Truppen gingen in Position.

Der rechte Flügel befand hinter Crösten und Beulwitz; der linke Flügel zog sich in Richtung Saalfeld. Vor Saalfeld postierte er Infanterie, um die Straße zu sperren. Er hatte 4 preußische, 6 sächsische Bataillone, 2 ½ Batterien und 10 Schwadronen Kavallerie unter seinem Kommando. Von diesen Truppen waren 2 preußische Bataillone, 3 Schwadronen und eine ½ Batterie auf der Gräfentaler Straße mit Front in Richtung Garndorf postiert. Die 2 anderen preußischen Bataillone standen in einer 2. Linie hinter dem rechten Flügel. Die Kavallerie stand hinter diesen Bataillonen in einer 3. Linie bei Grala.

Die eingenommene Position war eine sehr schlecht gewählte. Die Linie stand auf halber Höhe eines Abhanges. Die Saale befand sich nur 800 Meter hinter dieser Linie. Die Stadt Saalfeld mit der einzigen Brücke über die Saale befand sich hinter dem linken Flügel.

Der rechte Flügel hing in der Luft, da Pelets Abteilung zu weit entfernt stand. Der Prinz hoffte, hier den französischen Vormarsch aufzuhalten, bis Hilfe von der Hauptarmee, die bei Hochdorf stand, herankommen konnte. Er erwartete nicht, dass Lannes ganzes Korps gegen ihn aufmarschierte.

Lannes verließ Gräfental gegen 5 Uhr. Suchets Division führte den Vormarsch. Gegen

10 Uhr stand er vor Saalfeld. 2 seiner Kompanien besetzten gleich die Anhöhe neben der Straße, 2 Bataillone mit 2 Kanonen gingen weiter vor und erhielten bald Feuer von den preußischen Truppen, die vor Saalfeld standen. Lannes schickte seine leichte Infanterie und Suchets Division vor, um den Widerstand zu brechen. Die Kavallerie bezog eine Stellung links von Garnsdorf. Das Dorf selber wurde durch 1 Bataillon mit 2 Kanonen besetzt. Diese Truppen setzten sich im und rechts des Dorfes fest. Dieses Manöver deckte die restlichen Truppen, die versuchten, die preußische Linie zu umgehen und deren Rückzugslinie abzuschneiden. Die leichten Truppen und die Truppen in Garnsdorf lieferten sich mit dem ihm gegenüberstehenden preußischen Flügel ein heftiges Feuergefecht.

Prinz Louis hatte diese Seite des preußischen Flügels mit Kavallerie verstärkt. Der französische Vormarsch zog sich weiter nach links. Eine französische Batterie fuhr rechts des Dorfes Beulwitz auf. Die Linie verlängerte sich weiter nach Beulwitz hin. Prinz Louis erkannte nun die Gefahr, in der er sich befand. Er versuchte nun, seinen rechten Flügel zu verstärken. Gegen 11 Uhr hatte sich der französische Druck so weit verstärkt, dass Prinz Louis zu der Einsicht kam, dass stärkere Truppenansammlungen gegen ihn vorgingen. Er schickte ein Bataillon nach Schwarza, ein anderes verstärkt durch eine Batterie sollte den Sandberg halten. Ein sächsisches Bataillon wurde auf die Anhöhe zwischen Aue und Crösten geschickt, um diese zu verteidigen.

Das preußische Zentrum ging nun zum Angriff vor. Die sächsischen Regimenter „Prinz Xavier" und „Kurfürst" gingen im Karree bis in die Höhe von Beulwitz vor. Hier gerieten die Regimenter in das Feuer der Franzosen, die sich in Beulwitz verschanzt hatten. Beide Regimenter gingen nicht weiter vor, eröffneten hier aber das Feuer. Das Regiment „Prinz Xavier" wankte und zog sich zurück. Das Regiment „Kurfürst" folgte.

Der Rückzug beider Regimenter konnte aber gestoppt werden und ein neuer Angriff gegen Crösten wurde von ihnen vorgetragen. Der Angriff des Regiments „Kurfürst" drängte die Franzosen zurück und Crösten konnte wieder erobert werden.

Gegen 13 Uhr gingen die französischen Truppen zu einem neuen Angriff vor. Das 64. Regiment ging gegen Crösten und das 88. Regiment zwischen Beulwitz und Siegenbach vor. Die Sachsen verteidigten sich in Crösten sehr tapfer, mussten dann aber in Richtung Wölsdorf zurückgehen.

Zur gleichen Zeit marschierte Reille mit dem 34. und 40. Regiment gegen den Sandberg. Die dort stehenden preußischen Truppen wurden nach einem heftigen Kampfe geworfen, die preußische Batterie wurde erobert und die Infanterie wurde auf Schwarza zurück gedrängt. Das Bataillon, das zwischen Aue und Crösten stand, wollte auf dem gleichen Weg zurückgehen, wurde aber durch französische Kavallerie angegriffen und musste schwere Verluste hinnehmen. Der sächsische General Bevilaqua geriet dabei in Gefangenschaft.

Prinz Louis sah nun seine Linie in Unordnung, der linke Flügel wurde von vor Saalfeld über die Brücke und zum Teil auf das Zentrum zurückgeworfen. Er hatte noch 5 schwache Schwadronen Kavallerie im Zentrum. Er befahl nun einen Angriff der Kavallerie, um seine eigene Linie zu entlasten. Der Angriff richtete sich gegen das 9. und 10. Husarenregiment der Franzosen. Die Übermacht der französischen Husaren überflügelte die Flanken der angreifenden preußischen Kavallerie und ein Reiterkampf entbrannte. Prinz Louis kämpfte tapfer gegen diese Übermacht. Er wurde von Guindet, einem Quartiermeister des 10. Husarenregiments angegriffen. Verwundet an verschiedenen Stellen wollte er sich trotzdem nicht ergeben. Ein Säbelhieb endete sein Leben. Er fiel ungefähr an der Stelle, wo sich heute der Bahnhof Wölsdorf befindet. Der Kampf war nun endgültig verloren. Die französische Infanterie ging gegen Saalfeld vor und eroberte es.

Viele der preußischen Truppen gerieten in Gefangenschaft, wurden getötet oder ertranken bei der Flucht in die Saale. Alle Kanonen fielen in die Hände der Franzosen. Die Flucht und Verfolgung ging bis zur Brücke in Rudolstadt.

Das preußische Bataillon, das sich in Schwarza befand, wurde auf Rudolstadt zurückgeworfen. Pelets Truppen vor Blankenburg wurden von Kavallerie und von französischer Infanterie angegriffen. Er wusste, dass der Rest der Truppen schon geschlagen war, deshalb zog er seine Füsiliere im Schutz seiner halben Batterie über die Schwarza nach Stadtilm zurück. Am 11. erreichte er Blankenhain und am 12. die Umgebung von Weimar. Preußen und Sachsen hatten 2.000 Mann an Toten, Verwundeten und Gefangenen zu beklagen. 33 Kanonen fielen den Franzosen in die Hände.

Am 10. Oktober nachts hatte die französische Armee die folgenden Positionen erreicht:
Soult war in Plauen, seine Kavallerie stand bei Reichenbach.
Links von ihm stand Ney, zwischen Gefell und Tanna,
Bernadotte mit 2 Divisionen bei Auma,
Dupont bei Posen,
Wattier's leichte Kavallerie bei Neustadt,
Murat bei Triptis,
Lasalle bei Mittel Pöllnitz,
Sahuc's Dragoner standen in Schleiz.

Dort befanden sich auch Davout und die Garde-Infanterie. Nansouty's schwere Kavallerie lag bei Nordhalben, d'Hautpoult in Kronach, Klein bei Lichtenfels, die Garde-Kavallerie und Artillerie bei Bamberg, Grouchy dahinter. Die Bayern waren bei Kulmbach, Lannes bei Saalfeld und Augereau bei Neustadt.

Die preußische Armee hatte die folgenden Positionen erreicht:
Teile von Hohenlohes Truppen marschierten zur Saale.
Zezschwitz und seine Sachsen und Tauentzien erreichten Roda;
Boguslawski ging zurück nach Kahla,
Schimmelpfenning von Pößneck nach Kahla.
Hohenlohes Truppen standen bei Jena, Lobeda, Kahla und Orlamünde.
Die Hauptarmee befand sich bei Blankenhain,
Grawert's Division in Spahl mit Außenposten in Remda und Stadtilm.
Rüchel war in Erfurt,
Blücher zwischen Eisenach und Gotha.
Winning befand sich noch hinter Vach,
der Herzog von Weimar bei Meiningen mit Infanterie bei Königshofen und Kavallerie bei Schweinfurt.

In dieser Nacht erhielt Hohenlohe den Befehl, die Armee zwischen Jena und Weimar zusammenzuziehen. Napoleon glaubte nun, dass die preußische Armee sich um Erfurt zusammenziehen würde. Berichte Murats hatten in Napoleon diesen Gedanken erweckt. Er hoffte, dass er seine erste Linie, Augereau bei Mellingen, Lannes zwischen Jena und Weimar, Davout bei Apolda, die 2. Linie mit Ney bei Kahla, Soult in Jena und Bernadotte bei Dornburg konzentrieren könnte.

Am 12. erreichte Bernadotte Meineweh, Davout erreichte die Nähe von Naumburg. Die leichte Kavallerie erreichte Naumburg, Weißenfels und Pegau, Milhaud erreichte Teuchern. Die schwere Kavallerie war bei Auma und Schleiz, die Garde Kavallerie bei Lobenstein, Ney war bei Auma.

Am 12. morgens früh befand sich die preußische Armee bei Weimar, rechts der Ilm. Rüchel und Blücher auf der linken Seite der Ilm. Hohenlohe war bei Jena und Lobeda, Winning immer noch bei Vach. Der Herzog von Weimar erreichte Frauenwald. Die Reserve unter dem Herzog von Württemberg stand bei Halle.

Lannes war auf dem Marsch über Kahla nach Jena. Am 12. Oktober gegen 14 Uhr traf Lannes Vorhut auf preußische Vorposten bei Göschwitz.

Am 13. sehr früh am Morgen erhielt Napoleon die Nachricht, dass Davoust Naumburg mit den sich darin befindlichen preußischen Magazinen erobert hatte. Ney ging von Auma nach Roda. Napoleon dachte am 13. noch immer, dass eine Schlacht vor dem 16.

Oktober nicht stattfinden würde. Soult ging nach Roda und Köstritz, Nansouty und d'Hautpoult nach Roda. Lannes und das V. Korps lagerten, nachdem sie die preußischen Vorposten vertrieben hatten, bei Winzerla. Am 13. Oktober ging er gegen Jena vor.

Die preußische Hauptarmee verließ Weimar am 13. Oktober, um zur Unstrut zu marschieren. Der Divisionsbefehl für den 9. Oktober charakterisiert die Schwerfälligkeit der Truppenführung jener Zeit. Er lautete wie folgt:

Disposition zum Marsch auf den 9. Oktober 1806.

Die Truppen der Division marschieren Morgen den 9. Oktober in 3 Kolonnen links ab zu ihrem Rendezvous.

Erste Kolonne:

Husaren-Bataillon „Herzog von Württemberg".

Selbiges marschiert aus dem heutigen Marschquartier von Schönau, Fischbock auf der Chaussee bis Gotha, außerhalb der Stadt herum und nimmt den Weg, die Chaussee bis Erfurt, entlang bis Tuttleben, geht durchs Dorf und setzt sich dergestalt, das die Queue des Bataillons dichte am Dorf stehen bleibt. Dort wird das Bataillon seine Ordre zur Fortsetzung des Marsches erwarten. Das Bataillon zu zweien abmarschiert, damit, wenn es sich mit anderen Truppen begegnet, vorbeimarschieren kann, um die Tete[1]) zu gewinnen.

Zweite Kolonne:

Besteht aus der ganzen Infanterie, links abmarschiert nach der Ordre de Bataille nebst denen beiden Batterien. Die Brigade des Prinzen Heinrich hat ihr Rendezvous auf der Chaussee jenseits Gotha, zwischen derselben und Siebleben, mit der Tete an Siebleben.

Die Brigade des Obersten v. Lützow hat ihr Rendezvous auf der Chaussee zwischen Gotha und Eisenach, mit der Tete an Gotha. Beide Brigaden richten ihren Marsch so ein, dass sie um 12 Uhr mittags auf ihren Rendezvous stehen. Die Regimenter werden auf der Chaussee ihren Abmarsch so einrichten, das sie erforderlichenfalls denjenigen Truppen Platz lassen, welche der Ordre de Bataille nach vorbei zu marschieren haben.

Dritte Kolonne:

Besteht aus der Kavallerie-Brigade des Prinzen Wilhelm, ebenfalls links abmarschiert und hat ihr Rendezvous bei Goldbach, woselbst sie um 12 Uhr sein muss. Um 10 Uhr Fourier und Fourierschützen in Gotha, um dort die Anweisung zu den beziehenden Quartieren zu erhalten. Zu gleicher Stunde pro Regiment und Bataillon ein Offizier in Gotha, im Gasthof zur Schelle auf dem Markt, woselbst sich Se. Hoheit befinden werden.

Die Herren Brigadiers von der Infanterie werden neben der Chaussee, auf dem Rendezvous, auf einen schicklichen Ort die Bagage auffahren lassen. Ebenso wird die Bagage der Kavallerie auf einen schicklichen Ort auf dem Rendezvous auffahren.

Die Brückenkolonne und die Batterie „von Riemer" folgen auf dem Grenadier-Bataillon „Rheinbaben". Die Batterie Lehmann fährt zwischen dem 1. Bataillon „Möllendorf" und Grenadier-Bataillon „Knebel".

gez. Pr. Orange.

Am 9. Oktober ging auf dem Treffplatz der Truppen eine schriftliche Marschtabelle ein, durch welche als Quartiere für das Regiment „Wartensleben" die Dörfer Korn-Hochheim und Alt-Dietendorf bestimmt wurden. Kornhochheim war aber bereits durch das Dragoner-Regiment „Irwing" belegt. Das Regiment „Wartensleben" musste so ganz in Alt-Dietendorf untergebracht werden. Das Dorf wurde erst um 6 Uhr abends erreicht. Brigadestabsquartier war in Frienstedt, das Divisionsstabsquartier war in Erfurt.

Am 10. Oktober wurde bei Molsdorf mit Hilfe eines Steges und einer Furt, die Gera

---

1) Vorhut

überschritten. Das Regiment „Wartensleben" bezog Quartiere in Achselstedt. Das Brigadestabsquartier war Witzleben und das Divisionsstabsquartier in Kranichfeld einquartiert.

Am 10. Oktober hatten sich die Nachrichten von der Nähe des Feindes gemehrt, sodass der Befehl erteilt wurde, im Innern der Quartiere Sicherheitsmaßregeln zu treffen.

Die Avantgarde der Division, die leichten Truppen unter dem General Oswald, standen an diesem Tage mit 2 Schwadronen württembergischer Husaren, 2 Kompanien weimarischer Scharfschützen und 2 Kompanien Oswald-Füsiliere in Willersleben, mit 3 Schwadronen württembergischer Husaren, 2 Kompanien weimarischer Scharfschützen und 2 Kompanien Oswald Füsiliere in Stadtilm.

Kavallerieposten in einer Stärke von je 1 Offizier und 15 Pferden, waren nach Plaue an der Gera, Buchenlohe, Arnstadt und Remda, sowie 1 Offizier und 20 Füsiliere nach Hettstedt entsandt. Eine weimarische Kompanie stellte die Vorposten bei Stadtilm. Abends gegen 7 Uhr traf die Nachricht von dem unglücklichen Gefecht gegen die vom Marschall Suchet befehligte Vorhut des 5. französischen Armeekorps unter Marschall Lannes und von dem Tode des Prinzen Louis Ferdinand von Preußen, des Kommandeurs der etwas 6.000 Mann starken Avantgarde der Hohenloheschen Armee, ein. Auf diese Nachricht hin biwakierten die Truppen auf dem Marktplatz, die Vorposten wurden eingezogen. Während der Dunkelheit verließ die Brigade Oswald Stadtilm und marschierte nach Kranichfeld, besetzte die Anhöhen nahe der Stadt, verblieb dort bis 11 Uhr mittags und setzte sodann ihren Marsch nach Weimar fort, wo sie am Abend eintraf. Das Hauptquartier des Königs befand sich in der Stadt, die Hauptarmee lagerte zu diesem Zeitpunkt zwischen Umpferstedt und Oberweimar.

Nach einem Armeebefehl vom 11. Oktober sollte das weimarische Bataillon mit der zweiten Warschauer Füsilierbrigade, den Husaren-Regimentern „von Blücher" und „Herzog Eugen von Württemberg", dem Dragoner-Regiment „von Irwing" und der reitenden Batterie „Schorlemmer" unter dem Kommando des Generalleutnants von Blücher die neue Avantgarde der Hauptarmee bilden.

Die Brigade Lützow stand auf dem äußersten Flügel der Armee. Zur Sicherung ihrer Flanke ordnete Seine Königliche Hoheit der Prinz von Oranien persönlich die Entsendung von 2 Offizieren und 30 Schützen nach Dienstedt an. Dieser Befehl wurde gleich ausgeführt, das Kommando erhielt Leutnant von Zglinicky.

Am Nachmittag des 10. hatte Seine Königliche Hoheit der Prinz von Oranien die verschiedenen Kantonnements seiner Division besucht. Er wollte aus Witzleben zu seinem Quartier in Kranichfeld zurückreiten, als der dort zurückgelassene Adjutant Hauptmann von Unruh melden ließ, dass nach einem aus dem in Blankenhain befindlichen Hauptquartier der Befehl eingetroffen war, sofort nach dem Plateau von Hochdorf abzumarschieren, wo ein Lager bezogen werden sollte.

Die 1. Brigade müsse bei Kranichfeld die Ilm passieren. Der Prinz fügte dem Befehl noch hinzu, dass die 1. Brigade den Aufbruch schnellstens zu bewerkstelligen habe und sich auf dem Marsche aus ihrem Linksabmarsch wieder in den Rechtsabmarsch setzen sollte.

Das Grenadier-Bataillon „Knebel" war bereits mit der Batterie „Lehmann" aus Achelstedt in Witzleben eingetroffen, von wo aus der Weg über Elchleben und Stedten nach Kranichfeld führt. Schon bald traf aber ein vom Divisionskommandeur in Kranichfeld abgeschickter Offizier ein, der den Befehl wieder rückgängig machte. Er überbrachte den im Hauptquartier bei der Parole erteilten Befehl, dem zufolge erst am folgenden Tage von den Truppen ein Lager bei Hochdorf und Blankenhain bezogen werden sollte. Das Grenadier-Bataillon und die Batterie waren vergeblich aufgebrochen und mussten in ihre Quartiere wieder zurückkehren.

Um 2 Uhr Nachts traf aus Dienstedt von Leutnant von Zgliniky die Meldung ein, dass bei dem nur zwei Stunden entfernten Städtchen Saalfeld ein unglückliches Gefecht stattgefunden habe, in welchem Seine Königliche Hoheit Prinz Louis Ferdinand gefallen war. Ein sächsischer Major Clemens hatte mit dem Rest seiner hart mitgenommenen Kompanie Dienstedt erreicht und diese Nachricht überbracht.

In der Zwischenzeit ging es auch in Erfurt sehr hektisch zu. In den ersten Tagen des Monats Oktobers war die Hauptarmee in und um Erfurt eingetroffen. Am 4. waren König Friedrich Wilhelm III., die Königin Louise, Prinz Louis Ferdinand, der Herzog von Braunschweig und der Fürst Hohenlohe in der Stadt eingetroffen.

Am 5. Oktober hatte der König, umgeben von seinem Generalstabe, auf dem Anger an die aufmarschierten Truppen die Parole ausgegeben. Schon am folgenden Tage war ein großer Teil der Hauptarmee durch Erfurt in Richtung Gotha und Eisenach durchmarschiert.

Die Divisionen Oranien, Wartensleben, Schmettau und die Reserve unter Kalkreuth, die die Vorhut bildeten, waren die ersten Truppen die durch Erfurt marschierten.

Der Erfurter Chronist Beyer hat darüber mit folgenden Worten berichtet:

„Die Divisionen: Avantgarde, Oranien, Wartensleben, Schmettau und die Reserve unter Kalckreuth gingen eine nach der anderen hier durch. Das Hauptquartier der letzteren blieb hier. Man konnte kaum schönere Truppen sehen, vorzüglich zeichneten sich die Kavallerie-Regimenter „Gensdarmes" und „von Beeren", wahre Riesengestalten auf den herrlichsten Pferden. Das prächtige Musikkorps der Garde entzückte uns täglich durch sein meisterhaftes Spiel vor der Wohnung des Königs, wo die schönen Gardegrenadiere auf die Wacht zogen und wo immer ein unbeschreibliches Menschengewühl sich um sie drängte.

Die Gemüter der hiesigen Einwohner, die bei allen diesen fürchterlichen Anstalten zuweilen zu zagen anfingen, richteten sich beim Anblick der trefflichen preußischen Truppen, die sie täglich durchziehen sahen und die von Kampflust glühten, wieder auf.

Auch das Sachsen-Weimarische Scharfschützen-Bataillon, das mit seinen, mit schwarzen Pferdeschweifen gezierten Tschakos ein recht kriegerisches Aussehen gewährte, marschierte hier durch nach Gotha zu, wo es zur Reserve stieß. Wir sahen in diesen Tagen eine große Anzahl merkwürdiger Personen in unseren Mauern, weil alle kommandierenden Generäle und der größte Teil des diplomatischen Korps sich hier befanden. Der ehrwürdige Veteran, Feldmarschall von Möllendorf, erregte vorzügliche Aufmerksamkeit, denn an ihn knüpften sich eine Menge Reminiszenzen aus den schönen Tagen des preußischen Ruhms. Auch der Herzog von Braunschweig und der alte Held Blücher wurden mit stiller Ehrfurcht betrachtet."

Am 10. Oktober hatte man in der Stadt eine dumpfe Kanonade aus der Richtung des Thüringer Waldes vernehmen können. Am späten Abend waren versprengte Sachsen zum Löber Tore hereingekommen, zum Teil trugen sie keine Hüte mehr und hatten ihre Gewehre verloren. Sie berichteten vom traurigen Ausgang des Gefechts von Saalfeld, wo Prinz Louis Ferdinand den Tod fand.

Am 11. Oktober war Erfurt von allen einquartierten Truppen schon geräumt worden. Der König und die Königin hatten die Stadt verlassen und waren den Truppen gefolgt. Am Nachmittag waren zwei aus dem Gefechte von Saalfeld zurückkehrende Bataillone, das I. Bataillon des Regiments „Müffling" und das II. Bataillon des Regiments „Prinz Clemens" in Erfurt eingetroffen, um sich hier wieder neu zu formieren.

Das Korps des Generals Rüchel traf am 12. Oktober in Erfurt ein. Der General war durch die Stadt gekommen, der große Teil der Truppen hatten die Stadt umgangen.

Am 12. Oktober gegen Mittag befand sich das weimarische Bataillon bei Oettern auf Vorposten und rückte am 13. in die Gegend von Mellingen, wo es bis gegen Abend verblieb. Es wurde dann über Umpferstedt, Oberroßla, Reisdorf weitermarschiert, und gegen 10 Uhr abends wurde Auerstedt erreicht, wo das Bataillon ein Biwak bezog. Hier befand sich das Hauptquartier des Königs und des Herzogs von Braunschweig.

Am 13. Oktober traf der Befehl in Erfurt ein, die Stadt sofort in den Verteidigungszustand zu setzen, die Zugbrücken über die Festungsgräben und die

Tore nach Möglichkeit in einen verteidigungsmäßigen Zustand zu versetzen. Das Regiment „Kurfürst von Hessen" war eingetroffen, um die Stadt zu besetzen und zu verteidigen. Am Abend traf die Königin Louise in Erfurt ein, um hier die Pferde ihrer Kutsche zu wechseln, um dann weiter nach Magdeburg zu reisen".

Die Brigade Lützow mit dem Regiment „Wartensleben" in den Reihen wussten nun, dass sie sich auf den Kriegsfall vorbereiten mussten.

Infanterie Regiment 15, Leibgarde Interim Uniform 1800

Französische Artillerie

Am Morgen des 11. um 5.30 Uhr, war der Abmarsch des Regiments "Wartensleben" aus den Kantonnements befohlen worden. Als die Truppen aus ihren Kantonnements abmarschieren wollten, erreichte die Brigade der Befehl, nicht nach Hochdorf zu marschieren, sondern sich bei Witzleben zu sammeln und von da über Elleben, Gügleben und Meckfeld nach Weimar zu marschieren. Es wurde befohlen, die Patronen bereit zu legen, um im Notfalle sofort die Waffen laden zu können.

Die 1. Brigade rückte zum befohlenen Treffpunkt bei Witzleben aus. Die Bagage marschierte sofort zurück. Nachdem die Hohlwege bei Elleben passiert waren, folgten die restlichen Truppen. Bei Elleben wartete bereits Seine Königliche Hoheit der Prinz von Oranien. Er teilte mit, dass es die Absicht war, die Armee bei Oberweimar ein Lager beziehen zu lassen.

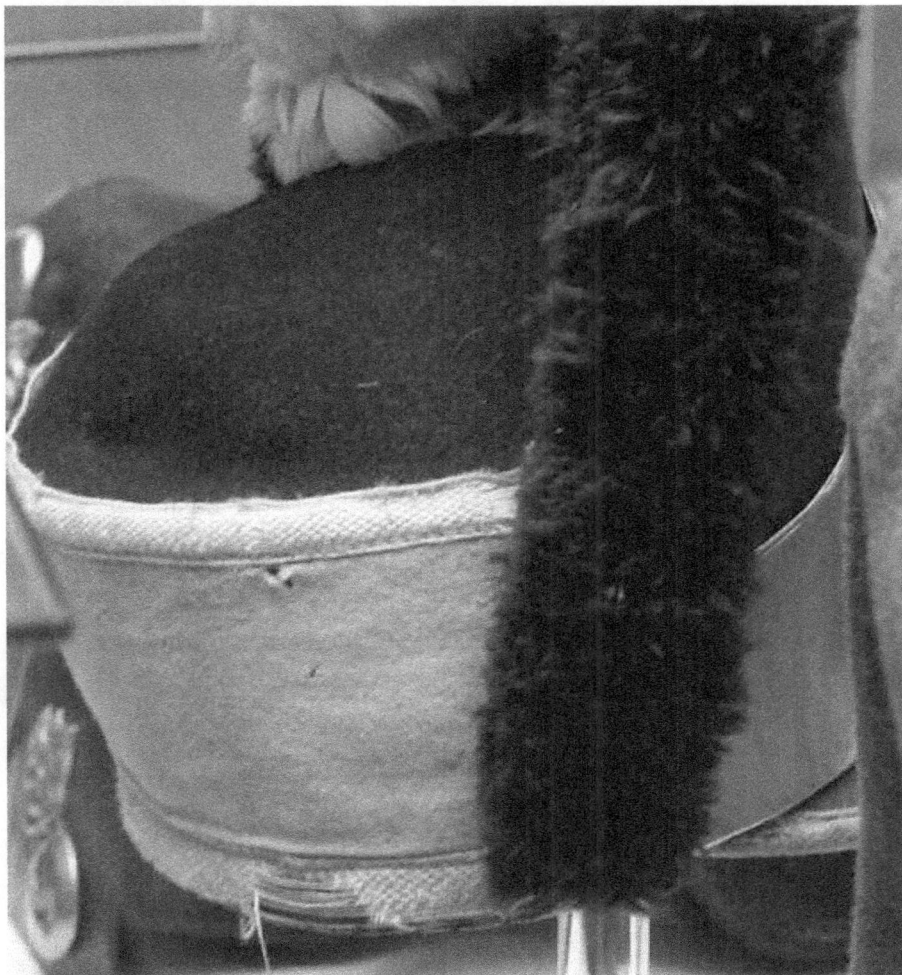

Preußische Grenadiermütze 1806

Die Brigade erreichte am 11., als es schon dunkel wurde, Weimar. Als der angewiesene Lagerplatz östlich der Stadt erreicht wurde, war es bereits nachts. Das Lager befand sich auf der sogenannten Lehnstedter Höhe südlich von Umpferstedt, ganz in der Nähe des Gabelpunktes der nach Naumburg und Jena führenden Straße. Das Lager war schon abgesteckt und es wurde nach der Vorschrift Waffen - und Divisionsweise gelagert. Die Infanterie der Division Oranien lagerte wie folgt:

Die vier Musketier-Bataillone der Brigade Lützow im ersten Treffen, die vier Musketier-Bataillone der Brigade Prinz Heinrich im zweiten Treffen, die Grenadier-Bataillone „Knebel" und „Rheinbaben" im dritten Treffen, die Batterie Lehmann auf dem rechten Flügel, die Batterie Riemer auf dem linken Flügel.

Das Regiment „Möllendorf" schlug noch in der Nacht die Zelte auf, das Regiment „Wartensleben" biwakierte die Nacht über und schlug erst am nächsten Morgen die

Zelte auf. Die Truppen hatten einen großen Mangel an Stroh und Holz. Es fehlte aber auch an Brot und anderen Lebensmitteln.

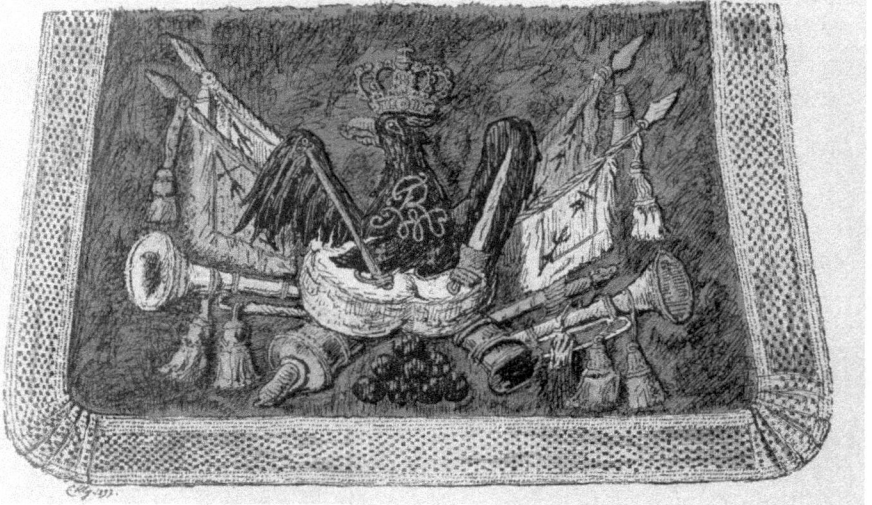

Kartusche, Kürassier-Regiment No. 1, Graf Henckel

Am 12. blieben die Truppen im Lager. Am Nachmittag gegen 15 Uhr hörte man in südöstlicher Richtung Kanonenfeuer, auch waren rückwärts aufeinanderfolgende Bataillonssalven zu hören. Das Feuern hielt bis tief in die Nacht an.

Hohenlohe

Geboren in 1746 diente er bis 1762 in der Reichsarmee trat aber 1767 in preußische Dienste.

Hohenlohe gebührt eine ausführliche Schilderung. Auch dieser Führer, „die Zierde seines Standes und Ranges in der Armee, aus der Rheinkampagne als ein entschieden tüchtiger, selbst kühner, dabei glücklicher Feldherr bekannt", (v. Weltzien. Memoiren des Generals Ludwig von Reiche, S. 148) galt sehr viel im Heere und hatte, dessen Aufmerksamkeit frühzeitig erregt. Ein im Jahre 1790 über ihn geschriebener biografischer Aufsatz sagt, schon im bayerischen Erbfolgekrieg habe es sich gezeigt, dass man dereinst einen großen General von ihm erwarten dürfte. Zedlitz (Pantheon des preußischen Heeres I, S. 119) beginnt die Charakteristik Hohenlohes mit den Worten: „Dieser Fürst, ausgestattet mit liebenswürdigen Eigenschaften und einem biederen, ritterlichen Sinne, zog mehr noch durch diesen seinen persönlichen Wert, der mit einer außerordentlichen Tätigkeit verbunden war, als durch seine hohe Geburt die Aufmerksamkeit Friedrichs der Großen auf sich." Bei Friedrichs Tode war er Generalmajor und stand mit seinem Regiment in Schlesien.

König Friedrich Wilhelm II. übernahm die ausgezeichnete Meinung, die sein großer Oheim von Hohenlohe gehabt hatte. Valentinis Urteil über Hohenlohe lautet: „Zur Charakteristik des Fürsten Hohenlohe in seiner damaligen glänzenden und glücklichen Zeit, im Alter zwischen 40 und 50 Jahren und mit allen Talenten und allem nötigen Wissen zum Feldherrn begabt, müssen wir vor allem der edlen, wahrhaft fürstlichen Haltung und jener stolzen Ruhe des Kriegers gedenken, die ihn in keinem Augenblicke verließ. Zu groß denkend, um je auf eigene Vorteile Rücksicht zu nehmen, und stolz, um begangene Fehler mit denen der Untergebenen zu rechtfertigen, gehört der viel verkannte und viel geschmähte Fürst von Hohenlohe jedenfalls zu den edelsten Naturen, die je einen Kommandostab führten." (Erinnerungen eines alten preußischen Offiziers aus den Feldzügen 1792, 1793, 1794). Der Kaiser ernannte ihn zum General der Kavallerie der Reichsarmee. Er löste die ihm zugefallene Aufgabe Mainz zu sichern und die französische Rheinarmee zu beschäftigen. Blücher sagte über ihn: „Der Prinz von Hohenlohe ist über mein Lob erhaben, aber ich und alle recht unparteiisch denkenden Brandenburger stimmen darin überein, dass er ein General und ein Anführer ist, worauf die preußische Armee stolz sein kann."

Am 24. Mai 1798 wurde Hohenlohe zum General der Infanterie ernannt. Seine hervorragende Tapferkeit auf dem Schlachtfelde wird von seiner Umgebung einstimmig gerühmt, nicht minder sein großer Einfluss auf die Truppe. Diese hing mit Liebe und Vertrauen an ihm.

Rock eines preußischen Füsiliers

Marwitz der sein Adjutant von 1805 und 1806 war sagt: „Er war von seltenem Feuer, rasch in Entschlüssen und Handlungen, von wahrhaft vornehmer Tapferkeit, von unerschütterlichem Gleichmut und in natürlicher Folge dieser Eigenschaften von mächtiger Einwirkung auf seine Untergebenen gewesen sei." Auch Clausewitz kritisches Urteil äußert sich dahin, dass Fürst Hohenlohe ein sehr gemütvoller, frischer, tatenlustiger Mann gewesen, dessen ausgezeichnete Eigenschaft der Ehrgeiz war, dessen ganze Individualität sich zum Kriege geeignet.

Im Jahre 1797 erließ Hohenlohe eine Instruktion für die Niederschlesischen und Fränkischen Regimenter die 1803 als Reglement für die Niederschlesische Inspektion gedruckt wurde. Schon 1803 führte Hohenlohe für dieselben Schlesischen Regimenter, die er im Oktober 1806 befehligte, die Verwendung des dritten Gliedes zum Tiraillieren ein. (Jany, „Urkundliche Beiträge und Forschungen zur Geschichte des preußischen Heeres, Seite 19).

Ungünstig auf die Leistungen Hohenlohes wirkten zwei besondere Umstände. Er war kränklich und auch kurzsichtig. Schon deshalb war er auf Massenbach angewiesen, der ihn bei Prenzlau in den eigenen Geistesbankrott verwickelte.

Major von der Marwitz, Adjutant des Generals Hohenlohe beschreibt die Ergebnisse wie folgt:

Am 10. Oktober waren die Truppen folgendermaßen verteilt:

I.   Der größte Teil der sächsischen Armee stand auf einem Rendezvous bei Mittelpöllnitz zwischen Triptis und Weida, wohin der Fürst von Hohenlohe den Morgen um 9 Uhr in Person kommen und wahrscheinlich den größten Teil seiner Macht dort vereinigen wollte. Nur wenige sächsische Regimenter waren zuvor schon auf dem linken Saaleufer mit den Preußen vereinigt gewesen. Die meisten hatten das rechte Ufer dieses Flusses nie verlassen.

II.   Das Corps des Generals Tauentzien war den Morgen vor Tagesanbruch, vom Feinde am vorigen Tage bei Schleiz hart bedrängt, ebenfalls bei Mittelpöllnitz angekommen. Diese hier versammelten beiden Corps bildeten unsere äußersten Posten gegen Osten, und die an diesem Tage hier vorgefallenen Dinge, wenn gleich nicht durch den Erfolg, aber doch als Charakteristik des Zeitgeistes und der handelnden Personen merkwürdig, nicht in dem uns gegebenen Auftrag begriffen sind, so werden sie billig hier übergangen.

III.   Zunächst an diese, aber beinahe 1 1/2 Meilen davon, standen: In und bei Neustadt an der Orla unter dem Obersten v. Boguslawsky, 1 Füsilier-Bataillon, 1 Compagnie Jäger, ½ reitende Batterie, 10 Eskadron Husaren.

IV.   Alsdann immer nach Westen zugehend, wieder eine starke Meile von da: Bei Pößneck fünf Eskadron Husaren.

V.   Bei Saalfeld, zwei starke Meilen nach Westen, unter dem Prinzen Louis von Preußen, der größte Teil der in der Ordre de Bataille angegebene Avantgarde mit einigen Vertauschungen der dort genannten Regimenter.

VI.   Bei Blankenhain unter dem General Pelet, von dieser Avantgarde zur Sicherung ihrer rechten Flanke detachiert: 1 Füsilier-Bataillon, 1 Jäger-Compagnie, ½ reitende Batterie, 3 Eskadronen Husaren. Die bis jetzt angegebene Linie beträgt über 6 Meilen. Hinter derselben stand an der Saale:

VII.   Unter dem General-Leutnant Grawert den Tag hindurch in Orlamünde und Kahla, zwei starke Meilen von Neustadt, drei von Saalfeld, und gegen Abend zum Teil bei dem Vorwerk Spahl gegen Hochdorf hin 11 Bataillons, 9 Batterien.

VIII.   Unter dem General Holtzendorff bei Magdala noch zwei starke Meilen rückwärts von Orlamünde und Kahla, 5 Meilen von Saalfeld, 15 Eskadronen Kavallerie, 1 reitende Batterie. Diese mussten nachher ebenfalls nach Spahl vorrücken.

IX.   Die Reserve unter dem General Sanitz (da der General-Leutnant Prittwitz

krank war) in Jena und Lobeda, 5 Meilen von Mittel-Pöllnitz nach Saalfeld.
Es standen ungefähr:

1. und 2.	Bei Mittel-Pöllnitz	17.000 Mann
3.	Bei Neustadt	2.700 Mann
4.	Bei Pößneck	600 Mann
5.	Bei Saalfeld	7.300 Mann
6.	Bei Blankenburg	1.300 Mann
7.	Bei Orlamünde und Kahla	8.000 Mann
8.	Bei Magdala	1.800 Mann
9.	Bei Jena	3.900 Mann
		42.600 Mann

Was von der preußischen Armee an diesem Tage nicht unter dem Befehl des Fürsten Hohenlohe stand, befand sich:

Teils auf dem Marsch von Erfurt in die Kantonierungen von Blankenhain - **Hauptarmee.**

Teils bei Erfurt - **General Rüchel.**

Teils auf dem Marsch von Meinigen bis Coburg und bis Königshofen und Schweinfurth in Franken - **Herzog von Weimar.**

Teils bei Magdeburg - die Reserve unter dem **Herzog Eugen von Württemberg.**

Dies wird nur erwähnt um anschaulich zu machen, dass die bedrohten Punkte der Armee Hohenlohe auch von den übrigen Korps keine Unterstützung zu erwarten hatten, nachdem durch die Verteilung schon bewiesen ist, dass sie sich untereinander nicht unterstützen konnten.

Was nicht ausbleiben konnte, geschah. Das kleine Korps bei Saalfeld wurde durch die Übermacht erdrückt, der Prinz Louis von Preußen opferte sich für die Erhaltung der Armee. Das Neustadt gegenüberstehende Korps von Bernadotte und die bei Mittel-Pöllnitz gegenüberstehenden Feinde warteten den ganzen Vormittag, wahrscheinlich um die Ereignisse bei Saalfeld, dessen Kanonenfeuer man hören konnte, erst abzuwarten. Dann setzten starke Kolonnen ihren Marsch von Auma nach Weida und Gera fort.

Nun wurde der Befehl gegeben, die ganze Armee in einem Lager zwischen Jena und Weimar zu versammeln.

Nachmittag um 3 Uhr kam dieser Befehl zu den bei Mittel-Pöllnitz stehenden Truppen, die alle den ganzen Tag unter dem Gewehr gestanden hatten[1]) und zum Teil[2]) sich schon zwei Tage lang, ununterbrochen marschierend, mit dem Feinde geschlagen hatten. Eben so lange hatten sie so viel wie gar nichts gegessen. Der Marsch über Roda nach Jena wurde in zwei Kolonnen angetreten. Die eine ging auf einer von Ober-Pöllnitz kommenden Straße über Münchenbernsdorf gerade nach Roda, die andere von Porstendorf bis Groß-Ebersdorf von Gera und nachher diese verlassend über verschiedene Dörfer ebenfalls nach Roda. Von dieser dem Feinde am nächsten marschierenden Kolonne konnte man den Marsch des Feindes nach Gera von dem hohen, offenen Plateau des Terrains deutlich wahrnehmen.

Dieses sächsisch-preußische Korps, bei welchem der General von der Kavallerie v. Zezschwitz der älteste General war, sollte unweit Roda bei Mörsdorf ein Biwak beziehen. In dieser Gegend stießen aber beide Kolonnen mit dem Sächsischen, von Gera nach Jena marschierenden Bagage- und Artillerie-Train zusammen, sodass die Ordnung getrennt wurde. Einige sächsische Regimenter gingen nach Roda hinein, zerstreuten sich in den Häusern, andere blieben im Biwak; die Bagage verstopfte alle Ein- und Ausgänge des gebirgigen Städtchens Roda, sodass von hier nach Jena, die

---

[1]) Einige sächsische Regimenter waren schon den Tag zuvor hier angekommen
[2]) Tauentzien.

Tauentziensche Division ausgenommen, Regimenter, Bataillons, Eskadron, ja selbst einzelne Trupps, mit Bagagewagen vermischt, jeder für sich ohne Ordnung marschierte und niemand in dieser schlechten, waldigen Gegend das mindeste zu essen bekam.

Die bei Neustadt und Pößneck gestandenen Truppen erhielten Befehl, nach Kahla zu marschieren, sie taten es in der Nacht und der Oberst Boguslawsky besetzte diesen Ort.

Die bei Saalfeld und Blankenburg zogen sich, teils nach Rudolstadt und Kahla fliehend, teils über Remda in das neue Lager, teils auch nach Erfurt zurück.

Die Divisionen Holtzendorff und Grawert zogen sich auf Magdala, wo sie den 11. blieben und rückten den 12. mit Ordnung ins Lager.

Die Reserve rückte aus Jena aus, und das Regiment „Zweiffel" vom Tauentzienschen Korps besetzte die Stadt, wo sich das Hauptquartier befand.

Am 11. Oktober befand sich die ganze Hohenlohesche Armee auf einem sehr zerstreuten Marsch, während die Hauptarmee ebenfalls von Blankenhain nach Weimar zurückmarschierte.

In Jena angekommen wurden kleine Feldwachen bis über die Saale vorgeschoben, die Tore mit Wachen besetzt; die Vorposten-Kette sollte nach dem vom Fürsten angeordneten Befehl folgende Positionen einnehmen:

Links von Jena in Dornburg das halbe Grenadier-Bataillon „Collin", ein Kavallerie-Piquet bei Camburg. Vor Jena bei Ziegenhain eine erwähnte Feldwache. Rechts von Jena die Saale hinauf in Lobeda und Burgau stand das Füsilier-Bataillon „Erichsen" um die dortige Brücke über die Saale zu bewachen. Diesen Vorposten und in der Stadt Jena kommandierte der General Tauentzien. Das Husaren-Regiment „Bila" sollte das Saaletal bis Kahla patrouillieren. Von da hatte sich der Oberst Boguslawski abziehen müssen und er sollte nun hinter der Osmaritz, die Front nach Süden nehmend aufstellen; rechts neben ihm der General Pelet von den Füsilieren, der sich an den bei Magdala kommandierenden General Grawert anschließen sollte. Grawert wiederum schloss sich an die Vorposten der Hauptarmee an die von General Blücher kommandiert wurden.

Nach gestilltem Lärm und ausgegebenen Befehl ritt der Fürst Hohenlohe noch hinaus, um das durch den Obersten Massenbach abgesteckte Lager zu sehen. Diesen fand er zu Fuß gehend bei der Schnecke, aber das Lager war noch nicht abgesteckt. Der größte Teil der Armee, namentlich die sächsische Infanterie-Division, mit Ausschluss weniger Bataillons, der größte Teil der sächsischen Kavallerie, die ganze preußische Reserve die Tages zuvor in Jena gestanden hatte, waren teils im Mühltal, teils oben auf dem Lagerplatze versammelt und brachten nun die Nacht unordentlich durcheinander im Biwak zu. Der Vormittag des 12. Oktober musste also, da es den Tag zuvor nicht geschehen war, zum Lager Abstecken und Einrücken verwendet werden. Da es etwas nebelig war, konnte man es am Vormittag nicht bewerkstelligen und einiges musste am Nachmittag noch einmal umgesteckt werden.

Am 11. Oktober brach auf die Nachricht „Die Franzosen sind vor der Stadt", eine Panik aus. Woher diese Nachricht kam oder wer sie aufbrachte ist nicht gekannt. In einem Aufsatz des Journals Minerva, Jahrgang 1834 Band 4 berichtet ein sächsischer Dragoner Offizier über die auch bei Roda entstandenen Gerüchte: „Nicht sowohl im Holze als vielmehr im freien Felde bei Stadt-Roda waren preußische Füsiliere gewesen und hatten auf Hasen geschossen". Einige Einwohner welche keine anderen Fußsoldaten kannten als preußische Blauröcke, oder sächsische Weißröcke, hatten die Füsiliere in ihren grünen Röcken für Franzosen gehalten.

Die Art, wie das Lager ausgerichtet und wie die Truppen darin verteilt wurden, war doch etwas merkwürdig und soll doch etwas genauer beschrieben werden. Wir lassen hier Marwitz berichten:

„Der Feind war, uns wohl bekannt, wie hier auch schon mehrmals erwähnt worden, so neben uns aufmarschiert, dass er die Front gegen Westen, die Saale vor sich und sowohl ihren Ursprung am Thüringer Walde, oberhalb unserer Stellung, als auch den Punkt, wo sich die Unstrut mit ihr vereinigt, unterhalb unserer Stellung, bereits in seiner Gewalt hatte. Von vorn, d. i. vom Thüringer Wald her, beunruhigte er uns gar nicht, aber noch ehe das Lager fertig war, griff er die Stadt Jena an, die an der Saale liegt. Der Talrand dieses Flusses ist außerordentlich steil und vorzüglich bei der Stadt Jena steigen hohe Berge, zwischen welchen nur wenige Schluchten auf das bis nach Weimar sich erstreckende Plateau hinaufführen, beinahe senkrecht über die Stadt empor. Nur die nach Weimar führende Chaussee geht eine starke Viertelmeile weit in einem Thale, das Mühltal genannt, zwischen den Bergen fort und steigt nachher an einem schneckenförmig aufgemauerten Orte, zu dem erwähnten Plateau hinan. Eine starke halbe Meile von da, auf dem halben Wege nach Weimar, geht sie durch die beiden nahe beieinander liegenden Dörfer Kötschau und Hohlstedt, hinter welchen rechter Hand in geringer Entfernung Kapellendorf, nordwestlich von Jena, liegt.

Unter diesen Umständen wurde das Lager folgendermaßen genommen. Der linke Flügel und zum Teil noch der Rücken wurde gegen den Feind gewendet und wo die erwähnte große Straße nach Weimar den Schneckenberg hinauf kömmt, fing sich oben der linke Flügel des Lagers an, welches nun die Front gegen Südwesten längs der Chaussee fortlief, sodass es mit dem rechten Flügel grade bis Kapellendorf reichte, wo das Hauptquartier sein sollte.

Rautal

Blick auf Isserstedt und den Isserstedter Forst

Die erwähnten, vom Saaltal hinaufführenden Schluchten, das Rautal, die Eule, das Munkental, der Steiger, das Liskauer Tal, jedermann in Jena bekannt, blieben nicht nur hinter dem linken Flügel des Lagers liegen, sondern weil, wie gesagt, die Weimarische Chaussee eine starke Viertelmeile im Mühltale fortgeht, blieb auch noch hinter erwähnten linken Flügel unseres Lagers eine große Plaine liegen, auf welcher die Dörfer Isserstedt, Vierzehenheiligen, Krippendorf, Lützerode, Closewitz, Cospeda und mehrere kleine Gehölze befindlich sind, welche Plaine eigentlich sich bis Dornburg erstreckt.

Cospeda im Vordergrund, Lützeroda im Hintergrund

Die Einteilung des Lagers war folgende:

Auf dem rechten Flügel im ersten Treffen, und zwar hinter dem an der Chaussee liegenden Dorfe Kötschau, standen zwei Brigaden der Reserve.

Neben dieser in einiger Entfernung längs der Chaussee mit dem linken Flügel nach der Schnecke hin die Division sächsische Infanterie.

In der Lücke zwischen beiden etwas vorwärts 4 sächsische Bataillons, die ihre Zelte schon verloren hatten, im Biwak.

Hinter der auf dem rechten Flügel stehenden Reserve floss der durch Kapellendorf gehende Werlitzgraben, und hinter diesem stand im zweiten Treffen die preußische Infanterie-Division des General-Leutnant v. Grawert.

Auf diese folgte, jedoch ein beträchtlich weiter vor, die dritte Brigade der Reserve. Vor dieselbe und mit dem linken Flügel, der gegen Isserstedt gekehrt war, über sie hinausreichend die sächsische Kavallerie. Dieser linke Flügel reichte aber noch lange nicht bis gegen den ganz vorgestreckten linken Flügel der Infanterie ersten Treffens, vielmehr war dieser noch um 2000 Schritt weiter vor.

Im dritten Treffen hinter der preußischen Infanterie stand die preußische Kavallerie. Einige tausend Schritt vor dem rechten Flügel war das Hauptquartier der sächsischen Generalität, nebst einem Husaren-Biwak.

Dieses Lager hatte also das Eigene, dass wir mit dem Feinde beinahe die nehmliche Front machten. Wir standen nach Südwesten und er nach Westen. Oder, wenn man uns als das erste Treffen betrachten will, so stand er im zweiten, so, als ob wir mit dem ersten eine Linksschwenkung gemacht hätten.

Daher kam es auch, dass alle Detachments, die gegen den Feind geschickt wurden, nach hinten zu aus dem Lager rückten.

Der physisch moralische Zustand dieser Armee war auch nicht geeignet, das Nachteilige ihrer militärischen Lage wieder gut zu machen. Die sächsischen Regimenter, die von Mittel-Pöllnitz kamen, hatten noch immer nichts zu essen bekommen. Es war heute der vierte Tag. Die Tauentziensche Division hatte eine Mahlzeit in der Stadt Jena genossen. Die preußischen Truppen hatten auch viel hin- und hermarschieren müssen, jedoch hatten sie großenteils noch Brod und Fourage für die Pferde. Die Sachsen hatten zum Teil ihre Zelte verloren, und dieser Teil von ihnen musste daher bivouacquiren, während die Preußen in Zelten neben ihnen standen. Dies gab Ursache zu vielem Murren und Klagen der ohnedies schon umständlichen sächsischen Generalität. Ein jeder hoffte im Lager alles zu finden, es war aber nichts da, und die Soldaten fingen an, die Rüben roh vom Felde zu essen und die Kartoffeln auszugraben, welches aber nur denjenigen half, die gerade an einem solchen Felde standen.

Den 12. Oktober als der Fürst das vom Obersten Massenbach ausgelegte Lager besichtigt hatte und noch mit anderen Anordnungen für die Verpflegung der Truppen und für die Regulierung der Vorposten beschäftigt war, kamen Sr. Majestät der König, der Herzog von Braunschweig und der Oberst Scharnhorst von Weimar an. Sie hielten vor dem Lager eine Unterredung mit dem Fürsten Hohenlohe und Oberst Massenbach.

Die Operationen am 12. Oktober:

Die Korps von Augerau und Lannes kamen über Kahla die Saale herab. Ersteres blieb bei Kahla stehen wahrscheinlich für den Fall, einem möglichen preußischen Angriff zu begegnen. Lannes drang auf beiden Ufern der Saale weiter vor, ohne sich auf den angrenzenden, vor dem preußischen Lager liegenden Höhen sehen zu lassen. Soult marschierte von Roda auf Jena. Ney von Neustadt auf Roda, die Garden von Gera wahrscheinlich über Bürgel in die gleiche Gegend. Murat und Davoust hingegen waren im Biwak bei Neu-Flemmingen, wo sich wahrscheinlich auch das Korps von Bernadotte noch befand, bevor es später Dornburg erreichte. Am Nachmittag griff Marschall Lannes die preußischen Vorposten im Saaletal an, die der General Tauentzien kommandierte". Soweit der Bericht vom Adjutanten Marwitz.

Oberhalb Jenas, auf dem rechten Ufer der Saale, liegt das Städtchen Lobeda, welches durch eine Steinbrücke mit dem auf dem linken Ufer liegenden Dorfe Burgau verbunden ist. Neben demselben an der Landstraße liegt das kleine Dorf Winzerla. In Lobeda stand das Füsilier-Bataillon „Erichsen" und 1 Kompanie Jäger, in Burgau das Füsilier-Bataillon „Rosen" und ebenfalls 1 Compagnie Jäger. Ob noch andere Truppen in dieses Gefecht verwickelt waren, ist schwer festzustellen.

Da der Feind auf beiden Ufern der Saale vorging, mehr Truppen aber auf dem linken Ufer konzentriert hatte, zur gleichen Zeit die von Roda vorgehende Kavallerie die vor Jena bei Ziegenhain stehende Feldwache angriff, befürchtete die Besatzung von Lobeda, von Jena und von dem Lager abgeschnitten zu werden, wenn der Feind Burgau eher gewinnen sollte als Lobeda und zog sich über die Saale nach Burgau. Dieser Ort und speziell Winzerla wurde nun von den Franzosen den ganzen Nachmittag lebhaft angegriffen und von den Füsilieren und Jägern, die in den Gärten und in den Weinbergen standen, mit Erfolg verteidigt. Die Überlegenheit, speziell der Jäger im gezielten Schuss, zeigte sich hier sehr deutlich. Zuletzt aber mussten sie aber der Menge weichen, da der Feind, wie er es oft tat, seine Tirailleurs wie Schildwachen laufend ablöste, die preußischen Verteidiger aber den ganzen Tag im Feuer standen und sehr erschöpft waren. Sie zogen sich dann nach Jena zurück.

Der Fürst war um Mittag in Jena, erteilte dem General Tauentzien die nötigen Befehle und wollte endlich essen, da er für drei Tagen nicht gegessen hatte, kam aber wieder nicht dazu, denn in demselben Augenblick kam die schon erwähnte Nachricht, dass der Feind die dicht vor Jena bei Ziegenhain stehende Feldwache angegriffen habe.

Es wurde Alarm in der Stadt geschlagen und der Adjutant des Fürsten, der zuerst zu

Pferde war, fand die Feldwache mit dem Rücken an der Saalebrücke zwischen den Häusern eingeklemmt, sodass sie kaum zwanzig Schritt vor sich sehen und noch weniger im Fall eines Angriffs ihm abwehren konnten; denn es war der Feldwache kein Franzose gefolgt, und sie wusste nicht einmal recht, wer sie angegriffen habe. „Es wären ein paar Schüsse von Franzosen gefallen!" Auch schien es, dass die Feldwache bloß auf dem Wege nach Ziegenhain (rechts aus Camsdorf hinaus) gestanden hatte, denn von dem Wege nach Wenigen-Jena und Jena-Priesnitz (links hinaus) wusste niemand etwas. Die Feldwache ging auf dem Wege nach Ziegenhain und ein Trupp auf dem nach Wenigen-Jena vor, traf aber auf keinen Feind. Unterdessen war das in der Stadt stehende Regiment Zweiffel zusammengetreten, und der Major Loucey, Adjutant des Fürsten, führte einen Augenblick, ehe der Fürst selbst herauskam, ein Bataillon mit seinen Kanonen an die Saalebrücke.

Napoleonstein am Landgrafen

Da viele Wege durch die an Jena stoßenden Berge führen und die Feldwache nur 40 Pferde stark war, schickte der Fürst sofort eine Nachricht an General Senfft, der mit seinem sächsischen Dragoner-Regiment bei Zwätzen zwischen Jena und Dornburg stand, um diese beiden Posten zu unterstützen und die an mehreren Orten zu durchwatende Saale zu beobachten. Man wollte mit diesem Regiment den Feind beunruhigen und wo möglich einige Gefangene zu machen.

Während Hohenlohe Anstalten machte die Saalebrücke zu decken und General Tauentzien bei Winzerla im Gefecht stand, wurde auch der Major Collin in Dornburg angegriffen, wo er mit seinem halben Grenadier-Bataillon stand. Er ließ dieses nach Jena melden und bat um einige Kavallerie, da der Feind den preußischen Feldwachen weit überlegen war. Hohenlohe ritt selbst, da er im Moment alle Vorkehrungen in Jena getroffen hatte, dem noch immer unterwegs verweilenden General Senfft entgegen, ließ das Regiment[1]) Contremarsch machen und befahl ihm nun, mit demselben unverzüglich nach Dornburg zu eilen und nur ein Kommando von 60 Pferden zum Patrouillieren in Jena zu lassen. Da auch um diese Zeit aus Camburg gemeldet wurde, dass der Feind ein dort befindliches Piket bestehend aus „Prittwitz"-Dragonern vertrieben und sich der dortigen Brücke bemächtigt habe. Hohenlohe ordnete an mit einigen Eskadronen bis Camburg zu gehen und die Brücke wieder zu nehmen. Der General Senfft tat es nicht, sondern schickte nur eine Eskadron ab und verfügte sich mit den übrigen zur Ruhe nach Zwätzen.

---

1) Es war eigentlich das Regiment Clemens und zwei Eskadronen Prinz Johann.

Nun war es Abend. Hohenlohe lies General Tauentzien, der noch bei Winzerla stand, Verhaltungsbefehle überbringen und vertraute seinem Adjutanten, dem Major Loucey, die spezielle Verteidigung der Stadt an. Er selbst begab sich, wozu es die höchste Zeit war, da die Verbindung jeden Augenblick unterbrochen werden konnte, nach dem Lager und ins Hauptquartier zu Kapellendorf.

Die Wasserburg Kapellendorf heute, ehemaliges preußisches Hauptquartier, 1806

Die Anwesenheit des III. Korps bei Dornburg und des V. Korps bei Winzerla ist Hohenlohe gemeldet worden. Am Abend oder in der Nacht erschien aus Weimar kommend Leutnant von Thiele in Kapellendorf, um nähere Auskunft über den vernommenen Kanonendonner einzuziehen. Von Massenbach teilte ihm mit das es sich nur um Signale der Franzosen handelte. Mit dieser Nachricht kehrte er zum Herzog nach Weimar zurück. Blücher meldete nach Weimar das folgende: „Er glaube Hohenlohe werde am nächsten Tage angegriffen werden".

Der Befehl die 3 Schwadronen „Clemens", welche Hohenlohe am Tor von Jena wieder umkehren ließ, um sie zur Unterstützung von Major Collin nach Dornburg und Camburg zu schicken, wurde General Senfft durch Leutnant von Röder überbracht. Senfft hatte aber Bedenken Major Collin ohne Infanterieunterstützung zu Hilfe zu kommen. Er ließ das Tauentzien melden und bat um weitere Instruktionen, unternahm aber weiter nichts. Er biwakierte mit 6 Schwadronen bei Löbstedt. Nach dem im Laufe des Tages eingegangenen Meldungen muss ihm das Unternehmen wohl zu gefährlich und leichtsinnig vorgekommen sein.

Patrouille Hochheimer. 60 Pferde „Clemens" Dragoner, 20 Pferde „Johann" Dragoner. Hochheimer sollte nach Ziegenhain vorgehen um einige Gefangene einzubringen. Er erreichte die verbarrikadierte Saalebrücke die er öffnen ließ, traf am anderen Ufer eine Schildwache aus preußischen Füsilieren und erreichte ohne auf den Feind zu stoßen, gegen 22 Uhr Ziegenhain. Hochheimer blieb hier über Nacht. Vorgeschickte Patrouillen stießen überall auf den Feind.

Patrouille Freyend. 150 Pferde „Prittwitz" Dragoner
Major von Freyend sollte über Dornburg nach Bürgel vorgehen. Bei Frauenprießnitz erhielt er die Nachricht dass ein feindliches Korps sich bei Camburg befand.

Patrouille Kleist. 200 Pferde „Albrecht" Dragoner.
Major von Kleist sollte über Lobeda auf Roda vorgehen, stieß aber bei Burgau auf den Feind.

Rittmeister von Mörner vom Regt. „Kochtitzky" war über Ziegenhain bis in die Gegend von Gröben und Gernewitz gelangt, ohne auf den Feind zu stoßen. Tauentzien hatte die folgenden Truppen zur Verfügung um Jena zu decken und das Korps Lannes zu beobachten:

Regt. „Zweiffel",	halbe Grenadier Btl. „Herwarth",
Füsilier-Batl. „Rosen",	Füsilier-Batl. „Erichsen",
Jäger-Kompanie „Valentini",	Jäger-Kompanie „Werner",
halbe reitende Batterie „Strudnitz".	

Die übrigen zu seiner Division gehörigen Truppen:

Regt. „Rechten",	Regt. „Maximilian",
Grenadier-Batl. „Winkel",	Batl. „Bila" Husaren

Es schien dass diese Einheiten nach dem Gefecht bei Winzerla keine Befehle erhalten hatten. Sie schlossen sich deshalb der Division Niesemeuschel an und lagerten in der Gegend von Hohlstedt und Kötschau. Am Abend erhielt das Regt. von Tauentzien, da es sehr erschöpft war, den Befehl über Nacht Quartiere in Jena zu beziehen. Das I.-Batl. marschierte also die 8-km nach Jena zurück, das es 4 Stunden später erreichte und bezog Quartier in einigen Häusern am Markt. Es ist sehr unwahrscheinlich das durch den langen Marsch das I.-Batl. viel Erholung in dieser Nacht gehabt hat.

Die Armee Hohenlohe's finden wir somit am 12. abends in folgender Stellung:

Division der Vorhut.

I. „Müffling" in Erfurt.

II. „Müffling" im Lager.

    I.   „Clemens" im Lager.

    II. „Clemens": in Erfurt

Regt. „Kurfürst": im Lager

Füsilier-Batl. „Rühle": Kapellendorf

Füsilier-Batl. „Rabenau": Kapellendorf

5 Schwadronen sächsische Husaren: Stobra

3 Schwadronen sächsische Husaren: im Lager

Jäger-Kompanie „Masars": bei Döbritschen

Jäger-Kompanie „Valentini": Jena

I. Batl. „Schimmelpfennig" Husaren: Hohlstedt

Hohlstedt war Zezschwitz und den sächsischen Generalen als Quartier angewiesen.

Das I. Batl. „Schimmelpfennig" Husaren hatten sich aber eigenmächtig im Dorfe einquartiert, sodass die sächsischen Generale daneben biwakieren mussten, was nicht zur Verbesserung der gereizten Stimmung beigetragen haben wird.

Cospedaer Grund und Apoldaer Steiger führen zum Windknollen und zum Plateau

II.-Batl. „Schimmelpfennig" Husaren: im Lager

halbe reitende Batterie „Gause": Döbritschen

Die Truppen der Division der Vorhut befanden sich also im Lager, in Kapellendorf, Hohlstedt, Stobra, Jena und Erfurt.

Division Grawert.

Im Lager.

Füsilier-Batl. „Erichsen": Jena

8 Schwadronen „Gettkandt" Husaren: Hermstedt

2 Schwadronen „Gettkandt" Husaren: In der Gegend von Schwabhausen

Halbe reitende Batterie „Studnitz": Jena

Division Niesemeuschel.

Im Lager.

Füsilier-Batl. „Boguslawski": Döbrischen

Division der Reserve.

Im Lager.

halbe Grenadier-Batl. „Collin": Dornburg

Regt. „Clemens" Dragoner: Löbstedt

Tauentzien.

Füsilier-Batl. „Rosen": Jena

Jäger-Kompanie Kronhelm": Döbritschen

Jäger-Kompanie „Werner": Jena

Regt. „Zweiffel": Jena

I. „Rechten": Jena

II. „Rechten": Im Lager

Regt. „Maximilian": Im Lager

Halbe Grenadier-Batl. „Herwarth": Jena

Grenadier-Batl. „Winkel": Im Lager

Batl. „Bila" Husaren: Im Lager

1 Schwadron „Johann" Dragoner: Dornburg

2 Schwadronen „Johann" Dragoner": Löbstedt

Batterie „Kotsch": Im Lager

Batterie „Bose" Bataillonskanonen: Im Lager.

Im Laufe des Tages mehrten sich im Hauptquartier die Nachrichten von der Besetzung Naumburgs. Um nun endlich Gewissheit zu erfahren, was an diesen Gerüchten wahr sei, sollte Major von Rauch vom Generalstabe mit einer starken Patrouille über Auerstedt auf Naumburg vorgehen um den Feind zu rekognoszieren. Die Patrouille sollte bestehen aus:

200 Pferde „Königin" Dragoner,

100 Pferde „Leib" Regt. und :Karabiniers", die in der Gegend von Roßla kantonierten.

Der König instruierte Major von Rauch persönlich, er solle sich in kein ernsthaftes Gefecht einlassen, sondern nur darauf Bedacht nehmen, so schnell als möglich sich ere Nachrichten über den Feind einzuziehen. Rauch wollte infolgedessen noch in der Nacht bis Kösen marschieren, hier die Kürassiere zurücklassen und dann bei Tagesanbruch mit den Dragonern auf Naumburg vorgehen.

Die Patrouille sammelte sich bei Niederrossla und war eben im Begriff abzumarschieren, als der Herzog durch einen Adjutanten den Befehl schickte, sie solle wieder in ihre Quartiere auseinander gehen.

General Tauentzien

General Tauentzien stand in der Nacht zum 13. Oktober in Jena. Er hatte die folgenden Truppen zur Verfügung: hinter dem Ammerbach das Füsilier-Bataillon

„Erichsen", die Jäger-Kompanien „Werner" und „Valentini" und eine halbe reitende Batterie „Studnitz", das Füsilier-Bataillon „Rosen" zwischen der Chaussee und Saale, II. Bataillon „Zweiffel" an der Rasenmühle und in Jena selbst das I. Bataillon „Zweiffel", I.-Bataillon „Rechten" und ein halbes Grenadier-Bataillon „Herwarth".

Zu diesem Zeitpunkt stand das Korps des Marschalls Lannes schon bei Winzerla. Dadurch bestand die Gefahr das Tauentzien abgeschnitten werden konnte. Tauentzien entschloss sich Jena zu räumen und sich in die ihm angewiesene Stellung Closewitz – Lützeroda zurückzuziehen. Er konnte in dieser Stellung die linke Flanke der sich im Lager befindlichen Armee gegen Jena und Dornburg decken. Zwischen 3 und 4 Uhr morgens meldete er Hohenlohe, dass er sich zurückzog und Jena räumte. Der Rückzug sollte in drei Kolonnen durchgeführt werden.

Erste Kolonne:

Bataillon „Zweiffel", halbe Grenadier-Bataillon „Herwarth", 2 Geschütze, vermutlich die Bataillonsgeschütze des I. Bataillons „Zweiffel", gehen auf der Chaussee nach Zwätzen zurück und gehen von hier durchs Rautal nach Closewitz.

Zweite Kolonne:

Bestehend aus dem II. Bataillon „Zweiffel", Jäger-Kompanie „Werner" und „Valentini" gehen im Mühltal zurück und durch den Cospedaer Steiger nach Closewitz. Diese Kolonne besetzt Closewitz und den Steiger.

Dritte Kolonne:

Füsilier-Bataillon „Rosen" und „Erichsen" und halbe reitende Batterie „Studnitz" gehen durchs Mühltal zurück, um den Flohberg herum und durch das Zieskauer Tal nach Lützeroda. Diese Kolonne besetzt das Zieskauer Tal und den Isserstedter Forst.

Die Stellung die Tauentzien besetzen sollte reichte vom Isserstedter Forst über Cospeda, Closewitz, das Rautal bis nach Löbstedt. Um 5 Uhr marschierte das I. Bataillon „Rechten" aus Jena ab. Gegen 8 Uhr folgten die verschiedenen Kolonnen auf den vorgeschriebenen Wegen. Zuerst die zweite Kolonne, dann die dritte und zuletzt die erste Kolonne. Major Loucey räumte Jena als Letzter und ging über Löbstedt auf Closewitz zurück. Wahrscheinlich gegen 10 Uhr erreichten die Truppen Lützeroda und Closewitz.

Closewitz und Lützeroda, Tauentziens ungefähre Position

Major Loucey blieb bis zuletzt in der Stadt. Der Feind griff mit Macht am neuen Thor (von Kahla her) und ebenso an der Saalebrücke an. Major Loucey lies nun die Kavallerie aus dem Zwätzener Thor (nach Dornburg zu) hinausmarschieren, hinter diesem folgte die Infanterie und dann die Kanonen. Der Ausmarsch seiner Truppen hatte begonnen und er erteilte dem Kapitän der Grenadier-Kompanie vom Batl. „Herwarth" an der Saalebrücke befehligte sich zurückzuziehen und seinen Kanonen zu folgen. Er selbst begab sich zu den schon marschierenden Truppen.[1] Schon drangen die Franzosen durch das Neue und Erfurter Thor in die Stadt ein und fingen an zu plündern, ohne zu wissen dass sich noch eine preußische Grenadier-Kompanie in der Stadt befand. Sei es, dass er den Befehl nicht verstanden hatte, sei es aus übelverstandener Bravour, kurz, er wollte diesem Plündern Einhalt gebieten und wurde darüber, da eben der Marschall Lannes mit seinem ganzen Korps in die Stadt einzog, samt seiner Companie gefangen. Major Loucey erreichte mit den übrigen Truppen des General Tauentzien durch das Rautal die Höhen des Lagers.

Vierzehnheiligen

Das französische 17. leichte Regiment war die erste feindliche Einheit in Jena. Lannes schätzte den Gegner auf 12 – 15.000 Mann der sich auf der Chaussee nach Weimar zurückzog. Lannes folgte nur sehr vorsichtig und er schickte nur die Division Suchet bis zur Papiermühle vorwärts. Die Division Gazan blieb hinter der Stadt.

Suchet berichtet über die von Lannes getroffenen Maßnahmen folgendes (Foucart 587): „Die Vorhut ließ Lannes auf einer Höhe Stellung nehmen, welche das Tal zur Linken der Chaussee nach Weimar beherrscht, - also auf dem Landgrafenberg gegenüber liegenden Höhen des Mühltales, südlich des Mühlbaches – während Suchet die steile Höhe rechts – den Landgrafenberg – durch Patrouillen rekognoszieren ließ. Die Division selbst stellte er im Mühltal in Kolonne auf. Bald darauf ließ sich rechts Gewehrfeuer hören, welches von den auf den Landgrafenberg hinauf geschickten Patrouillen herrührte, und es wurde zu ihrer Unterstützung ein Bataillon vom 40. Regiment bestimmt, unter einem General Reille, dem sich auch Lannes anschloss um zu erfahren, was es mit diesem gehörtem Gewehrfeuer für eine Bewandtnis habe."

Das I. Bataillon „Rechten" unter Oberst Winter erreichte gegen 8 Uhr die Gegend um Closewitz und ging in Stellung. Eine Kompanie bezog Stellung in vorderster Linie zwischen Cospeda und dem Cospedaer Steiger, die drei anderen links rückwärts echeloniert nach den Closewitzer Kiefern zu um die linke Flanke zu decken.

---

1) Man konnte ohne die Stadt zu passieren, von der Saalebrücke nach dem Zwätzener Tor kommen.

Lannes schickte nur ein Bataillon auf die Hochfläche um die Situation zu erkunden. Die Division Suchet befand sich im Mühltal. Gegen 10.30 Uhr wurde das I. Bataillon „Rechten" zaghaft vom französischen 40. Regiment angegriffen. Das Bataillon „Rechten" vereinigte sich und ging echelon-weise Salven feuernd auf Closewitz zurück. Nach 3 ½ Stunden wurde Closewitz erreicht. Hier stieß das Bataillon auf das I. Bataillon „Zweiffel", das mit 4 Kanonen am Buschholz von Closewitz stand. „Rechten" hatte einen Verlust von 2 Offizieren und 64 Mann verwundet. Der nachfolgende Feind ging durch das Zieskauer Tal und stieß auf Tauentzien der in der Linie Isserstedter Forst – Lützeroda – Closewitz stand. Die sächsischen Truppen, welche zur Deckung der Fouragierung von Closewitz über Rödigen und Nerkewitz eine Postenkette hatten ziehen sollen, waren bei Closewitz angekommen und hatten sich Tauentzien angeschlossen. Das Füsilier-Bataillon „Pelet" und die halbe reitende Batterie „Gause" war Tauentzien als leichte Truppen zugeteilt worden.

Krippendorf, Bockwindmühle

Am frühen Morgen erhielt Hohenlohe die Nachricht Tauentziens von der Räumung der Stadt Jena. Als Verstärkung befahl Hohenlohe die Bildung eines Bataillons aus 400 Freiwilligen der Division „Grawert".

Isserstedt und Isserstedter Forst

Tauentzien stand nun in folgender Stellung vom rechten Flügel beginnend:

Im Isserstedter Forst: Füsilier-Batl. „Rosen" und Jäger-Kompanie „Werner".

Bei Lützeroda und im Zieskauer Tal: Füsilier-Bataillon „Erichsen".

Zwischen Lützeroda und Closewitz: Regiment „Zweiffel", I. Bataillon „Friedrich August", 200 Pferde der sächsischen Kavallerie Regimenter, 3 Schwadronen sächsische Husaren, halbe reitende Batterie „Studnitz" und 2 Kanonen der reitenden Batterie „Großmann"

Bei Closewitz: Füsilier-Bataillon "Pelet", I. Bataillon „Rechten" und eine halbe reitende Batterie „Gause".

Im Closewitzer Holz: Jäger-Kompanie "Valentini", halbe Grenadier-Batl. „Herwarth".

„Am 13. früh rebellierte die sächsische Generalität. Der Geheime Kriegsrat v. Watzdorf, Chef des sächsischen Verpflegungs-Departments, und der Major Funck, Generaladjutant des kommandierenden Generals v. Zezschwitz, kamen, von diesem gesendet wahrscheinlich aber auf eignen Antrieb, da der General kein Mann war, der einen Entschluss fassen konnte, zum Fürsten und erklärten: „dass wenn die ganze sächsische Armee nicht zu Mittag mit Brod und Fourage versorgt wäre, sie am andern Morgen abmarschieren würde!" Weder der Hohenlohe noch der preußische Teil seiner Armee hatten Brod und Fourage ebenso wenig als die Sachsen.

Cospedaer Grund heute

Es war der schönste, heiterste Herbsttag, den man sich denken kann; als der Fürst die Front herunter ritt, traten alle Bataillons und Regimenter mit ihren Offizieren vor den Zelten an. Der Fürst sprach mit Allen. Auf dem rechten Flügel standen die Preußen, die zuerst besichtigt wurden. Nirgends eine Spur von Missvergnügen. Ehe Hohenlohe den linken Flügel des Lagers erreicht hatte, überbrachte ein Offizier der braunen Husaren eine Meldung von den Vorposten des rechten Flügels. Auf Hohenlohes Fragen erfuhr er dass die Feldwachen vorn allein standen und niemand links neben ihnen stand. So unglaublich es schien, erfuhr er, dass General Pelet von den Füsilieren, der zwischen den Kavallerie-Feldwachen und dem Obersten Boguslawski die Vorposten vor der Mitte des Lagers befehligte, mit seinem Kommando nicht auf seinem Posten stand.

Hohenlohe blieb nicht lange im Ungewissen; denn als er hinter die Fronte des Lagers kam, fand er General Pelet mit seinem Bataillon und einer halben berittenen Batterie dort aufmarschiert. Auf die Frage des Fürsten sagte er: Da er neben sich habe schießen hören, sei er abmarschiert usw. Hohenlohe gab ihm zu erkennen, dass er ja von dieser ihm drohenden Gefahr nichts haben melden lassen, er hätte dann etwas zu seiner Unterstützung unternehmen können. Auch war noch kein Feind zu sehen. Und warum sich die Vorposten überhaupt ohne Befehl bis hinter das Lager zurückziehen könnten? Er versicherte hierauf, dass er auf Befehl Hohenlohes gleich wieder vorgehen wolle. Der Fürst lies ihn nicht todtschießen,[1] sondern befahl ihm, wieder vorzurücken. Später fand er bei dem gleich zu erwähnenden Angriff Verwendung.

Hohenlohe ließ sogleich die hier stehenden Sachsen und einige Preußen von der Reserve zur Unterstützung des Generals Tauentzien ausrücken und führte sie selbst an. Alles war voller Jubel und Freude, denn die Reden des Fürsten hatten ihre Wirkung getan. Die Kavallerie kam zuerst an, und sogleich gingen die Füsiliere und Jäger wieder vor und warfen den Feind, der sich schon bis in den Isserstedter Forst und nach Lützerode einzeln vorgewagt hatte, in einem ziemlich lebhaften Tirailleurgefecht.

Remderoda und im Hintergrund die Schnecke

Innerhalb einer halben Stunde wurde der Isserstedter Forst und Lützerode besetzt, sodass das Liskauer Tal vor den Truppen lag. Im Walde und im Dorfe stand die leichte Infanterie, auf der Ebene die Kavallerie, ebenso von Lützerode weiterhin nach Closewitz, welcher Ort zuvor schon[2]) von den preußischen Truppen besetzt war. Hinter diesem Dorfe stand auf dem Dornberge, wo das Pfarrholz sich befindet, General Cerrini mit einigen sächsischen Grenadier-Bataillonen. Die preußischen Grenadiere und einige reitende Batterien unter dem General Sanitz waren jauchzend und jubelnd im Anmarsch."

Zu diesem Zeitpunkt meldete Tauentzien an Hohenlohe dass seine Truppen vom Feind bedrängt und erschöpft sind und er um Verstärkung bitte. Hohenlohe befahl das sich sämtliche Kavallerie Regimenter, welche an der Fouragierung teil genommen hatten, sich zum Ausrücken bereithalten sollten. Ferner sollten sogleich ausrücken:

Kürassier-Regt. „Holtzendorff"	Dragoner-Regt. „Albrecht"
Dragoner-Regt. „Polenz"	Reserve Brigade „Cerrini" (5 Batl.)
Reserve Brigade "Sanitz" (3 Batl.)	Reitende Batterie "Hahn"

---

1) Er hätte vor ein Kriegsgericht gestellt werden müssen.
2) Wegen einer Fouragirung, die die sächsische Kavallerie unternommen hatte, weil sie seit dem vorigen Tage ohne Futter war.

Rest reitende Batterie „Großmann".

Die Truppen sollten sich zwischen dem Isserstedter Forst und dem Pfaffenhölzchen sammeln. Die zwei sächsischen Kavallerie-Regimenter erreichten den Sammelpunkt zuerst. Hier schlossen sich 8 Schwadronen „Gettkandt" Husaren die in Hermstedt gestanden hatten, an. Die Brigade „Cerrini" folgte erhielt von Hohenlohe den Befehl am Dornberg zu halten um die Ankunft der anderen Einheiten abzuwarten. Die Division „Niesemeuschel" trat ins Gewehr und Zezschwitz besetzte den Aufgang zur Schnecke.

Höpfner schreibt auf Seite 344 „Es war etwas nach Mittag als die Dinge so wie eben dargestellt standen und ein entscheidender Augenblick für die preußische Armee eingetreten. Durch die Anrede des Fürsten, durch den Gedanken, dass endlich ein ernsthaftes Gefecht bevorstand, das aus all der bisherigen Not herausreißen und die Schmach von Saalfeld sühnen konnte, war Aller Hoffnung wieder belebt."

Hohenlohe war also eben im Begriff zusammen mit Tauentzien Lannes anzugreifen, um ihn wieder vom Landgrafenberge herunter zu werfen. Bei dem bestehenden Kräfteverhältnis hätte jetzt ein preußischer Angriff ohne weiteres zum Erfolg geführt und der Landgrafenberg wäre von den Franzosen gesäubert worden. In diesem Augenblick kam Massenbach aus Weimar zurück. Massenbach ging mit Hohenlohe zur Seite und Augenzeugen sahen wie sich Hohenlohe mit der Reitgerte, so wie er es im heftigsten Zorne zu tun pflegte, über die Lenden schlug. Der beabsichtigte Angriff unterblieb.

Massenbach überbrachte vom Herzog die folgende Disposition:
Die Hauptarmee marschiert am 13. in einer Kolonne divisionsweise mit Intervallen von 2 zu 2 Stunden links ab, nach der Gegend von Auerstedt. Am 14. nachdem abgekocht worden, schiebt sie eine Division nach dem Pass von Kösen vor, und marschiert hinter derselben wiederum links ab nach der Brücke von Freiburg, passiert daselbst die Unstrut und bezieht auf den dortigen Höhen eine Stellung, mit dem rechten Flügel an der Unstrut, mit der Front längs der Saale.

Die Reserve unter dem General Kalkreuth geht zu gleicher Zeit links ab, passiert die Unstrut bei Laucha und bezieht daselbst gleichfalls ein Lager.

Der General Rüchel rückt von Erfurt über Weimar nach der Lehnstedter Höhe und bezieht mit seinem Korps die von der Hauptarmee verlassene Stellung.

Der Herzog von Weimar erhält den Befehl sich an ihn anzuschließen und die Verbindung zwischen den Rüchel'schen und Hohenlohe'schen Korps zu machen, welche bis zu seiner Ankunft der Oberst Sellin mit 100 Pferden von Köhler Husaren unterhalten muss.

Der Fürst von Hohenlohe bleibt vor der Hand in seiner Stellung bei Jena, detachiert aber noch am 13. ein hinlängiges Korps nach Dornburg und Camburg, um die Hauptarmee während des Marsches gegen jeden unvermuteten Anfall in der rechten Flanke sicher zu stellen (Höpfner 344).

Soweit die Disposition die Hohenlohe übermittelte wurde. Ihm wurde auch mitgeteilt auf keinen Fall den Feind anzugreifen.

Warum nun griff Hohenlohe nicht an? Er war seit dem 2. Oktober in der Gegend von Jena und kannte dadurch die Geländeverhältnisse besser als die meisten anderen Befehlshaber. Als Soldat wusste er auch, dass die Aufgänge auf das Plateau verteidigt, ein großes Hindernis für die französischen Truppen darstellen würden. Warum befahl er Tauentzien sich auf die Linie Closewitz – Lützeroda zurückzuziehen? Hohenlohe teilte auch die Meinung Rüchels und vieler anderer Offiziere der preußischen Armee dass in einer offenen Feldschlacht die Armee unbesiegbar war. Als Hohenlohe in der Nacht zum 13. den unglücklichen Ausgang des Gefechtes von Winzerla erfuhr, da erhält Tauentzien die Antwort: „Das schadet nichts, der Feind muss sich nun bald auf freien Felde schlagen". Hohenlohe hatte den Befehl bekommen ein Lager zu beziehen, mit dem linken Flügel an Jena, mit dem rechten ausgedehnt nach Weimar zu. Warum befand sich nun der linke Flügel nicht bei Jena, also auf dem Landgrafenberge, sondern erst bei Isserstedt und an der Schnecke? Vielleicht ist die Antwort dass sich hier das Terrain in eine Ebene ausweitet, also ideal für eine offene Feldschlacht.

Clausewitz beurteilt Tauentzien folgendermaßen: „Tauentzien, welcher allerdings keine ordentliche Division mehr hatte, machte den Fehler Jena zu früh zu räumen und sich auf den Dornberg zu weit zurückzuziehen. (Das kann nicht als Fehler angesehen werden, da wenn Tauentzien länger mit der Räumung der Stadt gewartet hätte er von seiner Rückzugslinie hätte abgeschnitten werden können. Seine Truppen waren erschöpft und es begann an Munition zu mangeln. Auch hatte er den Befehl sich nach Closewitz zurückzuziehen.) General Tauentzien suchte mit einem preußischen Instinkt die Ebene, und glaubte nichts Besseres tun zu können, als die garstigen, unbequemen Abhänge des Saaletales den Franzosen zu überlasen und in der Ebene des Plateaus so weit zurückzugehen, dass er mit Echelons, wie es sich gebührt, den Feind wieder angreifen zu können. Denn das hatte man ja hunderttausendmal gelehrt, empfohlen und gepredigt, dass der Angriff im Kriege immer das Beste sei und große Vorteile bringe und dass den preußischen Truppen diese Gefechtsform ganz besonders zusage. Ein Angriff mit Echelons aber war gewissermaßen die süblimierte preußische Taktik, womit Friedrich II. die Österreicher bei Leuthen geschlagen hatte. Ein solches Manöver musste in den gefährlichsten Momenten gebraucht werden. Ein solcher Moment war aber hier, also ließ der General Tauentzien die Saale Saale sein und zog sich am 13. Abends zurück, um am 14. im dicken Nebel mit Echelons wieder vorzugehen, nachdem man dem Feind, wie es vor alter Zeit wohl zu geschehen pflegte, Zeit und Raum gegönnt hatte sich in Schlachtordnung zu stellen" (Clausewitz Seite 504). Diese Beurteilung trifft mehr auf Hohenlohe als auf Tauentzien zu. Tauentzien machte aber den Fehler seine Truppen nicht auf dem kürzesten Weg (Apoldaer Steiger) auf das Plateau marschieren zu lassen. Das I. Bataillon „Rechten" war zu schwach um das Gelände vom Rautal über den Landgrafenberg bis an den Flohberg zu decken. Die feindlichen Tirailleure folgten den preußischen Truppen nicht auf dem Fuße sondern es dauerte 2½ Stunden bis das I. Bataillon „Rechten" angegriffen wurde. Oberst Winter formierte das Bataillon „Rechten" in Echelon von Cospeda bis Closewitz.

Dorndorf/Camburg, heutige Naschhäuser Brücke

Major Collin sollte Dornburg und mit zwei Kompanien die Naschhäuser Brücke verteidigen. Hohenlohe befiehlt aber den Abzug ohne Verteidigung der Brücke. Als das Gefecht in der Linie Lützeroda – Closewitz zum Stehen kam, scheint Lannes den Angriff auch nicht weiter vorgetrieben zu haben, denn das Gefecht schlief langsam ein. Hier müssen sich beide Seiten längere Zeit gegenübergestanden haben. Die Disposition des Herzogs verbot einen Angriff sagte aber das Dornburg und Camburg besetzt werden sollten. Hohenlohe bestimmte dazu:

Reservebrigade „Sanitz" bestehend aus den

3 Grenadier-Bataillonen „Losthien", „Dohna", „Borke",

Freiwilligen-Bataillon

Kürassier-Regiment „Holtzendorff", bestehend aus 369 Pferden, da der Rest der Einheit zum furagieren kommandiert war,

reitende Batterie „Hahn."

Und die sich in der Nähe befindlichen Truppenteile:

I. Bataillon „Schimmelpfennig" Husaren

1 Schwadron „Bila" Husaren

12 pfündige Batterie „Schulenburg"

halbe reitende Batterie „Gause".

Gegen 3 Uhr führte Hohenlohe diese Truppen persönlich nach Dornburg. Er fehlte so der Armee und hinterließ Tauentzien keine weiteren Befehle. Bei Nerkewitz und Stiebritz zog Hohenlohe noch die folgenden Truppen an sich:

halbe Grenadier-Bataillon „Collin",

Regiment „Clemens" Dragoner

Regiment „Johann" Dragoner,

II. Bataillon „Schimmelpfennig" Husaren.

Gegen 5 Uhr erreichten die Spitzen des kleinen Korps Dornburg, Hohenlohe und das Gros hielten bei Zimmer. Dornburg war vom Feinde frei. Da man nichts vom Feinde sah, befahl Hohenlohe den ältesten anwesenden General, General Holtzendorff, die Truppen in den Dörfern bis nach Apolda hin in Kantonnementsquartiere zu verlegen. Hohenlohe bezeichnete selbst die 12 Dörfer und ordnete die Vorpostenlinie an, die von Closewitz über Zwätzen, Porstendorf, Dornburg nach Camburg lief. Rödigen wurde als Alarmplatz für die Infanterie und Stiebritz für die Kavallerie bestimmt. Front war in Richtung Dornburg, der rechte Flügel etwas nach Closewitz zurückgebogen. Drei Kanonenschüsse sollten das Alarmsignal sein.

Diese ausgedehnten Kantonnementquartiere machten es unmöglich für Holtzendorff Dornburg oder die Aufgänge zum Plateau zu verteidigen. Holtzendorff fand das sehr sonderbar und machte Hohenlohe darüber Vorstellungen. Es war hier das ein Husar vom Regiment „Bila" den Parlamentär oder Spion de Montesquiou einbrachte. Er trug 3 Schreiben Napoleons bei sich. Hohenlohe hielt das für so wichtig dass er den Rest des Tages damit beschäftigt war und die militärischen Operationen in den Hintergrund rückten. Er ritt nun mit dem Parlamentär, nachdem er mit Holtzendorff gesprochen hatte, ins Hauptquartier nach Kapellendorf. Die Truppen erreichten zwischen 20 und 22 Uhr ihre Quartiere in den folgenden Ortschaften.

Rödigen und Nerkewitz: 3 Schwdradronen Kürassier-Regt. „Holtzendorff", reitende Batterie „Hahn".

Hainichen, Stiebritz und Zimmern: Regt. „Clemens" Dragoner, 1 Schwadron „Johann" Dragoner.

Kösnitz: Grenadier-Batl. „Losthien".

Wormstedt: Grenadier-Batl. „Borke".

Hirschroda, Eckolstädt: Freiwilligen-Batl., I. Batl. „Schimmelpfennig" Husaren.

Pfuhlsborn: halbe Grenadier-Batl. „Collin", 1 Schwadronen „Johann" Dragoner, halbe reitende Batterie „Gause".

Utenbach, Heusdorf: Grenadier-Batl. „Dohna", Batterie „Schulenburg".

Die Vorposten von Großheringen bis Dornburg stellte das II. Batl. „Schimmelpfennig" Husaren.

Von Dornburg bis Porstendorf 1 Schwadron „Johann" Dragoner.

Von Porstendorf über Zwätzen bis Closewitz 1 Schwadronen „Bila" Husaren.

Hohenlohe kehrte nach Kapellendorf zurück ohne vorher mit Tauentzien gesprochen oder im Lager gewesen zu sein. Durch Rittmeister von Derschau unterrichtete er Cerrini nur, dass die Brigade ins Lager zurückkehren sollte. Nachdem Hohenlohe mit seinem Detachment nach Dornburg abmarschiert war hatte das Geplänkel der gegenseitigen Patrouillen noch bis zum Abend fortgedauert. Mit Einbruch der Dunkelheit wurden die zwei sächsischen Dragoner Regimenter ins Lager zurückgeschickt. Die drei Schwadronen Husaren kehrten nach Hohlstedt zurück. Tauentzien behielt die sächsische Infanterie bei sich. Abends am 13. Oktober bestand der Verband unter Tauentzien aus durcheinander gewürfelten Truppenteilen. Er hatte unter seinem Kommando:

Division der Vorhut:
Füsilier-Batl. „Pelet", Jägerkompanie „Valentini".

Division Grawert:
Füsilier-Batl. „Erichsen", 8 Schwadronen „Gettkandt" Husaren, halbe reitende Batterie „Studnitz".

Division Niesemeuschel:
I. Batl. „Friedrich August".

Reserve Division:
Grenadier Brigade Cerrini (5 Batl.), Batterie „Tüllmann".

Division Tauentzien"
Regt. „Zweiffel", I. Batl. „Rechten", halbe Grenadier-Batl. „Herwarth", Füsilier-Batl. „Rosen", Jäger-Kompanie „Werner", Batterie „Bose" (Batl. Kanonen).

Das I. Batl. „Friedrich August" übernahm die Vorposten da die Truppen Tauentziens sehr erschöpft waren. Lützeroda und Closewitz blieben durch die Füsilier-Batls. „Pelet", „Erichsen" und „Rosen" und durch die Jäger-Kompanien „Valentini" und „Werner" besetzt. Nach Eintritt der Dunkelheit ging Tauentzien etwa 800 Schritt nach dem Dornberg zurück und bezog hier ein Biwak. Er ließ aber die Lagerfeuer brennen. Die beiderseitigen Vorposten standen sich in dieser Nacht so nahe, dass man sich gegenseitig sprechen hörte. Posten und Patrouillen meldeten dann auch dass der Feind auf dem Landgrafenberg laufend Verstärkung erhielt. Rittmeister von Derschau überbrachte diese Nachricht an Hohenlohe.

Als Hohenlohe gegen Mittag Lannes angreifen wollte, befahl Zezschwitz der Division Niesemeuschel auszurücken um den Aufgang der Schnecke zu verteidigen. Es hatten sich schon feindliche Truppen bei Remderoda gezeigt die gegen die sächsischen Posten plänkelten. Gegen Abend zogen sich die Feinde nach Jena zurück. Es müssen Truppen der Vorhut unter Suchet gewesen sein, die südlich des Mühlbaches standen. Gegen Abend ließ Zezschwitz die Division ebenfalls wieder nach ihrem Lager zurückkehren und verfügte, dass am nächsten Morgen um 5.30 Uhr alles wieder wie am Abend stehen solle. Teils an der Schnecke, teils bei Issersedt. Zur Sicherung blieben zurück:

I. Batl. „Niesemeuschel", 1 Kompanie „Low", 1 Schwadron „Polenz" Dragoner und 80 Pferde „Kochtitzky" und Karabiniers.

Diese Truppen erhielten den Auftrag Feldwachen auszusetzen und ununterbrochen im Mühltal zu patrouillieren. Im preußischen und sächsischen Hauptquartier war noch spät am Abend von jüngeren Offizieren der Vorschlag vorgebracht worden in dieser Nacht den Feind vom Landgrafenberge und aus dem Mühltal zu vertreiben. Der Vorschlag scheiterte da die Truppen zu ermüdet waren und da es schon zu spät war um dieses Vorhaben noch im Schutze der Nacht durchzuführen zu können (Rühle Seite 123).

Hohenlohe traf gegen 21 Uhr wieder in Kapellendorf ein nachdem er sich in der Dunkelheit bei Apolda verirrt hatte. Gegen Mitternacht traf ein Schreiben des Herzogs bei Hohenlohe ein. In diesem wurde Hohenlohe ans Herz gelegt die Übergänge über die Saale zu besetzen. Der Herzog schrieb: „Bei der Bewegung der Armee des Königs ist es von äußerster Wichtigkeit, dass der Feind nicht über die Saale zwischen beide Armeen gehe. Die Besetzung der Übergänge bei Dornberg und Camburg, besonders mit Artillerie, ist daher von der größten Wichtigkeit. In jedem Falle werden Ew.

Durchlaucht mit mir einverstanden sein, dass die Bewegungen beider Armeen dahin trachten müssen, dass sie miteinander in der genauesten und sichersten Verbindung sind." Der Brief war am 13. Oktober um 19.30 Uhr in Auerstedt vom Herzog geschrieben worden (Massenbach Seite 179).

Nicht nur sollte Hohenlohe die Übergänge besetzen sondern er sollte auch dazu Artillerie verwenden. Um Mitternacht war daraufhin jedoch nichts mehr anzuordnen, und das Hohenlohe'sche Hauptquartier begab sich zur Ruhe.

Stellung der Armeen am 13. Oktober abends war:

Hauptarmee
Hauptquartier: Auerstedt
Division Schmettau zwischen Gernstedt und Auerstedt.
Division Wartensleben, Oranien, Arnim, Kunheim, neue Vorhut unter Blücher: südlich Auerstedt.

Armee Hohenlohe:
Hauptquartier: Kapellendorf.

Tauentzien:
Zwischen Lützeroda und Closewitz:
Regt. „Zweiffel" (Tauentzien);
I. Batl. „Rechten" (Tauentzien);
I. Batl. „Friedrich August" (Niesemeuschel).
Grenadier-Batls.:
„Thiollaz", „Lecoq", „Lichtenhain", „Metzsch", „Hund" (Reserve); halbes Grenadier-Batl. „Herwarth" (Tauentzien).
Füsilier-Batls.:
„Pelet" (Vorhut); „Erichsen" (Grawert); „Rosen" (Tauentzien).
Jäger-Kompanien:
„Valentini" (Vorhut); „Werner" (Tauentzien);
Kavallerie:
8 Schwadronen „Gettkandt" Husaren (Grawert); halbe reitende Batterie „Studnitz" (Grawert);
Artillerie:
„Tüllmann" (Reserve); Batterie „Bose" (Tauentzien).

Holtzendorff:
Rödigen Nerkewitz: 3 Schwadronen Kürassier-Regt. „Holtzendorff" (Grawert); reitende Batterie „Hahn" (Reserve)
Hainichen, Stiebritz, Zimmern: Dragoner-Regt. „Clemens" (Reserve); 1 Schwadron Dragoner-Regt. „Johann" (Tauentzien).
Kösnitz: Grenadier-Batl. „Losthien" (Reserve).
Wormstedt: Grenadier-Batl. „Borke" (Reserve).
Hirschroda, Eckolstädt: Freiwilligen-Batl. (Grawert); I. Batl. "Schimmel-pfennig" Husaren (Vorhut);
Pfuhlsborn: halbe Grenadier-Batl. „Collin" (Reserve); 1 Schwadron Dragoner-Regt. „Johann" (Tauentzien); halbe reitende Batterie „Gause" (Vorhut).
Utenbach, Hensdorf: Grenadier-Batl. „Dohna" (Reserve); Batterie „Schulenburg" (Reserve).

Vorposten:
Von Großheringen bis Dornburg: II. Batl. „Schimmelpfennig" Husaren (Vorhut).
Von Dornburg bis Porstendorf: 1 Schwadron Dragoner Regt. „Johann" (Tauentzien).
Von Porstendorf bis Closewitz: 1 Schwadron „Bila" Husaren (Tauentzien).

Im Zeltlager auf dem Sperlingsberg:

Grawert.

Regt. „Hohenlohe", „Sanitz", „Zastrow", „Grawert";

Grenadier-Batls.:

„Hahn", „Sack";

Artillerie

Batterie „Glasenapp", „Wolframsdorff";

Kavallerie:

Kürassier-Regt. „Henckel"; Dragoner-Regt. „Kraft" (Grawert); Dragoner-Regt. „Prittwitz" (Reserve); 2 Schwadronen „Holtzendorff" Kürassiere (Grawert); 2 Schwadronen „Katte" Dragoner (Rüchel); reitende Batterie „Steinwehr" (Grawert); halbe reitende Batterie „Studnitz" (Niesemeuschel).

Im Zeltlager bei Isserstedt.

Generalleutnant von Zezschwitz.

Cavallerie:

Regt. Karabiniers; Kürassier-Regt. „Kochtitzky"; Dragoner-Regt. „Albrecht"; 3 Schwadronen „Polenz" Dragoner; reitende Batterie „Großmann" (Niesemeuschel).

Im Biwak bei Isserstedt.

Dyherrn.

Regt. „Xavier" (Niesemeuschel);

Regt. „Kurfürst" (ein Batl. Vorhut);

II. Batl. „Müffling" (Vorhut);

I. Batl. „Clemens" (Vorhut);

Artillerie:

Batterie „Kotsch" (Tauentzien).

Vorposten an der Schnecke:

I. Batl. „Niesemeuschel";

1 Kompanie „Low";

Cavallerie:

1 Schwadron „Polenz" Dragoner; 40 Pferde „Kochtitzky" Kürassiere; 40 Pferde Karabiniers (Niesemeuschel).

Im Zeltlager auf der Schnecke: Niesemeuschel.

Regt. „Thümmel";

"Low" (ohne 1 Kompanie);

II. Batl. „Friedrich August";

I. Batl. „Bevilaqua";

II. Batl. „Niesemeuschel";

Artillerie:

Batterie „Hausmann", „Ernst" und „Bonniot" (Niesemeuschel).

Im Biwak bei Hohlstedt:

Regt. „Maximilian" (Tauentzien);

II. Batl. "Rechten" (Tauentzien);

Grenadier-Batl. „Winkel" (Tauentzien);

Kavallerie:

3 Schwadronen sächsische Husaren (Vorhut).

Bei Groß-Schwabhausen:

Boguslawski.

Füsilier-Batl.:

„Boguslawski" (Niesemeuschel);

Jäger-Kompanien:

„Masars" (Vorhut);

„Kronhelm" (Tauentzien).

Kavallerie:

4 Schwadronen „Bila" Husaren (Tauentzien);

2 Schwadronen „Gettkandt" Husaren (Grawert).

Kapellendorf:

Füsilier-Batl.:

„Rühle" (Vorhut);

„Rabenau" (Vorhut).

Liebstedt:

5 Schwadronen sächsische Husaren (Vorhut).

Auf dem Marsche von Erfurt nach Weimar:

I. Bat. "Müffling" (Vorhut); II. Batl. "Clemens" (Vorhut).

Webicht bei Weimar

Rüchel

Im Biwak am Webicht bei Weimar.

Regt. „Alt-Larisch",

„Tschepe",

„Strachwitz",

„Winning",

„Wedell",

„Schenck";

Füsilier-Batl.:

„Sobbe";

Kavallerie:

Kürassier-Regt. „Bailliodz"; 3 Schwadronen „Katte" Dragoner; reitende Batterie „Neander"; halbe reitende Batterie „Heidenreich".

Artillerie:

Batterie: Schäfer", „Kirchfeld"; halbe Batterie „Schienert"; halbe Batterie „Schmidt".

In Weimar:

Regt. „Treuenfels",

105

Grenadier-Batl.:
„Borstell", „Hallmann".

Bei Mellingen: Sellin.

II. Batl. Köhler Husaren.

Bei Meckfeld:

Wobeser.

Füsilier-Batl.:
„Ernest";
Jäger-Kompanie:
„Kalkreuth";
Kavallerie:
Dragoner-Regt. „Wobeser"; halbe reitende Batterie „Lehmann".

Bei Kranichfeld: Dittmann.

100 Pferde I. Batl. „Köhler" Husaren; 80 Pferde „Katte" Dragoner; 80 Pferde „Wobeser" Dragoner.

Bei Berka: Graf Götzen.

100 Pferde „Bailliodz" Kürassiere; 100 Pferde I.-Batl. „Köhler" Husaren.

Der Herzog von Weimar bei Ilmenau.

Pletz bei Hünfeld.

Winning bei Vach und Eisenach.

Sächsisches vierpfündiges Infanteriegeschütz in Obenauischer Geschwindschußlafette, Ladestellung

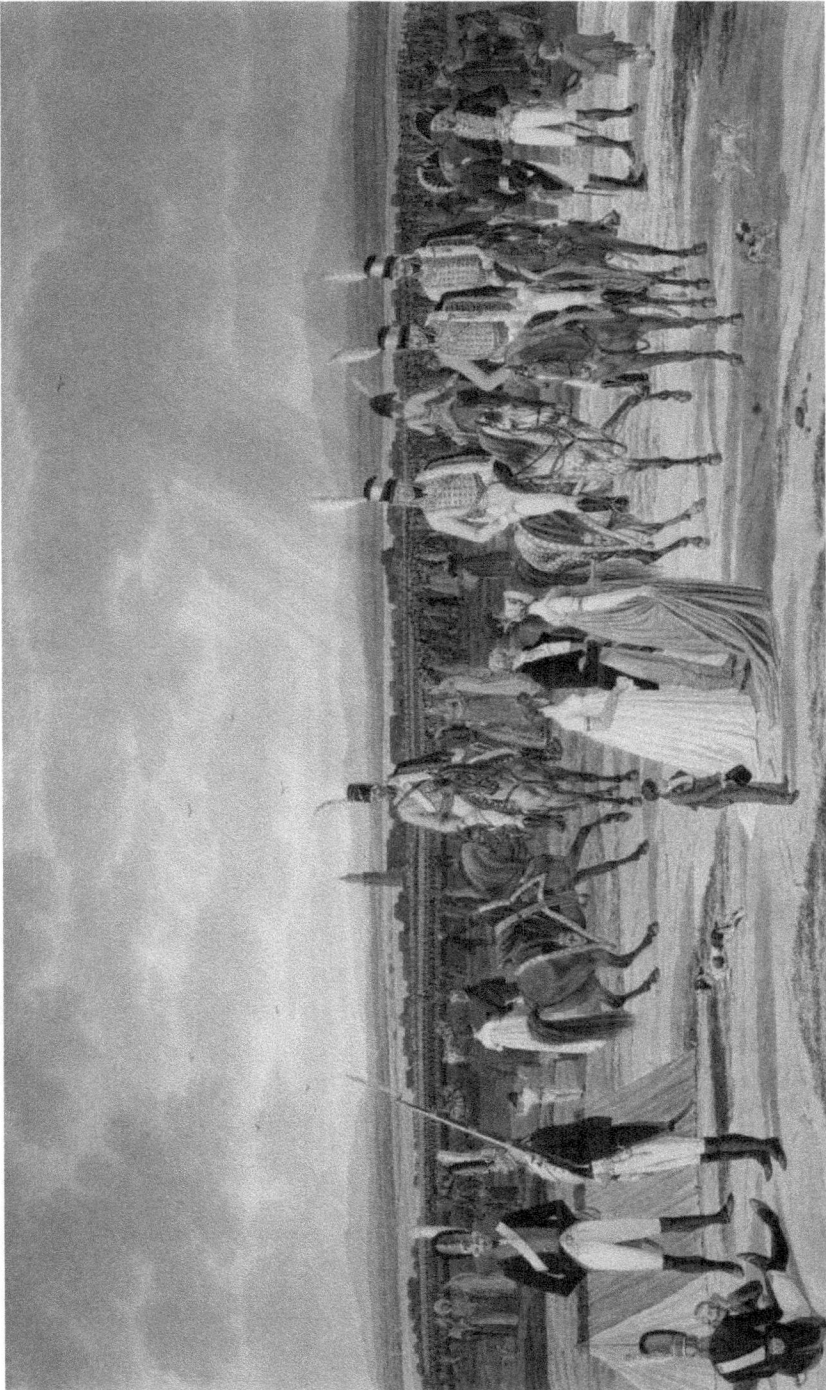

Preußisches Lager

Preußisches Lager

Französische Armee.

Hauptquartier: Biwak auf dem Windknollen.

Lasalle. Weißenfels. Patrouillen in den Richtungen Mücheln, Merseburg, Leipzig. Milhaud. Schönburg.

3 Brigaden Beaumont. Plennschütz, Pohlitz und Plotha.

Sahuc (4 Brigaden). Bei Flemmingen und Pforta.

I. Korps Bernadotte. Bei Naumburg, 27. leichtes Regt. Bei Plotha.

III. Korps Davout. Division Morand vermutlich zwischen der Henne und Naumburg. Eine Kompanie 13. leichtes Regt. Im Schloss von Freiburg. Rest des 13. leichten und 1. Chasseur Regt. Zwischen Freiburg und Naumburg, vermutlich an der Brücke bei der Henne.

Im Biwak bei Flemmingen:

Division Gudin, Friant, Kavallerie Brigade Vialannes (ohne 1. Chasseurs)

In Kösen an der Brücke, und am Aufgang auf die Hochebene: 2 Kompanien und das II. Batl. 25. Regt.

IV. Korps Soult.

Bei Kamsdorf: Division St. Hilaire und Kavallerie Brigade Margaron.

Im Marsch von Kloster Lausnitz nach Jena: Division Leval und Legrand.

V. Korps Lannes. Auf dem Landgrafenberg.

Garde zu Fuß (ohne 2. Dragoner Regt zu Fuß).

VI. Korps Ney.

Vorhut vor Jena. Kavallerie Brigade Colbert, 25. leichtes Regiment, Voltigeur-Batl.; Grenadier-Batl.

Im Marsch von Roda nach Jena. Divisionen Marchand und Marcognet.

VII. Korps Augerau. Vor Jena.

II. Korps d'Haupolt, 1 Klein, I. Nansouty: Im Marsch von Roda nach Jena.

Garde zu Pferde: Saalburg?.

Bayern: Lobenstein.

In der Nacht vom 13. zum 14. Oktober befand sich Tauentzien im Biwak auf dem Dornberg. Ihm gegenüber standen das Korps Lannes und die Garde. Major von Klengel kommandierte das I.-Batl. „Friedrich August" das die Vorpostenlinie besetzt hielt.

Während man im preußischen Lager eine Schlacht für den folgenden Tag vermutete, war trotz dieser Vermutung das Korps Hohenlohe sehr weit zerstreut:

1. zum Teil bis nach Dornburg und Camburg;

2. zum Teil im Lager bei Kapellendorf;

3. zum Teil auf Vorposten zwischen Issersstedt und Closewitz;

4. zum Teil auf verschiedenen Biwaks, unter anderen auf der Schnecke die mit 8 Bataillons besetzt war, hatte der an Macht so sehr überlegene Gegner den Nachmittag und die ganze Nacht hindurch mit der ruhigsten Besonnenheit seine Anstalten zu treffen.

Auf der höchsten Kuppe des Landgrafenberges, da wo am 13. das eine vom General Tauentzien aus Jena vorausgeschickte Bataillon gestanden hatte, verbrachte Napoleon in der Mitte seiner Garden und umgeben von zwei Divisionen des Korps Lannes die Nacht. In dieser Nacht wurden die auf das Plateau hinaufführenden Täler, namentlich das Rautal, die Eule, der Steiger und die nach Cospeda führenden Weg geebnet und mit großen Anstrengungen Artillerie die steilen Berge heraufgebracht.

Hier diktierte der Kaiser den folgenden Befehl:

Im Biwak von Jena, 14. Oktober 1806.

Der Marschall Augereau befehligt den linken Flügel. Er stellt seine 1. Division in Kolonne auf der Straße nach Weimar auf (am Mühltal) bis an eine Höhe, wo der General Gazan seine Artillerie auf die Hochfläche hat hinauf schaffen lassen (Höhe des Cospedaer Steigers). Er schiebt die erforderlichen Kräfte auf die Hochfläche zu seiner linken, in einer Höhe mit der Spitze der Kolonne und hat Tirailleurs an den verschiedenen Aufgängen auf die Hochfläche auf der ganzen feindlichen Linie.

Sobald die Division Gazan vorgeht, ersteigt das Korps die Hochfläche und bewegt sich nach Umständen um den linken Flügel der Armee zu bilden.

Der Marschall Lannes nimmt mit Tagesanbruch seine gesamte Artillerie in die Zwischenräume, gemäß der Ordre de Bataille, in welcher er diese Nacht biwakiert hat.

Die Garde Artillerie wird auf der Höhe aufgestellt. Die Garde stellt sich hinter der Hochfläche in 5 Treffen auf. Das erste Treffen, aus den Chasseurs gebildet, krönt den Rand der Hochfläche.

Das Dorf vor unserem rechten Flügel (Closewitz) wird von der gesamten Artillerie der Division Suchet beschossen und unmittelbar darauf angegriffen und genommen. Der Kaiser wird hierzu das Zeichen geben. Mit Tagesanbruch steht alles bereit.

Der Marschall Ney steht mit Tagesanbruch am äußersten Ende der Hochfläche, um in der Lage zu sein sie ersteigen zu können, und um sich auf den rechten Flügel des Marschalls Lannes zu begeben, von dem Augenblick an wo das Dorf genommen und Raum zur Entwicklung vorhanden sein wird. Der Marschall Soult ersteigt die Hochfläche auf dem Wege, den er rechts auskundschaftet hat (Rautal). Er bleibt fortgesetzt in Verbindung mit der Armee um deren rechten Flügel zu bilden.

Die Aufstellung für die Herren Marschälle ist im allgemeinen in 2 Treffen, abgesehen von der Linie der leichten Infanterie, die Treffen mit Abständen von höchstens 100 Toisen (250 Schritt).

Französischer Husaren Sattel

Die Aufstellung der leichten Kavallerie eines jeden Armeekorps wird jedem General überlassen um sich ihrer nach Bedarf zu bedienen.

Die schwere Kavallerie wird nach ihrer Ankunft auf der Hochfläche in Reserve hinter der Garde verbleiben, um da verwendet zu werden wo es die Umstände erfordern.

Es ist heute von Wichtigkeit sich in der Ebene zu entwickeln. Es werden infolgedessen die Anordnungen getroffen, welche die Bewegungen und die Kräfte des Feindes vorschreiben werden, um ihn aus den Stellungen zu vertreiben, welche er inne hat und welche zur Entwicklung notwendig sind.

Auf Befehl des Kaisers:

Der Major-General

Marschall Alexander Berthier

Französischer Tschako, 43. Regiment

Es war gegen 6 Uhr als die Division Suchet Closewitz und die Division Gazan Cospeda angriffen. Zum gleichen Zeitpunkt ging Tauentzien vom Dornberg in die Linie Lützeroda - Closewitz vorwärts, etwa 200 Schritt über die vom I.-Batl. „Friedrich August" gehaltene Vorpostenlinie hinaus und bezog hier die folgende Stellung:

Rechter Flügel

Füsilier-Batl. „Rosen" am Isserstedter Forst und zur Verteidigung des Zieskauer Tales.

Füsilier-Batl. „Erichsen" und Jäger-Kompanie „Werner" zu beiden Seiten von Lützeroda.

Closewitz - Lützeroda

Die Batterie „Bose", zusammengestellt aus den Bataillonskanonen des Regt. „Zweiffel" und des I. Batl. „Rechten", auf dem rechten Flügel.

Links von Lützeroda folgten: Grenadier-Batl. „Thiollaz", Grenadier-Batl. „Lecoq", Grenadier-Batl. „Herwarth" und Granat Batterie „Tüllmann".

Zentrum

Das Zentrum bildeten die Truppen die Tauentzien vom Dornberg vorgeführt hatte. Es handelte sich um die folgenden Einheiten:

Batl. „Rechten", Regt. „Zweiffel", halbe Grenadier-Batl. „Herwarth", halbe reitende Batterie „Studnitz". In zweiter Linie hinter dem rechten Flügel stand das: I. Batl. „Friedrich August".

Linker Flügel.

Füsilier-Batl. „Pelet" vor und in Closewitz.

Grenadier-Batls. „Metzsch" und „Hund" links von Closewitz.

Jäger-Kompanie „Valentini" im Zwätzenholz zur Beobachtung des Rautales.

Die 8 Schwadronen „Gettkandt" Husaren verteilten sich folgendermaßen:

3 Schwadronen rechts von Lützeroda.

3 Schwadronen links von Closewitz gegen das Zwätzenholz.

Je 1 Schwadron deckte die Batterie „Studnitz" und „Bose".

Die Stellung hatte eine Länge von 3 Kilometer.

Es herrschte ein dichter Nebel als die Division Suchet gegen Closewitz vorging. Dadurch dass Closewitz nicht gesehen werden konnte hielt sich die Division Suchet zu weit links, verfehlte das Dorf und marschierte direkt auf das Zentrum Tauentziens zu.

Die Truppen Tauentziens wurden beim Vorgehen plötzlich mit einem Hagel von Gewehr- und Artilleriefeuer empfangen. Sie machten Halt und ein stehendes Feuergefecht entwickelte sich. Auf preußischer Seite konnte das feindliche Artilleriefeuer nur durch die halbe reitende Batterie „Studnitz" erwidert werden. Trotz der geringen Entfernung auf welches das Feuergefecht geführt wurde, war die Wirkung des feindlichen Feuers auf preußischer Seite gering.

112

Der Kommandeur des I. Batl. „Rechten" beschreibt das Gefecht:
„Die in vorderer Linie vorrückenden Truppen gerieten alsbald in feindliches Feuer. Sie machten Halt und fingen ihrerseits zu feuern an, ohne im dichten Nebel unterscheiden zu können, welche Truppengattungen, und auf welche Entfernung sie solche vor sich hatten, nur die feindlichen Geschosse, Kleingewehr, Voll- und Hohlkugeln betätigten, dass man sowohl überlegener Infanterie als auch namentlich zahlreicher Artillerie gegenüberstand.

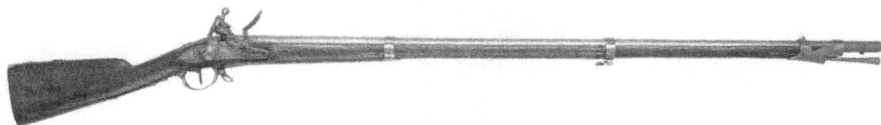

Französisches Infanteriegewehr Model 1777 XIII

Das Feuer wurde abwechselnd unterhalten und das Bataillon litt gar nicht durch das feindliche Artilleriefeuer, weil wir am Abhang standen und das Geschütz mehr nach der Höhe gerichtet zu sein schien. Da mir keine Disposition zur Bataille gegeben, sondern ich an die Befehle des Obersten von Brandenstein, des Kommandeurs des Regiments „Zweiffel" gewiesen war, dessen I. Bataillon mit einem Zwischenraum von 150 Schritt mir zur Linken stand, so erhielt ich nur die Weisung alles das zu machen was erwähntes Bataillon „Zweiffel" tun würde, und so ließ ich ebenfalls chargieren ohne meinen Platz mit dem Bataillon zu verlassen."

Nach einem etwa 2 stündigen Gefecht, also gegen 8 Uhr, begann der Angriff sich zu verstärken und Tauentzien zog sich zum Dornberg zurück da er auch an den Flanken angegriffen wurde. Gegen 8.30 Uhr erreichte Tauentzien den Dornberg. Hier kam es zu einem neuen stehenden Feuergefecht. Das Grenadier-Batl. „Thiollaz", auf dem rechten Flügel stehend, erhielt von Tauentzien den Befehl den feindlichen Truppen entgegen zu gehen die im Zieskauer Tal heraufdrangen. Oberstleutnant von Thiollaz ließ das Bataillon in dieser Richtung vorgehen. Die Spitze der feindlichen Kolonne erhielten auf 60 Schritt das Feuer des Bataillons, sie wich zurück, versuchte bald darauf ein zweites mal vorzubrechen und ward mit dem gleichen Erfolg zurückgewiesen.

Vermutlich waren es Teile der Division Gazan, welche über das unverteidigte Cospeda vorgerückt waren und nun vom Zieskauer Tal auf die rechte Flanke von Tauentzien stieß.

Soult mit der Division St. Hilaire und der Kavallerie Brigade Margaron hatte durch das Rautal die Hochfläche erreicht und bedrängte die linke Flanke Tauentziens. Soult drängte den linken Flügel zurück und folgte den abziehenden Truppen. Dadurch geriet er in die Gegend von Rödigen und traf hier auf Holtzendorff. In seinem Bericht sagt Soult, dass er die Truppen von Holtzendorff für diejenigen hielt welche sich von Closewitz zurückgezogen hatten. Er war dadurch sehr überrascht als diese geschlagenen Truppen bei Rödigen wieder zum Angriff vorgingen.

Gegen 8.30 Uhr erhielt Tauentzien den Befehl von Hohenlohe sich nach Klein-Romstedt zurückzuziehen und dort neue Munition zu empfangen. Die Truppen des Zentrums, denen sich auch das halbe Füsilier-Batl. „Pelet" aus Closewitz sowie die Batterie „Bose" anschlossen, führten diesen Rückzug in der größten Ordnung aus. Treffenweise zogen sie sich durch einander durch.

In dieser Weise wurde der Rückzug an Krippendorf und Vierzehnheiligen vorbei auf Klein-Romstedt angetreten, wo Tauentzien gegen 10 Uhr eintraf. Die Truppen des rechten Flügels die sich nicht dem Rückzug anschlossen hatten wurden von der Division Gazan in den Isserstedter Forst gedrängt. Die Truppen des linken Flügels wurden von Soult bis hinter Altengönna zurückgedrängt und zogen sich dann nach Hermstedt und Apolda zurück. Verloren ging die Batterie „Tüllmann". Tauentzien hatte sich drei Stunden lang in seiner ausgedehnten Stellung gegen 3 feindliche Divisionen behaupten können. Lannes mit dem V.-Korps folgte den weichenden Feind und stand gegen 10 Uhr auf der Linie Krippendorf – Lützeroda. Die Garde ging in zweiter Linie bis zum Dornberg vor. Um diese Zeit vernahm man Kanonenfeuer rechts hinter der französischen Armee aus der Richtung von Dornburg. Infolgedessen mussten die Regimenter 64 und 88 der Brigade Wedell einen Haken nach rechts bilden um das Korps aus dieser Richtung zu decken. Dieser Gefechtslärm rührte von dem Gefecht zwischen Soult und Holtzendorff her.

Offiziersstiefel, französische leichte Kavallerie

General Holtzendorff

Wie wir gesehen haben waren die Truppen unter General Holtzendorff in 12 verschiedene Kantonnements gelegt worden. Im Falle eines Alarms sollten sich die Kavallerie bei Stiebnitz und die Infanterie bei Rödigen sammeln, mit Front nach Dornberg. Als Alarmzeichen sollten drei Kanonenschüsse abgefeuert werden. Als um 6 Uhr morgen Holtzendorff in Rödigen die ersten Kanonenschüsse vernahm, dachte er zuerst es war das Alarmsignal zum Sammeln der Truppen. Der anhaltende Kanonendonner überzeugte den General sehr bald, dass in der Nähe ein Gefecht stattfand. Er schickte sofort zwei Offiziere los um das Sammeln der Truppen zu beschleunigen, indessen das Sammeln dauerte seine Zeit da die Truppen soweit auseinander gelegen hatten. Ein Offizier des Husaren-Regt. „Schimmelpfennig" wurde an Hohenlohe abgeschickt um Verhaltungs-befehle einzuholen. Die 3 Schwadronen Kürassier Regt. „Holtzendorff" und die Batterie „Hahn" waren die ersten Einheiten, die den Sammelpunkt erreichten, da sie in Rödigen und Nerkewitz gelegen hatten. Für einige Stunden waren es die einzigen Truppen am Alarmplatz. Das halbe Grenadier-Batl. „Collin", eine Schwadron „Johann" Dragoner und die halbe reitende Batterie „Gause", die alle in Phulsborn gelegen hatten, verfehlten im Nebel den Weg und gerieten auf den linken Flügel der Division Grawert bei Vierzehnheiligen. Das Gelände war Holtzendorff völlig unbekannt und ein dichter Nebel bedeckte noch die ganze Gegend. Der Kanonendonner kam aus der Richtung von Closewitz seine eigentliche Front hatte Holtzendorff nach seinen erhaltenen Befehlen aber nach Dornburg zu nehmen. Nahm er aber diese Front so könnte er nun im Rücken angegriffen werden. Er hatte auch die Nachricht erhalten dass die Franzosen die Naschhäuser Brücke besetzt hatten. Somit befand sich Holtzendorff in einer schwierigen Lage. Bis gegen 9 Uhr, also für fast 3 Stunden, waren die Batterie „Hahn" und die „Holtzendorff" Kürassiere die einzigen Einheiten auf dem Alarmplatz. Gegen 9 Uhr kamen die restlichen Truppen an und Holtzendorff bezog eine Stellung zwischen Lehesten und Rödigen.

Im ersten Treffen standen:
Batterie „Schulenburg", Grenadier-Batls. „Losthien", „Borke", „Dohna", das Freiwilligen-Batl und halbe reitende Batterie „Hahn".

Im zweiten Treffen:
II Batl. „Schimmelpfennig" Husaren (150 Schritt hinter dem rechten Flügel).

Regt. „Clemens" Dragoner, 2 Schwadronen „Johann" Dragoner (150 Schritt hinter dem linken Flügel).

Eine zurückgebogene Flanke bildeten:
Kürassier-Regt. „Holtzendorff", halbe reitende Batterie „Hahn".

Das I.-Batl. „Schimmelpfennig Husaren befand sich jenseits des Nerkewitzer Grundes zur Deckung des Rückens und Flanke des Detachments.

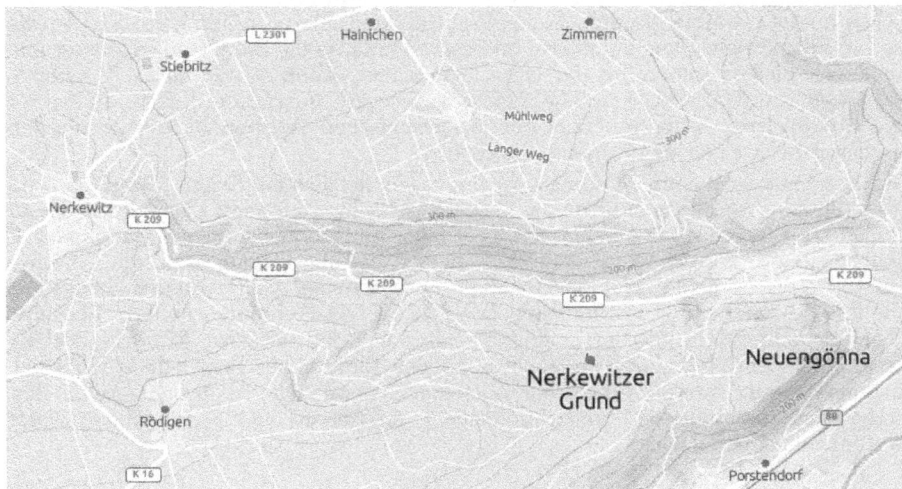

Nerkewitzer Grund

Gegen 9 Uhr zeigten sich die ersten Tirailleure die zum Korps Soult gehörten. Sie waren über den Jägersberg vorgegangen und stießen auf die Truppen von Holtzendorff. Als die feindlichen Schützen das Lohholz erreichten eröffnete die Batterie „Hahn" mit Kartätschen das Feuer. Hinter dem Lohholz sah man schon feindliche Kolonnen gegen Lehesten vorgehen. Seine Verbindung zu Hohenlohe war damit gefährdet. Jetzt hätte Holtzendorff diese Truppen angreifen sollen, bevor sie in die

Nähe von Lehesten kamen um seine Verbindung mit Hohenlohe wieder herzustellen. Der General verpasste aber diese Möglichkeit. Bis gegen 10 Uhr unternahm Holtzendorff nichts, dann aber griff er den Feind an. Die preußischen Truppen gingen in Bataillon Echelons vom rechten Flügel vor. Den Anfang rechts machte das Grenadier-Batl. „Losthien" die anderen Einheiten folgten in Echelon mit einem Abstand von 200 Schritt. Der Angriff wurde in größter Ordnung unternommen. Die feindlichen Schützen wichen dem Angriff aus, aber am Lohholz kam der Angriff zum Stehen. Holtzendorff sah ein das der Angriff nicht zum Erfolg führen konnte. Er beschloss über den Nerkewitzer Grund zurückzugehen. Die Bataillone gingen nacheinander in bester Ordnung über den Grund zurück. Als das letzte Bataillon, „Losthien" kehrt gemacht hatte, wurde es plötzlich vom Jägersberg her von Kavallerie angegriffen, machte jedoch Front, schlug den Angriff ab und setzte dann den Rückzug in guter Ordnung fort. Die Kavallerie war ebenfalls im Begriff abzuschwenken, als sie von der Kavallerie Brigade Margoran (8. Husaren, 11. und 16. Chasseurs) angegriffen und auf die Infanterie zurückgeworfen. Dabei wurden 2 Bataillone gesprengt und nur die feste Haltung der Infanterie wies den Kavallerieangriff zurück.

Dabei wurde der General Sanitz verwundet und fiel in Gefangenschaft. Jenseits des Nerkewitzer Grundes formierten sich die Bataillone und der Rückzug ging weiter. Gegen 11.30 Uhr erreichte er Stobra. Hier blieb er bis 13.00 Uhr und marschierte dann nach Apolda, wo er gegen 14.00 Uhr ankam. Warum Holtzendorff sich nach Apolda zurückzog und nicht versuchte sich mit Hohenlohe zu vereinigen ist allerdings noch ungeklärt. Holtzendorff sagte später aus, dass er feindliche Kolonnen im Anmarsch aus Dornburg gesehen hatte. Ohne weiteres hätten dies die Vorhuten des Korps Bernadotte gewesen sein können der auf Apolda zu marschierte.

Vierzehnheiligen

Gegen 7 Uhr endlich setzte sich das Hauptquartier in Bewegung um sich in die Gegend von wo der Kanonendonner herkam, nach Closewitz zu begeben. Als man an den rechten Flügel des preußischen Infanterielagers kam, welches unmittelbar an Kapellendorf anstieß, standen die Zelte des Lagers zwar noch, die Truppen waren aber schon an die Gewehre getreten. Hohenlohe rief den General Müffling zu sich, der die rechte Flügelbrigade kommandierte und sagte ihm dass die Bataillone so lange ruhig im Lager bleiben sollten, bis der Nebel gefallen sei; wenn es sodann die Umstände erfordern würden, werde er die Division Grawert ausrücken lassen, indem er beschlossen habe an diesem Tage nur mit preußischen Truppen zu fechten, um den sächsischen Truppen eine Ruhetag zu geben.

Während Hohenlohe mit Müffling sprach wurden plötzlich am linken Flügel die Zelte abgebaut, die Bataillone nahmen das Gewehr auf, schwenkten mit Zügen links ab und fingen an abzumarschieren. Als sich gegen 6 Uhr Kanonendonner vernehmen ließ hatte General Grawert die Kavallerie aufsitzen und die Infanterie an die Gewehre treten lassen. Da keine Befehle vom Hauptquartier kamen wollte Grawert wenigstens die falsche Aufstellung, welche seine Division im Lager einnahm ändern, und eine Stellung nehmen, in welcher er dem Feinde die Front zukehrte. Er hatte deshalb bereits die Kavallerie eine Aufstellung in der Linie Klein-Romstedt – Hohlstedt nehmen lassen. Unterdessen hatte er auch den General Dyherrn zu sich gerufen, ihm seine Absichten mitgeteilt und ihm ersucht, da Cerrini und Sanitz abmarschiert waren, mit seiner Brigade:

Regt. „Xavier",

I. Batl. „Kurfürst",

II. Batl. „Müffling"

I. Batl. „Clemens".

eine Linie bei seinem Lagerplatz zu formieren und dort bis auf Weiteres als Reserve stehen zu bleiben.

Grawert war nun eben im Begriff mit der Infanterie der Kavallerie zu folgen, und hatte mit Zügen links schwenken lassen, um dann in Zugkolonne links schwenkend, die

Front nach dem Feinde zu nehmen, als gegen 7 Uhr Hohenlohe eintraf. Da Hohenlohe stehen bleiben wollte, so glaubte er anfänglich es sei ein Missverständnis, schickte einen Adjutanten hin um die Bewegung einstellen zu lassen, ritt dann selbst hin und kommandierte: Halt! Halt!

Das hatte nun zur Folge das die Bataillone, die dieses Kommando hörten, hielten die anderen aber weiter marschierten. Glücklicherweise erschien Grawert und meldete den Zusammenhang. Er teilte Hohenlohe mit dass er sich entschlossen habe, nach der Lage des Tauentzien'schen Korps, seine Division nach Vierzehnheiligen vorzuführen und dass die Kavallerie bereits vorausmarschiert sei. Hohenlohe war das Ausrücken der Division Grawert sehr unangenehm, da es durchaus nicht mit seinem Ansichten übereinstimmte. Trotz aller Vorstellungen Grawert's über die Absichten des Feindes, blieb Hohenlohe bei seiner Meinung, die gehörte Kanonade rühre von einer unbedeutenden Rekognoszierung her und an einen ernsthaften Angriff des Feindes sei an diesem Tage nicht zu denken. Nur auf dringende Vorstellungen von Grawert, dass er von der Sachlage genau unterrichtet sei, willigte Hohenlohe endlich ein die Division Grawert ausrücken zulassen. Es war nun gegen 8 Uhr.

Es wirft sich hier die Frage auf warum Hohenlohe es erlaubte die Division Grawert gegen Vierzehnheiligen aufmarschieren zu lassen. Er hatte doch erst seine Befehle erhalten sich in keinen Kampf einzulassen und den Rückzug der Hauptarmee zu decken. Um dem Befehl nachzukommen, hätte er sich über die Ilm zurückziehen können um dann der Hauptarmee zu folgen. Keiner der Befehlshaber unter Hohenlohe erhielt an diesem Tage Befehle wie man sich verhallten sollte.

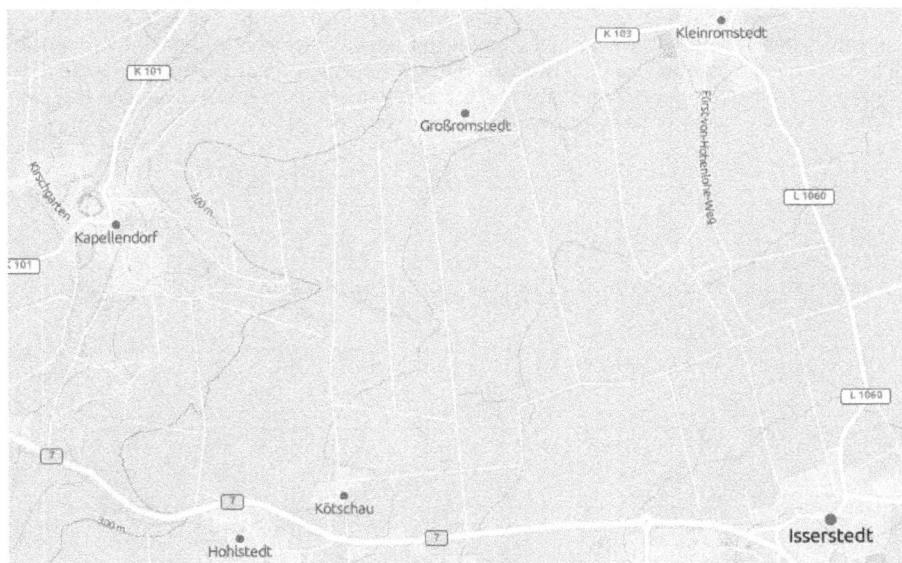

Hohlstedt - Kleinromstedt

Hohenlohe sinkt in der Schlacht von Jena vom Armeeführer zum Divisions-kommandeur der Division Grawert herab, denn diese Truppe hat er unter den Augen, die kann er mit der Stimme kommandieren, die führte er persönlich zum Sturm auf Vierzehnheiligen vor.

Hohenlohe entschloss sich also nicht allein dazu die Schlacht anzunehmen, er beschränkt sich nicht einmal darauf eine defensiv Schlacht zu schlagen, sondern offensiv wollte er gegen den vor ihm stehenden Feind vorgehen.

Er selbst wollte den Feind in der Front bei Vierzehnheiligen angreifen, Holtzendorff sollte den Feind von Rödigen aus in der linken und Rüchel von Isserstedt aus, in der rechten Flanke angreifen. Die Sachsen sollten an der Schnecke stehen bleiben und ihm die rechte Flanke decken. An Holtzendorff wurden drei verschiedene Offiziere abgeschickt, die aber schon nicht mehr zu Holtzendorff durch kamen. Auch an Rüchel wurde Leutnant Förster von den „Prittwitz" Dragonern mit einer Meldung abgeschickt.

Hohenlohe begab sich selbst zur Kavallerie der Division Grawert, die den Aufmarsch der Infanterie decken sollte. Die Kavallerie ging links bis über Vierzehnheiligen vor. Der linke Flügel hatte das Dorf noch zur Rechten und der rechte Flügel reichte bis zu einem kleinen Gehölz südlich von Vierzehnheiligen.

Auf dem rechten Flügel standen:
Dragoner-Regt. „Prittwitz",
Kürassier-Regt. „Henckel",
2 Schwadronen „Holtzendorff" Kürassiere,
reitende Batterie „Steinwehr".

Auf dem linken Flügel:
Dragoner-Regt. „Krafft",
2 Schwadronen „Katte" Dragoner,
halbe reitende Batterie „Studnitz".
Im ganzen 19 Schwadronen 1 ½ Batterien.

Die sächsische Kavallerie hatte auf Befehl von Generalleutnant von Zezschwitz, als sich das Feuer mehr und mehr Isserstedt näherte, ebenfalls das Lager abgebrochen und sich beim Lager, Front gegen Isserstedt aufgestellt. Die drei Schwadronen „Polenz" Dragoner (die 4. Schwadron war auf Feldwache und traf erst später ein) wurden gegen Isserstedt vorgeschickt. Die reitende Batterie „Großmann" mit einer Bedeckung von 2 Schwadronen „Albrecht" Dragoner wurde so aufgestellt dass sie den Isserstedter Grund bestreichen konnte. Eine Schwadron „Albrecht" Dragoner war als Batteriebedeckung nach der Schnecke geschickt worden.

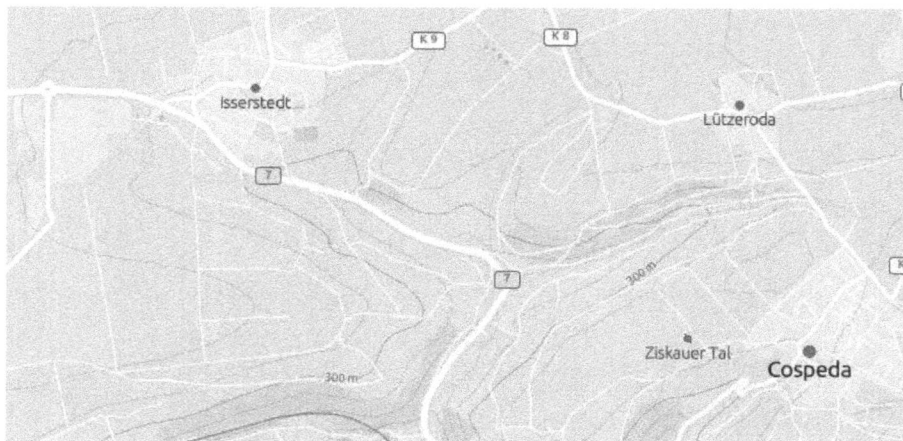

Isserstedt, die Schnecke befindet sich südlich des Dorfes

Zezschwitz hatte noch bei sich:
das Kürassier-Regt. „Kochtitzky"
Regt. Karabiniers,
1 Schwadron „Albrecht" Dragoner.

Major von Ende und seine 3 Husaren Schwadronen war eigenhändig aus seinem Biwak bei Hohlstedt aufgebrochen und war gegen Isserstedt vorgeritten, wo er auf Dyherrn traf und sich auf dessen rechten Flügel aufstellte. Gegen 9 Uhr erreichte die Grawert'sche Kavallerie Vierzehn-heiligen, gerade als die Truppen Tauentziens hier vorbei marschierten.

Beim Vormarsch des Korps des Marschall Lannes entstand zwischen den Divisionen Suchet und Gazan eine Lücke die durch die Vorhut des Ney'schen Korps geschlossen wurde. In diese Lücke wurde auf Befehl Napoleons eine große Batterie, bestehend aus 25 Kanonen, zwischen den V. und dem später eintreffenden VII. Korps aufgefahren. Sie bestand aus 14 Kanonen der Garde, 7 des VII. und 4 des V. Korps. Es soll diese Batterie gewesen sein, die den Angriff Rüchels später zusammenschoss.

Ringkragen eines französischen Offiziers

Es ist aber sehr unwahrscheinlich dass diese Batterie am Ende der Schlacht bis zum Sperlingsberg bei Kapellendorf vorgegangen war. Es ist wahrscheinlicher dass der Angriff Rüchel's doch erfolgreicher war und die Linie von Groß-Romstedt erreichte und hier im Feuer der Batterie zusammen brach. Erst gegen 10 oder 11 Uhr kann das Korps Augereau die Hochfläche erreicht haben.

Als Hohenlohe die Kavallerie vorführte, ließ er seinen Adjutanten, Major von Röder zurück um der nachfolgenden Infanterie den Befehl zu übermitteln alles anzugreifen was ihnen entgegen käme.

Gegen 9.30 Uhr hatte sich die Infanterie formiert und begann gegen Vierzehnheiligen vorzugehen. Die Ordnung, vom rechten Flügel beginnend, war folgende:

Grenadier-Batl. „Sack",
Batterie „Glasenapp",
Grenadier-Batl. „Hahn",
Regt. „Hohenlohe",
Regt. „Sanitz",
Regt. „Zastrow",
I. Batl. "Grawert",
II. Batl. „Grawert".
Batterie „Wolframsdorf",

Das in diesem Augenblick von Erfurt eintreffende I. Batl. „Müffling" wurde hinter dem Regiment „Sanitz" aufgestellt. Mit klingendem Spiel, wie auf dem Exerzierplatz ging die Linie der 10 Bataillone gegen Vierzehnheiligen vor. Als ein Gehölz 1000 Schritt vor

Vierzehnheiligen passiert wurde, befahl Hohenlohe Halt zu machen um. Wie später angegeben wurde, um erst den Nebel sich noch mehr verziehen und um den Feind etwas mehr in die Ebene vorgehen zulassen. Diese Stehen bleiben und Halten war das Unglücklichste was Hohenlohe tun konnte.

Aus allen französischen Berichten klingt es heraus, dass ihnen selbst der erst zu einer viel späteren Zeit unternommene Angriff auf Vierzehnheiligen, selbst da noch als ein im höchsten Grade kritischer Augenblick vorgekommen ist. Es wird auch hier von rückgängigen Bewegungen gesprochen, da Augereau und alle anderen Verstärkungen erst zu einer viel späteren Zeit auf dem Schlachtfeld ankamen, kurzum bei einem energischem Handeln lag auch hier ein Erfolg durchaus nicht außerhalb des Bereiches der Möglichkeit. Indessen auch hier, ebenfalls wie bei Auerstedt, sollte das Fallen des Nebels abgewartet werden. Der Nebel war für Napoleon genauso dick wie für die preußische Seite. Darüber wurde der günstige Augenblick für einen Angriff versäumt.

Etwa 1000 Schritte vor Vierzehnheiligen machte die Division Grawert also Halt. Die Kavallerie geriet schon in das feindliche Kanonenfeuer und Hohenlohe nahm sie wieder hinter das Dorf zurück.

Blick auf Vierzehnheiligen

Der sächsische Major von Egidy berichtet:
„Der Nebel verzog sich und nunmehr, es mochte zwischen 10 und 11 Uhr sein (vermutlich etwas früher) erblickten wir zum ersten male, was uns gegenüber vorging: Tirailleurs, gefolgt von schwachen Infanteriekolonnen und einigen Kanonen reitender Artillerie, und gemischt mit einigen Eskadron Chasseurs a Cheval bewegten sich zwischen Vierzehnheiligen und Isserstedt auf dem fast abfallenden Terrain uns entgegen, und beschossen unsere Linie, zwar auf weite Entfernung, aber doch so wirksam, dass es schon Verwundete gab. Die hinter diesen Truppen auf den Höhen zwischen Closewitz und Krippendorf in mehreren Linien aufmarschierte französische Armee - Lannes - konnte der Fürst von seinem Standpunkte aus nicht wahrnehmen, wohl aber übersah man dieselbe von der Höhe zwischen Klein-Romstedt und Vierzehnheiligen[1]) . Soweit Major von Egidy.

Egidy und Massenbach machten Hohenlohe darauf aufmerksam, dass es zweckmäßig sei, auf einer Höhe zwischen Vierzehnheiligen und Klein-Romstedt eine Batterie auffahren zu lassen, um das wellige Gelände bei Hermstedt bestreichen zu können, um so einen etwaigen feindlichen Umgehungsversuch zu erschweren. Nach einigem

---

1) Monthe Seite 50.

Widerstreben ließ Hohenlohe auf dieser Höhe die 12 pfündige Batterie „Wolframsdorf" aufstellen.

Als die Batterie in Stellung gegangen war wurden das Dragoner-Regt. „Krafft" und die 2 Schwadronen „Katte" Dragoner des linken Flügels, wahrscheinlich von der Kavallerie Brigade Treilhard, auf die Batterie zurückgeworfen. Die Batterie begann mit Kartätschen auf Freund und Feind zu feuern. Der Feind zog sich zurück und die Dragoner konnten sich wieder sammeln. Ähnlich ging es auf dem rechten Flügel zu. Hier stand die reitende Batterie „Steinwehr" die dem Feind sehr beschäftigte. Die 10. Chasseurs griffen die Batterie an und warfen die Bedeckung, 2 Schwadronen „Holtzendorff" Kürassiere, auf das dahinter stehende Regiment „Henckel" Kürassiere zurück, das Ganze jagte zurück und durchbrach die dahinter stehende Infanterielinie. Die „Prittwitz" Dragoner und das wieder gesammelte Regt. „Henckel" Kürassiere warfen nun das 10. Chasseur Regt. und die folgende feindliche Infanterie, welche ein Karree gebildet hatte, zurück. Hier machten die „Prittwitz" Dragoner Gefangene. Die Batterie „Steinwehr" wurde so wieder zurück erobert, konnte aber nicht zurück gebracht werden da die Pferde zum Teil tot und die Knechte mit den Protzen geflüchtet waren.

Zum gleichen Zeitpunkt als die Batterie „Steinwehr" verloren ging besetzten die feindlichen Truppen Vierzehnheiligen. Es waren dies die Voltigeure der Ney'schen Vorhut zusammen mit dem 40. Regiment des Korps Lannes. Die leichten Regimenter, das 17. und 21. die im Grunde von Krippendorf gestanden hatten folgten dahin. Ney ging vorwärts bis zu einem kleinen Gehölz das sich zwischen Vierzehnheiligen und Isserstedt befand. Er blieb hier stehen um die Ankunft von Augereau zu erwarten. Nach seinem Bericht nahm er die Truppen etwas zurück, da er glaubte für einen Angriff zu schwach zu sein. Bis zu diesem Zeitpunkt hätte Hohenlohe angreifen müssen. Schon etwas später war die Chance vorbei, da mehr und mehr französische Truppen auf dem Schlachtfeld erschienen.

Hohenlohe und die Division Grawert standen immer noch 1000 Schritt von Vierzehnheiligen entfernt. Vor dem entscheidenden Angriff auf Vierzehnheiligen befanden sich die Truppen in folgender Stellung:

Erstes Treffen

Grenadier-Batl. „Sack",	Batterie „Glasenapp",
Regt. „Hohenlohe",	Regt. „Sanitz",
Regt. Zastrow,	Regt. „Grawert"

und die Batterie „Wolframsdorf" auf der Anhöhe zwischen Vierzehnheiligen und Klein-Romstedt

Zweites Treffen:

Regt. „Maximilian",	Grenadier-Batl. „Winkel",
II. Batl. „Rechten",	I. Batl. "Müffling".

Mit Ausnahme des Regiments „Müffling" gehörten die Truppen des zweiten Treffens zu Tauentzien, waren aber bis dahin ohne Befehle geblieben. Am Morgen waren sie aus ihrem Biwak bei Kötschau aufgebrochen um über Isserstedt sich wieder mit Tauentzien zu vereinigen. Sie erreichten Vierzehnheiligen und wurden unter dem Kommando von Cerrini ins 2. Treffen gestellt.

Kavallerie

Am rechten Flügel der Infanterie:
2 Schwadronen „Henckel" Kürassiere

Hinter der Infanterie:
3 Schwadronen „Henckel" Kürassiere
1 Schwadron sächsische Dragoner (wahrscheinlich „Johann" Dragoner welche in Pfulsborn gelegen hatten).

Hier schloss sich die sächsische Kavallerie an die bei Isserstedt gestanden hatte:
Regiment „Polenz" Dragoner

Regiment Karabiniers (diese etwas zurück um die Verbindung mit de Schnecke aufrecht zu erhalten).

Ferner: 8 Schwadronen „Gettkandt" Husaren, welche mit Tauentzien auf Klein-Romstedt zurück gegangen waren.

Der äußerste linke Flügel wurde gebildet durch:
halbe Grenadier-Batl. „Collin",
halbe reitende Batterie „Gause" (beide waren aus Pfuhlsborn hierher geraten).

Den äußersten rechten Flügel bildeten Truppen Tauentzien's die nach Isserstedt abgedrängt waren und sich hier gesammelt hatten. Es waren:
Füsilier-Batl. „Rosen",
halbe Füsilier-Batl. „Erichsen",
Jäger-Kompanie „Werner".

Diese Truppen säuberten Isserstedt und den Isserstedter Forst von feindlichen Tirailleuren und besetzten Dorf und Forst.

Hinter Isserstedt stand das halbe Füsilier-Batl. „Erichsen".

Die einzige Reserve bildete die Brigade Dyherrn, welche noch bei ihrem Lagerplatz stand, bestehend aus:

Regt. „Xavier",   Batl. „Kurfürst"
I. Batl. "Clemens",   II. Batl. "Müffling"
Batterie „Ketsch".

Vierzehnheiligen, Blick in ungefähre preußische Angriffsrichtung, Kleinromstedt im Hintergrund

Es war gegen 10.30 als Hohenlohe den Angriff auf Vierzehnheiligen begann. Der Nebel hatte sich gesenkt und es war ein warmer Herbsttag geworden. Hohenlohe ritt noch einmal den linken Flügel der Front ab, begrüßt vom Vivat der Bataillone. Dann begann der Angriff. Mit klingendem Spiel gingen die Bataillone im feindlichen Tirailleur- und Kanonenfeuer gegen Vierzehnheiligen in Echelons von 2 Bataillonen vom linken Flügel beginnend mit einem Abstand von 50 Schritt zum hinteren Echelon, vor. Die Tirailleure wurden auf Vierzehnheiligen zurück geworfen.

Als man auf Gewehrschussweite heran war wurde Halt gemacht, die hinteren Echelons rückten in die Linie ein, der linke Flügel bog sich etwas um Vierzehnheiligen herum und es entspann sich ein stehendes Feuergefecht.

Egidy schildert diesen Augenblick:

„Das Feuer teilte sich nunmehr - nachdem die Linie hergestellt war - der ganzen Linie mit. Auch ein heftiges Kartätschenfeuer trat von beiden Seiten ein, das von feindlicher Seite aber um so wirksamer war, da es uns nichts als eine dünne Tirailleurlinie mit einzelnen Kanonen entgegenstellte, indessen wir mit einer geschlossenen Infanterielinie und formierten Batterien gegen ihn standen. Die Infanterie des Feindes, Linie und Kolonne, blieb aus der Wirkung unseres Feuers entfernt. Nur bei Vierzehnheiligen wurde unser Infanteriefeuer durch ein gleiches von den in und neben diesem Dorfe aufgestellten Bataillonen beantwortet, das Einzige das, soviel ich weiß, außerdem mit unseren Grenadieren bei Closewitz in der ganzen Schlacht stattgefunden hat".

Die Verluste die hier eintraten wurden zum größten Teil nicht wie immer behauptet wird durch die französischen Tirailleure verursacht sondern durch die feindliche Artillerie. Das wird durch Augenzeugen-berichte bezeugt. Gedeckt durch Häuser, Scheunen und Gärten feuerten die Franzosen aus dem Dorf Vierzehnheiligen auf die preußischen Truppen und verursachten Verluste. Dieses Feuer kann aber nicht als Tirailleurfeuer bezeichnet werden. In keiner weiteren Schlacht wurde das Tirailleurfeuer als entscheidend dargestellt. Ohne weiteres lieferte dieses Tirailleurfeuer eine Entschuldigung für das Versagen der preußischen Führung.

Das Tirailleurfeuer war sehr ungenau, da die Truppen meistens nur mit der normalen Charleville Muskete ausgerüstet waren. Im Liegen zu feuern und zu laden war bedeutend langsamer als das Feuern im stehen. Die Infanteriepatronen verursachten einen sehr starken Rückstoß der beim Feuern im Liegen auf das Schlüsselbein des Schützen weiter geleitet wurde. Dies machte das Feuern im Liegen sehr unangenehm. Die glatten Läufe erlaubten einen gezielten Schuss in dem Sinne gar nicht.

Dieses Halten im feindlichen Feuer begann die Truppen zu erschüttern. Das II. Bataillon „Sanitz" wich zuerst aus der Linie aus. Das dahinter-stehende Grenadier-Batl. Winkel ließ die zurückgehenden Truppen nicht durch und es gelang Hohenlohe und einigen Offizieren das Batl. auf seinen Platz in der Linie zurück zu bringen.

Dieses Halten wurde von den Feinden genutzt die rechte Flanke der preußischen Infanterielinie mit Kavallerie anzugreifen. Das auf dem rechten Flügel stehende Dragoner-Regt. „Polenz" und die beiden Schwadronen „Henckel" Kürassiere griffen sie in Front und Flanke an und warfen sie mit Verlusten zurück.

Zu diesem Zeitpunkt kam Leutnant Förster von Rüchel mit der Nachricht zurück das Rüchel im Anmarsch war. Hohenlohe schickte dann an Rüchel die Meldung, dass er den Feind an allen Orten schlage.

In diesem Kampf vor Vierzehnheiligen verblutete sich nun nach und nach die Division Grawert. Als Lannes mit drei Regimentern (34., 100., 103.) eine Umgehung des linken Flügels versuchte, ließ Hohenlohe seinen linken Flügel eine kleine Rechtsschwenkung machen und verlängerte die Linie durch Kavallerie bis zur Krippendorfer Windmühle. Er befahl General Zezschwitz dorthin.

Es rückten nach dem linken Flügel ab:
Regt. „Kochtitzky" Kürassiere,
2 Schwadronen „Albrecht" Dragoner,
2 Schwadronen „Polenz" Dragoner,
1 Schwadron „Johann" Dragoner.

Die halbe Batterie „Gause" beschoss den Feind und er gab das Vorhaben einer Umgehung auf und zog sich wieder in den Krippendorfer Grund zurück. Die auf dem rechten Flügel entstandene Lücke zwischen Vierzehnheiligen und Isserstedt wurde durch die Brigade Cerrini ausgefüllt, welche zwischen dem Grenadier-Batl. „Hahn" und dem Regt. „Hohenlohe" in die erste Linie rückte.

Als Reserve in der Gegend von Isserstedt befanden sich:
Brigade Dyherrn,
3 Schwadronen sächsische Husaren,
Batterie „Kotsch".

An diese schlossen sich die bei Isserstedt fechtenden Truppen an:
Füsilier-Batl. "Rosen",
Füsilier-Batl. „Erichsen",
Jäger-Kompanie „Werner".

Das Zurückgehen der französischen Umgehungskolonne scheint in Hohenlohe wieder eine Siegeshoffnung geweckt zu haben. Das feindliche Feuer schien schwächer zu werden, die Tirailleure zogen sich zurück, man gewahrte keinen Feind, außer in Vierzehnheiligen, das Ney'sche Viereck hatte sich ebenfalls zurückgezogen.

Hohenlohe glaubte nun das eine letzte Anstrengung zum Erfolg führen würde. Grawert gratulierte schon zum Erfolg, den Hohenlohe aber ablehnte. Er teilte aber Grawert mit dass er Vierzehnheiligen durch das Regiment „Zastrow" mit dem Bajonett zu nehmen gedenke. Ein Regiment hätte bestimmt nicht zum Erfolg geführt. Hätte die ganze Division angegriffen, wäre vielleicht ein Erfolg möglich gewesen.

Grawert machte Hohenlohe darauf aufmerksam das die Bataillone schon sehr gelitten hatten und man hier auf das Eintreffen Rüchels warten sollte. Hohenlohe gab nach und der Angriff unterblieb. Es war eine sehr verhängnisvolle Entscheidung. Es war nun gegen 13. Uhr. Da man Vierzehnheiligen nicht angreifen wollte, wurde es mit Brandkugeln in Brand geschossen.

Napoleon erhielt nun laufend Verstärkungen und ging nun seinerseits zum Angriff über. Die Division Desjardin griff Isserstedt und den Isserstedter Forst an, die Division Heudelet ging gegen die Schnecke vor.

Der letzte Kampf um Vierzehnheiligen begann mit dem Vorrücken der französischen Truppen. Dem Stoß des mit frischen Kräften vorgetragenen französischen Angriffes konnten die stundenlang im Feuer gestandenen Bataillone nicht widerstehen. Die Division Grawert zerbrach in zwei Hälften, die eine ging in Richtung über Groß - Romstedt auf Ulrichshalben zurück, die andere strömte auf der Chaussee nach Weimar zurück.

Sachsen

Seit 5 Uhr früh befand sich die Division Niesemeuschel, bestehend aus den Brigaden Burgsdorf und Nehrhof, in der Stellung an der Schnecke.

Längs der Weimarischen Chaussee mit der Front nach Remderoda, der linke Flügel an der Schnecke und zurückgebogen gegen den Isserstedter Grund aufgestellt. Die Schützen wurden bis an den Höhenrand vorgeschoben. Das II. Batl. „Niesemeuschel" wurde wegen des starken Nebels aus der Vorpostenstellung in die Linie zurückgenommen. Patrouillen wurden längs der Talränder unterhalten.

Gegen 6 Uhr erhielt Zezschwitz von Egidy die Nachricht dass die Hauptarmee abmarschiert sei. Nähere Befehle hatte er von Hohenlohe nicht erhalten. Major Funk wurde zu Hohenlohe geschickt um Befehle einzuholen. Er konnte aber Hohenlohe nicht finden und ritt wieder zurück. In der Nähe von Isserstedt sah er wie das vortrabende Dragoner-Regt. „Polenz" Flankenfeuer aus dem Isserstedter Forst erhielt. Er meldete das an Zezschwitz. Ging Isserstedt verloren war die Verbindung mit Grawert unterbrochen und die Sachsen an der Schnecke abgeschnitten. Zezschwitz nahm nun die folgende Stellung ein:

Von der Brigade Nehrhof blieben die beiden Regimenter „Low" und „Niesemeuschel" an der Schnecke. Die Brigade Burgsdorf nahm seine Front gegen Isserstedt. Das I. Batl. „Bevilaqua" der Brigade Nehrhof schloss sich an die Brigade Burgsdorf an. Die Batterien „Hausmann" und „Ernst" standen auf dem rechten, die Batterie „Bonniot" auf dem linken Flügel.

Von der Schnecke aus konnte man beobachten wie feindliche Truppen vorgingen um die bei Vierzehnheiligen kämpfenden Truppen zu verstärken. Diese Beobachtung wurde an Hohenlohe weitergeleitet der diese Nachricht gegen 13 Uhr erhielt.

Von der Schnecke sah man Vierzehnheiligen in Flammen aufgehen. Vom Isserstedter Grund begannen feindliche Schützen die Brigade Nehrhof zu belästigen. Kurze Zeit später sah man 3 feindliche Kolonnen im Anmarsch auf die Schnecke. Zwei Kolonnen gingen direkt gegen die Schnecke und die Front der Brigade Nehrhof vor. Die dritte ging durch den Isserstedter Forst gegen die linke Flanke der Brigade vor.

Boguslawski stand mit der rechten Flanke gegen Schwabhausen. Das vorgeschobene II. Batl. „Niesemeuschel" geriet als erste Einheit in das feindliche Feuer. Von der Schnecke aus konnte man sehen, dass der Angriff auf Vierzehnheiligen misslungen war. Die Adjutanten rieten nun General Zezschwitz über Kötschau den Rückzug anzutreten. Er beharrte aber darauf die Schnecke zu verteidigen. Er zog Boguslawski näher an sich heran. Zezschwitz sah aber nun ein, dass ein Rückzug unvermeidlich war. Er befahl der Brigade Nehrhof den Rückzug. Dieselbe bildete ein offenes Viereck.

Regt. „Niesemeuschel" die Front,

Regt. „Low" die rechte Flanke,

I. Batl. „Bevilaqua" die linke Flanke,

die vierte Seite wurde von den Bataillonskanonen gebildet.

Das Detachment Boguslawski schloss sich an. Die Jäger-Kompanie „Masars" schwärmte an der rechten Flanke aus und folgte dem Marsch des Vierecks längs des Chausseegrabens. Boguslawski ging südlich der Chaussee zurück. Noch weiter südlich gingen die Husaren, 4 Schwadronen „Bila" und 2 Schwadronen „Gettkandt", zurück.

Unter abwechselndem Fortrücken, Halt machen, Feuern legte man 1000 Schritt zurück bevor der Feind Artillerie auf die Höhe brachte und das Viereck mit Kartätschen beschoss. Als der Feind die 3 Bataillone der Brigade Burgsdorf gewahrte, die also anscheinend bis dahin untätig hier gestanden haben, stutzte er und machte Halt.

Diesen Augenblick benutzte General Nehrhof das Karree zu öffnen um den Rückzug in Zügen auf der Chaussee schneller fort zu setzen. In guter Ordnung, die Musik spielend wurde fast Kötschau erreicht. Zezschwitz sah Kavallerie aus der Gegend des Dorfes kommen, nahm aber an, dass es preußische Kavallerie war. Der Marsch wurde fortgesetzt und man bemerkte erst den Irrtum als diese Kavallerie die sächsische Kavallerie angriff. Das Füsilier-Batl. und die beiden Jäger-Kompanien warfen sich in den südlichen Chausseegraben. Im selben Augenblick griff die französische Kavallerie auf der nördlichen Seite der Chaussee an. Die im Chausseegraben liegenden Füsiliere und Jäger gingen nun durch die Marschkolonne um auf die andere Seite der Chaussee zu gelangen. Von drei Seiten von Kavallerie und im Rücken von Infanterie angegriffen wurde alles niedergehauen oder gefangen genommen. Dasselbe Schicksal teilte die Brigade Burgsdorf.

Der rechte Flügel, auf welchem sich die 4 sächsischen Bataillone, 2 Batl. Maximilian, Rechten und Winkel befanden, wurde von dem über Isserstedt hervordringenden Augereauschen Korps hart bedrängt. Der Fürst begab sich zu ihnen, da der linke Flügel gesichert war, aber sie wurden von einem mörderischen Feuer auseinander gerissen.

Der nach Weimar ziehende rechte Flügel war bald ganz auseinander gebrochen; es ward eine komplette Flucht. Nur ein Punkt blieb unerschütterlich, es war das sächsische Grenadier-Bataillon „Aus dem Winkel", bei, welchem sich der Fürst befand und er es eine Zeit lang selbst anführte. Mitten unter Fliehenden, die wie Verzweifelte ohne Waffen davon liefen, mitten unter der wilden Unordnung so vieler Tausende, die keinem Führer mehr gehorchten, vom Feinde unablässig angegriffen und nie erschüttert, retirierte dieses Bataillon voller Ordnung im gemäßigten Schritt und mit klingendem Spiel. Es hatte ein offenes Viereck formiert und bot dem Feind, so wie er ihm nahe kam, unablässig die Spitze. Nicht die Kavallerie, die mehrere Mal einhauen wollte, nicht die beständig hineinzielenden Tirailleure konnten seine Festigkeit erschüttern. So wie es Luft hatte ließ es Trupp schlagen und ging mit seiner Musik wie auf dem Exerzierplatze zurück, so wie es der Feind ihm nahe kam, wurde ein Wirbel geschlagen und es stand wieder. Das Füsilier-Bataillon Erichsen soll seinen Rückzug auf gleiche Weise gemacht haben.

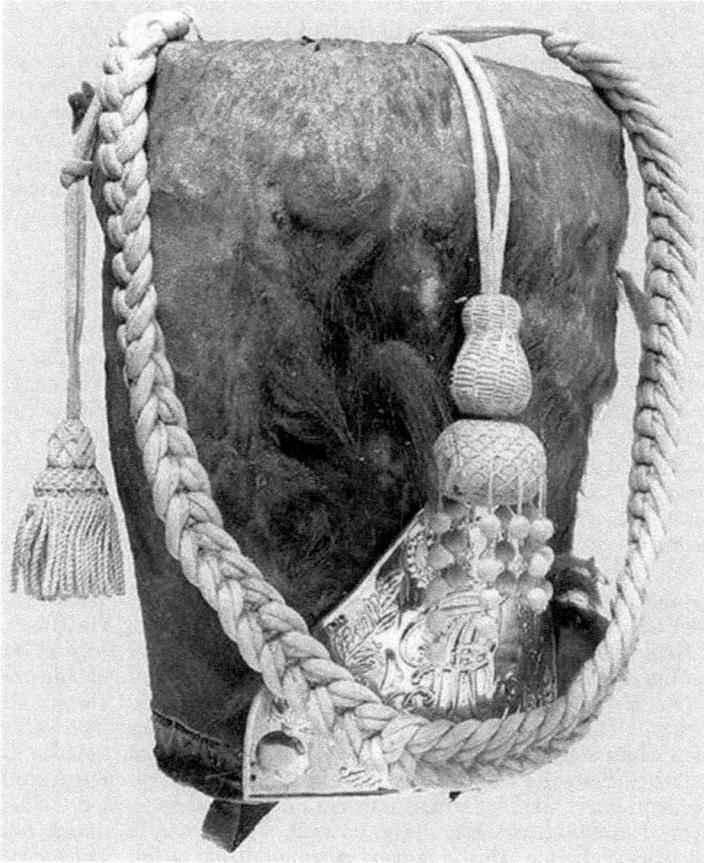

Sächsische Grenadiermütze

Zwei Eskadron Bila-Husaren hieben sich durch. Ein gleiches tat der General von der Kavallerie von Zezschwitz auf vieles Zureden seiner Adjutanten mit einem kleinen Trupp Albrecht-Dragoner. Das sächsische Regiment Carabiniers, welches bei Isserstedt auch unter die überlegene französische Kavallerie geraten war, schlug sich ebenfalls durch. Die sächsischen Husaren hatten schon vorher in dieser Gegend einige feindliche Eskadron ganz zusammen gehauen. Ebenso war noch früher ein Regiment Chasseurs á cheval über Krippendorf gegen Hermstedt vorgegangen, sodass es hinter die preußische Linie kam. Zwei Eskadronen von Albrecht und zwei Katte-Dragoner, die durch Zufall sich beim Hohenloheschen Korps befanden, hatten das feindliche Regiment zurückgeworfen.

Alles was von den Truppen in Richtung Weimar zurückgegangen war, wurde in der Gegend des Webichts so gut es ging gesammelt und geordnet. Um 14 Uhr hatte auch Wobeser mit seinen Truppen aus Meckfeld kommend den Lagerplatz bei Weimar erreicht. Als gegen 17 Uhr nachmittags Hohenlohe selbst am Webicht eintraf, ließ er sie im Verein mit dem bei Weimar zurückgebliebenen I. und II. Batl. „Treuenfels" auf der Höhe vor dem Webicht aufstellen um den Rückzug zu decken. Sie nahmen die folgende Stellung:

Das I. und II. Batl. „Treuenfels" wurde vor dem Webicht aufgestellt mit dem linken Flügel an der Chaussee. Die halbe reitende Batterie „Lehmann" unter Bedeckung einer Schwadron „Wobeser" Dragoner befand sich 100 Schritt rechts davon. Das

Füsilier-Batl. „Ernest" befand sich rechts vom Webicht und die Jäger-Kompanie Kalkreuth befand sich im Webicht.

Vier Schwadronen „Wobeser" Dragoner standen in der rechten Flanke gegen den Grund der nach Ober-Weimar führt. Hier am Webicht traf auch aus Erfurt kommend das II. Batl. „Clemens" ein. Als letzte Einheit erreichte das sächsische Grenadier-Batl. „Aus dem Winkel" den Webicht.

Sächsischer Pallasch

Regiment "Hohenlohe" No. 32

Der Regimentskommandeur des Regiments war Oberst von Kalkreuth, der das Regiment bei Jena führte. Das Regiment hatte Breslau als Garnison und ergänzte sich aus den Kreisen Breslau, Neiße und Münsterberg. Es gehörte zur Division Grawert. Rechts von ihm stand das Grenadierbataillon Hahn, links das Regiment „Sanitz".

Am 14. Oktober in der Frühe hörte man bei den vorgeschobenen Vorposten Gefechtslärm. Anfänglich waren es nur einzelne Musketenschüsse, aber bald wurde das Schießen lebhafter und man konnte nun auch Kanonenschüsse vernehmen. Im Lager war schon alles angezogen und als das Schießen stärker wurde, erteilte General Grawert den Befehl, die Zelte abzubrechen. Das geschah zwischen 7 und 8 Uhr.

Um 8 Uhr erschien Fürst Hohenlohe mit seiner Suite im Lager. Er wunderte sich sehr, dass ein Befehl zum Abbrechen der Zelte ausgegeben wurde. Grawert musste seine ganze Überredungskunst anwenden, um Hohenlohe zu überzeugen, dass durch den Gefechtslärm die Zeit gekommen war, die Zelte abzubauen.

Das Regiment trat an und marschierte schon bald im Geschwindschritt links ab. Ein undurchdringlicher Nebel bedeckte die ganze Gegend. Die Marschrichtung der abmarschierenden Kolonne wurde mit der Vorhut auf das Dorf Vierzehnheiligen genommen und als das letzte Grenadier-Peleton des rechten Flügelbataillons sich in dieser Richtung eingeschwenkt hatte, wurde gehalten und en ligne aufmarschiert. Die Fahnen wurden vorgezogen und die ganze Linie avancierte ungefähr 1.200 bis 1.500 Schritt, bis nahe hinter einem kleinen Gehölz der Befehl zum Halten gegeben wurde.

Während die Division des Generals Grawert dieses Manöver ausführte, stand der linke Flügel des Korps unter den Generalen von Sanitz und von Tauentzien schon im Kampf mit dem Feinde. Das Regiment ging weiter gegen den Feind vor. Ein Teil des Regiments passierte den vor uns liegenden kleinen Busch und da das Vorgehen en Echelon geschehen sollte, machte jedes Bataillon eine Linksschwenkung von etwa 40 Schritt und jedes Bataillon bildete ein Echelon. In dieser Ordnung ging die ganze Linie bis auf Kanonenschussweite gegen die feindliche Position auf den Höhen vor Closewitz vor und hielt im feindlichen Kanonenfeuer. Die Echelons formierten nun wieder eine Linie.

Während des Vorgehens verlor das Regiment durch die feindliche Artillerie bereits mehrere Leute an Toten und Verwundeten. Dicht vor der Position, die das Regiment nun besetzt hatte, befand sich rechts vor der Einheit der weitläufige Isserstedter Forst und links ein anderes Gehölz, welches durch starke feindliche Voltigeurverbände besetzt war. Aus dem kleineren Gehölz wurden die Feinde durch die Schützen des Regiments sehr bald herausgedrängt. Der Isserstedter Forst aber konnte nicht ganz vom Feinde gereinigt werden, da der Forst sich bis an die feindliche Position erstreckte.

Der dichte Nebel begann sich aufzulösen. Schon jetzt konnte man sehen, dass es sehr schlecht um den linken preußischen Flügel stand. Die französische Stellung beherrschte die preußische Linie. Der Feind nutzte das auch und brachte neue Artillerie in Stellung und beschoss das Regiment sehr schwer. Neue französische Verstärkungen kamen ins Gefecht. Das feindliche Artilleriefeuer konnte nur durch die drei Regimentskanonen erwidert werden, die in einer günstigen Stellung im Gelände aufgestellt waren. Die vierte Kanone war nicht beim Regiment, da die Kanone wegen einer gebrochenen Achse sich zur Reparatur in Weimar befand.

Die Schützen des Regiments, angefeuert von ihren kommandierenden Offizieren, hielten die feindlichen leichten Truppen sehr lange vor einem weiteren Vordringen ab, obgleich diese durch das vorteilhafte Gelände gedeckt waren. In diesem Feuergefecht stand das Regiment einige Stunden. Verluste waren groß, die hauptsächlich durch die überlegene feindliche Artillerie verursacht wurden.

Trotz der starken Verluste blieben die Mannschaften noch unerschüttert, denn man hoffte immer noch, dass statt im Kanonenfeuer stehen zu bleiben ein Angriff unternommen werden würde. Der Angriff erfolgte nicht, sondern ein Befehl, dass nicht weiter vorgegangen werden sollte, erreichte das Regiment. Durch diese Unbeweglichkeit konnte man die unglückliche Wendung auf dem Schlachtfeld und die einreißende Unordnung des geschlagenen linken Flügels sehen. Auch die Bewegungen der feindlichen Kavallerie, die auf dem rechten Flügel, der durch nichts gedeckt war, die preußische Linie zu umgehen versuchte, half nicht, das Vertrauen der Soldaten zu verbessern. Die Offiziere waren bemüht, alle ihre Kräfte anzuwenden, um die Ordnung aufrecht zu erhalten.

Eine feindliche starke Infanteriekolonne, unterstützt durch leichte Truppen, griff nun die rechts vom Regiment stehenden Grenadier-Bataillone „Sack" und „Hahn" und den rechten Flügel des Regiments an. Diesen Angriff versuchte man durch einige Bataillonssalven abzuwehren. Für eine kurze Zeit konnte der feindliche Angriff zum Stehen gebracht werden. Das Feuer des Regiments brachte den Feinden empfindliche Verluste bei.

Dadurch, dass das Grenadier-Bataillon „Hahn" zurückging, entstand in der Linie eine Verwirrung, die sich auf beide Flügel ausweitete. Die Bemühungen aller Stabsoffiziere und Offiziere, diese Verwirrung zu verhindern, waren nicht mehr möglich. Kein gegebenes Kommando verhinderte das irreguläre Schießen. Alle Ordnung fing an, sich nach und nach gänzlich aufzulösen, und alles artete in eine unordentliche Flucht aus.

Diese Lage wurde noch schwieriger gemacht, da die feindliche Kavallerie, die das Regiment umgangen hatte, keinen großen Widerstand mehr vorfand. Das Regiment wurde im Rücken angegriffen und die Niederlage wurde dadurch vollkommen. Die feindliche Kavallerie hieb auf die zerstreuten Haufen der Fliehenden ein und säbelte sie nieder oder nahm sie gefangen.

Wenn preußische Kavallerie zur Stelle gewesen wäre, hätte dies vielleicht teilweise verhindert werden können, denn als einige Schwadronen des Dragoner-Regiments „Graf Henckel" unter Befehl des Obersten von Oelsen hier eintrafen, konnte die feindliche Kavallerie zurückgeworfen werden.

Oberst von Kalkreuth wurde durch einen Musketenschuss am Fuß und durch eine in seiner Nähe explodierende Haubitzengranate an der rechten Hand verwundet. Dadurch konnte er nicht mehr tatenkräftig in die Geschehnisse eingreifen.

Grenadier-Bataillon „Hahn".

Der Kommandeur des neben dem Regiment Fürst von Hohenlohe stehenden Grenadier-Bataillons „Hahn", das aus den Grenadier-Kompanien der Regimenter „Fürst von Hohenlohe" Nr.32 und „Treuenfels" Nr.29 bestand, schrieb am 17. April 1808 aus Breslau den folgenden Bericht. Das Grenadier-Bataillon „Hahn" stand auf dem rechten Flügel der Division Grawert.

„Es mochte ungefähr 8 Uhr des Morgens sein, als Seine Durchlaucht der Fürst mit der ganzen Suite aus dem Hauptquartier Kapellendorf ankam und auf den linken Flügel zuritt. Bald darauf wurde mir der Befehl gegeben, die Wachen einzuziehen und das Bataillon herantreten zu lassen. Da den 13. schon per Kompanie ein Unteroffizier und zwei Mann, die gewöhnlich bei der Bagage zu sein pflegten, mit den Brotwagen nach Weimar waren, so befahl ich, dass bei den Zelten und der übrigen Bagage noch per Kompanie 1 Unteroffizier 2 Mann bleiben sollten und übertrug dem Leutnant von Treuenfels den Bericht über das Ganze.

Vom Bataillon ging also an diesen Tag ab:

1. an Freiwilligen 40 Mann
2. bei den Brotwagen 8 Mann
3. bei der Bagage 8 Mann
4. bei den Ochsen 3 Mann
5. Kranke 7 Mann
6. Deserteurs 5 Mann
   Zusammen 71 Mann

Mithin war mein Bataillon beim Ausrücken noch 609 Gewehre stark, inklusive der Schützen. Gleich darauf marschierte ich mit meinem Bataillon unter dem unmittelbaren Befehl meines Divisionärs Generalleutnant von Grawert mit Sektionen links ab. Den Generalmajor von Müffling habe ich nur beim Aufmarsch, aber nachher nicht wieder gesehen. Ich höre, dass er bald blessiert worden sei. So in Kolonne konnte unser Marsch wohl eine Stunde gedauert haben, ob mehr oder weniger, ist mir nicht genau erinnerlich, als auf Befehl Seiner Exzellenz in Zügen aufmarschiert und einige Zeit darauf durch Vornehmen der linken Schulter in Zügen die Linie formiert und sofort avanciert wurde.

Kurze Zeit darauf kam die Kavallerie, die vor uns gestanden, auf uns zu. Es wurde Halt an die Linie kommandiert und ein Teil des Regiments von Henckel zog sich durch mein Bataillon durch; gleich nachdem dies geschehen, trat die Linie wieder an und ich nahm mit meinem Bataillon, sowie auch wahrscheinlich die ganze Linie, die rechte Schulter vor. Da dasselbe hierbei außer Richtung und Tritt kam und ich diese Vernachlässigung nur allein den vormarschierenden Unteroffizieren Schuld geben zu müssen überzeugt war, sprang ich vom Pferde und führte den Tritt markierend und die Drehung selbst angebend das Bataillon zu Fuß.

Alles stand in der frohesten Erwartung, dass man uns gerade und schnell gegen den Feind führen würde. Alles brannte vor Begierde, sich mit dem Feinde zu schlagen, als Halt! an die ganze Linie kommandiert wurde, wodurch der Mut zwar nicht geschwächt, aber doch sich alles in der Erwartung getäuscht sah.

Meinem Bataillon wurde also hier ein Kampfplatz, man darf wohl sagen durch Zufall angewiesen, der gewiss nicht die Vorzüge dessen hatte, welchen ich heute früh verließ. Er lag tief, es waren Höhen auf einen Kanonenschuss weit vor uns, die der Feind besetzt hatte. Gebüsch und Gräben waren auf dem rechten, vorzüglich aber auf dem linken Flügel, der große Isserstedter Wald konnte ungefähr 300 Schritt von uns entfernt sein.

Auf meinem rechten Flügel stand die Batterie „von Glasenapp" und mehr rechts das Grenadier-Bataillon „Sack", links aber mit einer ziemlich großen Intervalle stand mir das Regiment „Hohenlohe". Ich sah weder ein 2. Treffen noch eine Reserve. Man glaubte zwar, die vor uns liegenden Gebüsche seien von unseren Füsilieren besetzt, aber nur zu bald zeigte es sich, dass dies ein Irrtum war und das alle voll feindlicher

Tirailleurs steckten.

Man machte mich ebenso wenig mit dem Zweck dieser Stellung bekannt, als was ich ferner in derselben zu beobachten hätte, wo ich Sukkurs zu erhalten, wohin ich mich wenden sollte, wenn ich zum Zurückgehen genötigt würde. Kurz, es war mir gar keine Instruktion erteilt.

Der große dicke Nebel, der immer fort dauerte, machte es mir ganz unmöglich, in einer Gegend, welche ich nicht kannte, mich richtig zu orientieren. Die feindlichen Tirailleurs wagten sich immer näher heran, schossen nach den Offizieren, wodurch viele Leute, besonders die Flügelrotten blessiert wurden, auch mehrere Offiziere. Der Erste war der Kapitän Graf von Reichenbach, den ich durch den Major von Langwerth zu unseren Reitpferden, die wir an einer sicheren Stelle glaubten aufbewahrt zu haben, zurückbringen ließ. Die Tirailleure waren so dreist, das es dem Unteroffizier Steinert von der Kompanie des Hauptmanns von Grumbkow möglich wurde, einen Tirailleur mit seinem Kurzgewehr gefangen zu nehmen.

Der Leutnant von Zarski, der die Schützen meines Bataillons kommandierte, wurde mit denselben gegen die nahe gelegenen Gebüsche geschickt. Ich bemerkte aber bald, dass er der feindlichen Übermacht unterlag. Er ist aber mit den Schützen nicht wieder zum Bataillon gestoßen. Die Batterie „von Glasenapp", welche dem Feind vielen Abbruch tat, wurde bald abgeholt, um wo anders gebraucht zu werden. Dadurch entstand natürlich zwischen mir und dem Grenadier-Bataillon „Sack" eine so große Intervalle, welche in der Folge nicht ausgefüllt wurde.

Auf meinem linken Flügel hatte ich meine Bataillonskanonen. Diese ließ ich, sobald sich große Trupps von Tirailleuren zeigten, mit Kartätschen auf dieselben feuern, worauf sie sich zwar schnell in ihre Schlupfwinkel zurückzogen, aber bald einzeln wieder daraus vorkamen. Auf der vorliegenden Höhe hatte der Feind, gleich nachdem er unsere Batterie bemerkt hatte, 12 bis 13 Kanonen aufführen lassen, die nun alle, da die Batterie „von Glasenapp" abgeführt war, größtenteils auf mein Bataillon schießen, was hier als Zielscheibe ohne alle Deckung stand; dadurch und durch das immer dauernde Tirailleurfeuer verlor dasselbe sehr viele Menschen, mit Vergnügen bemerkte ich aber, das dieser große Verlust dasselbe nicht irre machte.

Ungefähr 3 Stunden mochte das Feuer gedauert haben, als ich eine Kolonne von Infanterie und Kavallerie auf mein Bataillon zukommen sah. Ich trug daher dem Major von Langwerth auf, diese Bewegung nicht nur Seiner Exzellenz dem Generalleutnant von Grawert zu melden, sondern auch etwas Kavallerie, von der ich vorzubringen, hauptsächlich aber zu suchen, wieder eine Batterie in die Intervalle zwischen mir und dem Bataillon „Sack" zu schaffen; denn dadurch hoffte ich, das feindliche Feuer etwas von meinem Bataillon abzuziehen.

Ich nahm unterdessen die beiden rechten Flügelkompanien etwas zurück, um solche mit dem Bataillon „Sack" zu alignieren. Schon war ich gewillt, die Reserve von diesen beiden rechten Flügelkompanien zu formieren, um solche in die große Intervalle zwischen mir und dem Grenadier-Bataillon „Sack" zu setzen, als eben Major von Langwerth zurückkehrte und mir sagte, er habe der Kavallerie die feindlichen Bewegungen angezeigt und die sächsische Batterie, die er gefunden, glaube höheren Befehl haben zu müssen, um sich auf unseren Flügel zu setzen.

Ich war eben in Beratschlagung mit dem Major von Langwerth, was jetzt zu machen sei, als der Brigademajor der Kavallerie Graf von Reichenbach ankam und mir den ausdrücklichsten Befehl Sr. Durchlaucht des Fürsten überbrachte, mich mit dem Feinde in nichts mehr einzulassen und gar keinen Schritt weiter zu avancieren. Im Vertrauen äußerte er mir auch, wir seien bereits auf dem linken Flügel umgangen. Anstalten, die hierauf Bezug hatten, sah ich übrigens nicht machen. Ich nutzte diese Gelegenheit, dem Grafen von Reichenbach die feindlichen Bewegungen zu zeigen und ersuchte ihn in Verbindung mit dem Major von Langwerth, doch die hinter uns stehende sächsische Batterie vorzuschaffen, was denn auch sogleich geschah. Diese Batterie wurde bei ihrer Ankunft auf meinen rechten Flügel gestellt, aber sehr bald wurden von derselben ein oder zwei Kanonen demontiert, worauf dieselbe mit der zur

Deckung bestimmten Kavallerie wieder zurückging.

Auf dem linken Flügel drängten sich die feindlichen Tirailleure immer mehr heran. Ich musste befürchten, dass sich solche in die große Intervalle, die zwischen mir und dem ersten Bataillon „Hohenlohe" war, werfen möchten. Diesem zu entgegnen, stellte ich meinen 8. Zug, dann aber auch meinen 7. in diese Intervalle; aber der Andrang dieser feindlichen Tirailleurs wurde heftiger und stärker als vorher, sodass die Blessierten sich sehr vermehrten, sie kamen in Trupps zu 20. Ich untersuchte selbst die Blessuren eines solchen Trupps, um mich von der Richtigkeit zu überzeugen. Bei der sehr heftigen Kanonade der Feinde ging eine Granate zwischen mir und Major von Langwerth durch, mein Pferd, was schon sehr unruhig war, stieg, und eine andere Kugel, die ebenfalls dicht am mir vorbei ging, betäubte mich durch den Druck der Luft dergestalt, dass ich glaubte, blessiert zu sein. In diesem Zustande war ich außer Stand, mich mit meinem Pferd zu beschäftigen zu können, stieg daher ab und gab es einem Janitscharen zu halten, der aber auch gleich darauf blessiert wurde, wodurch das Pferd Gelegenheit bekam zu entlaufen.

Das voreilige Schießen irgendeines Grenadiers meines Bataillons gab den andern wahrscheinlich die Veranlassung, dass sie dies als das einzige Mittel ansahen, sich gegen dies ungestüme Andringen des Feindes zu sichern und feuerten daher ebenfalls. Weder mein Schreien noch das Bemühen sämtlicher anwesenden Offiziere konnte die Leute zum Aufhören des Feuerns bewegen. Dies Feuer bewirkte aber doch, das die feindlichen Tirailleurs wieder in ihre Sicherheitsorte zurückgingen.

Ich trug unterdessen dem Major von Langwerth von Neuen auf, die hinter uns stehende Kavallerie nochmals von den feindlichen Bewegungen zu unterrichten, und solche womöglich mit vorzubringen; zugleich erbot sich derselbe, mir ein Reitpferd von meinem rückwärts stehenden mitzubringen, was ihm aber ebenso wenig glückte als das Vorbringen der Kavallerie.

Der Feind drang von neuem heran, das Bataillon hatte durch den wiederholten Angriff der Tirailleurs und das Kanonenfeuer sehr gelitten, bei einem Angriff mit dem Bajonett würde sicher der Verlust nicht stärker sein können. Alle Offiziere waren ununterbrochen bemüht, das Bataillon bei guter Contenance zu erhalten.

Ein Bataillon Sachsen, was sich eine kurze Zeit hinter uns gesetzt hatte, gab mir Veranlassung, den Leuten meines Bataillons zur Ermunterung ihres bisher gezeigten Mutes und zur ferneren Ausdauer desselben zu sagen, dass diese Truppen von dem Corps d' Armee des Generalleutnant von Rüchel wären, welcher mit 30.000 Mann zu unserer Unterstützung herankäme, aber einige über uns weggegangene Granaten, die in dieses Bataillon einschlugen, brachten dasselbe auseinander und zum Weichen.

In diesem Augenblick sah ich die linke Flügelkompanie meines Bataillons durch das heftigste Tirailleur- und Kanonenfeuer, welches in derselben einen großen Verlust, besonders an Offizieren, verursacht hatte, im Zurückgehen; ich eilte so schnell ich konnte dahin und bemühte mich, solche aufzuhalten und in Ordnung zu bringen.

Zur selben Zeit sah ich auch eine feindliche Kolonne von neuen auf das Bataillon zukommen, ich wünschte daher sehr das Bataillon zusammenzuhaben und beorderte den Major von Langwerth, dem Hauptmann von Grumbkow in meinem Namen zu befehlen, dass er sich mit den drei übrigen Kompanien des Bataillons an die linke Flügelkompanie anschließen sollte, sodann befahl ich ihm nochmals, zu unserer Kavallerie rückwärts zu reiten und derselben die Gefahr anzuzeigen, die dem Bataillon drohe.

Einen gleichen Auftrag erteilte ich auch dem Leutnant und Adjutanten von Pusch, der aber in diesem Augenblicke einige Schritte von mir durch einen Kartätschenschuss schwer blessiert wurde. Da in den drei übrigen Kompagnien das Feuern nicht so schnell zum Aufhören gebracht werden konnte als ich wünschte, und daher die anbefohlenen Seitenbewegungen verzögert worden, so eilte ich mit aller möglichen Schnelle wieder auf den rechten Flügel, während welcher Zeit infolge meines Befehls zwar eine Bewegung, jedoch - und jeder der Herrn Offiziere wird es bezeugen können -

mit aller unter den Umständen nur möglichen Ordnung gemacht wurde.

Ich störte dieses Retirieren nicht, sondern fasste vielmehr den Entschluss, noch eine Strecke zurückzugehen und dann ein Karree zu formieren. Während diesem stießen von dem vorher auseinander gesprengten Bataillon Sachsen ein oder zwei Züge an meinen rechten Flügel und ein sie führender Offizier kam zu mir und sagte, dass er sie gesammelt habe und um Erlaubnis bitte, sich an mich anschließen zu dürfen, welches ich mit Vergnügen tat und an das Bataillon Front kommandierte, die Sachsen aber en flanque an die rechte Flügelkompanie meines Bataillons anstellte.

Ich hatte diese Anstellung eben beendet und trat vor die erste Grenadierkompanie, als auch in demselben Moment das Geschrei entstand, dass der linke Flügel in völliger Retirade sei. Obgleich zu Fuß, aber doch in Hoffnung, diesen linken Flügel zu übereilen und aufzuhalten, zugleich aber auch den Gedanken fassend, dass mein Bataillon nicht mehr zu vereinigen sein würde, wenn ich den rechten Flügel nicht auch retirieren ließe, sprang ich hinter die Front, kommandierte Kehrt! Fahnen vor! Marsch! und eilte, so atemlos ich schon war, nach dem linken Flügel, bemerkte während dem Heruntergehen, dass der Hauptmann von Grumkow sich alle Mühe gab, sie aufzuhalten, ein gleiches taten auch die Offiziere meiner Kompanie. Ich hoffte unter dem Schutze eines sehr nahe gelegenen Busches die kleinen Überreste meines Bataillons wieder formieren zu können, als plötzlich die feindliche Kavallerie einhieb; 10 bis 12 Mann von meiner Kompanie versammelten sich um mich, aber ein Trupp Chasseurs trieb diese auseinander, drei bis vier Chasseurs suchten sich meiner zu bemächtigen, und da ich in einem ganz wehrlosen Zustande war und auch nichts in meiner Nähe bemerkte, was mich retten konnte, so nahm ich Pardon und war eben beschäftigt, meinen Geldbeutel herauszusuchen, als wieder einige Grenadiers auf diese Chasseurs schossen, wodurch einer derselben blessiert wurde. Die Chausseurs jagten ihnen nach bis auf einen, den ich bat, bei mir zu bleiben, um mich vor Misshandlung zu schützen, aber nur einige Augenblicke blieb er bei mir, worauf er mir andeutete, ich möchte rückwärts gehen, er selbst aber sprengte vorwärts.

Ich glaube, dass ich jetzt Gelegenheit hätte, zu entkommen und ging statt auf den Feind zu in die Gegend, wo ich unsere Leute zu finden hoffte. Ich stieß hier bald auf den Leutnant von Beukwitz, Regiment „von Hohenlohe" und einige zerstreute Grenadiers und Musketiers. Aber in demselben Augenblicke sah ich mich von neuem wieder von mehreren feindlichen Chasseurs umringt, welche mir meine Uhr und Geld abforderten. Ich suchte ihnen begreiflich zu machen, dass mir dies alles schon abgenommen wäre; da diese Vorstellungen aber alle fruchtlos blieben, so war ich eben im Begriff meine Uhr herauszusuchen, als ein paar französische Offiziere vorbeisprengten und ihnen zuriefen, sie möchten zurückgehen, weil preußische Kavallerie ihnen auf dem Fuß folgte.

Ich benutzte mein Wiederfreisein und eilte mit verdoppelten Schritten in die Gegend, wo ich glaubte, die Unseren zu finden. Gleich darauf stieß ich auf den Obrist von Massenbach und auf den Major von Roeder, Adjutanten Sr. Durchlaucht des Fürsten von Hohenlohe, die mir dann zu einem Pferde verhalfen.

Der Verlust, den mein Bataillon an diesem Tage erlitten hat, war sehr beträchtlich, ob ich gleich solchen in diesem Augenblick nicht anzugeben vermag. Nur von den Offizieren weiß ich solches aus Zuverlässigkeit. Tot auf der Stelle blieb der Leutnant von Poser, blessiert: Hauptmann von Wittke, Hauptmann Graf Reichenbach, Leutnant von Pusch, Leutnant von Münchhausen, Leutnant von Wolfskehl, Leutnant von Kalkreuth, Leutnant von Koschenbahr, Leutnant von Kleist und zwei Feldwebel. Leutnant von Strenge wurde hier gefangen, es ist mir aber nicht bewusst, ob solcher blessiert worden war. Als nicht blessiert blieben zuletzt nur übrig der Major von Langwerth, Kapitän von Grumbkow, Leutnant von Henning und Leutnant von Korckwitz.

Gewiss lässt sich bei einem so starken Abgange an Offizieren auf einen ebenso großen verhältnismäßigen Abgang an Leuten schließen. Nachdem, was ich in der Folge in

Magdeburg wieder von meinem Bataillon gesammelt, muss der hier erlittene Verlust an Toten und Blessierten weit über 300 Mann betragen haben.

In der Gegend von Hohlstedt auf der Chaussee nach Weimar fand ich viele Infanterie und Kavallerie in vollem Rückzuge. Ich wagte es, dem General von Henckel, den ich mit einem Teil seines Regiments hier traf, vorzustellen, dass unter dem Schutze seines Regiments die zerstreut ankommende Infanterie hier wieder versammelt werden könnte; er billigte dies und gab sogleich die kräftigsten Befehle hierzu, wovon mir noch erinnerlich ist, das der Leutnant von Studnitz und die Kornets von Lieres und von Schultz sich rechts von der Chaussee gesetzt, um keinen einzelnen Infanteristen durchzulassen, eine gleiche Tätigkeit bewies hierbei der Rittmeister Lavallet. Ich war nun bemüht, mithilfe einiger Offiziere und Unteroffiziere die Leute zu sammeln.

Ein Soldat des Regiments „von Sanitz" widersetzte sich diesem, er schoss sogar auf die Offiziere, worauf er auf Befehl des Generals Graf Henckel sogleich totgeschossen wurde. Ich mochte wohl 100 Mann gesammelt haben, als von Kapellendorf her eine beträchtliche Anzahl Kavallerie und Infanterie sich auf uns warf und die Gesammelten mit fort riss."

Das Bataillon Weimar hatte bei Auerstedt tapfer mitgefochten, und zwar auf dem äußersten rechten Flügel an der Emsmühle bei Sulza. Hier ließen die Schützen kaltblütig den Feind bis auf ganz kurze Entfernung herankommen und gaben dann auf ein Zeichen des kommandierenden Offiziers ihr ruhiges und sicheres Feuer ab. 40 Weimarer unter Leutnant von Crayen waren nach Auerstedt selbst detachiert. Um erforderlichenfalls über den Bach schnell vorrücken zu können, wurden aus den in der Amtsmühle vorgefundenen Bohlen und Brettern in geringer Entfernung von einander eine Anzahl Stege gelegt.

Kapellendorf, General-Lieutenant v. Rüchel

Aus seiner Aufstellung zwischen Elze und Göttingen hatte Rüchel, in dem Bestreben sich mit der Hauptarmee zu vereinigen, ohne hierzu erst die höhere Genehmigung einzuholen, die Richtung auf Mühlhausen eingeschlagen.

Als Besatzungen ließ er in Hannover zurück:

1. Infanterie-Regiment „Oranien", als Besatzung von Hameln.
2. Das I. Batl. Infanterie-Regiment „Grevenitz" in der Stadt Hannover.
3. Das II. Batl., dieses Bataillon als Verstärkung der Besatzung von Nienburg.
4. Eine Kompanie Füsilier-Bataillons „Kaiserlingk". 200 Pferde von verschiedenen Regimentern.

Rüchel behielt die Richtung auf Mühlhausen auch gegen den Befehl vom 8. September bei, welcher ihm vorschrieb, die Richtung auf Fritzlar einzuschlagen, woselbst er in der Zeit vom 16. – 20. September eintreffen sollte.

Als der Nichtanschluss des Kürfürsten von Hessen entschieden war, befahl er dann Blücher ebenfalls eigenmächtig, ihm in dieser Richtung zu folgen. Der Zufall rechtfertigte sein Verfahren. Der König hatte ihm zwar anfangs seine Unzufriedenheit über seine eigenmächtige Handlungsweise bezeugt, als jedoch die Protestation des Kurfürsten auch in Berlin eintraf, wurde sie nachträglich gebilligt, den der Anschluss Hessens war für die Bewegung Rüchel's die Voraussetzung.

Am 25. September, bereits am 17. eingetroffen, stand Rüchel in Kanton-quartieren zwischen Wanfried, Mühlhausen, Langensalza, Tennstädt, Dingelstädt und Orschel. Das Hauptquartier in Mühlhausen.

Seine nähere Aufstellung war folgende:

Unter dem Kommando des Generalleutnants von Winning, mit dem Hauptquartier in Eisenach, wurden drei Vorhuten vorgeschoben:

1.Bei Eisenach und Umgebung:
¾ Füsilier-Batl. „Kaiserlingk".
Füsilier-Bataillon „Bila".

II. Batl. „Köhler" Husaren.

Diese Abteilung besetzte das Werratal mit Husarenposten von Berka bis Breitungen. Je 1 Füsilier-Kompanie in Marksuhl und Etterwinden.

2. Bei Gotha und Umgebung:

I. Batl. „Köhler" Husaren.

Posten im Werratal von Breitungen bis Meiningen. Ein Hauptposten in Schmalkalden.

3. Bei Erfurt und Umgebung:

I. Batl. „Pletz" Husaren.

Detachements gingen bis nach Meiningen und Patrouillen wurden ausgeschickt bis an die Grenze von Bamberg, sowie ins Werratal über Themar bis Hildburghausen.

Im Gros verblieben noch:

Infanterie-Regt. „Alt-Larisch",	Infanterie-Regt. „Tschammer",
Infanterie-Regt. „Tschepe",	Infanterie-Regt. „Treuenfels",
Infanterie-Regt. „Strachwitz",	2 Kompanien Jäger (zu diesem Zeitpunkt noch nicht eingetroffen),
Kürassier-Regt. „Bailliodz",	Dragoner-Regt. „Katte",
12 pfündige Batterie „Schäfer",	6 pfündige Batterie „Schienert",
halbe 6 pfündige Batterie „Schmidt",	reitende Batterie „Heidenreich".

Am 23. September traf der König im Hauptquartier in Naumburg ein. Bei den folgenden Beratungen wurde beschlossen das sich Rüchel in den Schranken einer tätigen Defensive halten und die Mitte und den linken Flügel der Armee die rechte Flanke decken sollte. Rüchel sollte bei Mühlhausen stehen bleiben, um die Vereinigung der Hauptarmee abzuwarten. Schon am 25. September wurde ein neuer Operationsplan festgelegt. Rüchel sollte nun mit seinen 3 Divisionen von Eisenach auf der Frankfurter Straße vorgehen und sich als Vorhut der Hauptarmee ausgeben. Dieser Plan wurde genehmigt aber es wurde auch beschlossen bis zum 8. Oktober auf eine Antwort Napoleons auf das preußische Ultimatum zu warten. Schon am 4. Oktober wurde der Operationsplan vom Herzog von Braunschweig dahin geänder t, dass die Armee auf dem linken Saaleufer stehen bleiben sollte. Wie wir gesehen haben wurde dieser Plan aber auch wieder verworfen.

Blücher der am 25. September bei Göttingen gestanden hatte gab einen Teil seiner Truppen:

Infanterie-Regt. „Winning:,

Infanterie-Rgt. „Wedell",

Grenadier-Batl. „Borstell" (bestehend aus Nr.9 „Schenck" und Nr. 44 „Hagken"),

Grenadier-Batl. „Hallmann"(bestehend aus Nr.10 „Wedell" und Nr. 41 „Lettow"),

an Rüchel ab. Die Truppen welche Blücher abgab, versammelten sich bei Wanfri ed, von wo sie Rüchel an sich zog. Am 25. September standen die Truppen Rüchels in den folgenden Positionen:

Die Kavallerievorposten im Werratal in der Linie Berka – Breitungen – Meiningen – Themar – Hildburghausen. Die Infanterievorposten in der Linie Mar ksuhl – Etterwinden. Drei Vorhuten unter General Winning bei Eisenach, Gotha und Erfurt. Das Gros bei Wanfried, Mühlhausen, Langensalza, Tennstädt, Dingelstädt und Orschel.

Die Vorposten wurden allmählich von denen der Hauptarmee abgelöst, sodass sich am 7. Oktober der linke Flügel der Rüchel'schen Vorposten bei Altenstein befand. Das Gros bewegte sich vom 5. Oktober an langsam nach Eisenach, wo es sich am 7. Oktober befand. Hier bestand Rüchels Korps aus den folgenden Einheiten:

Infanterie-Regt. „Tschammer", Nr. 27 (Magdeburgische Inspektion, Garnison: Stendal, Gardelegen)

Infanterie-Regt. „Alt-Larisch", Nr. 26 (Berlinische Inspektion. Garnison: Berlin)

Infanterie-Regt. „Tschepe", Nr. 37 (Südpreuß. Inspekt., Garnison: Fraustadt, Lissa)

Infanterie-Regt. „Treuenfels", Nr. 29 (Niederschles. Inspekt., Garnison: Breslau)

Infanterie-Regt. „Strachwitz", Nr. 43 (Niederschlesische Inspektion, Garnison: Liegnitz, Striegau)

Infanterie-Regt. „Winning", Nr. 23 (Berlinische Inspektion, Garnison: Berlin)

Infanterie-Regt. „Wedell", Nr. 10 (Westfälische Inspektion, Garnison: Bielefeld, Herford)

Grenadier-Batl. „Borstell"

Grenadier-Batl. „Hallmann"

Füsilier-Batl. „Bila", (Magdeburgische Füsilier Brigade, I. Batl., Garnison: Burg)

¾ Füsilier-Batl. „Kaiserlingk", (Magdeburgische Füsilier Brigade, III. Batl., Garnison: Hildesheim)

2 Kompanien Jäger

Husaren-Regt. „Köhler", Nr. 7 (preußische Inspektion der Kavallerie. Garnison: Kuttno, Konin, Lowal, Kollo, Slupce, Pionteck, Szadeck, Klodowa, Uniewo, Stawiszin)

I. Batl. „Pletz" Husaren, Nr. 3 (Oberschlesische Inspektion der Kavallerie Garnison: Bernstadt, Pitschen, Reichtal, Festenberg, Medzibor, Trebnitz, Oels, Wartenberg, Constadt, Juliusburg)

Kürassier-Regt. „Bailliodz", Nr. 5, (Pommersche Inspektion der Kavallerie Garnison: Treptow an der Rega, Cörlin, Greiffenberg, Dramenburg, Wollin).

Dragoner-Regt. „Katte", Nr. 4, (Pommersche Inspektion der Kavallerie, Garnison: Landsberg a. d. Warthe, Bärwalde, Woldenberg)

12 pfündige Batterie „Schäfer"

6 pfündige Batterie „Schienert"

½ 6 pfündige Batterie „Schmidt"

und die reitende Batterie „Heidenreich".

Am 8. Oktober hatte das Korps wahrscheinlich einen Ruhetag. Nach dem Befehlen vom 8. Oktober sollte sich die Hauptarmee am 9. Oktober bei Erfurt zusammenziehen. Rüchel sollte sich mit Blücher an die Hauptarmee heranziehen, aber den Engpass bei Eisenach besetzt halten. Ferner sollte er ein Detachment über Fulda auf Brückenau, Hammelburg und Würzburg vortreiben.

General Winning mit dem Infanterie-Regt. „Tschammer", 1 Jäger-Kompanie, 1 Batl. „Köhler" Husaren und der halben 6 pfündigen Batterie „Schienert" sollte bei Eisenach stehen bleiben. Das Detachment nach Würzburg unter General Pletz bestand aus dem Füsilier-Batl. „Bila", ¾ Füsilier-Batl. „Kaiserlingk", 1 Kompanie Jäger, 1 Batl. „Pletz" Husaren und der halben reitenden Batterie „Heidenreich". Rüchel selbst blieb mit den restlichen Truppen in der Nähe von Gotha stehen. Alle diese Pläne wurden dann aber wieder verworfen.

Am 11. Oktober marschierte das Korps durch Erfurt in die Nähe von Weimar. Rüchel nahm sein Hauptquartier in Erfurt. Am 12. hatte das Korps einen Ruhetag. Rüchel verlegte sein Hauptquartier von Erfurt nach Bechstedt Er erhielt den Auftrag sein Korps in einem Lager zusammenzuziehen um die Truppen schneller zu konzentrieren. Der Befehl kam aber nicht zur Ausführung. Dem General Winning befahl Rüchel, dem General Pletz den Befehl zu schicken, sich in Gewaltmärschen nach Vach zurückzuziehen. Für den 13. morgens wurde Rüchel zur Konferenz nach Weimar befohlen.

Folgende Disposition wurde vom Herzog von Braunschweig an Massenbach übergeben der diese dann an Hohenlohe übergeben sollte. Die Disposition hatte folgenden Inhalt:

Die Hauptarmee marschiert am 13. in einer Kolonne divisionsweise mit Intervallen von 2 zu 2 Stunden links ab, nach der Gegend von Auerstedt.

Am 14. nachdem abgekocht worden, schiebt sie eine Division nach dem Pass von Kösen vor, und marschiert hinter derselben wiederum links ab nach der Brücke von Freiberg, passiert daselbst die Unstrut und bezieht auf den dortigen Höhen eine Stellung, mit dem rechten Flügel an der Unstrut, mit der Front längs der Saale.

General Rüchel rückt von Erfurt über Weimar nach der Lehnstedter Höhe und bezieht mit seinem Korps die von der Hauptarmee verlassene Stellung.

Fürst Hohenlohe bleibt vor der Hand in seiner Stellung bei Jena, detachiert aber noch am 13. ein hinlängliches Korps nach Dornburg und Camburg, um die Hauptarmee während des Marsches gegen jeden unvermuteten Anfall in der rechten Flanke sicher zu stellen.

Befehl des Herzogs von Braunschweig vom 13. Oktober:

> Die Hauptarmee solle am 13. und 14. nach der Gegend von Naumburg marschieren und über die Unstrut gehen.
>
> Rüchel werde mit seiner Armee am 15. nach Weimar kommen und der Armee folgen.
>
> Hohenlohe solle am 16. folgen und die Nachhut von allen machen. Die Armee des Fürsten (Hohenlohe) solle selbst kein ernsthaftes Gefecht veranlassen, selbst den Feind nicht angreifen.

Da die Armee sich zurückzog sollte Hohenlohe nur die Nachhut der Armee bilden und jeden Gefecht aus dem Wege gehen. Rüchel begab sich von Bechstedt-Wagd, wo sein Korps stand, nach Weimar um seine Instruktionen für den Tag zu erhalten. Sie besagten das er mit seinem Korps in das von der Hauptarmee verlassene Lager rücken, die Verbindung mit dem Herzog von Weimar halten und demselben bei seinem Rückzuge aus dem Thüringer Wald unterstützen solle.

Seine auf der Frankfurter Straße vorgeschobenen Truppen sollten schleunigst zurückgerufen werden. Um die Verbindung mit dem Herzog von Weimar herzustellen, ordnete Rüchel zunächst an:

1. Truppen unter General Wobeser bestehend aus
   dem Füsilier-Batl. „Ernest"
   der Jäger-Kompanie „Kalkreuth"
   dem Dragoner-Regiment „Wobeser"
   und der ½ reitenden Batterie „Lehmann"

   Sollten die Gegend von Meckfeld, Klettbach, Nauendorf und Tonndorf besetzen.

2. Ein Detachment unter Rittmeister Dittmann sollte bis an die Ilm gegen Kranichfeld vorgeschoben werden. Das Detachment bestand aus:
   100 Pferden vom I. Batl. „Köhler" Husaren,
   80 Pferden vom Dragoner-Regiment „Wobeser"
   und 80 Pferden des Dragoner-Regiments „Katte".

3. Oberst Sellin mit dem I. Batl. „Köhler" Husaren sollte die Vorposten des Generals Blücher bei Mellingen ablösen.

Die Bagage wurde nach Schloss Vippach geschickt.

Das Korps Rüchel vereinigte sich im Laufe des Tages bei Bechstedt-Wagn und setzte sich endlich gegen 5 Uhr abends in March. Als Besatzung von Weimar wurden das Regiment „Treuenfels" und die Grenadier-Batls. „Hallmann" und „Borstell" in Weimar zurückgelassen. Nachts traf das Korps endlich auf dem Biwakplatz am Webicht ein. Es mangelte sehr an Lebensmitteln, Stroh und Brennholz. Der Adjutant Borke vom Regiment „Alt-Larisch" berichtet das folgende über diese sehr ungemütliche Nacht:

„Nachdem das Armeekorps in der Nacht zum 14. Oktober auf dem erwähnten Platze – der Lehnstedter Höhe – bei Weimar angekommen war, erwartete jedermann dass die Zelte aufgeschlagen, ein regelmäßiges Lager eingerichtet und vor allem Lebensmittel ausgeteilt werden würden. Die Bagage war uns gefolgt, die Brotwagen hofften wir entweder schon zu finden, oder mit jedem Augenblicke ankommen zu sehen. Dass am folgenden Tage eine Schlacht stattfinden würde, davon hatte man im allgemeinen noch keine Ahnung. Alle unsere Erwartungen wurden getäuscht. Der Befehl kam, die Leute könnten sich niederlegen und Feuer anmachen. Es war eine kalte Nacht, Mangel und

Hunger hatten bereits einen so hohen Grad erreicht, dass selbst die Sparsamsten auch nicht ein Stückchen Brot mehr besaßen und nur das Wenige, was die Markentender herbeischleppten, für teureres Geld zu haben war.

Den Begriff Biwak kannte kein Mensch und weder Offiziere und Soldaten vermochten sich darin zu finden die Nacht unter freiem Himmel liegen zu müssen, da wir doch die Zelte bei uns hatten. Noch unbegreiflicher war es, dass nicht für die notwendigsten Bedürfnisse, nicht einmal für Holz und Stroh gesorgt war. Es blieb indessen dabei. Kaum waren die Gewehre zusammengelegt, so loderten Tausende von Feuern auf, wozu ein in der Nähe befindlicher Lustwald und die schönen Pappeln der Chaussee das Holz hergeben mussten." Soweit der Bericht des Adjutanten Borke.

Nach Umpferstedt wurden die folgenden Einheiten vorgezogen:
Regiment „Tschepe", 3 Schwadronen vom Dragoner-Regiment „Katte" und eine halbe reitende Batterie. Zwei Schwadronen Dragoner-Regiment „Katte" wurden vorgeschickt um die Verbindung mit Hohenlohe herzustellen.

Auf Befehl des Königs wurde unter dem Grafen Götzen in Berka ein Detachment bestehend aus 6 Offizieren, 200 Pferden vom Kürassier-Regiment „Bailliodz" und dem I. Batl. „Köhler" Husaren zusammengezogen um eine besondere Expedition zu unternehmen.

Am 13. Oktober abends befand sich Rüchel im Biwak am Webicht bei Weimar. Hier im Lager waren die folgenden Einheiten anwesend:

Regt. „Alt-Larisch", „Tschepe", „Strachwitz", „Winning", „Wedell", „Schenk", das Füsilier-Batl. „Sobbe", das Kürassier-Regiment „Bailliodz"; drei Schwadronen des Dragoner-Regiments „Katte"; die Batterien „Schäfer" und „Kirchfeld", die reitende Batt. „Neander", eine halbe Batt. „Schienert", eine halbe Batt. „Schmidt" und eine halbe reitende Batterie „Heidenreich".

In Weimar befanden sich das Regiment „Treuenfels" und die Grenadier-Batls. „Borstell" und „Hallmann".

Bei Mellingen stand Oberst Sellin mit dem II. Batl. „Köhler" Husaren. General Wobeser stand mit dem Füsilier-Batl. „Ernest", der Jäger-Kompanie „Kalkreuth", dem Dragoner-Regiment „Wobeser" und der halben reitenden Batterie „Lehmann" bei Meckfeld.

Bei Kranichfeld stand Rittmeister Dittmann mit 200 Pferden des I. Batl. „Köhler" Husaren, 80 Pferden vom Dragoner-Regt. „Katte" und 80 Pferden vom Dragoner-Regt. „Wobeser".

Graf Götzen stand bei Berka mit 100 Pferden vom Kürassier-Regt. „Bailliodz" und 100 Pferden vom I. Batl. „Köhler" Husaren.

Der Herzog von Weimar mit seinem Korps stand noch bei Ilmenau, Pletz bei Hünfeld und General Winning bei Bach und Eisenach.

14. Oktober.

Rüchel hatte am Webicht bei Weimar biwakiert und Teile seines Korps waren fast bis nach Umpferstedt vorgeschoben. Die Entfernung von der Ost-Ecke des Webichts bis Kapellendorf beträgt 7 Kilometer. Nach heutigen Maßstäben wäre diese Entfernung in 1½ Stunden zurückzulegen. In 1806 war die Marschgeschwindigkeit doch bedeutend langsamer. Ein Durchschnitt von 2-3 Kilometer pro Stunde war die normale Marschleistung. Das heißt das Rüchel wenigstens 2 ½ Stunde für diesen Marsch benötigt hätte. Weitere Zeit in Anspruch nahm das Zusammenziehen der Truppen. Wie wir gesehen befanden sich ein Regiment und 2 Grenadier-Batls. noch in Weimar. Diese Einheiten mussten unterrichtet werden und mussten sich dann mit dem Hauptkörper vereinigen. Das natürlich brauchte Zeit. Rüchels Befehle besagten ja auch das an diesem Tage keine Schlacht geschlagen und das Korps Hohenlohe nur die Nachhut der Armee bilden sollte, um den Rückzug der Hauptarmee zu decken.

Ohne weiteres musste Rüchel schon gegen sechs Uhr die ersten Kanonenschüsse vernommen haben. Er hatte natürlich keine Ahnung was bei Jena vor sich ging. Wie schon erwähnt musste er Ordonnanzen zu den verschiedenen Truppenteilen schicken um sie zu unterrichten, was unternommen werden sollte. Hohenlohe's spätere Nachrichten ließen Rüchel auch weiterhin im unklaren, da die erste Meldung Hohenlohe's von einer erfolgreichen Schlacht sprach.

Kapellendorf, Großromstedt, Kleinromstedt

Wie wir wissen traf Rüchel erst gegen 14 Uhr bei Kapellendorf ein. Auch die später eingesetzte Untersuchungskommission konnte Rüchel keine Fehler nachweisen. Rüchel selber gibt uns einen Einblick in die Geschehnisse des 13. und 14. Oktobers. Er schreibt:

Noch an demselben Nachmittag (13. Oktober) beritt ich bis gegen Abend mein Terrain, und da die Truppen nicht eher eintreffen konnten, als in der Nacht, so trug ich meinem Adjutanten, dem sich in die Terrains so sehr schnell orientierenden braven Major von Brixen, auf, in Abwesenheit des Majors von Knesebeck, den man, so wie den Oberst von Scharnhorst zur großen Hauptarmee gezogen hatte, für diese Nacht nur die Truppen in Form eines offenen Quarrees an der Lisiere des kleinen Gehölzes bei Weimar bivouacquiren zu lassen, die Kavallerie aber teils gleichfalls auf dem Fleck, teils in einigen sehr nahe dabei liegenden Dörfern zu verlegen, die Stadt Weimar zu besetzen mit 2 Bataillons und eine Kette zu veranstalten zwischen Weimar und Jena. Ich begab mich persönlich nach Weimar in die Stadt, wo ich hörte, dass die Königin Majestät nebst Suite angekommen wären und hinterließ die Nachricht, wo ich zu treffen war nebst Befehl, alles und jedes Neue mir nach Weimar zu melden.

Bei der wachsenden Gefahr bat ich die Königin Majestät inständigst, nun abzureisen, um sich nicht in eine, bei den größten Vorsichtsmaßregeln, dennoch nicht zu berechnende Verlegenheit zu versetzen. Ihro Majestät nahmen meinen Vorschlag gnädigst an und ich entwarf nach der bei mir habenden Karte Allerhöchst dero Reiseroute und Quartiere, über Mühlhausen, die Chaussee von Seesen, Braunschweig und Magdeburg nach Berlin, auf dem Weimarer Schlosse in den Zimmern Ihro Majestät der regierenden Königin. Gegen Anbruch des Tages fehlten noch die nötigen Pferde für die Königin, weil die Armee alles zu dem Marsche gebraucht hatte. Ich ließ Haussuchung nach Pferden halten und ersetzte die fehlenden durch meine Eigenen. Ich ließ die Königin auf den ersten Stationen durch ein Kavalleriekommando zur eigenen Sicherheit begleiten und verfügte mich nach dem Biwak, wo die Truppen in der Nacht angekommen waren und nichts Neues vom Feinde eingelaufen war. Soweit General Rüchel selber. Ohne weiteres war die Sicherheit der Königin zu diesem Zeitpunkt die wichtigste Aufgabe Rüchels.

Bis zu diesem Zeitpunkt hatte Rüchel keine neuen Befehle vom Oberkommandierenden erhalten. Er musste im Falle einer Schlacht die Möglichkeiten abwiegen wie sein Korps am Besten eingesetzt werden konnte. Er konnte die Hauptarmee unterstützen, oder den Befehl des Herzogs von Braunschweig befolgen die Verbindung mit dem Korps des Herzogs von Weimar aufrecht zu erhalten oder aber Hohenlohe zu unterstützen.

Rüchel zog sein Korps im noch herrschenden Nebel zusammen und schickte Patrouillen aus, um von Hohenlohe Befehle einzuholen. Während dieser Zeit erreichte Gneisenau und der französische Parlamentär Rüchel. Er hielt weiterhin die Stadt Weimar besetzt und unterhielt eine Postenkette um die Verbindung mit dem Korps des Herzogs von Weimar aufrecht zu erhalten. Rüchel wollte wahrscheinlich im Falle einer Schlacht ein Lazarett in Weimar einrichten. Er formierte nun eine Avantgarde bestehend aus den „Köhler" Husaren, einer reitenden Batterie und dem Kürassier- Regt. „Bailliodz". Es folgten die Infanterie Regt. aus der Mitte abmarschierend einen genauen Abstand einhaltend um im Notfalle schnellstens aufmarschieren zu können. Den Abschluss machten Seitenpatrouillen und eine Arriergarde gleichfalls in sich aus der Mitte abmarschiert, die da zu gleicher Zeit, falls die Linie sich en Ordre de Bataille formierte, in zwei Teilen aufmarschieren und die Reserve bilden sollte. Eine Reserve hinter jedem Flügel.

General von Larisch befehligte die Linie unter Rüchel. Die Bataillone waren in Brigaden geteilt. Jede Reserve erhielt einen Brigadier die von General Rüchel instruiert wurden wie sie sich im Ernstfalle zu verhalten hatten. Die von Rüchel gewählte Aufstellung ermöglichte es den Truppen sich schnellstens bei einem Angriff oder Verteidigung nach allen Richtungen zu formieren. Nachdem die Generale und Kommandeure ihre Offiziere unterrichtet hatten wurde der Befehl zum Abmarsch in der erwähnten Ordre de Bataille gegeben. Der Marsch sollte bis in die Nähe von Frankendorf gehen, wo man neue Befehle erwartete. Hier ereignete sich das Treffen mit Massenbach auf das hier nicht weiter eingegangen werden soll. Hier traf auch die Nachricht Hohenlohes ein die Rüchel um Beistand bat.

Der Augenzeuge Borcke schildert den Morgen des 14. Oktober wie folgt:
„Die Nacht verging unter Hunger, Kälte und ungewohnten Mühseligkeiten. Jeder sehnte sich nach dem Morgen, in der gewissen Erwartung diesen Zustand verbessert zu sehen. Sagen konnte man sich unter diesen Umständen wohl, dass eine Katastrophe nicht fern sei. Aber man täuschte und betrog sich absichtlich selbst, ja es gab Leute unter uns, die so mit Blindheit behaftet waren dass sie, trotzdem bereits Blut zu unserem Nachteil geflossen war, und der Krieg uns auf den Fersen saß, die Franzosen weit weg, und selbst an die Möglichkeit der Einstellung der Feindseligkeiten glaubten. Andere, und zwar die Mehrzahl der jungen Offiziere, die den Krieg leidenschaftlich wünschten, dachten sich die Sache so leicht, das es nur des Erscheinens einer Armee gleich der unsrigen bedürfe die Franzosen zu paaren zu treiben.

Geringschätzigkeit und Hass hatten alle Gemüter, jung und alt, so eingenommen, dass die Generale und höheren Offiziere nie in einem anderen Tone von den Franzosen sprachen, als dass sie zusammengelaufenes Lumpengesindel seien, den von unserem braven König selbst und Männern von Ruf angeführten Truppen unter keiner Bedingung Stand halten könnten, und wie bei Rossbach zum Teufel laufen würden. So sehr war man irre geleitet von dem falschen Wahn, so umnebelt von den blinden Vertrauen und Selbstüberschätzung, dass diese Meinung zur Gewohnheit geworden war, und ich es keinem hätte raten mögen öffentlich eine andere auszusprechen.

Noch war es dunkel als Kanonendonner von Jena her den verhängnisvollen Tag verkündete. Ein kalter dichter Nebel befeuchtete die Erde und umhüllte die Gegend, das ersehnte Morgenlicht war noch nicht durchgebrochen, als Alles wie in Folge eines elektrischen Schlages aufsprang und zu den Gewehren eilte.

Das stärker werdende Geschützfeuer schien sich bald zu nähern, bald zu entfernen, es war kein Zweifel mehr dass die Schlacht begonnen hatte. Endlich teilte die Sonne die dicken Nebelwolken und brach im schönsten Glanze hervor, die einzige Wohltat, welche sie uns an diesem unglücklichen Tage erzeigte war, dass sie uns die erstarrten Glieder erwärmte, sodass wir Ungemach und Hunger zeitweise vergaßen. Schillers Reiterlied ertönte aus tausend Kehlen. Die Starken und die es vorgaben zu sein, ermunterten die Schwachen und Verzagten.

Großromstedt mit Blick in Richtung Kapellendorf

So erwarteten wir jeden Augenblick den Befehl zum Aufbruch. Jetzt übersah man die Chaussee und bemerkte, dass während noch immer lange Reihen von Fuhrwerk aller Art nach Jena hinzogen, eine andere Masse in wilder Eile und Verwirrung von dort kam, um an unserem Lagerplatze vorüber nach Weimar zu fliehen.

Sehr bald, etwa zwischen 8 und 9 Uhr, erschienen in diesem mit jedem Augenblick wilder und wirrer werdenden Chaos unverkennbare Ausreißer und leicht verwundete, die mit und ohne Waffen in eiliger Flucht vorüberzogen. Auf ihren Gesichtern lag Bestürzung und Mutlosigkeit, kaum standen einzelne Rede wenn man sie anhielt. Fragte man sie aus, so vernahm man, dass es schlecht stehe, die Schlacht so gut wie verloren sei, die Kavallerie ihre Schuldigkeit nicht getan, und die Infanterie im Stich gelassen oder übergeritten habe, dass die Infanterie im Nebel gegen verdeckte Batterien geführt worden sei, und was dergleichen Redensarten mehr waren. Andere, und dies waren zumeist schwerer Verletzte, sagten das Gegenteil; es ginge Alles gut, die Franzosen wären schon so gut wie geschlagen und unsere Hülfe kaum noch nötig sein.

So sehr wir uns bemühten die üblen Eindrücke und Äußerungen den Leuten zu verbergen, gelang das doch nicht ganz, weil ihnen die Augen nicht verbunden werden konnten. Trotzdem sprach sich bei der Mehrzahl der ungeschwächte Mut und beste Willen aus, ja die meisten brannten vor Verlangen Sieg oder Unglück mit ihren Kameraden zu teilen, und zur Ehre dieses traurigen Tages sei es gesagt; der Geist des gemeinen Mannes war und blieb bis zum letzten Augenblick vortrefflich, ja in Anbetracht der vorangegangenen Entbehrungen bewunderungswürdig".

Es war gegen 10 Uhr morgens als sich endlich das Korps in Marsch setzte. Borcke berichtet weiter: „Das Korps marschierte in geöffneten Zügen aus der Mitte rechts und links ab (um en Eventail aufmarschieren zu können). Beide Teten marschierten in gleicher Höhe dicht nebeneinander. Der Marsch ging mehrere Stunden in der Richtung auf Jena, auf dem Terrain rechts der Chaussee in ganz langsamer Bewegung wie auf dem Exerzierplatz fort (für Borke kam die Bewegung langsam vor, da er beritten war). Die Bataillone mussten im Tritt und genauester Richtung, die Züge mit gehörigen Distanzen marschieren.

Von Zeit zu Zeit verbreiteten sich zwar widersprechende Gerüchte, die aber im Ganzen darauf hinaus liefen dass es gut stehe, und dass die Franzosen entweder schon geschlagen wären, oder nicht lange mehr Stand halten würden. Allein was die Augen bereits sahen, und was sich mit jedem Schritt vorwärts in immer größerem Maßstab enthüllte, sagte von dem allen das Gegenteil.

In dieser erkünstelten Haltung und Stimmung bewegten wir uns fort, als um 12 Uhr ein Adjutant des Generals Rüchel, welcher für seine Person vorausgeritten war, angesprengt kam und folgende, mit Bleistift geschriebenen Worte zur Mitteilung an das Korps brachte, welche Rüchel soeben von Hohenlohe erhalten haben wollte; „Eilen Sie General Rüchel den schon halb errungenen Sieg mit mir zu teilen, ich schlage den Feind auf allen Punkten."

Ich habe diese Worte mit eigenen Augen gesehen, die der General Larisch an der Tete seines Regiments aus den Händen dieses Adjutanten empfing. Wie der Blitz wurde diese Nachricht unter den Truppen verbreitet, die Offiziere und Soldaten mit Freude und lautem Jubel erfüllte. Von diesem Augenblicke an wurde der pedantische Schneckenmarsch des Korps' beschleunigt, ja es hätte nun fliegen mögen, denn Rüchel schickte Adjutanten auf Adjutanten, wütete und tobte, dass wir nicht kamen.

Es war 1 Uhr als die Spitzen unserer Kolonnen die Marschrichtung nach Jena änderten, die Chaussee überschritten und sich gegen Kapellendorf wandten. Noch konnten wir nichts vom Schlachtfelde sehen, ebenso wenig mit Bestimmtheit über den Stand der Dinge urteilen. Frohen Mutes, durch die empfangene Nachricht mit neuen Hoffnungen erfüllt, schritt der Soldat unter lautem Gesang vorwärts."

Soweit der Adjutant Borcke. Schon in dieser Beschreibung wird uns ein wichtiger Punkt mitgeteilt, der vieles erklärt warum das Korps Rüchels so lange brauchte um in Kapellendorf anzukommen. Wie Borcke erwähnt herrschte auf der Chaussee ein sehr reger Verkehr der es einem Armeekorps sehr erschwerte dort ungehindert zu marschieren.

Um 8 Uhr war von Kapellendorf aus der Leutnant Förster an Rüchel mit der Benachrichtigung abgeschickt worden, dass Hohenlohe angegriffen sei und dass er um Unterstützung bitte, worauf Rüchel auch hatte antworten lassen, dass er sogleich kommen werde. Förster kann also erst gegen 9 Uhr bei Rüchel eingetroffen sein. Um 10 Uhr trat Rüchel seinen March aus seinem Lager am Webicht an. Es muss ohne Weiteres angenommen werden das Rüchel diese 1 Stunde brauchte um seine zerstreuten Truppenteile zu sammeln, die Kavallerie und Artillerie mussten ihre Pferde satteln und die Kanonen anspannen. Auch in unserer heutigen Zeit vergeht eine bestimmte Zeit bis die Truppen ausmarschieren können.

An General Wobeser, der bei Meckfeld stand, schickte Rüchel die Nachricht seine Truppen bestehend aus dem Füsilier-Batl. „Ernest", Jäger-Kompanie „Kalkreuth", Dragoner-Regt. Wobeser und die halbe reitende Batterie „Lehmann" zu sammeln, nach dem Lagerplatz am Webicht zu marschieren und dort weitere Befehle zu erwarten.

Das Detachment bei Kranichfeld unter Rittmeister Dittmann bestehend aus 100 Pferden „Köhler" Husaren, 80 Pferden vom Dragoner-Regt. „Katte" und 80 Pferden vom Dragoner-Regt. „Wobeser" schien dort stehen geblieben zu sein oder verpasste die Vereinigung mit Rüchel. Den Oberst Sellin bei Mellingen mit 4 Schwadronen vom I. Batl. „Köhler" Husaren zog Rüchel an sich heran. Aus Weimar kommend vereinigten sich die Grenadier-Batls. „Borstell", „Hallmann" und das II. Batl. „Treuenfels" mit Rüchel. Das I.-Batl. dieses Regiments blieb in Weimar als Besatzung und das III.-Batl. blieb als Bedeckung des Artillerie-Parkes zurück. Am 1. Oktober 1806 hatte Rüchel den Befehl an die Infanterie Regimenter seines Korps erlassen die dritten Glieder herauszuziehen und davon ein drittes Bataillon pro Regiment zu formieren.

Kurz vor dem Abmarsch des Korps versammelte Rüchel alle Kommandeure und erteilte Ihnen die folgenden Instruktionen:

„Wenn ich aus der Mitte abmarschiere, hat das Regiment „Tschepe" den linken Flügel und dessen III. Batl marschiert en flane. Alle Regimenter marschieren „en Echelon" auf 100 Schritt Zwischenraum, eine Division in der Flanke. Im Defilee wird mit rechts und links um marschiert. Die drei Regimenter des rechten Flügels, so links abmarschiert sind, haben ein Peleton zur Seite, Patrouillen rechts.

Die Herren Generale disponieren die Schützen stets bei den Batterien (es ist hier ersichtlich dass die Schützen der Regimenter herausgezogen wurden). Sollte die Linie en Eventail formiert werden, so geschieht dies mit Ordnung und Geschwindigkeit aus der Mitte an. Die Armee wird, was die Hauptsache anbelangt, gewiss brav sein."

Wir haben jetzt viel über en Eventail, links oder rechts aufmarschiert gehört ohne dass wir uns ein richtiges Bild machen können was darunter zu verstehen ist. Hier soll nun kurz auf die Formierung eingegangen werden.

Man findet nun in der 1820 erschienen „Chronologischen Übersicht der Geschichte des Preußischen Heeres" von Hauptmann von Ciriacy, der 1806 Fähnrich im Regiment „Zweiffel" (Nr. 45) war, folgende Bemerkung: „Von sehr wesentlichen Einfluss konnte die Verordnung vom Jahre 1806 über den Gebrauch des dritten Gliedes zum Tirailleuren werden, wenn Zeit geblieben wäre, solchen nach seinem wahren Geist aufzufassen und auszubilden. Der Ausbruch des Krieges verhinderte dies. Nur wenige Regimenter machten am Tage der Schlacht an der Saale von ihrem dritten Gliede diesen Gebrauch. Unter diesem gehört namentlich das Regiment „Zweiffel", welches fast nur aus Einländern (Bayreuth) bestand". Siehe dazu auch Regiment Nr. 32 „Hohenlohe" und Grenadier-Bataillon „Hahn".

Das Reglement von 1788 zählt eine ganze Reihe von Entwicklungsmethoden auf. Vorausgeschickt sei, dass jeder Übergang aus der (Marsch)Kolonne zur Linie im 18. Jahrhundert „Aufmarsch" heißt, sei es nach vorwärts oder nach einer Flanke. Wenn eine Kolonne „rechts" oder „links aufmarschiert", so bedeutet das: sie schwenkt nach rechts oder nach links zur Linie ein, entwickelt sich also nach der Seite. Jeder Aufmarsch vorwärts in der Marschrichtung wird auch als „Deploiment" bezeichnet, gleichgültig, ob die hinteren Abteilungen im rechten Winkel oder auf schrägen Linien in die Höhe der Spitzen vorgezogen werden. Erst in der zweiten Hälfte des 18. Jahrhunderts beschränkte sich der Ausdruck „Deployieren" auf die Entwicklungen durch rechtwinkliges Vorziehen.

Dagegen hießen gegen Ende des 18. und in dem ersten Jahrzehnten des 19. Jahrhunderts alle Entwicklungen vorwärts auf schrägen Linien in der Armeesprache Aufmärsche en Eventail, da die auf solche Art nach vorwärts sich entfaltende Kolonne hierbei das Bild eines aufklappenden Damenfächers bot. Der entsprechende Ausdruck für das rechtwinklige Herausziehen beim Deployiren lautete „en Tiroir". Das Reglement von 1788 bezeichnet diese Entwicklung als Aufmarsch durch Herausziehen. Alle diese Ausdrücke aber werden gelegentlich noch lange durcheinander gebracht. Das „Herausziehen" heißt in der Hohenloheschen Instruktion von 1797 „Deployiren en Eventail. Dass der Fächeraufmarsch auch als „neue Art zu schwenken" oder als „Schwenkung mit gebrochenen Zügen" aufgefasst wurde, dass ferner beim Herausziehen die verschiedensten Arten der Diagonalbewegung, Travesierschritt, Marsch in halbrechts oder halblinks, Achtelschwenkung mit Zügen, Sektionen usw. angewendet, alle aber als „Ziehen" bezeichnet wurden, erhöht die Schwierigkeit, herauszufinden, was gemeint ist.

Bis zum Frühjahr 1743 wurde das Depolyiren durch halbe Wendungen ausgeführt. Diese Bewegungen wurden durch das sogenannte „Ziehen en front", einem Schrägmarsch ersetzt, wobei nur ein Fuß halbrechts oder halblinks, der andere aber geradeaus gesetzt wurde und die Schultern aber bei diesem Marsch gerade mit der Front blieben. Kommando: Zieht euch – rechts (links)! Der Soldat kam also mit zwei ausgeführten Schritten immer nur einen Schritt in der schrägen Marschrichtung vorwärts.

Bis 1809 ist dieser sogenannte Travesierschritt die gewöhnlichste Art der Diagonalbewegung geblieben, während der Marsch mit halbrechts und halblinks, so merkwürdig es klingt, vor etwa 1800 gar nicht in Gebrauch war. Er kommt in der Instruktion von 1798 noch nicht vor, dagegen im Hohenloheschen Reglement von 1803 und im Kommandobuch 1804. Die aufmarschierenden Abteilungen bewegten sich hierbei zwar nicht mehr im rechten Winkel, sondern in schrägen Linien, aber die Spitze musste wie bisher halten oder ganz kurz treten, die Bewegung war zu langsam und schwerfällig, als dass eine in steter Vorwärtsbewegung bleibende Kolonne sich so entfalten konnte. Der taktische Erfindungsgeist erklärte sich also noch nicht als befriedigt und im Sommer 1748 erscheint für den Aufmarsch in der Vorwärtsbewegung ein neues Verfahren, der später so genannte Eventailaufmarsch, wie er noch bei Jena und Auerstedt angewandt worden ist.

Auf das Kommando „Aufmarschiert! Schwenken dabei sämtliche Züge 1/8 links (beim links abmarschierten Bataillon 1/8 rechts), Kommando der Zugführer: Rechte (linke) Schulter vor! Der vorderste Zug bleibt langsam im Marsch, der Zweite schwenkt, sobald er am ersten wieder vorbei ist, wieder 1/8 geradeaus und setzt sich neben ihn, ebenso der Dritte neben den Zweiten usw. Die ganze Bewegung regelt sich dadurch, dass jeder Zug während des „Ziehens" (d.h. hier also Frontmarsch in der schrägen Richtung) mit seinem rechten Flügel hinter dem linken Flügel des Vorderzuges folgt, bis dieser geradeaus schwenkt. Wie viel leichter und schneller dieses Herausziehen gehen musste als das unbequeme „Ziehen en front", ist ohne weiteres ersichtlich. Für die Entwicklung größerer Kolonnen in dieser Art setzen die Instruktion für die Generalmajors vom 14. August und der Reglementsanhang vom 12. Dezember 1748 fest, dass dann in der hergebrachten Stufenfolge, also nicht sofort aus Peletons zur Linie, sondern zunächst in Divisionen aufmarschiert werden sollte: diese schoben sich sogleich abermals mittelst Schulterdrehung so weit nach der Aufmarschseite hinaus, das jede folgende von der vordersten Division noch um einige Rotten überflügelt wurde. Diese lange Staffellinie von Divisionen marschierte dann in halbe Bataillone auf, die sich auch sogleich bis auf einige Rotten seitwärts herausschoben. Die Zwischenstufe der Halbbataillone wurde oft fortgelassen und aus der Divisionsstaffellinie sogleich in Bataillonsechelons übergegangen. Sie bietet der feindlichen Artillerie kleinere Ziele als das ältere Deployieren. Das Vorgehen in Staffeln war ein in den Schwächen der linearen Kampfweise sachlich gegründeter Notbehelf, diese nach der Tiefe zu gliedern, die nicht angelehnte Flanke, nötigenfalls beide Flanken (Korps Rüchel) zu sichern und so zwei Hauptschwächen der alten Taktik nach Möglichkeit auszugleichen.

Stellt man sich nun eine große Kolonne von vielen Bataillonen vor, die sich in der oben geschilderten Weise von 1748 in Schlachtlinie setzen soll, so tritt doch die Künstlichkeit des ganzen Aufbaues deutlich zu Tage. Jede folgende Abteilung ist in ihren Bewegungen von der nächstvorderen abhängig; die fünf bis sechs überflügelnden Rotten jeder Division bilden gleichsam das verbindende Kettenglied. Jede Unordnung und Schwankung muss sich fortpflanzen, Zerreißen oder Gedränge sind schon unausbleiblich, wenn die langsam geradeaus marschierende Spitze nur wenig nach rechts oder links von ihrer Marschrichtung abweicht. Der Aufmarsch größerer Massen in der beschriebenen Weise ist daher nach einigen Jahren durch neuere Entwicklungsformen abgelöst worden. Dagegen hat sich die Entfaltung des einzelnen Bataillons durch Herausziehen der Züge mittelst Achtelschwenkung, en Eventail, bis 1806 erhalten. Die in der Marschkolonne hintereinander befindlichen Bataillone folgten in späterer Zeit beim Aufmarsch einfach in Kolonne dem letzten Zuge des nächstvorderen Bataillons und „eventaillierten" dann jedes für sich. Nach dem Aufkommen der Sektionseinteilung wurde ebenso aus der Sektionskolonne mittelst Achtelschwenkung der Sektionen en Eventail aufmarschiert. Neben dem Korps Rüchel sind die Regimenter der Divisionen Wartensleben, Schmettau und Oranien bei Auerstedt so aufmarschiert.

Noch sei bemerkt, dass dieselbe Achtelschwenkung mit Sektionen auch für die

Diagonalbewegung aufmarschierter Linien seit Ende der 1780er Jahre anstelle des Ziehens im Travesirschritt immer häufiger wurde. Dies ist in den Gefechtsberichten von Jena mehrfach vorkommende „Ziehen mit Sektionen" oder „Ziehen im Avancieren".

Endlich ist zu erwähnen, dass die sogenannte „Schwenkung mit gebrochenen Zügen" oder „neue Art zu schwenken" nichts weiter ist als ein Eventailaufmarsch aus geöffneter Zugkolonne. Seit dem 1770er Jahren (Graf Schmettau, Institions von 1773, Regimentsanhang 1779) veränderte nämlich ein Bataillon oder Regiment die Front gewöhnlich nicht mehr durch einheitliche Schwenkung der Linie, sondern es schwenkte aus der Linie mit Zügen vier Schritte rechts oder links und marschierte dann aus der so entstandenen Halbkolonne en Eventail in der neuen Front auf. Während dieses Manöver wurde sogar, in der Annahme eines mittlerweilen erfolgenden Kavallerieangriffs, mit Peletons gefeuert.

Nun aber zurück zum Korps Rüchel. Um 10 Uhr marschierte also das Korps Rüchel von seinem Lagerplatz in folgender Formation ab:

Vorhut:
> Kürassier-Regt. „Bailliodz"
> 3 Schwadronen „Katte" Dragoner,
> 3 Schwadronen „Köhler" Husaren
> und die reitende Batterie „Neander".

Linke Kolonne	**Rechte Kolonne**
Regt. „Strachwitz"	Regt. Alt-Larisch
Regt. „Tschepe"	Regt. „Winning"
Füsilier-Batl. „Sobbe"	Regt. „Wedell"

Reserve

Linke	**Mittlere**	**Rechte**
Regt. „Schenk"	Grenadier-Batl. „Borstell"	II. Batl. „Treuenfels"
1 Schw. „Köhler" Husaren	Grenadier-Batl. „Hallmann"	30 Pf. „Bailliodz" Kürass.
Batterie „Schäfer"		Batterie „Kirchfeld"

Wenig ist bekannt über die weitere Verwendung der restlichen Artillerie des Korps, der halben Batterie „Schienert", halben Batterie „Schäfer" und der halben reitenden Batterie „Heidenreich".

In der Gegend von Umpferstedt erhielt Rüchel von Hohenlohe eine zweite Aufforderung zu Hilfe zu kommen. Als er Frankendorf erreichte muss hier Massenbach auf Rüchel gestoßen sein. Was sich wirklich bei diesen Treffen zwischen Rüchel und Massenbach abspielte ist schwer feststellbar. Wenigstens zwei verschiedene Versionen dieses Treffens sind überliefert. Zu diesem Zeitpunkt war die Schlacht schon verloren, die Reste der Division Grawert auf der Flucht. Rüchel als ein guter Offizier musste also wissen das ein Angriff seines Korps die hier gefallene Entscheidung nicht mehr rückgängig machen konnte. Aus militärischer Sicht hätte er hier eine Auffangstellung hinter dem Werlitzgraben und auf den westlich derselben gelegenen Höhen aufbauen müssen um den Rückzug der geschlagenen Armee zu decken. Er wäre dann nicht durch Kapellendorf vorgegangen, um die Franzosen anzugreifen. Als erfahrener Offizier wäre er zu diesem Entschluss gekommen. Wie wir wissen war dies aber nicht der Fall. Warum ist aber Rachel zum Angriff vorgegangen? War es die Nachricht von Massenbach die Rüchel veranlasste diesen Angriff vorzutragen?

Grenadier vom Regiment Winning

Was für eine Person und Führer war nun Rüchel? Eine Frage die sehr schwer zu beantworten ist. Zeitgenössische Berichte schildern Rüchel als eine besonnene Person. Hardenberg hielt Rüchel für den Mann der am meisten befähigt und berufen gewesen wäre, an der Spitze des ganzen Heeres zu stehen. Blücher zählt ihn unter die „kraftvollsten Diener" des Königs. General von Hüser, der seine Bekanntschaft im Jahre 1805 im Hauptquartier zu Gotha gemacht hat, zeichnete Rüchel in seinen Denkwürdigkeiten auf: „Der Herzog von Braunschweig war abwesend, und der General Rüchel führte unterdessen das Kommando. Dieser machte mir den Eindruck eines sehr tüchtigen und bedeutenden Mannes. Er hatte etwas Imposantes, und alle seine Befehle waren bestimmt und sachgemäß. Rüchels Ansehen war vor 1806 ein Ungewöhnliches. General von Reiche erwähnt, dass namentlich alle jüngeren Offiziere seine warmen Verehrer gewesen seien. Der militärische Kalender von 1797 hatte ihm schon eine ausführliche Biografie gewidmet und ein Zeitgenosse zog aus dem dort Erzählten den Schluss, das Rüchel „bei glücklichen Kombinationen der Dinge es zum höchsten Rang unter den besten Feldherren aller Zeiten werde bringen können."

Minutoli der Rüchel in dienstlichen Stellungen genauer kennen gelernt hatte, schildert denselben als einen zwar absonderlichen, aber doch sehr bedeutenden Mann. Er erwähnt seinen scharfen Verstand, seinen Geist, durch den er den Mangel an positiven Kenntnissen ersetzte, eine gewisse Anmut in Ton und Haltung sowie eine natürliche Beredsamkeit. Auch seine trefflichen menschlichen Eigenschaften werden von Zeitgenossen gerühmt.

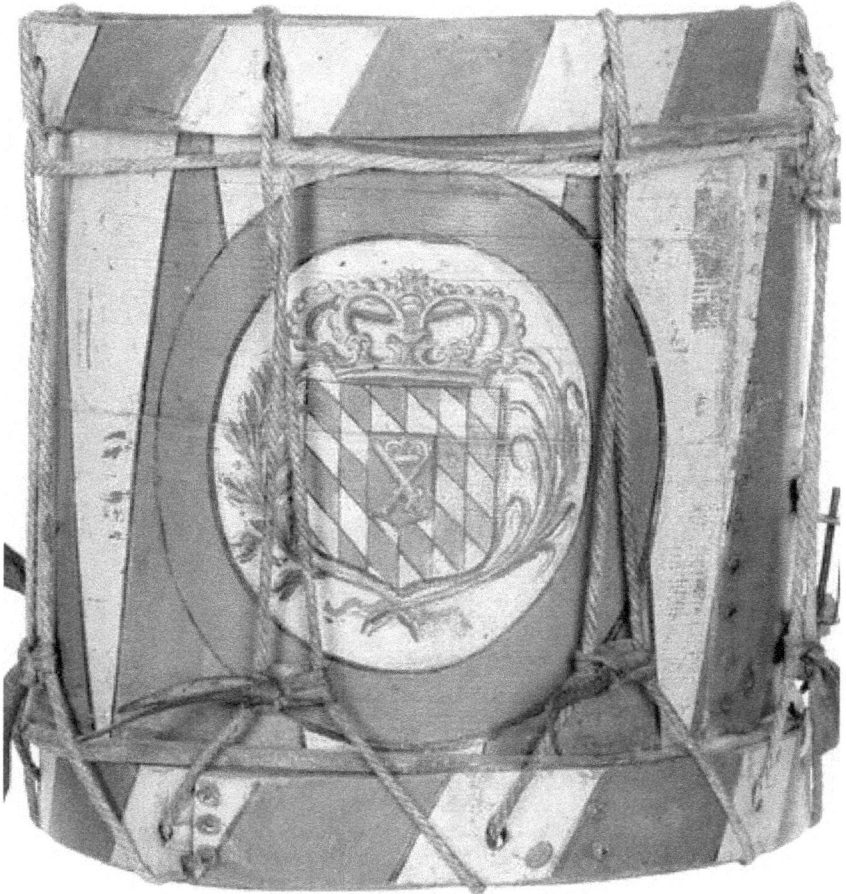

Bayerische Trommel, wie schon erwähnt beteiligten sich bayerische Truppen am Einmarsch in Thüringen an der Seite Napoleons

Die weniger vorteilhaften Meinungen, wie die Henckel von Donnersmarcks, sind von Fernerstehenden ausgegangen. Rüchels Widersacher und die Pamphletisten aus der Unglückszeit sprechen von seinen Eigenschaften mehrfach mit Respekt. Sein inneres

Feuer riss selbst die Leute fort, denen er nicht sympathisch war. Die glänzende Eigenschaft Rüchels war die Energie seines Gemüts. Er gehörte jedenfalls zu den seltenen Männern, die über die große Menge eine natürliche und unbedingte Herrschaft üben. „Alle Mängel ersetzte sein heller lebhafter Geist und die Dreistigkeit, von allem, was er wusste, Gebrauch zu machen, sowie in allem sich leicht zurechtzufinden.

Dass er auch empfänglichen Sinnes war und den Neuerungen durchaus nicht so widerstrebte, als man ihm nach seinem Falle zuschrieb. Die Verehrung und Freundschaft Gneisenaus und Blüchers, die sich bis in Tage fortsetzte, da diese Männer auf der Höhe des Ruhmes standen und Rüchel fast vergessen war, sprechen für ihn. Scharnhorst sagte am 16. April 1806 in einem politisch höchst merkwürdigen Schreiben an den General: „Wir haben noch immer Hoffnung genährt, dass Euer Exzellenz statt der ersten militärischen Stelle im Osten die im Westen erhalten würden", und weiter: „Ich wünsche für den preußischen Staat nichts dringender als Ihre fernere Gesundheit – die Zeit wird unerwartet kommen, wo uns nur edle, tapfere, einsichts- und energievolle Männer retten können." Dem „seltenen Patriotismus und der Klugheit" Rüchels hatte er schon vorher seine Anerkennung gezollt. Clausewitz beurteilt Rüchel nicht allzu günstig bezüglich der Übung seines Denkvermögens, aber er rühmt doch zahlreiche treffliche oder wenigstens soldatische Gaben an ihm: die Lebhaftigkeit des Geistes, die dem Scheidewasser ähnliche Behemenz des Charakters, die kühne Zuversicht, die Fähigkeit des Enthusiasmus, die Offenheit und die ausgezeichnete Bravour. Kecker, feuriger Entschluss belebten ihn. Er gehörte freilich zu den unbedingten Anhängern dessen, was man unter Taktik des großen Königs verstand. Seiner Überzeugung nach konnte man mit preußischen Truppen immer noch, wenn man es nicht an Mut und Energie fehlen ließ, alles über den Haufen werfen, was aus der unsoldatischen französischen Revolution hervorgegangen war. „Man hätte den General von Rüchel eine aus lauter Preußentum gezogene konzentrierte Säure nennen mögen.

An Erfahrungen fehlte es ihm ebenfalls nicht. Schon in den dreißiger Lebensjahren war er am Rhein zu einem selbstständigen Kommando gelangt. In den sechs Jahren von 1787 bis 1793 stieg Rüchel vom Kapitän zum Generalmajor auf. Mit einer solchen Geschwindigkeit ist naturgemäß die Gefahr der Entgleisung verbunden. Sie hat gewiss dazu beigetragen, Rüchels ohnehin schon hohes Selbstvertrauen noch zu vermehren, ihn zur Geringschätzung seiner Gegner zu verleiten. Die zahlreichen Anekdoten, die davon erzählt werden, sind sicherlich zum größten Teil hinterher erfunden. Wenn aber ein wahrer Kern darin liegt, so kann dies nur sehr begreiflich erscheinen. Hatte man doch gerade ihn bereits als den ebenbürtigen Gegner Napoleons öffentlich bezeichnet. Ohne Zweifel war er bei manchen Schattenseiten doch ein ungewöhnlich begabter Soldat. Hätte ein solch begabter Soldat vom militärischen Standpunkt aus diesen Angriff unternommen?

Nun aber zurück zum Treffen zwischen Massenbach und Rüchel bei Frankendorf. Höpfner in seinem Buch schreibt dazu folgendes. Bei diesem Treffen soll Rüchel Massenbach gefragt haben, wo er den Fürsten (Hohenlohe) helfen könne. Darauf soll Massenbach geantwortet haben „Jetzt nur durch Kapellendorf". Hiernach hätte also Massenbach Rüchel zum Angriff durch den beschwerlichen Engpass durch Kapellendorf aufgefordert.

Massenbach's Version hört sich natürlich etwas anders an. Er sagt das Folgende: „Ich erhielt vom Fürsten den Befehl zum General Rüchel zu reiten und ihm zu melden wie es bei uns stehe, nämlich, dass wir geschlagen wären und nur wünschten, Seine Exzellenz möchten uns aufnehmen und unsere Retraite decken.

Rüchel aber habe nur gefragt; Wo steht der Feind? Und indem ich ihm die schwarzen Linien des Feindes auf den gegenüberliegenden Höhen zeigte, die Entfernung betrug die Weite eines Kartätschenschusses, habe er immer nur kommandiert: „Linke Schulter vor! Linke Schulter vor!"

Ob nun Massenbach glaubwürdig war ist schwer zu sagen. Es ist nicht sicher ob man von Frankendorf schon die feindlichen Truppen hätte sehen können. Von Frankendorf war die Entfernung doch bedeutend größer als Kartätschenschussweite. Auch der Befehl „Linke Schulter vor" kann hier nicht gegeben worden sein, denn die Truppen wären dann nach rechts marschiert und durch diese eingeschlagene Richtung wären sie nicht nach Kapellendorf gekommen.

Nach Erhalt der Nachricht, befahl er der Tete „Köhler" Husaren und „Bailliodz" Kürassiere durch Kapellendorf vorzugehen. Ohne den mindesten Aufenthalt passierte das Korps das Defilee von Kapellendorf und während des Marsche formierte sich alles im Geschwindschritt en Eventail und die Attacke aus der Mitte en Echelon, nachdem ein Bataillon der Reserve nebst einer Schwadron und einigen schweren Kanonen zur Deckung am Defilee auf dem rechten Flügel stehen blieb, ein Bataillon der anderen Reserve nebst einer Schwadron und einigen schweren Kanonen, um den linken Flügel zu decken, und ein drittes Bataillon unter Generalmajor von Schenk blieb versteckt hinter einer hohen Kuppe außerhalb Kapellendorf's zurück um das Korps zu decken.

12pfünder Kanone in Marschstellung

Tausende von Flüchtlingen zogen bereits vorüber. Die Reserve der Mitte wurde hinter Kapellendorf zurückgelassen. Die Reserve des rechten Flügels stand rechts von Kapellendorf hinter dem Werlitzgraben. Das Füsilier-Batl. „Sobbe" besetzte den Werlitzgraben.

Der Rest des Rüchelschen Korps ging durch Kapellendorf hindurch, um jenseits des Dorfes rechts und links aufzumarschieren. Die Kavallerie der Vorhut an der Tete. Die Füsilier-Bataillone „Rühle" und „Rabenau", welche in Kapellendorf gestanden hatten, sowie das Füsilier-Bataillon „Pelet", welches sich hier wieder gesammelt haben muss, schlossen sich dem rechten Flügel an.

Borcke ist einer der wenigen der das Passieren von Kapellendorf schildert. Er schreibt: „Kapellendorf bildet ein ziemlich beschwerliches Defilee, das nur mit schmaler Front durchschritten werden konnte. Die Teten beider Kolonnen mussten sich daher mit rechts und links um in Reihen setzen, und da solchergestalt nur 4 Mann nebeneinander marschierten, so verursachte der Durchmarsch durch Kapellendorf viel Aufenthalt. Außerdem war der Durchmarsch noch dadurch erschwert dass die Dorfstraße mit Kanonen, Wagen, Verwundeten, toten Pferden voll gestopft war, und diese Hindernisse erst aus dem Wege geräumt werden mussten. Die Artillerie konnte nur mit großer Mühe durchkommen. Nachdem die ersten Bataillone sich mit großen Schwierigkeiten durchgewunden hatten und nach und nach wieder in Zügen aufmarschiert waren, mussten sie um den nachfolgenden Platz zu machen, sehr lebhaft ausschreiten und erstiegen zuletzt, beinahe laufend, die hier befindlichen Höhen den Sperlingsberg. Auf den Höhen angekommen übersah man endlich das Schlachtfeld, entdeckte aber leider nur noch schwache Linien und Reste des Hohenlohe'schen Korps, sowie die feindlichen Massen in weiter Entfernung. Sowie die Bataillone den Berg erstiegen hatten, entwickelten sie sich rechts und links durch den Aufmarsch en Eventail, wobei wir schon mit schwerem Geschütz begrüßt und auch recht hübsch erreicht wurden."

Durch Borke's Augenzeugenbericht ist klar zu ersehen das beide Kolonnen durch Kapellendorf vorgingen und nicht wie einige Historikern behaupten, das eine der preußischen Kolonnen um Kapellendorf herummarschierte. Es geht auch hier klar hervor das die angreifenden Regimenter die Anhöhen ohne feindlichen Widerstand erstiegen hatten und weiter vorgingen.

An der Spitze marschierten die beiden Regimenter „Alt-Larisch" und „Strachwitz", welche in der oben beschriebenen Weise das Dorf passierten. Nachdem dies geschehen war, marschierten beide Regimenter, dass eine rechts, das andere links, als erstes Echelon auf, und obgleich dieser Aufmarsch nach erreichen des Plateaus bereits im heftigsten Kanonenfeuer stattfand, so geschah derselbe doch wie überall mit der größten Ordnung.

Links folgte als zweites Echelon mit 100 Schritt Abstand das Regiment „Tschepe" mit einer halben 6 pfündigen Batterie. Rechts als zweites und drittes Echelon die Regimenter „Winning" und „Wedell", denen sich die 3 Füsilier-Bataillone anschlossen.

In guter Ordnung, trotz ungeheuerer Verluste – Rüchel selbst war in der Brust verwundet worden, hatte sich aber die Wunde mit einem Taschentuch zugestopft – wurde so unter dem Feuer der französischen Batterien noch etwas Schritt avanciert. Der halben 6 pfündigen Batterie auf dem linken Flügel gelang es durch ihr Feuer den Feind nach dem Dorf Romstedt zurückzutreiben. Das II. Bataillon „Tschepe" schickte sich an dasselbe mit dem Bajonett zu nehmen, als der Wendepunkt eintrat.

Das Regiment „Tschepe" war, so wie die übrigen Regimenter des Rüchelschen Korps in 3 Bataillone eingeteilt und avancierte am 14. Oktober 1806 in der Schlachtordnung auf dem linken Flügel, nachdem es das Defilee von Kapellendorf en Echelon passiert hatte. Das I. Batl., bei welchem sich Major von Degingk befand und welches von Major von Münchow kommandiert wurde, geriet dadurch in Unordnung, dass der linke Flügel des Regts. „Strachwitz" vom Feinde zurückgetrieben wurde und sich auf den rechten Flügel desselben warf (I. Batl. Tschepe). Letzteres zog sich nunmehr zurück, während das II. und III. Batl., bei welchem der Generalmajor von Tschepe gegenwärtig war, den Feind aus dem Dorfe Romstedt vertrieben. Da aber der ganze rechte Flügel des Korps den Rückzug antrat, so mussten auch diese beiden Bataillone den errungenen Vorteil wieder aufgeben und bis an die Ilm zurückgehen, wo sie den Überrest des I.-Batl. mit den Fahnen unter Anführung des Kapitäns von Wolfframsdorf antrafen.

Den Angriff des Haupt-Echelons der Mitte befehligte Generalleutnant von Larisch. Er griff mit dem Regiment im Trabe die Hauptbatterie des Feindes an. Die nebenstehenden Truppen konnten nicht so schnell folgen und es entstand eine große Lücke zwischen dem mittleren Echelons und rechten Flügel. Diese Lücke wollte die feindliche Kavallerie ausnutzen um die preußische Infanterie des rechten Flügels anzugreifen. Rüchel zog eine seiner Division in die Flanke um die Lücke zu decken, ließ das Regiment „Winning" links ziehen und chargieren.

Der linke Flügel war im Begriff Großromstedt zunehmen und war schon in das Dorf eingedrungen. Wie wir gesehen haben blieben der linke und rechte Flügel hinter dem angreifenden Hauptechelon zurück. Da der linke Flügel Großromstedt erreicht hatte, musste der Hauptechelon bis auf die Höhe von Kleinromstedt vorgedrungen sein bis der Angriff durch das Feuer der französischen Hauptbatterie gestoppt wurde. General Baron de Marbot schreibt in seinen Memoiren dazu: „Ein Armeekorps unter General Rüchel gelang es unsere Kolonnen für eine gewisse Zeit zum Halten zu bringen".

Die preußischen Bataillone können nur noch wenige Hundert Schritt von der französischen Artillerie Linie entfernt gewesen sein, als sie auch von beiden Seiten von feindlicher Infanterie überflügelt wurden. Nach einem nur wenige Minuten dauernden Feuergefecht war der preußische Angriff zerschellt und das Ganze wälzte sich wieder zurück durch Kapellendorf. So hatte das Regiment „Winning" allein einen Verlust von 17 Offizieren und 674 Mann.

Die verfolgende französische Kavallerie konnte durch das wirksame Feuer der Truppen unter General von Schenk zum Halten gebracht werden. Dieses wirksame Feuer, zusammen mit dem Feuer der Artillerie der Reserve erlaubte es den Truppen sich durch Kapellendorf zurückzuziehen. Das Korps Rüchels versuchte sich ohne großen Erfolg wieder hinter Kapellendorf zu sammeln, gedeckt durch zwei 12 pfündige Batterien und 4 Grenadier-Batl. bei Franckendorf und Wiegendorf.

Nach dem Kriege wurde eine Kommission ernannt um zu klären welche Offiziere im Krieg versagt hatten. Auch Rüchel musste vor der Kommission erscheinen. Er sagte das folgende aus:

Ich erhielt den Befehl mit meinem Korps d'armee eine an der Armee näher liegende Position zwischen Erfurt und Weimar zu erwählen. Da ich der Meinung bin, dass man Festungen entweder rasiert oder besetzt, so sendete ich zur Verstärkung von Erfurt, dem Petersberge und der Cyriaksburg das Infanterie-Regiment Kurfürst von Hessen ab.

Mein Korps war kaum in den konzertierten Kantonierungen der Position zwischen Weimar und Erfurt eingerückt, wovon ich eben das Terrain beritten hatte; so erhielt ich den Befehl, unverzüglich nach Weimar zu kommen, darauf auch sogleich mein Korps mir bis Weimar folgen zu lassen.

Ich kam kurz vor Mittag dort an und fand alles in Bewegung; indem schon am selben Nachmittag die Armee des Königs in das Alignement auf Naumburg abmarschierte, um sich die Passage über die Saale zu versichern und die Communication mit der Elbe. Der Fürst von Hohenlohe blieb in der Gegend von Jena. Die bestimmten Befehle des Herzogs von Braunschweig für mein unterhabendes Corps d'armee bestanden in Folgendem:

Mich auf die Höhen bei Weimar, die von des Königs Armee entblößt wurden, zu postieren und Weimar mit zu besetzen: indem ich eine fliegende Verbindung zwischen mir und dem Herzoge von Weimar zu erhalten suchen möge. Meine bis gegen den Main vorgedrungene Truppen sollten nun wieder schleunigst zurückgezogen werden, in eben der Art als man dem Herzoge von Weimar denselben Befehl zugesandt hatte, sich aus dem Thüringer Wald ebenmäßig in Eilmärschen auf Weimar zurückzuziehen. Diesem Herzog von Weimar sollte ich zum Repli dienen bei seiner Ankunft, wie auch zu seiner Unterstützung auf den Fall der Not. Dieß war der eine Hauptbefehl dem der Herzog annoch die zweite Bedeutung zufügte: Es sei denn, dass mir von Sr. Majestät dem Könige, oder von ihm selbst anderweitige Verhaltungsbefehle zugesendet würden.[1]

In diesen Verhältnisse der Dinge zeigte ich demnach dem Fürsten von Hohenlohe meine Nachbarschaft an und meine Bereitwilligkeit, ihn, wo ich könnte, zu unterstützen. Meine Truppen wurden in den Marsch gesetzt und ich verordnete nach dieser veränderten Lage die Stationen meines Hauptlazarett und Fuhrwesens gegen die Chaussee, die sich mit dem Harz verbindet, und die Bagage des Korps unter der nötigen Bedeckung nach Schloss Vippach, nachdem ich unter meinen Truppen das

---

1) Der Befehl des Herzogs von Braunschweig war klar, die Unterstützung des Korps des Herzogs von Weimar. Kein Befehl der besagte Hohenlohe zu unterstützen.

hinreichende Brod, Fourage, Brandwein, kurz Lebensmittel verteilen ließ.

Noch an demselben Nachmittag beritt ich bis gegen Abend mein Terrain, und da die Truppen nicht eher eintreffen konnten, als in der Nacht, so trug ich meinem Adjutanten, dem sich in die Terrains so sehr schnell orientierenden braven Major v. Brixen, auf, in Abwesenheit des Major v. Knesebeck, den man, so wie den Oberst v. Scharnhorst zur großen Hauptarmee gezogen hatte, für diese Nacht nur die Truppen in Form eines offenen Quarrees an der Lisiere des kleinen Gehölzes bei Weimar bivouacquiren zu lassen, die Kavallerie aber teils gleichfalls auf dem Fleck, teils in einigen sehr nahe liegenden Dörfern zu verlegen, die Stadt Weimar zu besetzen mit 2 Bataillons und eine Chaine zu veranstalten zwischen Weimar und Jena. Ich begab mich persönlich nach Weimar in die Stadt, wo ich hörte, dass die Königin Majestät nebst Suite angekommen wären und hinterließ die Nachricht, wo ich zu treffen war nebst dem Befehl, alles und jedes Neue mir nach Weimar zu melden.

Am nächsten Tag ritt ich zum Bivouacq, wo die Truppen in der Nacht angekommen waren und nichts Neues vom Feinde eingelaufen war. Irgend jemand bemerkte mir, man höre Canoniren. Ich fragte: Wo? „Ja, es scheint an unterschiedenen Orten" und man zeigte mir mit dem Finger einen großen unbestimmten Halbkreis. - Mir fiel der Soupcon ein, den einige Offiziere von des Königs Armee den Morgen hegten vor der Schlacht, wie es auch leider wirklich der Fall war, als ob, was in dem Falle einer Action und in den Nichtglücken derselben die gefährlichste der Alternativen war, gegen Naumburg dem Könige die Kommunikation bereits genommen sein könnte. Zu gleicher Zeit aber rekapitulierte ich mir selbst den erhaltenen Befehl bei Weimar dem Herzoge dieses Namens zum repli zu dienen, oder, falls er litte, zu degagieren, indem es 3tens doch noch möglich werden konnte, dass der Fürst von Hohenlohe bei Jena meiner Mitwirkung bedürfte. Die Wahrscheinlichkeit, dass einer dieser Fälle vielleicht bald eintreffen könne, die Ungewißheit aber, welcher von diesen Fällen wahrscheinlich uns vom Schicksal zugeteilt sei, ließ mich auf Mittel sinnen, wie derjenigen Notwendigkeit, welche uns etwa davon zufallen möge, am Schicklichsten zu begegnen sei?

Hierzu schien mir der Zentralpunkt am Vorzüglichsten geeignet, wo von 3 Chausseen der Scheideweg nach Naumburg, Weimar und nach Jena ausgeht, als die drei einzigen Punkte die meine geteilte Aufmerksamkeit erforderten.

Ich konzentrierte meine Korps, sandte Patrouillen aus bei dem dicken Nebel, der das Auge und das Ohr behinderte, wiederholte dem Fürsten von Hohenlohe zum zweiten male, mir seine Befehle zu erteilen, falls er meiner Mitwirkung bedürfe, wie über sein eigenes Truppen-Korps, die da pünktlich erfüllt werden sollten. Ich sandte den Adjutanten Leutnant v. Pfuel, Regt. von Puttkammer, schleunig zu der Armee des Königs mit der Weisung, diesen Rapport an den König und an den Herzog zu machen, sich auf den Fall eines Engagements für seine Person nicht unnütz dem feindlichen Feuer bloß zu stellen, weil seine Bestimmung sei, zu beobachten, was dort vorginge, und die Befehle mir schnell zu hinterbringen, welche Sr. Majestät oder der Herzog etwa an mich erteilen mögen, weshalb er sich zum Relais einen Feldjäger auf dem halben Wege stehen lassen könnte. Darauf ließ ich augenblicklich die Generale und Kommandeure zusammenberufen und diktierte ihnen im Allgemeinen diejenige Disposition, wovon ich keine Copia habe, die sich aber annoch in den Händen von mehreren unter meiner Ordre gestandenen Offizieren befinden wird. Während dieser Zeit langte der damalige Captain, jetzige verdienstvolle Oberstleutnant v. Gneisenau mit einem französischen Parlamentär auf Befehl des Fürsten von Hohenlohe bei mir an, der Bestellungen vom Kaiser Napoleon an den König abzugeben vorgab.

Das eigentliche Wesen meiner Anordnungen bestand in folgenden Punkten:
Nach der Frage über den richtigen Empfang der Lebensmittel, der Revision der Munition und der Rekapitulation von dem neuen Standpunkt unseres Hauptlazaretts, des Fuhrwesens und der Bagage, behielt ich die Stadt Weimar besetzt und eine fliegende Chaine zur Observation auf dem rechten Flügel des Fürsten von Hohenlohe, desgleichen von Erfurt und dem linken Flügel des sich zurückziehenden Herzogs von

Weimar, zu dessen Repli ich in diesem Posten vorzüglich angewiesen war. Ich formierte eine Avantgarde aus den „Köhler Husaren und reitender Artillerie, darauf das Kürassier-Regiment von Bailliodz, dann die Linie aus der Mitte abmarschiert mit akkuraten Distanzen zum Aufmarsch in jedem Augenblick, Seiten-Patrouillen und eine Arriergarde, gleichfalls in sich aus der Mitte abmarschiert, die da zu gleicher Zeit, falls ich die Linie en Ordre de Bataille formierte, in zwei Teilen aufmarschieren und die Reserve bilden sollte, vorzüglich hinter jedem Flügel eine Reserve.

Der General Alt v. Larisch kommandierte unter mir die Linie. Die Bataillone derselben waren in ihre Brigaden geteilt. Jede Reserve erhielt ihren Brigadier. Dieselben wurden von mir zweckmäßig instruiert, um sich über die möglichen unterschiedenen einzelnen Fälle zu orientiren. In dieser Figur konnten sich die Truppen Angriffs- und Verteidigungsweise in allen Direktionen am schnellsten formieren; sie passte also am leichtesten für die Pluralite der mir noch unbekannten Fälle.

Sogleich als dies nur vollendet war und die Generale und Kommandeurs ihre unterhabenden Offiziere instruiert hatten, nahmen die Truppen das Gewehr in die Hand zum Abmarsch in dieser Ordre de Bataille nach dem Rendezvous, nehmlich dem Scheidewinkel der Chausseen, nach denen drei schon vorhin von mir erwähnten Direktionen. Daselbst sollten die Kolonnen das Gewehr abnehmen, solche zusammensetzen und im Bivouacq so lange verbleiben, bis dass irgendein Befehl, Requisition oder Rapport einen zweckmäßigen dezisiven Schritt gestatten. Kaum aber waren wir hierselbst angelangt, so schickte der Fürst von Hohenlohe und requirierte nun erst um meinen Beistand mit dem Ausdrucke, wenn ich nun könnte: so wäre ich ihm ein Freund in der Not.

Diesen Ausdruck mit diesen Worten vom Fürsten muss der Herr Oberst v. Massenbach schief verstanden haben, wenn er, unbekannt mit den Verhältnissen, als ein bloßer Rechenmeister von Glockenschlägen redet, sowie solche idealisch in seinem Kopfe sitzen, wenn derselbe in einer seiner gedruckten Broschüren, die er, wie er mir schreibt, zur Hülfe seiner eigenen Rechtfertigung so wie an dem ganzen Publico auch an die Königl. Hohe Immediat-Commission eingereicht hätte, sich darin ausgedrückt: einige Offiziere meines Korps hätten zu mir gesagt: man müsse einen Freund in der Not nicht sitzen lassen u.s.w., worauf ich aber nicht zu erwidern verstehe, als dass ich den Irrtum des Herren Obersten herzlich bedauere, indem ich gottlob noch nie in der Lage gewesen bin, bei den so vielen und mannigfaltigen Verhältnissen, in denen ich im Frieden sowie im Kriege gewirkt habe, zu meiner Pflicht ermuntert zu werden dürfen und dies am allerwenigsten gegen den Feind: sondern im Gegenteil, so bin ich von meinen Vorgesetzten mehrmals von projektierten Ernst-Angriffen zurückgehalten worden.

Auch bin ich bis jetzt von den Herren Offiziers der Armee noch mit so vieler Achtung und Vertrauen beehrt worden, dass wohl niemand eine Erinnerung der Art gegen mich wagte und ich auch nicht für mich hätte repondiren können, was mir persönlich mein Gefühl inspiriert haben würde, eine solche Insolenz auf dem Fleck nachdrücklich zu ahnden.

Meinen Adjutanten, dem damaligen Hauptmann v. Kleist und jetzigen Major v. Rüchel, trug ich auf, sofort in meinem Namen, nachdem schon ein Feldjäger an den Herzog von Weimar zuerst expediert war, ihm meinen Abzug von Weimar und meine Intention zu melden, nunmehr zum zweitenmale einen Reitenden abzusenden, den Herzog bei seinem Korps aufzusuchen und diesen Prinzen sofort von dieser Lage der Sache zu aventieren. Schade, dass die mir unbekannten Verhältnisse des Herzogs von Weimar Durchlaucht bei seinem Rückzuge einen Ruhetag in Ilmenau notwendig gemacht haben, ansonst es den Anschein hat, als ob dieses Korps durch verlängerte Märsche noch am Tage der Schlacht von Jena vielleicht hätte anlangen können. [1])

---

[1]) Es darf nicht vergessen werden das die preußische Armee an diesem Tag keine Schlacht schlagen wollte. Als Rüchel seine Anordnungen traf hatte er keine Ahnung was sich an diesem Tag abspielen würde. Er hatte keine Ahnung was vor ihm an Feind oder Freund stand.

Genug, in dem Augenblick der Requisition des Fürsten kommandierte ich an meine Kavallerie, der Téte von Köhler und von Bailliodz, ließ sie, nach dem Verlangen des Fürsten, auf Kapellendorf gehen und gab einen meiner Adjutanten, den der Kavallerie, den Rittmeister v. Borstel mit, nebst der Instruction, den Befehlen des Fürsten zu folgen oder den Feind ohne Rücksicht auf den Erfolg, da anzugreifen, wo ihm nur irgend beizukommen wäre.

Blick vom Sperlingsberg auf Kapellendorf

Meine Infanterie-Colonnen setzte ich in demselben Augenblick in einen sehr starken, vielleicht zu raschen Geschwind-Schritt, und in demselben sind wir geblieben. Die nötigen Detachments zur Sicherheit des Marsches zur Aufklärung und zur Wahrnehmung der Schluchten von Kapellendorf sind während dem Marsche herausgezogen. Ohne den mindesten Aufenthalt passierte das Korps das Défilé von Kapellendorf und während dem Marsche formierte sich alles in diesem nehmlichen Geschwindschritt en évantaille und die Attaque aus der Mitte en Echelon, nachdem ich ein Bataillon der einen Reserve nebst einer Eskadron und einigen schweren Kanons zu meiner Deckung am Défilé auf dem rechten Flügel stehen ließ. Ein Bataillon der anderen Reserve nebst einer Eskadron und einigen schweren Kanons, um den linken Flügel zu debordiren, und ein drittes Bataillon unter der Ordre des braven Generalmajors v. Schenk ließ ich mir zum Repli verdeckt hinter einer hohen Kuppe am Debouché des Dorfes für den Notfall, indem ich, unbekannt mit den Verhältnissen von Freund und Feind, nur durch diesen einzigen Hohlweg aus Kapellendorf nach der mir angewiesenen Direktion unter dem feindlichen Feuer defilieren konnte, und dieser Maßregel verdankte ich in der Folge die Möglichkeit, dass ich mein geschlagenes und durch ein einziges Défilé retirierenden Korps in dem Angesichte eines an Zahl so disproportioniert überlegenen Feindes und unter dessen sehr heftigem Feuer wieder formieren konnte.

Noch muss ich anführen, dass, als ich schon bei meinem Hinmarsch ziemlich nahe gegen Kapellendorf kam, ein Kurier von Sr. Königl. Majestät mit dem Befehl anlangte, wo möglich augenblicklich zu Ihrer Unterstützung auf Auerstedt zu kommen. Ich entgegnete: „Legen Sie mich Sr. Majestät zu Füßen und sagen Sie dem Könige: herzlich gern wollte ich zu Seiner Hilfe wo möglich fliegen, aber mit aller Bestimmtheit wäre dort die Action schon entschieden, wenn ich bei dieser großen Entfernung erst dorthin abmarschieren würde, hier aber wäre ich nahe an dem Feind, allwo der Fürst von Hohenlohe meinen Beistand dringend verlangt hätte; folglich habe es den Anschein, Se. Königl. Majestät vielleicht durch eine glückliche Action allhier mehr zu nützen, als durch einen bloßen Marsch dorthin. Ich wagte es also, den Feind hier aufzusuchen oder die Befehle des Fürsten zu vernehmen. Am Dorfe Kapellendorf begegnete mir mein Zensor, der Herr Oberst und General-Quartiermeister-Lieutenant v. Massenbach, und hinterbrachte mir, dass die Bataille für uns so gut als verloren sei. Ich fragte ihn: „Wo will der Fürst, dass ich ihm nütze?" er antwortete mir, jetzt durch Kapellendorf.

Blick auf Kapellendorf

Jenseits Kapellendorfs ersuchte ich den Obersten, mit mir vorzureiten, um mir nur den Feind und das Terrain in etwas zu rekognoszieren. Es war ein sehr dicker Nebel, wir ritten indes so nahe heran als tunlich. Ich bat den Obersten: Helfen Sie mir doch irgendeinen Punkt suchen, wo entweder eine Prise für mich ist oder eine feindliche Flanque zu sehen, mit dem Ausdruck: wo nur was zu machen ist, den Fleck wollen wir schon treffen. Es war aber keine Avantage für uns herauszusuchen möglich: denn wir fanden eine feindliche Fronte, so die unsrige bei weiten überflügelte, welches mich bestimmte, in meiner projektierten Attaque en Echelon aus der Mitte zu verbleiben, um nur die Flanquen nicht sobald preiszugeben und zu versuchen, ob man nicht in die Mitte der feindlichen Linien durchbrechen könne, wo ich denn hoffte, dass die zum größten Teil geschlagenen Truppen des Fürsten von Hohenlohe, wovon sich noch Infanterie und Kavallerie auf dem Camp de Bataille befanden, benebst den Fürsten à la Téte, sich vielleicht an mich anschließen und meinen Angriff unterstützen würde.

Diese Maßregel zum Angriff aus der Mitte ward ferner notwendig, weil das Terrain zwar anfangs der Zahl meiner Truppen noch einigermaßen angemessen war, sich aber mit jedem Schritt ausdehnte, den wir vorgingen, folglich unsere beiden Flanken die größte Aufmerksamkeit erforderten.

Der Schnelligkeit unserer Formation hat der Kaiser Napoleon selbst Gerechtigkeit widerfahren lassen. Den Angriff des Haupt-Echelons der Mitte befehligte der brave

Generalleutnant Alt v. Larisch. Er ermunterte seine Leute und griff am Ende mit dem Regimente im Trabe die Hauptbatterie des Feindes an, die in sehr großer Anzahl auf dieser rasierenden Pente douce ein mörderisches Kartätschenfeuer machten. Ich war selbst bei dieser Attaque. Die nebenstehenden Truppen konnten kaum folgen, so lebhaft stürmte alles vorwärts. Es entstand daher eine große Lücke zwischen dem mittelsten Echelon und rechten Flügel; ich sah feindliche Kavallerie dicht vor uns, die da jeden Augenblick einhauen konnte, weil bei unserer Schwäche weder Kavallerie noch Infanterie im zweiten Treffen existierte. Ich begab mich also eiligst auf diesen Punkt, setzte eine Division in die Flanque, um durch ein kreuzendes Feuer diese große Intervalle zu decken, und ließ das Neben-Echellon, mir däucht, es war das Regiment von Winning, links ziehen und chargieren, worauf ich mich wieder sogleich zur mittelsten Hauptattaque begab, bei welcher ich die große Lebhaftigkeit schätzen musste, mit welcher der brave General Alt v. Larisch die Hauptattaque leitete und ich glaube, wir würden in diesem Angriffe wenigstens temporell reussirt sein, wenn nicht außer dem, was wir vor uns hatten, neue feindliche Batterien die attaquirende Linie vom linken Flügel her enfilierten und dadurch in ein kreuzendes Feuer versetzten.

Ich persönlich ward in diesem Zeitraum in der Brust verwundet, wo die Kugel deshalb stecken blieb, weil außer der dicken Kleidung wider die Kälte ich grade an dem Orte nach meiner Gewohnheit eine Charte wie auch einige Stücke in Quadrat geschnittenes Papier eingesteckt hatte, um mit Bleifeder Befehle von Wichtigkeit zu erteilen, mithin die Kugel dieser Elastizität wegen nicht durchgedrungen war. Dahingegen war mein Pferd, so kurz darauf auf dem Fleck blieb, mehrere male durch und durch geschossen, wodurch ich nichts weiter als im Schritt reiten konnte, auch war ich nicht mehr im Stande verständlich und laut zu reden. Aber auch bei einer gesunden Leibes-Constitution hätte ich unter diesen Umständen schwerlich ferner reussiren können: ich hielt mir die Wunde zu und blieb bei den Truppen. Sie wichen endlich der Übermacht, und ich habe sie auch nicht Front zu machen befohlen, weil es notorisch unmöglich war, mit diesem schwachen Korps auf eine solche Art allhier durchzudringen. Der Herr v. Massenbach selbst, den ich seit unserer recognoscirung nicht wieder sah, lässt sogar in seiner Schrift diesen Angriff, wenn er auch leider nicht von glücklichem Erfolg sein konnte, einige Gerechtigkeit widerfahren.

6-pfündige Kanone

Der General v. Lettow, den ich zu mehreren malen selbst im Feuer mit einer rühmlichen Rastlosigkeit und Tätigkeit seine Truppen habe führen sehen und ermuntern, kam an mich herangesprengt und fragte, ob wir uns noch nicht wieder setzen wollten. Ich antwortete ihm aber: „Hier nicht, wohl aber hinter dem Défilé."

Sächsischer Offiziers Kürass

Die feindliche Kavallerie wollte endlich beim Défilé einhauen, da erschien aber der würdige General v. Schenk zum rechten Augenblick auf der Höhe aus seiner Embuscade und sauvierte durch sein wirksames Feuer die retirierenden Truppen. Er ist aber dabei, wie ich höre, im Kopfe schwer verwundet worden. Der Rückzug durch das Dorf selbst war, wie natürlich mit geschlagenen Truppen, pêle mêle, weil das ganze Korps nur diesen einzigen Hohlweg repassieren konnte. Außer dem lebhaften Feuer des Generals v. Schenk aber protegierte uns kräftigst die jenseits dem Défilé an Kapellendorf zu beiden Seiten platzierte schwere Artillerie.

Der Feind machte eine lebhafte Kanonade, die wir erwiderten. Ich befahl, das Korps sollte sich jenseits dem Défilé wieder formieren. Hierbei aber vermisste ich die in der

Armee sonst gewöhnlichen Disziplin und selbst den Respekt und die nötige Furcht des gemeinen Mannes vor dem Offizier auf eine für meine Empfindung sehr schmerzhafte Weise. Die Offiziere taten, was sie konnten, die höheren Generale, auch Stabsoffiziere nach ihren Kräften. Schwer aber würde diese Reformation in dieser dennoch notwendigen Nähe und unter dem feindlichen Feuer zu Stande gekommen sein, wenn ich nicht meine Adjutanten ausgesandt hätte, durch die Kavallerie die Marodeurs zurückzuholen und auf sie einhauen zu lassen. Die Formation kam zu Stande.

Meine körperlichen Kräfte nahmen wegen der starken Verblutung ein Ende. Des Feindes Kanonade ward still. Er kam trotz seiner Stärke mit keinem Schritt über das Défilé, wir hörten also gleichfalls auf zu canoniren. Ich ließ das Gewehr in den Arm nehmen und den General Alt v. Larisch zu mir rufen, an meiner Statt nunmehr das Kommando zu übernehmen. Meine letzte Instruction war folgende: Sie instruieren ihre Kommandeurs deutlich und sagen ihnen an, dass der Rückzug gemacht würde, in dem Alignement von hier auf Nordhausen und dem Harze zu. Für heute nur so weit, bis dass es dunkel ist, alsdann die Vorposten ausgesetzt und die Truppen mit dem Gewehr in der Hand verbleiben im Bivouacq.

Dieses Alignement müsste en gros gegen den rechten Flügel des Königs treffen, der bei Auerstedt war, den Sie aufsuchen und von ihm die ferneren Ordres erwarten könnten. Ihr Weg geht gerade auf den Kirchturm, den ich ihm mit dem Finger zeigte. Retirieren Sie bis dahin mit der Linie en échiquier, damit Freund und Feind sieht, dass noch Ordnung da ist. Die beiden Reserve-Bataillons am Défilé, die noch nicht viel gelitten haben, sollen in zwei Quarrés die Arrièregarde machen und den Rückzug ordnungsmäßig decken, wobei die reitende Artillerie verbleiben soll, nebst den Husaren von Köhler. Wenn Sie aber durch das Dorf mit dem benannten Kirchturm kommen, fallen Sie sehr schnell und nur so stark als möglich, damit sich hinten nichts stopfe, in Sections links, weil das Terrain etwas protegiert, und verfolgen diesen angegebenen Weg bis zum Könige.

Dies ward auch von dem General Alt v. Larisch pünktlich zu exekutieren angefangen, und ich trug dem Hauptmann v. Kleist, gewesenen Adjutanten des Prinzen Louis Königl. Hoheit, als einem sehr vernünftigen Manne auf, von dort die Tête der Kolonne zu führen, welcher es auch in der richtigen Direktion verrichtete, solange als solches nötig war.

Ich für meine Person ward mit Hilfe meines Wundarztes, des Stabs-Chirurgi Allerdt, der mit scharfen Spiritus die mich anwandelnde Schwäche aufhielt, in ein Bauernhaus eines Dorfes geführt, dessen Namen ich nicht mehr weiß. Dazu gesellte sich aus Freundschaft der General Graf Tauentzien, wie auch mein Brigademajor, der Rittmeister v. Bechtolsheim, um mich beim Verbande zu assistieren. Die Kugel ward glücklich aus der Brust gezogen, als aber mit ihr das Papier, Tuch und Pelz mit herausging, welches mit dem Schuss in die Wunde gedrungen war, strömte das Blut als eine Fontaine hervor, dass gar kein sondieren derselben stattfand und nur gewaltsam gestopft werden musste, die Verblutung zu hemmen.

Die freundschaftlichen Anwesenden hielten mich für tödlich verwundet, welches wohl zu der allgemeinen Sage meines wirklichen Todes Veranlassung gegeben haben kann. Aber völlig unwahr ist die Erzählung einiger französischer Blätter, als ob ein feindlicher General mir einen Chirurgus zugeschickt habe und ich also gleichsam als ein Gefangener mein Wort gebrochen.

Diese grobe Lüge sowohl, als wie auch einige französische Zeitungs-Anzeigen wider mich noch vor dem Ausbruch des Krieges, wie auch, dass ich mit unserer gnädigsten Königin Majestät zu Weimar militärische Operationspläne formiert hätte, da ich doch nur ein untergeordneter General war, ferner, dass ich die französischen Gefangenen in Königsberg malträtiert haben soll, für die ich - jeder Rechtschaffene ist Zeuge - grade im umgekehrten Verhältnisse die größte Sorgfalt also getragen habe, dass sogar einige russische Unverständige darüber jalour wurden, beweisen, dass ich bei diesem Feinde in keiner sonderlichen Gnade stehen muss, und einige Elende, wie es deren überall gibt, glauben wohl gar, Sr. Majestät dem Kaiser Napoleon den Hof zu machen, wenn sie von einem ehrlichen Mann ehrlos reden. Wenn man auch ein solch Geschwätz zu verachten die Kraft hat: so sollte es doch nicht so sein.

Preußisches Dragoner-Regiment No. 4 „von Katte"

Bericht des Regiments-Chirurgus vom Dragoner-Regiment von Katte (N0. 4)
Ich befand mich an jenem unglücklichen 14. Oktober mit dem Dragoner-Regiment von Katte im Bivouacq zwischen Weimar und Jena. Vormittags um 10 Uhr erreichte General Rüchel mit seiner Infanterie unser Bivouaq. Unser Regiment gehörte zu dessen Armee-Korps. Das Regiment „von Katte" und die reitende Batterie „Neander" erhielten den Befehl den Aufmarsch des Korps zu decken. Von meinen älteren Kollegen hatte ich beständig gehört, dass der Regiments-Chirurgus nicht vor der Front

der Armee sondern hinter derselben während einer Schlacht sich aufhalten müsse, deshalb ließ ich auch das Rüchelsche Korps, wozu ich gehörte, erst aufmarschieren und avancierte hinter dessen linken Flügel mit vorwärts, und hatte das Regiment von Katte nicht aus dem Gesichte gelassen.

Da aber bald sehr viele blessierte Offiziere und Gemeine des zersprengten Hohen - loheschen Korps zurückgebracht wurden, welche meine Hülfe forderten, und worunter ich mich noch den preußischen Obristen v. Erichsen und den sächsischen Major v. Bünau zu erinnern weiß, so verlor ich während dem Verbinden derselben das Regiment aus dem Gesichte. Sowie ich aber diese Blessierten verbunden hatte, ritt ich sogleich der vorrückenden Armee wiedernach, welche unterdessen durch einem Thale auf eine Anhöhe nahe bei einem Dorfe marschiert und mit dem Feinde bereits im Gefecht begriffen war.

Als ich der Armee nahe kam, wurde mein Pferd am rechten Hinterfuß durch einen feindlichen Tirailleur blessiert, jedoch hielt mir dieses nicht ab, weiter vorzugehen und die daselbst in Menge vorhandenen Blessierten zu verbinden, und ich wurde von so vielen umlagert, welche schreiend und wehklagend meine Hülfe verlangten, dass ich mich nicht eher um etwas anderes bekümmern konnte, als bis unsere Armee zurückgedrängt, und die feindlichen Kugeln einige bereits verbundene Blessierte von neuem verwundete und die übrigen, welche noch gehen konnten, auseinander sprengten. Nun retirierte ich mit der Armee gegen Weimar zurück, ohne etwas vom Regiment von Katte gesehen zu haben.

Links:

Unteroffizier   Dragoner Regt. No.5 „Königin"

Rechts:

Trompeter, Kürassier Regt. No. 6 v. „Quitzow"

159

Preußische reitende Artillerie im Vorgehen

Auerstedt

Hauptarmee Marsch nach Hassenhausen.

Am 13. Oktober wurde neben der Disposition der Armee auch eine besondere Disposition für die Hauptarmee erlassen. Sie lautete:

Die Armee wird eine retrograde Bewegung machen, teils um sich mit dem Herzog von Württemberg zu vereinigen, und teils um den Rücken wieder frei zu gewinnen.

Zu diesem Zweck bricht die Division Schmettau sogleich auf und marschiert nach Kösen. Ist dieser Pass nicht stark besetzt, so soll der General Graf Schmettau denselben erobern. Sollte er aber so stark besetzt sein dass dieser Zweck nicht zu erreichen ist, so soll die 3te Division bloß jenen Pass maskieren, damit die übrige Armee hinter selbiger weg nach der Unstrut marschieren kann.

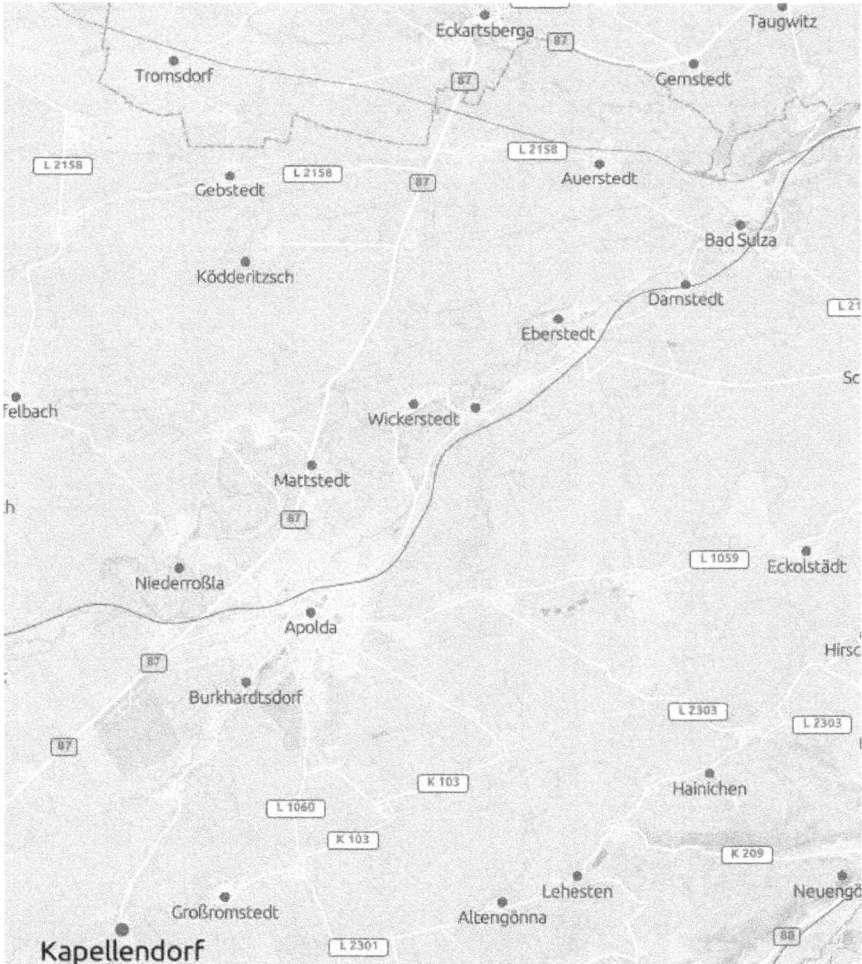

Kapellendorf - Auerstedt

Bei Oberndorf wird das Dragoner-Regt. der Königin zur Division stoßen, auch wird sie durch die weimarischen Jäger verstärkt werden.

Die übrigen Divisionen und die Reserve-Armee brechen eine Stunde später auf.

Der Fürst Hohenlohe bleibt vor der Hand noch stehen, damit der Feind von unserer

Bewegung nichts erfährt.

Bei Tagesanbruch sollte Graf Schmettau sich beim Herzog von Braunschweig einfinden um seine Befehle entgegen zu nehmen. Er traf aber erst gegen 9.30 dort ein. Dadurch verschob sich der Abmarsch seiner Division und die Division trat erst gegen 10.30 zum Abmarsch an. Dadurch verzögerte sich der Abmarsch der Armee und die letzte Division, Kunheim, konnte erst um 16 Uhr aufbrechen.

Die Spitze der Division bildete das Dragoner-Regt. „Königin" und die reitende Batterie „Graumann". Beide Einheiten gehörten zur Reserve-Division Arnim. Gegen 12 Uhr wurde Apolda erreicht und man konnte heftiges Gewehrfeuer vernehmen. Infolgedessen machte Schmettau halt. Major von Reibnitz vom Kürassier-Regt. „Heising" ging mit 150 Pferden von Oberroßla über Apolda vor und schickte von hier aus Offizierspatrouillen nach Dornburg und Camburg vor. Sie brachten die Meldung zurück das beide Orte nicht vom Feind besetzt wären. Die Division setzte daraufhin den Marsch fort.

Am frühen Morgen hatte Prinz Wilhelm auf Befehl des Prinzen von Oranien eine Patrouille nach Kösen vorgehen lassen, die aber noch nicht zurückgekommen war. Eine zweite Patrouille unter Leutnant von Böhmer vom Regt. Karabiniers traf zwischen Auerstedt und Kösen auf eine Feindliche, die geworfen wurde. Die Karabiniers machten dabei einen Gefangenen.

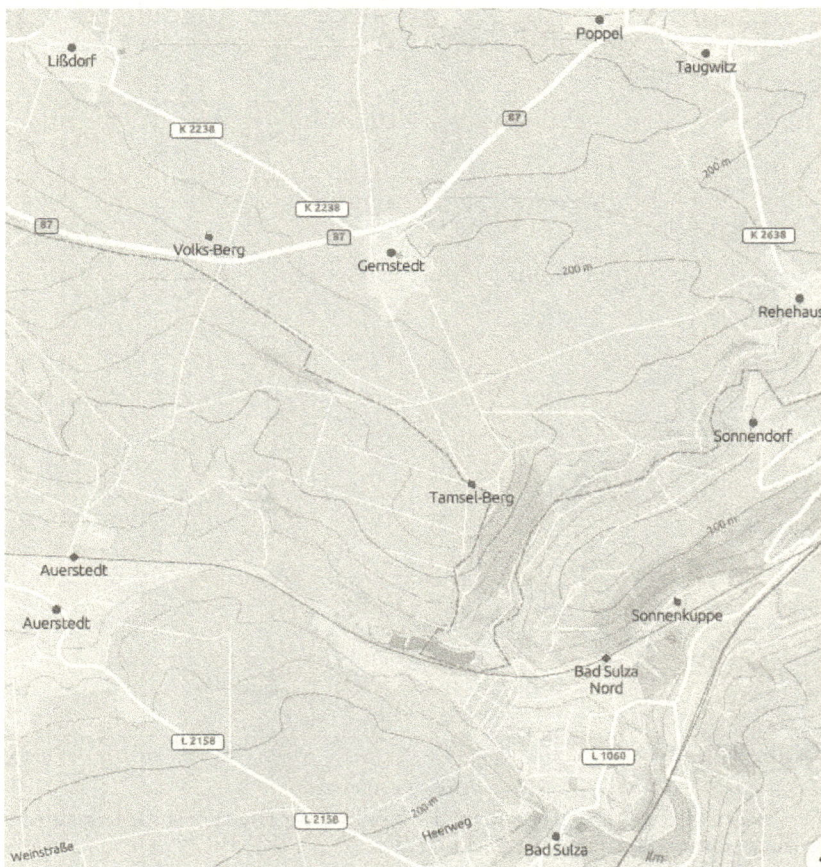

Auerstedt, Gernstedt, Poppel

Gegen 16.30 erreichte die Division Schmettau Auerstedt. Dem Befehle zufolge sollte die Division weiter nach Kösen marschieren, was aber nicht geschah. Schmettau bezog ein Biwak auf dem südlichen Hange der Höhen, die nördlich von Auerstedt aufsteigen. Die Front wurde gegen Gernstedt gerichtet bis wohin das Regiment „Königin" Dragoner vorgeschoben wurde. Die übrigen Divisionen gingen nicht durch Auerstedt, sondern bezogen ein Biwak südlich des Ortes. Die Reserve Divisionen erreichten Auerstedt zwischen 22 und 24 Uhr.

Der Tag begann sehr früh für die Truppen der Division Oranien. Ein Augenzeugenbericht gibt uns ein gutes Bild vom Ablauf des Tages. Er berichtet:

„Am 13. Oktober kam des Morgens um 3 Uhr der Befehl die Leute sollten sogleich abkochen und sich in einigen Stunden zum Abmarsch bereit halten. Gegen Mittag erfolgte der Befehl die Zelter abzubrechen und links auf der Chaussee nach Naumburg abzumarschieren.

Als die Bataillone auf dem Alarmplatz angetreten waren, wurden ihnen die Verordnung in Bezug auf die Verdienstmedaillen und ein Aufruf an die Armee vorgelesen. Da der Aufruf der Fassungsgabe der Soldaten nur wenig entsprach, so wurden auf besonderen Befehl die Bataillone noch von ihren Kommandeuren in enthusiasmierender Weise angesprochen, gleichfalls wurde Branntwein verteilt.

Ungefähr um 2 Uhr nachmittags erfolgte der Abmarsch der Division Oranien nach der Ordre de Bataille vom linken Flügel, die Infanterie links abmarschiert in Zügen, die Bataillonskanonen an der Tete der Bataillone. Bei Umpferstedt wurde Halt gemacht, da der Befehl zum Laden einging, und nach Ausführung dasselbe in starkem Tempo in Sektionen auf der Chaussee weiter marschiert. Kurz darauf fuhr Ihre Majestät Königin Luise an den Truppen vorbei, sie wurde mit Vivat und Jauchzen begrüßt – d.h. sie fuhr der Kolonne entgegen nach Weimar zurück."

Die Königin verließ am 13. Oktober die Armee, um jedenfalls auf dem direkten Wege über Halle, nach Berlin zurückzukehren. In Folge der eingegangenen Nachrichten muss man aber doch wohl zu der Überzeugung gekommen sein, dass dieser Weg zu gefährlich sei und sie kehrte deshalb nach Weimar zurück. Sie würde auf diesem Wege den Franzosen direkt in die Hände gefallen sein. Am 13. Oktober abends entwarf ihr Rüchel auf dem Schlosse in Weimar die Reiseroute nach Berlin auf dem Umwege über Mühlhausen, Braunschweig und Magdeburg. Am 14. Oktober früh verließ die Königin Weimar, als man bereits den Donner der Schlacht von Jena hörte.

Zurück zu dem Augenzeugenbericht der mit seiner Schilderung fortfährt.

„Ungefähr um 10 Uhr abends wurde der westlich des Emsbaches, südlich von Auerstedt abgesteckte Biwakplatz erreicht. Die Bataillone der Division Oranien wurden in einer Linie als zweites Treffen hinter der bereits stehenden Division Wartensleben aufgestellt.

Die Reserve Divisionen langten sehr viel später an und lagerten sich in regelmäßige Ordnung; einzelne Bataillone schoben sich zwischen die Wachtfeuer der früher eingerückten Truppen. Die Nacht war überaus dunkel, gegen Morgen fiel ein starker Nebel. Der Brigadekommandeur – Oberst von Lützow – blieb die ganze Nacht über zu Pferde, aus Besorgnis dass gichtische Schmerzen in dem Knie gebrochen, und schlecht geheiltem Beine ihn verhindern könnten, an dem entscheidenden Tage zu Pferde zu steigen."

Auf Grund der eingegangenen Nachrichten wurde noch am Abend im Quartier des Herzogs folgender Befehl für den kommenden Tag ausgegeben:

Die Armee setzt sich morgen mit Tagesanbruch nach der heutigen Marschordnung in Bewegung, die Division Schmettau marschiert nach Kösen weiter.

Die Kavallerie und Avantgarde dieser Division werfen sich rasch auf die feindliche Kavallerie.

Ihr folgt die 1te Infanterie Brigade, welche den Posten von Kösen nimmt. Ist es nötig, so unterstützt die 2te Brigade das Unternehmen.

Die diesseitigen Anhöhen von Kösen werden alsdann so lange durch die Division

Schmettau besetzt gehalten, bis die ganze übrige Armee dahinter weg, und über die Unstrut defiliert ist, worauf die Division ebenfalls abmarschiert, den Pass aber noch mit einem starken Detachment bis zur Ankunft der Truppen vom Hohenlohen'schen Korps besetzt hält.

Die 2te und 1te Division folgen hinter der Division Schmettau auf geradem Wege nach Freiburg, passieren die Unstrut und marschieren auf der Höhe der Randel nach Anweisung des Obersten Scharnhorst dergestalt auf, dass der rechte Flügel an Freiburg, der linke gegen Markröhlitz zu stehen kommen, Front gegen die Saale.

Die Packpferde der drei Divisionen folgen der Division Oranien. An der Tete marschieren die Arbeiter.

Die beiden Reserve Divisionen marschieren über Eckartsberga gerade auf Laucha, passieren daselbst die Unstrut, wenden sich dann rechts in den Weg auf Freiburg und werden in der Gegend des auf der Petri'schen Karte angegebenen Ortes Nussenberg eine Stellung angewiesen erhalten und nehmen die Equipage des Hauptquartiers auf, welche die Unstrut bei Carsdorf passiert.

Sämtliche schwere Bagage der Armee folgt der Reserve, sowie auch die Pontons des Hohenlohe'schen Korps sich von Buttstätt auf Laucha wenden.

Soweit die Pläne die ja nicht mehr zur Ausführung kamen.

Gegen 6 Uhr morgens begaben sich der König und der Herzog zur Division Schmettau, wo sie gegen 7 Uhr eintrafen. Die einzelnen Divisionskommandeure hatten sich für den Vormarsch, wie folgend formiert:

Die Division Schmettau gibt zur Vorhut und zu Seitenpatrouillen 600 Pferde ab, unterstützt durch die Schützen einiger Regimenter und durch ein Grenadier Batl. Dieses Batl. stand aber zu weit links und deshalb wurde das II. Batl. „Alvensleben" eingeschoben.

Die Infanterie folgt in der Entfernung einer Viertelstunde in Sektionen links abmarschiert. Die Kavallerie schließt. Die Division Wartensleben lässt ihre Kavallerie auf die Infanterie folgen.

In der Division Oranien bildet die Kavallerie die Tete. Auf diese folgt die Infanterie. Das Grenadier-Batl. „Knebel" und die erste Eskadron des Leibregiments machen die Arriergarde. Zwischen dieser und der vom I.-Batl. „Möllendorf" gebildeten Queue der Kolonne gehen sämtliche Packpferde der Division. Die bei der 2ten Brigade, dem Grenadier-Batl. „Rheinbaben" attachierten Modder-Brücken Kolonnen, werden der 1ten Brigade, dem I.-Batl. „Möllendorf", attachiert. Sobald die Division Auerstedt passiert, werden gegen die Ilm und Saale Patrouillen geschickt, und das Terrain längs dieser Flüsse genau observiert.

Als der König und Herzog bei der Division Schmettau eintrafen wurden aus dem Dragoner-Regt. „Königin" und der reitenden Batterie „Graumann" eine Vorhut und Seitenpatrouillen formiert. Gleichzeitig senkte sich ein dichter Nebel über die Gegend. Blücher traf bei der Division Schmettau ein aber sollte noch seine Truppen die Vorhut bilden sollten. Diese Truppen hatten Auerstedt erst sehr spät in der Nacht erreicht und hatten dadurch ein Biwak am weitesten vom Schlachtfeld entfernt beziehen müssen. Der Herzog wies Blücher das Dragoner-Regt. „Königin" und die Kürassier-Regt. „Heising" und „Bünting" zu. Mit diesen Regimentern sollte Blücher vorgehen. Schmettau erhob dagegen Einspruch da die zwei Kürassier-Regimenter zu seiner Division gehörten. Ohne diese Regimenter hatte Schmettau keine Kavallerie mehr zur Verfügung. Der Herzog musste persönlich einschreiten um dieses Problem zu beseitigen.

Diese drei Kavallerie Regt. formierten sich unter Blücher als Vorhut. Eine Schwadron des II. Batl. „Königin" Dragoner bildete die äußerste Spitze. Je eine Schwadron desselben Regiments bildete die rechte und linke Seitendeckung. Unmittelbar nachdem die Kavallerie vorgerückt war, folgte die Infanterie geführt vom Regt. „Alvensleben".

Bei Poppel stieß die Vorhut der Kavallerie auf feindliche Kavallerie die vertrieben wurde. Die Spitze ging durch Hassenhausen vor geriet aber hinter dem Dorf in das Feuer einer französischen Batterie, die links und rechts durch Infanterie gedeckt war. Oberst Ziethen mit 2 Schwadronen „Königin" Dragoner und der reitenden Batterie „Graumann" gingen durch Hassenhausen vor als er das Kanonenfeuer vernahm. Die Dragoner zogen sich rechts heraus und die Batterie links. Die Batterie konnte noch abprotzen musste aber Verluste hinnehmen und ging verloren. Dragoner und der Rest der Bedienung flüchteten durch Hassenhausen zurück.

Blücher war unterdessen, Hassenhausen nördlich umgehend, weiter vorgeritten. Er schickte eine Meldung zurück, dass er den Feind überflügelt habe und er Verstärkung brauchte, um den Feind anzugreifen. Er hatte von den 20 Schwadronen Kavallerie nur noch acht bei sich. Abgegangen waren:

3 Schwadronen „Königin" Dragoner, geschlagen bei Hassenhausen;

2 Schwadronen „Königin" Dragoner, Seitendeckung;

2 Schwadronen I.-Batl. „Königin" Dragoner, als Reserve bei Poppel;

2 Schwadronen „Bünting" Kürassiere auf den Höhen links;

2 Schwadronen „Bünting" Kürassiere, rechte Flanke deckend;

1 Schwadron „Bünting" Kürassiere mit der Division Schmettau.

Blücher verblieben noch 8 Schwadronen:

Regt. „Heising" Kürassiere;

3 Schwadronen I.-Batl. „Königin" Dragoner.

Endlich erreichten das Kürassier-Regt. „Reitzenstein" und die reitende Batterie „Meerkatz" von der Division Wartensleben Blücher als Verstärkung. Die Batterie „Meerkatz" eröffnete das Feuer und fügte dem 25. französischen Regiment Verluste zu. Blücher entschloss sich mit diesen 13 Schwadronen den rechten Flügel des Feindes anzugreifen. Alle Angriffe scheiterten da der Feind Vierecke formiert hatte. Die Batterie „Meerkatz" feuerte bei dieser Gelegenheit auf Freund und Feind. Blücher wurde das Pferd erschossen und er entging der Gefangenschaft nur dadurch, dass der Trompeter Feige vom Kürassier-Regiment „Heising" ihm das Seinige gab.

Aufmarsch Division Schmettau
Unmittelbar hinter der Vorhut der Kavallerie folgte auf der Chaussee die Division Schmettau. Als die Gegend von Poppel erreicht war, wurde Halt gemacht, da der Herzog es für nicht ratsam hielt im Nebel weiter vorzugehen. Scharnhorst wurde vorausgeschickt um das Gelände zu erkunden. Dabei stieß er auf Blücher. In der Zwischenzeit wurde bei der Division Schmettau ein Kriegsrat abgehalten.

Der Herzog war der Meinung zu warten bis der Nebel sich gelichtet hatte, aber der König und Feldmarschall Möllendorf wollten sofort weiter vorgehen. Nach geraumer Zeit wurde endlich der Befehl gegeben weiter vorzugehen. Als Taugnitz erreicht wurde, brachten die geschlagenen Dragoner die Nachricht zurück, dass die Batterie „Graumann" verloren gegangen war. Es war wahrscheinlich hier das dem König das Pferd unter dem Leib erschossen wurde.

Die Division Schmettau erhielt nun den Befehl aufzumarschieren und zwar nördlich der Chaussee mit dem rechten Flügel an Taugnitz, Poppel im Rücken, mit dem linken Flügel am Mertschgrund. Ein Bataillon blieb bei Zäckwar um die Flanke zu decken.

Die Division marschierte in zwei Treffen auf. Die Spitze bildete das Regiment „Alvensleben", welches bald in feindliches Kanonen- und Kartätschenfeuer geriet. Man hielt den Feind für zu stark und wollte das Eintreffen der nächsten Division, Wartensleben, abwarten. Hätte die preußische Führung gewusst wie schwach der Feind wirklich war hätte ein energischer Angriff die Franzosen vom Schlachtfeld gefegt.

Die Verhältnisse beim Feind konnten aber nicht übersehen werden, da von Taugnitz aus das Gelände sanft gegen Hassenhausen ansteigt. Das Dorf liegt gerade am Rande der Ebene und alles, was sich hinter Hassenhausen befindet, konnte nicht von Taugwitz aus eingesehen werden.

Poppel

Aufmarsch der Division Wartensleben

Die Division brach aus dem Biwak hinter Auerstedt auf, als man schon Gefechtslärm hörte. Der Durchmarsch durch Auerstedt gestaltete sich sehr schwierig, da die einzige Brücke über den Emsbach nur von Fußgängern passiert werden konnte. Reiter und Fuhrwerke mussten durch das Wasser des Baches. Normalerweise stellte das kein großes Hindernis dar, aber dadurch dass so viele Reiter und Fuhrwerke durch den Bach fuhren entwickelte sich hier ein großes Schlammloch. Warum man keine weiteren Übergänge geschaffen hat, ist unerklärlich. Dieser Übergang über den Emsbach brachte die größte Unordnung in die vorwärts gehenden Truppen. Das Chaos im Dorfe war unbeschreiblich.

Unter großen Schwierigkeiten gelang der Division der Durchmarsch durch Auerstedt. Vom Regiment „Quitzow" Kürassiere wurden 3 Schwdronen an die Division Schmettau abgegeben die ja keine Kavallerie mehr hatte. Die restlichen 2 Schwdr. verblieben an der Spitze der Division Wartens-leben. Als die Division durch Gernstedt marschierte erhielt die Division den Befehl rechts abzubiegen und zwischen Taugwitz und Rehehausen über den Lisbach zu gehen um die Höhe rechts von Hassenhausen zu besetzen. Die Brigade Wedell überschritt bei Taugwitz den Grund des Lisbaches und die Brigade Renouard ging durch Rehehausen vor. Die steilen Uferränder des Baches machten es fast unmöglich für die Artillerie den Bach zu überschreiten. Nach Überschreiten des Baches marschierte die Division in Linie auf und ging gegen Hassenhausen vor. Die beiden Schwadronen „Quitzow" Kürassiere deckten den Aufmarsch. Beim Durchfahren des Lisbaches blieben die meisten Bataillonskanonen der Division stecken. Die Tirailleure hinter Rehehausen konnten vertrieben werden.

Gefecht der Division Schmettau.

Die Division Oranien war bei Tagesanbruch fertig zum Abmarsch. Die Spitze bildete die Kavallerie unter Oberstleutnant Prinz Wilhelm bestehend aus dem „Leibregiment", Regiment „Karabiners" und der reitenden Batterie „Willman". Das II. Batl. „Wartensleben" bildete die Spitze der Infanterie. Der Durchmarsch durch Auerstedt gestaltete sich chaotisch wie bei den anderen Divisionen. Nach dem Durchmarsch durch das Dorf erhielt die Kavallerie den Befehl vorzugehen und sich an den rechten Flügel der Division Wartensleben zu setzen.

Gegen 10 Uhr lichtete sich der Nebel. Zu diesem Zeitpunkt traf Scharnhorst bei der

Division ein. Schon beim Vormarsch hatte die Division Verluste und die Bataillone des 2ten Treffens mussten die Lücken füllen. Hilfe wurde sehnlichst erwartet. Endlich traf die Hälfte der Division Oranien, die Brigade des Prinzen Heinrich, bestehend aus den Regimentern „Puttkammer" und „Prinz Heinrich" ein.

Gutshaus Auerstedt ehemaliges preußisches Hauptquartier

Durch die entstandenen Verluste wurde die Division nach dem sie aufmarschiert war, geteilt. Der linke Flügel sollte die Division Schmettau und der rechte die Division Wartensleben unterstützen. Das Grenadier Batl. „Rheinbaben" war auf Befehl des Königs nach Poppel beordert worden. Die Brigade Prinz Heinrich bekam den Befehl auf Poppel vorzugehen um die Division Schmettau zu verstärken. Die Brigade Lützow sollte sich auf Rehehausen wenden um die Division Wartensleben zu unterstützen. Das zur Brigade gehörende Grenadier-Batl. „Knebel" befand sich noch hinter Auerstedt bei den Handpferden. Später wurde es nach Poppel dirigiert. Nachdem die Höhen östlich Rehehausen erstiegen waren gerieten die Bataillone in das feindliche Artilleriefeuer. Das hinaufschaffen der Bataillonskanonen gestaltete sich doch recht schwierig, aber es wurde bewerkstelligt. Von hier konnte man das Schlachtfeld übersehen und man sah die Divisionen Schmettau und Wartensleben halbkreisförmig das Dorf Hassenhausen umschließen.

Die leichten Truppen

Jetzt unter dem Befehl von General Oswald sollten General Blücher folgen um die Vorhut zu bilden. Es gelang ihnen aber durch das Chaos in Auerstedt nicht, sich an die Spitze zu setzen. Major Hacke der Adjutant des Prinzen Heinrich kam zurück um Verstärkungen nach vorn zu schaffen. Er machte General Oswald den Vorschlag zur Deckung der durch Auerstedt vorgehenden Truppen zum Ilm Übergang bei Sulza zu rücken. Oswald ging auf den Vorschlag ein und er rückte in eine Stellung zwischen Emsbach und Ilm. Es waren die folgenden Einheiten:

Füsilier-Batl. „Oswald",
Füsilier-Batl. „Greiffenberg",
Füsilier-Batl. „Kloch",
Weimar'sche Batl.,
2 Schwadronen „Württemberg" Husaren,
halbe reitende Batterie „Schorlemmer".

Es war eine Ironie des Schicksals dass die Truppen, die im zerstreuten Gefecht ausgebildet waren, hier den ganzen Tag untätig verbrachten.

Später kamen noch von der Reserve die folgenden Truppen unter General Hirschfeld hier an:

4 Batl. Garde,

3 Schwadronen „Württemberg" Husaren,

II. Batl. Blücher Husaren

Batterie „Faber".

Im Ganzen:

8 Bataillone, 10 Schwadronen, 1 ½ Batterie.

Die beiden Reserve-Divisionen

Beide Divisionen unter Kalkreuth sollten ursprünglich auf Laucha marschieren. Ein Bauer aus Auerstedt sollte die Division über Reisdorf, Eckartsberga, Lisdorf, zur alten Straße nach Laucha führen. General Kalckreuth wollte den Weg aber erst durch einen Jäger erkunden lassen. Nun aber begann das Feuern bei Hassenhausen und es wurde nun befohlen der Division Oranien bis nach Gernstedt zu folgen und dort als Reserve stehen zu bleiben. Die Kavallerie der Reserve Divisionen, 3 Regimenter „Garde du Corps", Regt. „Gensd'armes" und „Beeren" Kürassiere waren an Auerstedt vorbei, vorgegangen. Am Fuße der Höhe hinter Auerstedt formierten sie sich in Schwadrons-Kolonnen und wurden später von verschiedenen Offizieren kleckerweise ins Feuer geführt. Da es noch eine Weile dauern würde bis die Infanterie der Reserve Auerstedt passiert haben würde, wurde von Hauptmann Tiedemann vom Generalstab dem General Arnim (Kalckreuth befand sich bei der Infanterie) der Vorschlag unterbreitet dem Feinde über Eckartsberga mit der gesamten Kavallerie in die Flanke zu fallen. Arnim lehnte den Vorschlag ab. Die Reserve war also auf Gernstedt vorgegangen und marschierte dann auf Eckartsberga. Der rechte Flügel lehnte sich an Gernstedt und der linke an Lisdorf. Hier blieb die Reserve untätig stehen.

Während der Schlacht feuerten also 16.000 preußische Truppen mit 76 Kanonen keinen einzigen Schuss. Der Einsatz dieser Truppen hätte ohne weiteres die Franzosen vom Schlachtfeld gefegt.

Gefecht der Division Schmettau

Nun aber zurück zur Division Schmettau die wir verlassen hatten als die Hälfte der Division Oranien eintraf und die entstandenen Lücken wieder auffüllte. Scharnhorst schickte Adjutant auf Adjutant los, um Unterstützung durch Kavallerie herbeizuholen. Endlich traf eine Schwdr. „Königin" Dragoner unter Oberst von Seelhorst ein (Lehmann Seite 437). Die Schwadron wurde hinter einer Lücke der Infanterie aufgestellt. Anstatt hinter der Infanterie zu halten, ließ Oberst von Seelhorst zur Attacke blasen. Die französische Infanterie und Artillerie wurde von diesem Angriff überrascht, was auf freien Feld angetroffen wurde, wurde nieder geritten und zusammengehauen, eine französische Batterie erobert, eine verloren gegangene preußische wieder gewonnen.

Die Division Schmettau rückte nach und umfasste das Dorf im Norden in einem Bogen. Die Franzosen formierten sich hinter Hassenhausen in Richtung auf Punschrau wieder, formierten Vierecke und erwarteten dort einen neuen Kavallerieangriff, der aber nicht kam, da keine Reserve-Kavallerie mehr vorhanden war. Wäre eine Reserve vorhanden gewesen, um das zu vollenden was diese eine Schwadron begonnen hatte, hätte ein Sieg vielleicht errungen werden können. Einige Bataillone der Division drangen in Hassenhausen ein mussten sich aber aus Hassenhausen zurückziehen, da die Franzosen sich in den Häusern des Dorfes verschanzt hatten. Mittlerweile traf die französische Division Friant ein und konnte das Gefecht zum Stehen bringen.

Gefecht Division Wartensleben

Noch bevor die Division Wartensleben voll aufmarschiert war, zeigten sich schon feindliche Tirailleure im Merretiggrund. Auf Befehl des Herzogs sollte das Grenadier-

Batl. „Krafft" die Schützen vertreiben. Das Bataillon avancierte vertrieb die Schützen und machte Gefangene. Dann geriet es aber unerwartet vor Hassenhausen in ein heftiges Kartätschen- und Gewehrfeuer und büßte fast ein Drittel seiner Mannschaften ein, wurde in Unordnung auf das vorgehende Regiment „Prinz Louis" zurück geworfen das aber weiter vorwärts ging. Die Division ging gegen Hassenhausen vor, aber auch hier fehlte die Kavallerie. Der Flügeladjutant Major von Jagow wurde ausgeschickt um Kavallerieverstärkungen zu finden. Er fand aber nur in der Nähe von Rehehausen das Dragoner-Regt. „Irwing" das zur Vorhut gehörte. Aufgefordert zum Angriff vorzugehen, zögerte der ältere Kommandeur. Auf das Ansuchen einiger Offiziere übernahm Major von Jagow das Regiment und führte es zum Angriff südlich von Hassenhausen vor. In diesem Augenblick ging auch die Division Wartensleben zum Angriff vor. Die „Irwing" Dragoner trafen auf das 85. Regt., das südlich von Hassenhausen stand. Das Regiment wurde auseinander getrieben und Teile flüchteten nach Hassenhausen hinein. Auch hier fehlte eine Kavalleriereserve die den Teilerfolg hätte weiter ausnutzen können. Als etwas später die Kürassier-Regimenter „Beeren" und „Bünting" angriffen war es schon zu spät. Die Franzosen hatten sich wieder gesammelt, formierten sich in Vierecken und wiesen die nun folgenden Angriffe ab.

Blick auf Hassenhausen

In der Zwischenzeit ging die Division Wartensleben weiter vor. Vor den Angriffen der beiden Divisionen hatte sich der Feind ins Dorf Hassenhausen geworfen. Dorf und die vom Dorf auslaufenden Hohlwege waren voll von feindlicher Infanterie. Vor Hassenhausen gerieten die preußischen Bataillone in ein heftiges Kartätsch- und Gewehrfeuer. Das Gewehrfeuer kam zum großen Teil aus den Häusern des Dorfes. Es wurde Halt gemacht und gefeuert. Ein Feuer das aber zum großen Teil wirkungslos blieb, da der Feind in Deckung stand. Der Besitz von Hassenhausen war schlachtentscheidend, deshalb befahl der Herzog das am linken Flügel der Division Wartensleben an der Chaussee stehende Grenadier-Batl. „Hanstein" das Dorf mit dem Bajonett zu nehmen. Hier wurde der Herzog tödlich verwundet. Die Kugel war durch das linke Auge gegangen und hatte dem Herzog das Augenlicht genommen. Mit der Verwundung des Herzogs hörte, wenigstens im Moment, eine einheitliche Führung auf.

Auf dem linken französischen Flügel war wie wir gesehen haben das 85. Regiment geschlagen, das zur Hilfe kommende 12. Regiment, das letzte der Division Gudin, konnte das Gefecht nicht herstellen. Die Division Wartensleben umfasste Hassenhausen in einem Bogen im Süden. Rechtzeitig traf die Division Morand auf dem Schlachtfeld ein und stellte das Gleichgewicht der Kräfte wieder her. Das wird gegen 10.30 Uhr gewesen sein.

Nachdem die ersten Kavallerieangriffe südlich von Hassenhausen auf dem rechten Flügel der Division Wartensleben abgeschlagen waren, hatte sich zwischen Hassenhausen und Rehehausen, ohne gemeinsame Führung, doch eine ansehnliche

Menge Kavallerie gesammelt. Durch das Fehlen einer gemeinsamen Führung ging die Kavallerie nur schwadronsweise zum Angriff gegen die Division Morand vor. Diese Angriffe wurden natürlich abgeschlagen. Die anfänglich erzielten Erfolge der Division Wartensleben gingen mit dem Eintreffen der Division Morand verloren. Der rechte Flügel der Division, von der Kavallerie entblößt hing in der Luft und bog sich mehr und mehr zurück. Die Brigade Lützow der Division Oranien, bestehend aus den Regimentern „Möllendorf" und „Wartensleben" traf als Verstärkung ein. Beide Regimenter gingen in Linie durch die Lücken vor und warfen den Feind nach Hassenhausen und in die Hohlwege zurück. Durch das Eintreffen der Division Morand konnte der Angriff aber nicht weiter vorgetragen werden. Die Truppen standen im feindlichen Artilleriefeuer, die Munition war fast verschossen. Gegen 15 Uhr wich die Division zum Rehehausenergrund zurück.

Rehehausen

Die in der Gegend von Sulza stehenden Bataillone gingen hinter Auerstedt zurück. Das zur Vorhut gehörende, in Rehehausen stehende Regiment „König", deckte den Rückzug der Division. Es hatte den westlichen Talrand von Rehehausen besetzt und richtete seine Bataillonsgeschütze gegen den Dorfausgang. Es ging nicht zurück, bevor alle Truppen Rehehausen und Poppel passiert hatten. Der Rückzug wurde in guter Ordnung in Richtung Auerstedt fortgesetzt.

Niederlage der Division Schmettau

Gegen 15 Uhr war die Division Wartensleben geschlagen. Der Spielberg, Benndorf waren verloren gegangen und der Feind begann seine Angriffe gegen Poppel zu richten. Um nicht abgeschnitten zu werden, musste die Division Schmettau den Rückzug antreten. Derselbe erfolgte vom rechten Flügel aus, durch die Truppen, die am nächsten zur Chaussee standen. Die ersten Bataillone welche abzogen mussten erst Poppel vom Feind säubern. Mithilfe zweier Bataillone der Reserve konnte Poppel gesäubert werden. Bei Poppel gingen 4 Bataillone unter Prinz August in Stellung, um den Rückzug der Division Schmettau zu decken. Es waren:

Grenadier-Batl. „Rheinbaben",

Grenadier-Batl. „Knebel", beide von der Division Oranien,

Grenadier-Batl. „Gaudi",

Grenadier-Batl. „Prinz August", beide Batl. gehörten zur Reserve.

Prinz August und seine Brigade hielten die Stellung bis zuletzt und mussten sich bereits den Weg durch das wieder verloren gegangene Poppel mit dem Bajonett bahnen. Dabei wurde das Pferd des Prinzen erschossen und er selbst durch den Sturz schwer verletzt. Scharnhorst gab ihm sein Pferd. Als einer der Letzten, zu Fuß mit einem Gewehr in der Hand und ebenfalls verwundet, schlug sich Scharnhorst durch Poppel durch.

Die gegenseitigen Stärkeverhältnisse waren folgende gewesen:

41.000 Mann Infanterie,
10.880 Mann Kavallerie,
1.500 Mann Artillerie.
Zusammen 53.380 Mann mit 120 Kanonen und 96 Bataillonskanonen.

Davoust hatte die folgende Stärke:

Division Gudin	8.500 Mann Infanterie,
Division Friant	7.500 Mann Infanterie,
Division Morand	10.000 Mann Infanterie,
Kavallerie Brigade Bialannes	1.00 Mann Kavallerie.
Zusammen	27.300 Mann mit 44 Kanonen.

Auf dem Papier war die preußische Armee stark überlegen. Zieht man aber die leichten Truppen und die 2 Reserve Divisionen ab so hatten beide Teile ungefähr die gleiche Stärke mit 26.000 Mann.

Es ist sehr schwierig die genauen Verluste der preußischen Truppen festzustellen. Es kann aber angenommen werden dass 10.000 preußische Soldaten bei Auerstedt fielen oder verwundet wurden. Weitere 3.000 Mann fielen in Gefangenschaft.

Die französischen Verluste beliefen sich auf 258 Offiziere und 6.794 Soldaten, die fielen oder verwundet wurden. Das entspricht einer Verlustrate von 25,5% und bei der Division Gudin sogar 41%. Davoust verlor hier fast ein Drittel seines Bestandes.

Division Oranien

Am 13. Oktober früh morgens um 3 Uhr traf der Befehl ein, dass die Leute sofort abkochen sollten und sich in einigen Stunden zum Abmarsch bereit zu halten hätten. Gegen Mittag erfolgte der Befehl, die Zelte abzubrechen und links auf der Chaussee nach Naumburg abzumarschieren. Als die Bataillone auf dem Alarmplatz angetreten waren, wurde ihnen die Verordnung in Bezug auf die Verdienstmedaillen und ein Aufruf vorgelesen. Der Aufruf schloss mit den Worten:
„Jeder Krieger, der in diesem Kampfe fällt, ist für eine heilige Sache der Menschheit gestorben. Jeder Krieger, der ihn überlebt, hat außer einem unsterblichen Ruhm auch seinen Anteil an dem Dank, dem Jubel und den Freudentränen des geretteten Vaterlandes.

Preußischer Patronenkarren

Wer unter uns könnte den Gedanken ertragen, dieses Fremden Willkür preisgegeben zu sein? Aber indem wir für uns selbst kämpfen, indem wir die tiefste Erniedrigung, die eine Nation nur bedrohen kann, von uns selbst abwehren, sind wir zugleich die Retter und Befreier unserer deutschen Mitbrüder. Die Augen aller Völker sind auf uns, als die letzte Stütze aller Freiheit, aller Selbstständigkeit, aller Ordnung in Europa gerichtet. Der Sieg, nach dem wir trachten, ist kein gemeiner Sieg. Groß sind die Zwecke desselben und groß die Mittel des siegestrunkenen Feindes; groß, ausgezeichnet und entscheiden müssen also auch unsere Anstrengungen sein.

Seine Majestät werden diese Anstrengungen, Gefahren und Mühseligkeiten treulich mit Ihren Truppen teilen. Sie wissen, was Sie von Ihren Mitstreitern zu erwarten haben. Sie wissen, dass unverdrossene Bereitwilligkeit, unermüdete Wachsamkeit, unbedingte Entschlossenheit und ausdauernde Beharrlichkeit von Ihrer braven Armee keinen Augenblick weichen können, und dass sie unter allen Umständen ihrer großen Bestimmung eingedenk sein würde.

Die Schicksale der Völker und Heere stehen zwar in Gottes Hand, doch verleiht er meist nur anhaltenden Sieg und dauerhaftes Gedeihen der Gerechtigkeit. Sie ist mit uns; das Vertrauen der guten Sache ist mit uns; für uns ist die Stimme der Zeitgenossen. Der glücklichste Erfolg wird unsere Sache krönen".

Aufrufe dieser Art brachten die Soldaten nicht in einen patriotischen Freudentaumel. Der Bataillonskommandeur ging den Weg, den die Soldaten besser verstanden. Er hielt eine kurze Ansprache und ließ dann Branntwein an die Truppen austeilen.

Die Bagage des Regiments wurde hinter dem Regiment unter dem Befehl eines Fähnrichs gesammelt und erhielt Befehl, beim Abmarsch mit der Bagage der übrigen Truppenteile beim Reservekorps zu verbleiben. Auch der Feldprediger und Auditeur mussten sich der Bagage anschließen. Die Bagage gelangte nicht mehr zum Regiment zurück, sie erreichte später die Festung Magdeburg. Die Brotwagen wurden unter Führung eines Fähnrichs und des Regimentsquartiermeisters nach Erfurt geschickt.

Gegen 14 Uhr erfolgte der Abmarsch der Division Oranien nach der Ordre de Bataille vom linken Flügel aus. Die Infanterie marschierte in Zügen links ab, die Bataillonskanonen an der Tete der Bataillone. Bei Umpferstedt wurde Halt gemacht und hier wurde der Befehl zum Laden gegeben. Nach der Ausführung des Befehls ging der Marsch in Sektionen auf der Chaussee weiter.

Auerstedt

Kurz darauf fuhr Königin Louise an den Truppen vorbei, die sie mit Vivat und Jauchzen begrüßten. Gegen 22 Uhr wurde der westlich des Emsbaches, südlich von Auerstedt, abgesteckte Biwakplatz erreicht. Die Bataillone der ersten Division, Oranien, wurden in einer Linie als zweites Treffen hinter der bereits stehenden Division Wartensleben aufgestellt. Die Reservedivisionen kamen erst viel später an und lagerten sich ohne regelmäßige Ordnung dort. Einzelne Bataillone schoben sich zwischen die Wachtfeuer der früher in das Lager eingerückten Truppen.

Die Nacht war sehr dunkel und gegen morgen fiel ein starker Nebel. Der Brigadekommandeur blieb aus Angst die ganze Nacht auf seinem Pferde, da ihm sein schlecht verheiltes Knie große Schmerzen bereitete. Die Offiziere der Brigade sahen ihm am nächsten Morgen steif und gerade auf seinem großen Schimmel sitzen.

Am 14. um 6 Uhr früh war Befehlsempfang im Zelte des Prinzen von Oranien. Aus dem Hauptquartier war der Befehl eingegangen, dass die Armee sich sofort zum Marsch hinter die Saale und Unstrut in Bewegung setzen sollte.[1] Der Prinz erteilte den durch Major von Rauch überbrachten Befehl, der den Rückmarsch der Armee genau vorschrieb.

Die Armee sollte links abmarschieren. Die Division Schmettau sollte auf der Straße nach Kösen marschieren und die dortigen Höhen besetzen. Die 2. und 1. Division sollten hinter der 3. Division auf Freyburg marschieren und dort über die Unstrut gehen. Dort sollten sie aufmarschieren, wie es General Scharnhorst befohlen hatte.

Preußischer Pontonwagen

Der rechte Flügel sollte sich an Freyburg, der linke an Markrönitz anlehnen. Front wurde gegen die Saale genommen. Die ganze Reserve sollte über Eckartsberga und Laucha, wo sie die Unstrut überschritten, marschieren und sich dann rechts in Richtung Freyburg drehen.

Dort sollte eine angewiesene Stellung bei Neußenberg eingenommen werden. Die Packpferde der Armee folgten der letzten Division. Alle Fuhrwerke sollten der Reserve der Armee in Richtung Laucha folgen. Dazu sollten auch die sich in Buttstädt befindenden Pontons[2] der Hohenlohschen Armee stoßen. General Kalkreuth sollte, wenn er die Unstrut passiert hatte, ein Detachment von 50 Pferden, der königlichen

---

1) Das preußische Oberkommando wollte Napoleon hier keine Schlacht liefern, sondern wollte in Richtung Berlin zurückgehen. Im Raum Berlin hatten dann die Truppen, die noch im östlichen Teil Preußens standen, die Hauptarmee verstärken können.
2) Pontons wurden mitgeführt, um Schiffsbrücken zu errichten, um Flüsse überqueren zu können.

Equipage, welche gerade in Karsdorff ankommen war, entgegen schicken, um einen gesicherten Weitermarsch zu gewährleisten.

Für die Divisionen im Marsch wurden noch Befehle erlassen. Die Kavallerie sollte die Vorhut bilden und die Infanterie der Kavallerie folgen. Das Grenadier-Bataillon „Knebel" und die 1. Schwadron des Leibregiments sollten die Nachhut bilden. Dazwischen marschierte das I. Bataillon „Möllendorf" und alle Packpferde der Division. Die zur 2. Brigade attachierten Modderbrückenkolonnen[1]) mit dem Grenadier-Bataillon „Rheinbaben", das die Bedeckung bildete, wurden zur 1. Brigade, dem I.-Bataillon „Möllendorf" versetzt.

Sobald die Division Auerstedt passiert hatte, sollten Patrouillen in Richtung der Ilm und Saale ausgeschickt werden, um das Gelände in der Nähe dieser Flüsse genau zu beobachten. Nachdem alle Befehle ausgegeben waren, wurde noch die Mitteilung ausgegeben, dass die leichten Truppen unter Generalmajor von Oswald zu der unter General Blücher zu formierenden Vorhut stoßen sollten und der Division Schmettau über Hassenhausen auf der Straße nach Kösen vorangehen.

Preußischer Ponton

Es war bereits bekannt geworden, dass das Defilee von Kösen durch französische Truppen besetzt war. Man war aber der Annahme, dass es sich nur um stärkere, vom Feinde weit vorgeschobene Kavallerieabteilungen handelte.

Bei Tagesanbruch hatte man schon einzelne Kanonenschüsse gehört, die sich zu einer lebhaften Kanonade steigerten. Die Bataillone hatten sofort den Befehl erhalten, das Gewehr in die Hand zu nehmen und sich in links abmarschierende Kolonnen zu formieren.

Als die Kanonade nun schon eine längere Zeit anhielt, brachten mehrere Offiziere, darunter Major von Schwichow vom I. Bataillon „Garde", angeblich auf Befehl des Königs, die Nachricht von einem erfochtenen Siege.[2]) Doch bald erneuerte sich die

---

1) Brückenwagen, um Stege oder Brücken zu errichten. Siehe Anhang.
2) Der Kanonendonner, der zu hören war, rührte von der Schlacht von Jena her. Der Beginn des Kampfes bei Jena verlief am Anfang erfolgreich für die Armee Hohenlohes. Deshalb die verfrühte Siegesbotschaft. Die preußische Armee war geteilt. Große Teile der preußischen Armee im Osten waren noch nicht einmal mobil gemacht worden.

Kanonade mit größter Heftigkeit und man konnte nun auch Bataillons- und Peletonfeuer deutlich vernehmen.

Die Kavalleriebrigade unter Prinz Wilhelm brach unmittelbar nach der Befehlsausgabe auf. Es folgte die 2. Brigade Prinz Heinrich. Das II. Bataillon des Regiments „Wartensleben", welches die Vorhut der Brigade Lützow bildete, trat um 6.45 Uhr zum Abmarsch an.

Kaum war angetreten worden, so musste schon wieder gehalten werden, da die Vorhut der Kavalleriebrigade am Südeingang von Auerstedt auf Teile der Division Wartensleben gestoßen war, die das Dorf noch nicht passiert hatten. Während des Haltens hörte man in nordöstlicher Richtung ein lebhaftes Gefecht mit Gewehr- und Kanonenfeuer, welches an Heftigkeit laufend zunahm. Als endlich weiter marschiert werden konnte, schickte der König persönlich den Befehl, dass die Divisionen möglichst schnell nachrücken sollten.

Man erfuhr nun, dass die Vorhut unter General Blücher in Hassenhausen schon auf französische Truppen gestoßen waren, die das Dorf schon besetzt hatten. Die Division Schmettau sollte auf der Straße über Taugwitz und Poppel gegen Hassenhausen vorgehen. Die Division Wartensleben wiederum sollte auf dem rechten Flügel der Division Schmettau über Rehehausen in das Gefecht eingreifen.

Der Moment der ersten Kampfhandlungen für das Regiment war gekommen. Die Truppen erwarteten diesen Kampf mit großer Zuversicht. Ein Punkt, der heute nur sehr schwer zu verstehen ist. Die Offiziere stiegen von den Pferden, da man glaubte, das Gefechtsfeld befinde sich in nächster Nähe. Die Division marschierte durch Auerstedt. Der Nebel, der während des Morgens über der Gegend gelagert hatte, begann sich langsam aufzulösen.

Im Dorfe befand sich die zum großen Hauptquartiere gehörige Bagage mit vielen Hand- und Packpferden, die den Weg der vorgehenden Brigade sehr behinderte. Die Bataillone mussten zum großen Teil linksum marschieren, kamen deshalb aber voneinander ab und dadurch entstanden große Lücken in der Linie.

Als Auerstedt endlich passiert war, erhielt die Kavallerie der Division den Befehl, vorzutraben und sich auf den rechten Flügel der über Rehehausen auf Hassenhausen vorgegangenen Division Wartensleben zu setzen. Prinz Wilhelm ging über Rehehausen mit dem Regiment „Leibcarbiniers" und der reitenden Batterie „Willmann" vor. Auf dem Vormarsch schlug das „Leibregiment" irrtümlich den Weg nach Sulza ein. Es erhielt später den Befehl, sich auf den linken Flügel der Infanterie der Division Oranien zu setzen.

Die Infanterieregimenter der Division erhielten von Prinz von Oranien den Befehl, in Richtung auf Gernstedt zu marschieren. Auf der Gernstedter Höhe angelangt, sollte die Division dann brigadeweise in zwei Treffen aufmarschieren. Der Aufmarsch sollte nicht zu spät erfolgen, wie es bei der Division Schmettau der Fall gewesen ist. Die Division hatte sich zum Teil so spät formiert, dass sie schon bei der Formierung dem feindlichen Kartätschenfeuer ausgesetzt war.

Die Bataillone gingen während des Marsches in parademäßiger Ordnung en Eventail vorwärts. Sie rückten in en Echelon[1]) vor. Die Bataillone marschierten in größeren Abständen im raschen Schritt die Anhöhe hinauf.

Als die Vorhut der 1. Brigade die Höhe erstiegen hatte, konnte sie auf der sich von Eckartsberga nach dem Emsbach hinziehenden Anhöhe, westlich der Straße, den Oberbefehlshaber der Armee den Herzog von Braunschweig sehen. Er wurde von neben ihm reitenden Offizieren gehalten. Blind und unter schrecklichen Schmerzen leidend lebte er noch zehn Tage, bevor er in Niedersachsen an seinen erhaltenen Wunden verstarb.

Als das Regiment „Wartensleben" auf der Gernstedter Höhe auf-marschiert war,

---

1) En echelon: Staffelweise schräg hinter einander marschieren.

erging der Befehl, dass die Infanterie der Division sich in einer Linie formieren sollte. Von der Gernstedter Höhe aus steigt das Terrain in nördlicher und nordwestlicher Richtung mit einigen Absätzen bis zu dem höchsten Punkten des dort waldigen Eckartsberges an. Nach Osten zu senkt sich das Terrain sehr langsam gegen den mit Elsenbüschen umgebenen Rehehausener Bach. Der Befehl, nach der Verwundung des Herzogs von Braunschweig vom König gegeben, besagte, dass die Division mit allen Bataillonen den linken Flügel der fechtenden Truppen verstärken sollte. Das Grenadier-Bataillon „Rheinbaben" war durch einen direkten Befehl des Königs bereits nach Poppel vorausgeschickt worden.

Kurze Zeit später wurde ein zweiter Befehl des Königs empfangen, worauf nun beide Flügel der fechtenden Truppen verstärkt werden sollten. Er wurde gegeben, da sich die Division Wartensleben, die rechts von Hassenhausen stand, sich nicht mehr länger gegen die feindlichen Kavallerieangriffe halten konnte.

Die Brigade Prinz Heinrich bekam den Befehl, dem Grenadier-Bataillon „Rheinbaben" in Richtung Poppel zu folgen und die Division Schmettau zu unterstützen. Die Brigade Lützow sollte auf Rehehausen vorgehen und in das Gefecht der Division Wartensleben eingreifen. Dieser Brigade wurde vom Prinz von Oranien eine Baumgruppe östlich des Rehehausener Baches, oberhalb des Dorfes, als Richtungspunkt angegeben.

Der Vormarsch der 1. Brigade erfolgte gestaffelt mit großen Entfernungen zwischen den einzelnen Bataillonen. Das I. Bataillon „Möllendorf" war schon ziemlich weit zurückgeblieben und bildete mit der Batterie „Lehmann" das Ende. Das Grenadier-Bataillon „Knebel", welches die Handpferde bewachte, befand sich noch hinter Auerstedt und nahm deshalb am Gefecht der Brigade nicht teil. Im Laufe der Schlacht wurde es nach Poppel geleitet und dem Befehl des Prinzen August unterstellt.

Preußische Grenadier Patronentasche

Zur Deckung der rechten Flanke wurden die Schützen des Regiments „Wartensleben" und des II. Bataillons „Möllendorf"[1]) unter Major von Puttkammer in den Grund des

---

1) Wie hier gesehen wird, kämpften die preußischen Truppen nicht nur in ihrer starren Linie, sondern auch in der offenen Ordnung, ähnlich wie die Franzosen. Die Schützen waren alle mit einem gezogenen Gewehr, dem Scharfschützengewehr Modell 1787

Rehehausener Baches geschickt. Er biegt unterhalb Rehehausen nach Westen in Richtung des Emsbaches ab und befand sich daher hinter der rechten Flanke.

Während des Marsches nach Rehehausen sah man südlich des Rehehausener Baches auf Sonnendorf stärkere ungeordnete Kavalleriemassen, Kürassiere, Dragoner und Husaren untereinander gemischt, zurückgehen. Es waren dies die Regimenter, die östlich von Rehehausen sehr unglücklich gefochten hatten und erst wieder bei Auerstedt zum Stehen gebracht werden konnten. Sie gehörten den verschiedenen Divisionen an. Sie rückten einzeln ohne Plan und Führung vor und ihre Angriffe führten deshalb nicht zum Erfolg.

Als das Dorf Rehehausen erreicht wurde, fielen schon Schüsse aus dem Dorf. Feindliche Tirailleure[1]) hatten sich schon dort festgesetzt. Diese konnten aber durch die Schützen des Regiments „Wartensleben" vertrieben werden. Der Rehehausener Bach beschrieb oberhalb des Dorfes einige Windungen, die Ufer waren durch Wiesen und Büsche begrenzt. Oberhalb des Dorfes war er daher überall zu überschreiten. Das Passieren des Baches erfolgte durch die Bataillone in der Reihenfolge, wie sie am Ufer eintrafen.

Östlich des Baches stieg das Terrain ziemlich steil an und es gestaltete sich sehr schwierig, die Bataillonskanonen heraufzubringen. Als die Anhöhe vom Bataillon erstiegen war, geriet das Bataillon schon in feindliches Musketenfeuer. Erst jetzt konnte man sich einen Überblick über das eigentliche Schlachtfeld bilden. Man sah vor sich in der Richtung auf Hassenhausen, sowie weiter links nach Poppel zu, die Bataillone der Division Schmettau und Wartensleben in einem heftigen Gefecht stehen. Sie umgaben halbkreisförmig das schon von der französischen Division Gudin besetzte Dorf Hassenhausen. Es herrschte noch eine gute Ordnung in der Schlachtlinie. Große Lücken klafften aber zwischen den Bataillonen.

Von dem Divisionskommandeuren war Generalleutnant Graf Schmettau bereits tödlich verwundet worden. Generalleutnant Graf Wartensleben war auf längere Zeit außer Gefecht gesetzt. Sein Pferd war von einer Kugel tödlich getroffen worden und war mit ihm einen Abhang heruntergestürzt. Major von Ebra übernahm nun das Kommando über das Regiment „Wartensleben".

Zu den Bataillonen, die vor Hassenhausen bereits große Verluste erlitten hatten, gehörte auch das Grenadier-Bataillon „Krafft", welches aus den Grenadier-Kompanien des Regiments „Wartensleben" und den Grenadier-Kompanien des Regiments „Kurfürst von Hessen" bestand.

Das Grenadier-Bataillon „Krafft" war beim ersten Vorgehen der Division Schmettau zurückgelassen worden. Als um 9 Uhr französische Tirailleure von Hassenhausen aus sich nach dem Merretiggrund ausbreiteten, wurde auf Befehl des Herzogs von Braunschweig das Grenadier-Bataillon „Krafft" durch den Hauptmann von Boyen hervorgezogen und sollte rechts der Straße von Taugnitz her vorgehen, um die französischen Tirailleure am Merretiggrund nach Hassenhausen zurück zuwerfen. Das Grenadier-Bataillon war in parademäßiger Haltung vorgegangen und hatte bereits Gefangene eingebracht, als es aus Hassenhausen und den Hohlwegen am Dorf unerwartet unter Musketen- und Kartätschenfeuer genommen wurde. Das Bataillon verlor ein Drittel seiner Mannschaften und wurde in Unordnung auf das sich im Aufmarsch befindliche Regiment „Prinz Ludwig Ferdinand" der Brigade Renouard der Division Wartensleben zurückgeworfen. Trotz der größten Anstrengung der Offiziere hatte nur ein Teil des Grenadier-Bataillons auf dem linken Flügel des inzwischen herangekommenen Regiments „Kleist", ebenfalls von der Division Wartensleben, gesammelt werden können.

Das Eintreffen der Reserve, der Division Oranien auf dem Schlachtfeld, konnte keinen

---

ausgerüstet. Es erlaubte, im Gegensatz zu den französischen Gewehren, einen genauen Schuß auch auf größere Entfernungen als die normalen Musketen.
1) Leichte französische Infanterie.

Sieg mehr bringen. Diese Reserve konnte nur dazu benutzt werden, die in den Divisionen Schmettau und Wartensleben entstandenen Lücken auszufüllen. Die Lücken in der Division Schmettau sollte die Brigade Prinz Heinrich, die in der Division Wartensleben von der Brigade Lützow ausgefüllt werden. Die Truppen der Brigade Prinz Heinrich standen zwischen Poppel und Hassenhausen, die der Brigade Lützow zwischen Rehehausen und Hassenhausen.

Preußische Artillerie, Offizier und Kanonier

Die im Feuer stehenden Bataillone waren ordnungsmäßig vorgegangen und hatten im Vorgehen reglementmäßig gefeuert. Nach dem Reglement hing der Gewinn einer Aktion davon ab, dass man nicht ohne Befehl still stand, sondern in guter und geschlossener Ordnung blieb und so im Avancierschritt auf dem Feind losging. Es sollte nicht ohne Befehl angegriffen werden. Das Reglement sagte dazu, „Wenn solches geschehen, und der Feind bleibt wieder Vermuten stehen, so wird er dem Eindringen mit gefälltem Bajonett gewiss nicht resistieren können."

Der Feind war auf dem Schlachtfeld stehen geblieben. Es wurde aber nicht ausgenutzt, um einen Bajonettangriff vorzutragen. Die in Schlachtlinie vorgehenden und feuernden Bataillone hatten sich den französischen Tirailleurlinien und den dahinter sich befindenden beweglichen kleinen Kolonnen gegenüber vollständig wehrlos gefühlt.

In keiner Weise für Gefechte im Ortskampf geschult, war es ihnen trotz aller Todesverachtung nicht gelungen, das Dorf Hassenhausen wieder zurückzugewinnen. Das Vorziehen der Bataillone der Division Oranien in die Lücken der im Feuer stehenden Bataillone konnte bei aller Bravour keinen anderen Erfolg haben, als dass auch sie sich im feindlichen Feuer verzehrten.

Nach dem Ersteigen des Talrandes des Rehehausener Baches führte Oberst Lützow die Brigade auf Hassenhausen vor. Das Regiment „Wartensleben" ging links von einem nach Hassenhausen führenden Hohlweg, das Regiment „Möllendorf" rechts neben den genannten Hohlweg vor. Die Regimenter „Wartensleben" und „Möllendorf" gingen durch die Lücken der im Gefecht stehenden Bataillone der Regimenter „Prinz Ludwig Ferdinand" und „Herzog von Braunschweig" der Brigade Renouard mit schlagenden Tambours, vor. Vor und seitlich von Hassenhausen standen feindliche Karrees[1]) mit vorgeschobenen Tirailleuren, welche an den Zäunen der Gärten, an den Rändern der Hohlwege und in den Vertiefungen des wellenförmigen Terrains sich eingenistet hatten. Zwei feuernde feindliche Batterien in Hassenhausen brachten den vorgehenden preußischen Truppen ernste Verluste bei.

Die ersten Verluste hatte das Regiment in einer Entfernung von 800-900 Schritt von Hassenhausen aus erhalten. Es wurde gehalten, um Bataillonssalven abzugeben, jedoch wurde sofort wieder vorgegangen. Es gelang, einzelne aus Hassenhausen vorgegangene feindliche Abteilungen zurückzuwerfen und dem Dorfe sich bis auf 600 Schritt zu nähern. Die in der rechten Flanke sich entwickelnden starken Tirailleurschwärme zwangen jedoch zum Halt. Der rechte Flügel wurde zurückgebogen und es entwickelte sich ein stehendes Feuergefecht. Die Front des Regiments „Wartensleben" und des II. Bataillon „Möllendorf" liefen parallel mit dem südlichsten Punkt von Hassenhausen. Das I. Bataillon „Möllendorf" bildete eine zurückgezogene Flanke. Es befand sich auf einer Anhöhe im Vorgelände von Hassenhausen.

Kartätsche für Feldartillerie

Im Zwischenraum zwischen dem I. und II. Bataillon „Möllendorf" wurde die Batterie „Lehmann" aufgestellt. Diese zur Fußartillerie gehörende Batterie hatte den Feind

---

1) Karrees waren zu einem Viereck zusammengezogene Truppen. Dies wurde speziell gegen Kavallerieangriffe angewendet. Es ermöglichte eine Rundumverteidigung der Truppen.

schon im Vorgehen mit Kugeln beschossen und eröffnete, als die Batterie seine Stellung bezogen hatte, sofort ein lebhaftes Kartätschenfeuer.[1]) Die 12 pfündige Batterie „Wilkens" der Brigade Wedell, welche beim Vormarsch untätig stehend angetroffen worden war, wurde veranlasst, in den Zwischenraum zwischen den Regimentern „Wartensleben" und „Möllendorf" mit vorzugehen.

Die französische Division Morand war mit 11 frischen Bataillonen bei Hassenhausen und in dem Terrain südlich der Ortschaft eingetroffen. Die Brigade begann sofort anzugreifen und die preußischen Truppen auf der rechten Flanke zu umgehen. Eine Niederlage der 4 Bataillone der 1. Brigade des äußersten rechten Flügels war nur eine Frage der Zeit. Die Niederlage musste diese Bataillone treffen, sobald die französischen Bataillone zum Angriff übergingen. Der in der Luft hängende rechte Flügel der preußischen Armee musste dann unterliegen. Zum Schutz der rechten Flanke war keine Kavallerie vorhanden, ebenso fehlte es an dieser Stelle an jeglichen Reservetruppen.

Französischer Munitionswagen System Gribeauval

Die Kavallerie des rechten Flügels war nach Auerstedt zurückgeworfen worden. Die noch gefechtsfähige Kavallerie befand sich auf dem linken Flügel. Die Reservedivisionen standen bei Eckartsberga. Ein Vorstoß, den das Regiment "Wartensleben" im letzten Moment noch machte, musste erfolglos bleiben, da sich das Gefecht, in das die Brigade Prinz Heinrich bei Poppel verwickelt war, sehr ungünstig für diese Brigade gestaltet hatte.

Regiment Wartensleben.

Der Vorstoß des Regiments „Wartensleben" begann mit dem Überqueren des Rehehausener Baches. Das II. Bataillon marschierte im geschwinden Schritt in Eventail rechts auf. Das I. Bataillon unternahm das gleiche Manöver als es heran war. Auf Befehl des Prinzen von Oranien wurde der Hügel erstiegen, der vor der Front des Regiments lag. Der linke Flügel des Regiments sollte sich an zwei Bäume, die auf dem

---

1) Kartätschen wurden auf kurze Entfernungen gegen Infanterie- oder Kavallerieziele eingesetzt. Die Ladung bestand aus der Pulverladung und einer Anzahl eingebundener Kugeln, die beim Verlassen der Mündung wie ein Schrotschuß wirkten.

Hügel standen, anlehnen. Am Fuße des Hügels mussten die ersten Peletons der Bataillone helfen, die 6 pfündigen Bataillonskanonen auf den Hügel zu schleppen, da es die Pferde nicht schafften.

Als der Hügel erstiegen war, ging das Regiment im geschwinden Schritt vor, da der Feind noch nicht in Sicht war. Auf dem Hügel befand sich schon ein Bataillon des Regiments „Prinz Louis", das hier aber stehen blieb. Das Regiment „Wartensleben" ging weiter in Richtung Hassenhausen vor. Beim Vormarsch auf Hassenhausen wurde das Regiment durch eine feindliche Batterie unter Feuer genommen, welche dem Regiment Verluste zufügte. Der Vormarsch ging weiter und als das Regiment sich bis auf 900 Schritte dem Dorf genähert hatte, wurde es von feindlichen Tirailleuren unter Feuer genommen. Die Verluste waren beträchtlich und vergrößerten sich noch, da das Regiment durch eine feindliche Batterie beschossen wurde.

Das Regiment ging aber trotz allem weiter vor. Das I. Bataillon war diesem Feuer am schwersten ausgesetzt. Beide Bataillone feuerten nun einige Bataillonssalven um die Tirailleure zu vertreiben. Es gelang auch, das Feuer der feindlichen Schützen zu unterdrücken. Nun aber nahm eine feindliche Batterie das Regiment, besonders in der rechten Flanke, unter Feuer. Das Regiment marschierte in Sektionen im geschwinden Schritt nach rechts, um sich dem Feuer der Batterie zu entziehen, aber auch um in eine bessere Marschposition gegen Hassenhausen zu gelangen. Sobald das Dorf Hassenhausen sich gerade vor der Front des Regiments befand, wurde wieder geradeaus marschiert.

Trotz der Verluste wurde der Versuch unternommen, das Dorf Hassenhausen zu erobern. Das Gewehr wurde zur Attacke rechts[1] genommen und das Regiment ging mit der Hoffnung, das Bajonett gebrauchen zu können, gerade auf das Dorf los. Das Dorf Hassenhausen lag in einer kleinen Vertiefung zwischen zwei Anhöhen. Das Regiment Wartensleben erreichte eine dieser Anhöhen. Nun gingen aber feindliche Karrees im Geschwind-schritt gegen die Flügel des Regiments vor. Feuer aus dem Dorfe Hassenhausen richteten das Regiment fürchterlich zu. Seitlich des Dorfes aufgestellte feindliche Kanonen nahmen das Regiment unter Kartätschen-feuer. Die Verluste des Regiments nahmen stetig zu.

Der Feind ging nun vor und versuchte, das Regiment zu umgehen und zu überflügeln. Um aus dieser schwierigen Lage, aber auch, um das Regiment aus dem Feuer herauszuziehen, marschierte das Regiment „Wartensleben" bis hinter die Anhöhe zurück. Hier wurde das Regiment neu gerichtet. Die feindlichen Karrees gingen nicht weiter vor, sodass das Regiment sich neu formieren konnte.

Die Bataillonskanonen des I. Bataillons wurden die Höhe heraufgeschleppt, was unter starkem feindlichen Beschuss geschah. Das Feuer auf das feindliche Karree, links des Dorfes, wurde eröffnet. Die ersten drei Schuss schlugen in das feindliche Karree ein und brachten es in Unordnung.

Als von der 2. Kanone das Feuer zum vierten mal eröffnet werden sollte, geriet die Pulvertasche des Artilleristen in Brand, was zur Folge hatte, dass die Bedienung durch Verwundung ausfiel. Die Besatzung des anderen 6 Pfünders war schon durch feindliches Kartätschenfeuer verwundet worden. Alle Zugpferde waren ausgefallen. Eine der Kanonen konnte sofort zurückgebracht werden. Die andere wurde durch Soldaten des Regiments unter dem Kommando von Major von Benningsen auch noch zurückgeschleppt.

Der Kommandeur ließ eine Nachricht zum Prinzen von Oranien schicken, mit der Bitte, doch einige Bataillone und Kavallerie als Verstärkung zu schicken, um doch noch einen Versuch zu unternehmen, das Dorf Hassenhausen den Franzosen zu entreißen. Während die Bataillonskanonen im Feuer standen, feuerte das Regiment mit Bataillonssalven weiter gegen die Karrees und das Dorf Hassenhausen. Nachdem

---

1) Gewehr zur Attacke rechts, war der Handgriff, der vor der Bajonettattacke angewendet wurde. Das nächste Kommando war dann "Vorwärts fällt das Gewehr."

die Bataillonskanonen unbrauchbar geworden waren, bemerkte Major von Ebra eine Einheit, die in ziemlicher Entfernung hinter dem Regiment „Wartensleben" stand. Er ritt sofort zu dieser Einheit, um diese Einheit als Verstärkung heranzuziehen. Es stellte sich heraus, dass es das II. Bataillon des Regiments „Herzog von Braunschweig" war. Das Bataillon hatte schon einige Offiziere verloren und das Kommando führte ein junger Stabsoffizier. Major von Ebra befahl nun diesem Bataillon, vorzugehen.

Die Fahnen wurden vorgenommen und das Bataillon marschierte im Geschwindschritt vorwärts, wo es sich neben das I. Bataillon „Wartensleben" setzen sollte. Major von Ebra ritt hinter das I. Bataillon des Regiments „Wartensleben", um von hier das Gefecht weiter zu führen. Hier wurde sein Pferd und auch er durch zwei Prellschüsse verwundet. Ohne Pferd musste er jetzt das Kommando zu Fuß führen.

Ein weiterer Angriff sollte vorgetragen werden. Auf das Kommando im Geschwindschritt Marsch setzte, sich Teile des Regiments in Bewegung und folgten Major von Ebra zu diesem Angriff. Viele Leute waren schon entkräftet oder sahen die Sinnlosigkeit eines weiteren Angriffes ein.

Major von Ebra wurde in die Hand geschossen, trotzdem nahm er die Fahne in die Hand und ging vor die Front des Regiments, um den Angriff selber zu leiten. Trotz aller Unsicherheit im Regiment wurde der Angriff vorgetragen. Das Tirailleurfeuer brachte dem Regiment auf dem Vormarsch Verluste bei, auch die feindlichen Karrees, die jetzt hielten, feuerten auf die Reste des Regiments. Da die Verluste sich häuften, musste der Angriff aufgegeben werden. Major von Ebra wollte durch sein Aushalten wenigstens den Rückzug der nun geschlagenen Armee decken. Er wurde hier aber noch einmal verwundet. Dadurch musste er die Fahne abgeben und einige Leute schleppten ihn zurück. Er erreichte Erfurt am nächsten Morgen.

Als Oberst von Lützow, der Brigadekommandeur, der sich auf dem rechten Flügel befunden hatte, das Zurückweichen des Regiments „Wartensleben" bemerkte, eilte er zu demselben. Seine Bemühungen, das Regiment zum Stehen zu bringen, waren vergeblich. Ein Zurückweichen des Regiments „Wartensleben" musste auch das Zurückweichen des nunmehr auf beiden Flanken bedrohten Regiments „Möllendorf" nach sich ziehen. Von Rehehausen aus führte ein Hohlweg in eine nördliche Richtung. Auf der rechten Seite des Hohlweges stieg das Terrain zu einer Anhöhe an, welche das umliegende Gelände beherrschte. Auf der linken Seite des Hohlweges stieg das Gelände leicht an.

Der rechte Flügel sollte an diese Anhöhe angelehnt werden. Rechts waren schon feindliche Truppen auszumachen. Das II. Bataillon „Möllendorf" überquerte den Hohlweg und marschierte in Richtung der Anhöhe. Die Batterie „Lehmann" musste durch Rehehausen vorgehen und ging dann links neben dem Hohlweg in Höhe des Bataillons in Stellung. Das I. Bataillon „Möllendorf" marschierte durch Rehehausen und ging en Eventail rechts neben der Batterie „Lehmann" in Stellung.

Der Feind stand durch die Anhöhe verdeckt auf der anderen Seite. Gegenüber den preußischen Truppen standen zwei feindliche Batterien, die von französischer Infanterie gedeckt wurden. Die feindlichen Tirailleure lagen vor der feindlichen Hauptstellung durch Einschnitte im Gelände gedeckt. Das II. Bataillon „Möllendorf" erreichte die Anhöhe und begann hier mit Bataillonssalven gegen den Feind zu feuern. Diese Bataillonssalven arteten aber bald in ein unkontrollierbares Feuer aus. Der Feind erwiderte das Feuer mit Musketen und mit Kartätschen.

Die 12 pfündige Batterie „Wilkens" stand links des I. Bataillon „Möllendorf", die 12 pfündige Batterie „Lehmann" stand rechts von dem II. Bataillon „Möllendorf". Das I. Bataillon „Möllendorf" musste sich aber nun in einen stumpfen Winkel zum II. Bataillon setzen, da die feindlichen Tirailleure versuchten, die Stellung zu umgehen. Die feindliche Infanterie, die zwischen und neben den feindlichen Batterien stand, war in Karrees aufmarschiert und rückte gegen die preußische Linie vor. Diese Angriffe wurden einige Male vorgetragen, konnten aber immer wieder durch ein wirksames Infanteriefeuer und das Feuer der 12 pfündigen Batterien abgewiesen werden.

Preußischer schwerer 12-pfünder

Die Infanterie hatte beträchtliche Verluste durch das anhaltende feindliche Feuer. Die Stärke der Bataillone lichtete sich immer mehr. Die im Feuer stehenden Batterien hatten große Verluste an Menschen und Pferden zu beklagen. Mehrere Stücke[1] waren schon durch das feindliche Feuer demontiert worden. Die Brigade befand sich noch immer, trotz der schweren Verluste, in guter Ordnung. Hier konnte man noch nicht ahnen, dass sich eine Wende im Verlauf der Schlacht ereignen sollte.

Auf dem linken Flügel konnte man jetzt schon die Truppen zurückgehen sehen. Der Versuch, das sich dort befindliche Regiment „Wartensleben" zu stoppen, konnte nur teilweise durchgeführt werden. Beide Bataillone „Wartensleben" hatten noch größere Verluste hinnehmen müssen als das Regiment „Möllendorf". Einzelne Trupps konnten gestoppt werden, um sie wieder in Linie aufstellen zu können. Dieser nun zum Teil ungeordnete Rückzug erfasste nun auch die anderen Einheiten des Flügels. Er zog sich von links nach rechts über die ganze Front.

Die feindlichen Tirailleure verfolgten die zurückweichenden Truppen. Gegen das am rechten Flügel stehende Regiment „Möllendorf" brach nun eine feindliche Infanteriekolonne vor. Durch diesen Angriff wurde auch das Regiment „Möllendorf" zum Rückzug gezwungen. Ohne Erfolg versuchten die Offiziere, durch Befehle, Überredung, Drohungen, mit Degen und Pistole die Leute zum Halten zu bringen. Es gelang zwar noch, den großen Teil der Leute des Regiments „Möllendorf" zum Halten zu bringen. Das Regiment konnte formiert werden und ein am Anfang geregelter Rückzug begonnen werden. Es dauerte aber nicht lange und diese Ordnung brach auch hier zusammen.

Die Auflösung konnte nicht mehr aufgehalten werden. Einzelne Trupps und Kompanien leisteten aber auf dem Rückmarsch noch Widerstand. Sie versuchten, durch ihr Feuer den Feind noch aufzuhalten. Ohne eine Reserve an Kavallerie oder Infanterie konnten die Truppen nicht mehr gestoppt werden, da sie von keiner 2. Schlachtlinie aufgenommen werden konnten.

---

1) Stücke: Bataillonskanonen. Es wurden bei jedem Bataillon 2 - 6 pfündige Kanonen mitgeführt. Unter Friedrich dem Großen waren es 3 pfündige Stücke gewesen, die mit ins Gefecht genommen wurden.

Eine südlich des Rehehausener Baches aufgefahrene reitende Batterie[1]) leistete noch Widerstand und konnte die Verfolger für eine kurze Zeit aufhalten. Außer der oben erwähnten reitenden Batterie befand sich auf dem westlichen Ufer des Rehehausener Baches das „Königs" Regiment Nr. 18, das zur 1. Reservedivision des Generalleutnants von Kunheim angehörte. Das Regiment sollte die aus dem Gefecht zurückweichenden Truppen aufnehmen.

Bei diesem Versuch, die Brigade am Rehehausener Bach zum Stehen zu bringen, war der Brigadekommandeur verwundet und sein Pferd tödlich verwundet worden. Beim Besteigen eines neuen Pferdes, welches ihm Leutnant von Winterfeld, Ordonnanzoffizier des Prinzen von Oranien gab, hatten sich schon die feindlichen Tirailleure bis auf 50 Schritte genähert.

Richtmaschine Holtzmann des preuß. schweren 12-pfünders

Nach dem die Regimenter „Möllendorf" und „Wartensleben" den Rehehausener Bach passiert hatten, waren die Regimenter in verschiedenen Richtungen auseinander gegangen. Das Regiment „Möllendorf" bog nach Norden ab und schlug unter Führung des Oberst von Rapin-Thoiras die Richtung nach Eckartsberga ein und schloss sich der von Generalleutnant Graf Wartensleben geführten Kolonne an. Am Abend erreichte das Regiment Kölleda und ging am folgenden Tag über Frankenhausen nach Magdeburg. Die Batterie „Lehmann" war dem Regiment „Möllendorf" gefolgt und hatte sich der gleichen Kolonne angeschlossen.

Wie erwähnt musste die Brigade, aber besonders die beiden Bataillone des Regiments „Wartensleben", große Verluste hinnehmen. Als das Regiment „Wartensleben" am 13. Oktober gegen 16 Uhr mit der Armee unter dem Kommando des Herzogs von Braunschweig aus dem Lager bei Oberweimar aufbrach, konnten die Soldaten noch nicht wissen, was sie erwartete. Im Lager bei Oberweimar hatte sich das Regiment im ersten Treffen befunden. Der Marsch ging nach Auerstedt, wo das Regiment gegen 2 Uhr nachts ankam und bis zum Anbruch des Tages links vom Dorf Auerstedt ein

---

1) Reitende Artillerie war eine sehr mobile Batterie, da die Artilleristen auf Pferden ins Gefecht reiten konnten. Friedrich der Große hatte diese Waffengattung im Siebenjährigen Kriege formiert.

Biwak bezogen hatte. Die Bagage der Armee blieb zurück, so auch die Feldbäckerei. Das verteilte Fleisch konnte durch den schnellen Aufbruch aus dem Lager nicht mehr abgekocht werden. Nach einem 10-Stunden Marsch klagten die Soldaten über großen Hunger.

Die Nacht war trübe, neblig und der am Morgen fallende Reif erzeugte eine empfindliche Kälte. Jeder Soldat hatte 60 Patronen bei sich. Schon gegen 7 Uhr morgens marschierten beide Bataillone sowie die Division des Prinzen von Oranien aus dem Biwak links ab. Der Marsch ging durch das Dorf Auerstedt. Bevor die Truppen durch das Dorf marschieren konnten, mussten sie auf dem Marsch Schluchten und Anhöhen überqueren, da das Gelände sehr hügelig war. Sobald das Dorf Auerstedt passiert war, wurde im schnellen Schritt in Linie aufmarschiert.

Der Marsch ging weiter, bis nach einer Stunde die Anhöhen hinter Auerstedt erreicht wurden. Der Marsch in Linie über das schwierige Terrain gestaltete sich für die Truppen nicht sehr einfach. Sehr oft musste gehalten werden, da die Truppen im Wege befindliche Hindernisse umgehen mussten. Der Hunger machte den Truppen schwer zu schaffen. Erschöpfte Soldaten mussten sich große Mühe geben, um mit der Linie Schritt zu halten. Branntwein, um die Geister der Truppe zu erfrischen, konnte auch nicht ausgegeben werden.

Kaum war das Regiment aus dem Dorfe Auerstedt eine Strecke herausmarschiert, so wurden es auch schon von feindlichen Kanonen beschossen, die sich auf den Anhöhen vor der Front des Regiments befanden. Hier kam der König vor die Front des Regiments geritten, und er wurde durch ein lautes Vivat von den Soldaten begrüßt. Das Regiment erreichte durch sein schnelles Vorgehen die vier Kilometer von Auerstedt entfernt liegenden Anhöhen. Rechts neben dem Regiment „Wartensleben" befand sich das Regiment „Möllendorf", außerdem war auf dem Flügel eine Batterie aufgefahren.

Links neben dem Regiment „Wartensleben" befand sich das Regiment „von Puttkammer". Am Fuße der Anhöhenkette formierte sich das Regiment wieder, um die Anhöhen zu besetzen. Auf der Anhöhe befanden sich schon französische Tirailleure, die das vorgehende Regiment durch ihr Feuer in Unordnung zu bringen versuchten. Im ruhigen Avancierschritt ging das Regiment aber weiter gegen die Anhöhe vor und drängte die feindlichen leichten Truppen fast zwei Kilometer zurück. Es war hier, dass eine der Protzen der am rechten Flügel stehenden Bataillonskanone in die Luft flog.

Bei dieser Explosion wurden viele Leute des I. Bataillons teils schwer oder leicht verwundet. Durch die feindlichen Tirailleure verlor das I. Bataillon nur 20 Mann. Aber auch der Feind musste Verluste durch das genau liegende Kartätschenfeuer der Bataillonskanonen des Regiments hinnehmen. Der Vormarsch des Regiments ging weiter über die Körper der toten Feinde.

Bei diesem Vorgehen wurde das II. Bataillon des Regiments „Wartensleben" von dem I. Bataillon getrennt. Das Regiment stieß, nach dem es die feindlichen Tirailleure zurückgedrängt hatte, auf eine gut gedeckte feindliche Batterie. Dem Regiment wurden durch das Kartätschenfeuer dieser Batterie große Verluste zugefügt. Hier wurden der Kommandeur Major von Ebra, sowie kurz vorher dem Major von Benningsen, die Pferde unter dem Leibe erschossen.

Das I. Bataillon hielt diesem Feuer eine Weile stand. Die Bataillonsstücke unter der Leitung des Feuerwerkers Schulze brachten durch ihr wohl gezieltes Feuer dem Feind Verluste bei. Dieses Feuer wurde noch wirksamer, als die am rechten Flügel stehende schwere preußische Batterie mit den Bataillonstücken des Regiments die feindliche Batterie unter ein wirksames Kreuzfeuer nahm. Es gelang, die feindliche Batterie für 10 Minuten zum Schweigen zu bringen.

Dieser kurze Zeitraum wurde vom Kommandeur Major von Ebra dazu benutzt, das Bataillon neu zu formieren, um dann mit einem Bajonettangriff gegen die feindliche Batterie vorzugehen. Bevor dieser Bajonettangriff die Batterie erreichte, stieß das Bataillon auf feindliche Linientruppen. Hier fiel Leutnant von Münchhausen der

Befehlshaber der Schützen. Auch Leutnant von Osten, Leutnant Nordeck von Rabenau, Leutnant von Mumme und Kapitän von Kamptz wurden verwundet.

Das Bataillon machte Halt und feuerte drei Bataillonssalven, die vom Feinde erwidert wurden. Es entwickelte sich hier ein drei Stunden dauerndes Feuergefecht. In einem stetigen langsamen Vorgehen der Bataillonslinie zog sich das Bataillon mehr und mehr nach rechts, um so den Feind zu überflügeln. Die rechte Flanke lehnte sich dabei an eine Anhöhe an. Dieses Vorgehen, das sich nach rechts zog, brachte das Bataillon auch ein wenig aus dem Feuer der feindlichen Batterie.

Das I. Bataillon war in eine schwierige Lage geraten. Die Flanken des Bataillons waren nicht durch Kavallerie oder andere Truppen gedeckt. Beim Aufmarsch des Regiments war die begleitende Kavallerie und Infanterie von den Flügeln des Regiments abgekommen. In dem drei Stunden dauernden Feuergefecht verlor das I. Bataillon durch feindliches Musketenfeuer die Hälfte seines Bestandes. Die feindlichen Batterien, die auf das Bataillon schossen, zielten zu hoch und die Mehrzahl der abgefeuerten Kugeln flogen harmlos über die Köpfe der Truppen. Das Feuer des Bataillons zeigte eine gute Wirkung in den Reihen der Feinde. Das Feuer der feindlichen Linie verringerte sich und die Linie begann zu wanken.

Bereits am Anfang des Gefechtes waren beide Fahnenjunker verwundet worden. Die Fahnen wurden von Major von Benningsen und Kapitän von Brause getragen. Da beide verwundet wurden, übernahmen der Kommandeur Major von Ebra und der Leutnant von Eberstein der II. die Bataillonsfahnen und versuchten, das Bataillon neu zu formieren.

Durch die erhaltenen Verluste waren nun noch sechs Offiziere (die Kapitäne von Löwenstein, von Schlechtendahl, die Leutnante von Löwenstein, von Eberstein I., von Eberstein II. und Fähnrich von Tettenborn) übrig, um das Bataillon zusammenzuhalten.

Bei dem bemerkten verminderten feindlichen Feuer und Wanken der feindlichen Linie, das gegen 14 Uhr gewesen war, kommandierte Major von Ebra, obgleich er selber verwundet war, mit der einen Fahne in der Hand, mit gefällten Bajonett vorzugehen. Kapitän Graf von Löwenstein ergriff das Gewehr eines Toten und so ging das Bataillon vorwärts und drängte die feindliche Linie zurück. Beim Vorgehen wurde Major von Ebra von einer feindlichen Kugel im Arm getroffen, und er musste dadurch die Fahne an Leutnant von Eberstein I. abgeben. Er selber wurde zurückgebracht. Die feindliche Linie wurde zurückgedrängt, dahinter stieß das Bataillon auf ein feindliches Karree.

Die Überreste des Bataillons wurden mit einem heftigen Musketen- und Kartätschenfeuer empfangen, und das Bataillon musste nun langsam zurückgehen, da die Verluste zu schwer waren und der Feind zu zahlreich war. Feindliche Tirailleure kamen aus dem Karree und griffen das Bataillon an. Die Stärke der Einheit war nun auf 150 Mann zusammengeschmolzen. Beim Zurückweichen bildete das Bataillon einen Halbmond, um so die Fahnen zu schützen. Dadurch, dass die feindlichen Tirailleure das Bataillon weiter verfolgten, musste das feindliche Karree das Feuer einstellen, um nicht die eigenen Leute zu treffen.

Die Masse der Feinde drängte nur langsam nach. Die wenigen Überreste des Bataillons hatten fast alle Patronen verschossen. Frische Munition zu erhalten, war undenkbar und so wurden die Patronen der Toten und Verwundeten eingesammelt. Der Feind beschoss die zurückgehenden Truppen mit Kartätschen. Der Rückmarsch ging langsam zurück, um eine gewisse Ordnung zu behalten. Die Leute kämpften verzweifelt und die heranprellenden Tirailleure wurden zum Teil mit den Kolben der Musketen niedergestoßen. Die Wirkung des französischen Kanonen- und Kartätschenfeuers verstärkte sich mehr und mehr. Unter diesem Feuer ging der Marsch bis an einen sumpfigen Wiesengrund zwischen Auerstedt und den Anhöhen zurück.

Ehe diese sumpfige Wiese erreicht wurde, konnte in einiger Entfernung das in guter Ordnung zurückgehende Regiment „Prinz Ferdinand" gesehen werden. Es gelang aber nicht, beide Einheiten zu vereinigen. Auf dem Platze, südlich von Auerstedt, auf dem sich in der vergangenen Nacht das Biwak des Regiments befunden hatte, wurden die Reste des Regiments wieder neu geordnet.

Das Regiment „Wartensleben" hatte 27 Tote und verwundete Offiziere zu beklagen. Es waren auf dem Schlachtfeld geblieben bzw. starben an ihren Wunden: Major von Schenk, Kommandeur des I. Bataillons, Kapitän von Kampts, Premierleutnant von der Osten, Sekondeleutnant Graf Vassau, Sekondeleutnant von Münchhausen und Sekondeleutnant von Nordeck zur Rabenau. Zu den verwundeten Offizieren gehörten die Majore von Ebra und von Benningsen. Die Zahl der verwundeten und gefallenen Mannschaften sind nicht genau zu ermitteln. Sie dürften aber um 500 bis 600 Mann, gelegen haben.

Grenadier-Bataillon „Krafft"

Das Bataillon war aus den Grenadier-Kompanien des Regiments „Kurfürst von Hessen" Nr. 48, „Wartensleben" Nr. 59 formiert worden. Die Garnison befand sich in Mühlhausen. Das Grenadier-Bataillon gehörte zur Division Schmettau.

Am 14. Oktober bildete das Bataillon den rechten Flügel der 3. Division unter dem Kommando des Generalleutnants von Schmettau. Am Tage der Schlacht hatte es Generalmajor von Schimonsky zum Brigadier. Durch den schnellen Linksabmarsch der 3. Division vom Lagerplatz musste das Grenadier-Bataillon, so schnell es konnte, hinter der Division her marschieren, um den Anschluss zu gewinnen. Auf dem Marsch befand sich die Batterie „Stankar" vor dem Bataillon. Auf dem Wege scherten die Wagen der Batterie aus der Kolonne aus. Die dadurch entstandene Öffnung musste von dem Bataillon wieder geschlossen werden. In der Gegend von Poppel wurde die Batterie wieder eingeholt. Auch die Kolonne hielt hier. Hier erging der Befehl an das Bataillon, den Schützenoffizier und die 20 Schützen zur Vorhut vorzuschicken.

Der königliche Flügeladjutant Oberstleutnant von Jagow erschien beim Bataillon und überbrachte den Befehl des Königs, rechts aus der Kolonne heraus zu marschieren, um auf die Höhe des Dorfes Poppel zu gelangen und die dort zurückweichende Kavallerie des rechten Flügels zu unterstützen.

Beim Vormarsch überquerte das Bataillon auf einem Damm marschierend eine sumpfige Wiese und musste dann einen sumpfigen Bach überwinden. Die Bataillonskanonen konnten dem Bataillon nicht über den Bach folgen. Nach passieren des Baches marschierte das Bataillon in Linie formiert mit klingendem Spiel gegen den Feind vor. Der starke Nebel, der über dem Terrain lag, verhinderte, dass bei diesem Vormarsch der Feind gesehen werden konnte.

Die Grenadiere trafen kurz nach Passieren des Baches auf den Feind. Vor ihnen standen zwei Bataillone des französischen 85. Linien-Infanterieregiments, die sich in einen Hohlweg postiert hatten. Die Bataillonssalven der Franzosen trafen das Bataillon unerwartet auf eine Entfernung von 50 Schritt. Das Feuer wurde erwidert, aber das aus neuen Leuten bestehende Bataillon begann durch den schnellen Verlust an Toten und Verwundeten zu weichen. Es gelang aber den Offizieren, das Regiment zu stoppen und neu zu formieren.

Ein neuer Angriff wurde vorgetragen. Trotz des feindlichen Kartätschenfeuers gelang es dem Bataillon wieder, in die Nähe der französischen Einheiten zu gelangen. Beide Seiten eröffneten nun das Feuergefecht wieder. Dem vorher zurückgewichenen Bataillonen gelang es nun durch ihr wohl gezieltes Feuer, die beiden französischen Bataillone zurückzuwerfen. Drei Offiziere und 30 Mann des französischen 85. Linienregiments wurden gefangen genommen.

Der schleunige Rückmarsch dieser zwei Bataillone nach Hassenhausen zog auch andere feindliche Einheiten mit sich. Das Grenadier-Bataillon verfolgte die Franzosen bis zum Dorf Hassenhausen. Die feindlichen Einheiten gingen durch Hassenhausen zurück und formierten sich hinter dem Dorfe neu. Als Verstärkung trafen feindliche Truppen in einem Karree formiert ein. Der erfolgreiche Vormarsch des Bataillons konnte nicht ausgenutzt werden, da die Gefahr bestand, dass das Grenadier-Bataillon von dem in Stärke weit überlegenen Feind von den eigenen Linien abgeschnitten werden konnte. Beide Flanken waren entblößt. Artillerieunterstützung war auch nicht zur Stelle, da die eigenen Bataillonsstücke den Bach noch immer nicht überquert hatten.

Der Adjutant des Bataillons ersuchte den Befehlshaber der 3. Division, die seitlich hinter dem Bataillon stehenden 3 Schwadronen Kavallerie anreiten zu lassen, um den Feind anzugreifen und dem Bataillon Luft zu verschaffen. Ein Gegenangriff des Feindes ließ nicht lange auf sich warten. Aus dem Dorfe Hassenhausen hervorbrechend formierte sich nun ein großes Karree, das sich mit seiner rechten Flanke an das Dorf Hassenhausen anlehnte. Andere Truppen des Feindes postierten sich hinter dem Chausseegraben bei Hassenhausen.

Hassenhausen, Lißbach fließt zwischen Rehehausen und Taugwitz (Pfeil). Die Bataillonskanonen des Bataillons „Krafft", blieben hier stecken.

Das Grenadier-Bataillon „Krafft" hatte schon ⅓ des Bestandes verloren. Beim Vorgehen war das Bataillon zu weit von der 3. Division abgekommen, um sich mit der Division wieder zu vereinigen. Um aber weiter an der Schlacht teilnehmen zu können, setzte sich das Bataillon an den rechten Flügel des Regiments „Herzog von Braunschweig" Nr. 21, welches einen Teil der in Echelon vorgehenden 2. Division bildete.

An den rechten Flügel des Grenadierbataillons schloss sich das Regiment „von Kleist" Nr. 5 an. Hier kämpfte das Bataillon, bis es seine Munition verschossen hatte. Die wenige Munition, die von den Unteroffizieren von den Toten und Verwundeten gesammelt wurde, war auch bald verbraucht.

Um neue Munition zu bekommen, wollte sich das Bataillon an den nächsten Munitionswagen heranziehen. Bei dieser Gelegenheit erhielt das Bataillon, wie auch die 2. Division, den Befehl zum Rückzug. Der Kommandeur des Bataillons, Major von Krafft sowie Kapitän von Lorch und Leutnant von Morsch wurden gleich zu Beginn des Gefechtes verwundet. Außerdem wurden im Verlaufe der Schlacht der Kapitän von Hüttel, die Leutnants Perlett, von Briesen, von Berg, von Seckendorff und von Linden verwundet. Dem Kommandanten und Major von Reinermann wurden die Pferde unter dem Leib erschossen.

Der Verlust an Unteroffizieren, Schützen, Artilleristen, Spielleuten und Gemeinen während der Schlacht kann nicht mit Sicherheit festgestellt werden. Von 772 Mann waren 91 Mann gefallen, 175 Mann wurden verwundet und 211 Mann sind als vermisst gemeldet worden. Es war nicht möglich, die Verwundeten zurückzubringen, da die nötigen Wagen fehlten. Sie fielen den Feinden in die Hände.

Infanterie-Regiment „Herzog von Braunschweig" No. 21.

Das von Oberst von Elsner befehligte Regiment hatte seine Garnison in Halberstadt. Der Kanton des Regiments waren die Städte Halberstadt, Quedlinburg und Wernigerode. Das Regiment gehörte zur 2. Division der Hauptarmee, die vom Grafen Wartensleben befehligt wurde. Die Division erreichte als zweite Division das Schlachtfeld. Es bestand aus dem Regiment „Prinz Ludwig Ferdinand" Nr. 20, dem Grenadierbataillon „Alt-Braun", das aus den Grenadier-Kompanien des 3. und 21. Regiments gebildet wurde. Es bildete die 1. Brigade der 2. Division.

Am 13. Oktober nachts erreichte das Regiment den Treffpunkt der Armee in der Nähe von Auerstedt. In der herrschenden Dunkelheit marschierte das Regiment schräg durch alle Feldwachen und lagerte sich Front zu Front bei dem Regiment "Prinz Heinrich". Die Verwirrung, Hunger, Durst und die Kälte der Nacht halfen nicht, in den Truppen eine große Zuversicht in der preußischen Führung erwecken.

Am 14. Oktober wurde links abmarschiert und der Marsch begann. Der Vormarsch der verschiedenen Einheiten ging sehr schnell vor sich, dabei zogen sich die Truppen nach rechts. Das wiederum schuf große Lücken zwischen den einzelnen Einheiten.

Das II. Bataillon marschierte links des Dorfes Rehehausen auf. Das I.-Bataillon musste das Dorf rechts umgehen. Bis jetzt hatte man den Feind noch nicht zu Gesicht bekommen. Das I. Bataillon marschierte hinter dem Dorf auf einer Anhöhe auf. Von hier konnte endlich der Feind, der in einem Karree aufmarschiert war, gesehen werden. Um in den Kampf eingreifen zu können, musste das Bataillon eine Viertelschwenkung nach links machen. Das I. Bataillon zog sich nach links und versuchte, sich an die anderen Einheiten anzuschließen. Andere Bataillone kamen auf dem Schlachtfeld an.

Die gegen den Feind vorgetragenen Angriffe wurden ohne Führung und Zusammenhang durchgeführt. Das I. Bataillon griff nun den Feind an. Die neben dem Bataillon sich befindenden Einheiten gingen aber nicht mit vor. Mehrere Angriffe wurden vom I. Bataillon vorgetragen, die aber alle zum Scheitern verurteilt waren, da das Bataillon ohne Unterstützung an den Flanken vorgehen musste. Bei diesen Angriffen musste das Bataillon hohe Verluste hinnehmen. Der Kommandeur des Bataillons bat General Graf Wartensleben dringend um Unterstützung. Diese Hilferufe blieben aber ohne Erfolg.

Der Feind verlängerte seinen linken Flügel und bildete neue Karrees. Das letzte feindliche Karree wurde in der rechten Flanke des Bataillons formiert. Durch dieses wurde das Bataillon gezwungen, die vorher gemachte Viertelschwenkung wieder zurückzumachen, um so diesen neuen Feind bekämpfen zu können.

Bei den Angriffen gegen dieses Karree verlor das Bataillon viele Leute. Ein Erfolg konnte sich nicht einstellen, da die Angriffe des Bataillons nicht unterstützt wurden. Das Bataillon befand sich nun als einzige preußische Einheit noch auf dem rechten Flügel. Durch den Druck des überlegenen Feindes musste es sich aber auf Rehehausen zurückziehen, wo es stehen blieb, bis es den Befehl zum Rückzug erhielt.

Der Rückzug durch das Dorf wurde sehr erschwert, da die durch das Dorf führende Straße mit Kavallerie, Karren, Munitionswagen und Kanonen verstopft war. Hinter dem Dorf Rehehausen wurde nun versucht, das Bataillon neu zu formieren und wieder aufmarschieren zu lassen. Dieser Versuch schlug fehl, da die Leute durch den langen Kampf, durch Hunger und Durst demoralisiert waren.

Dem II. Bataillon erging es ähnlich. Es musste schwere Verluste bei den Angriffen, die es gegen die Franzosen vortrug, hinnehmen. Der Kommandeur und viele Leute wurden getötet oder verwundet.

Auf dem Rückzug nach Buttstädt konnten 500 Mann des Regiments wieder gesammelt werden. Der Rückzug ging über Nordhausen nach Magdeburg weiter. Von hier sollten die preußischen Ostprovinzen erreicht werden.

Aber schon bei Prenzlau wurde das Regiment von den Franzosen eingeholt. Durch Hunger und Erschöpfung ergaben sich hier die Reste des Regiments in einer Stärke von 300 Mann.

Infanterieregiment "Malschitzky" Nr. 28

Das Regiment wurde von Oberst von Raumer kommandiert. Die Garnison des Regiments war die schlesische Stadt Brieg. Es gehörte zur 3. Division (Schmettau) der Hauptarmee. Die Division war die Vorderste und in ihr war das Regiment das letzte der Division.

Vor Tagesanbruch des 14. Oktobers wurden sämtliche Schützen des Regiments herausgezogen und zusammen mit einer Schwadron des Dragoner-Regiments „Königin" als Patrouille in Richtung der Stadt Sulza geschickt, um in diese Richtung hin aufzuklären. Dadurch fehlten dem Regiment während der Schlacht die Schützen.

Alle Divisionen zogen nun ohne Zusammenhang auf das Schlachtfeld auf. Das Grenadier-Bataillon „Krafft", welches den äußersten linken Flügel bildete, wurde zur Vorhut beordert. Das Regiment „Malschitzki" kam beim Aufmarsch auf dem linken Flügel des angreifenden Korps zu stehen. Daneben war eine Batterie aufgefahren.

Der Feind befand sich schon auf den Höhen bei Hassenhausen. Feindliche Kanonenkugeln schlugen in den Reihen des Regiments ein, bevor das Regiment das Feuer eröffnen konnte. Nach beendetem Aufmarsch wurde das Regiment in ein langes Feuergefecht mit den feindlichen Truppen verwickelt. Der Feind stand auf den Anhöhen, und er war so besser vor dem Feuer der preußischen Truppen gedeckt. Das Regiment „Malschitzki" und die anderen preußischen Truppen standen ungedeckt am Fuße der Anhöhe. Hinter dem Regiment standen als Deckung nur zwei Schwadronen des Kürassier-Regiments „von Heising".

Die Brigade, bestehend aus den Regimentern „Malschitzki" und „Schimonsky" ging mit klingendem Spiel gegen den Feind vor, aber schon nach 80 Schritten erhielt die Brigade den Befehl zu halten. Der Angriff auf die Anhöhe unterblieb. Hauptmann von Liebherr vom Generalstab überbrachte den Befehl, dass das II. Bataillon des Regiments sich nach links ziehen sollte, um dort eine Anhöhe zu besetzen, die durch einen sumpfigen Bach von der Schlachtlinie getrennt war. Die Schützen des Regiments sollten noch weiter nach links gehen, um das Dorf Benndorf zu besetzen. Da die Schützen nicht mehr beim Regiment waren, wurde die linke Flügelkompanie nach Benndorf beordert.

Nach dem Abmarsch des II. Bataillons verstärkte der Feind seinen rechten Flügel mit Kavallerie. Die feindliche Kavallerie griff nun die Batterie an, die neben dem II. Bataillon gestanden hatte. Durch den Abmarsch des II. Bataillons stand die Batterie ohne Deckung auf dem Schlachtfeld. Der Angriff der feindlichen Kavallerie traf die Batterie und das I. Bataillon „Malschitzki" in die Flanke und in den Rücken. Durch das gezielte Feuer der Batterie und des I. Bataillon konnte der Angriff der feindlichen Kavallerie abgewehrt werden und 15 Jäger zu Pferde konnten gefangen genommen werden.

Nach der Abwehr des feindlichen Angriffes setzte sich eine Abteilung des Regiment „Alvensleben" in die entstandene Lücke zwischen den beiden Bataillonen des Regiments „Malschitzki". Die feindliche Kavallerie unternahm nun den Versuch, die linke preußische Flanke zu umgehen. Die preußische Batterie und alle Regimentskanonen eröffneten das Feuer mit Kugeln, als der Feind näher kam, mit Kartätschen.

Das Regiment „Malschitzki" eröffnete das Feuer mit ihren Musketen. Der Druck auf den linken preußischen Flügel begann sich zu verstärken und wurde für das Regiment „Malschitzki" sehr kritisch. Der Divisionskommandeur wurde tödlich verwundet. Die Verluste des Regiments waren groß. Der Brigadekommandeur von Schimonsky ließ nun die Brigade in drei Bataillonskarrees formieren. Dadurch, dass sich die Batterie, die neben dem Bataillon „Malschitzki" stand, verschossen hatte, wurde ihr der Befehl erteilt, nach rückwärts abzufahren, um dort neue Munition zu fassen.

Der rechte Flügel des Korps war schon geschlagen. Die feindliche Kavallerie griff nun die drei Bataillonskarrees an. Die zwei Karrees des Regiments „Schimonsky" wichen zurück. Das Karree des I. Bataillons „Malschitzki" konnte aber den feindlichen Angriff abschlagen. Der Druck auf das Bataillon verstärkte sich, da die anderen Bataillone zurückgewichen waren. Feindliche Infanterie griff die Front, Kavallerie die Seiten des Karrees an. Das I. Bataillon musste sich zurückziehen, was in mittelmäßiger Ordnung geschah. Eine neue Stellung konnte formiert werden, in der das Regiment „Malschitzki", die Abteilung des Regiments „Alvensleben", den größten Teilen des Regiments „Schimonsky" und Teile der Reserven standen. Diese Truppen verteidigten sich für die nächsten zwei Stunden, dann aber mussten die Truppen der feindlichen Übermacht weichen.

Als bei Auerstedt die preußische Hauptarmee im Kampfe stand, wurde ganz in der Nähe bei Jena das Korps des Fürsten von Hohenlohe von Napoleon angegriffen. Auch hier wüteten heftige Kämpfe. Um ein besseres Bild dem Leser zu vermitteln, möchte ich hier kurz zwei Regimentsberichte wiedergeben, die uns einen Überblick über die Kämpfe bei Jena vermitteln.

Kapitän Graf zu Löwenstein-Wertheim
vom Infanterieregiment Wartensleben No. 59

So wie die Kanonade bei Auerstedt anfing, sagte ich meinen Leuten: „heute kommen wir endlich mit den Franzosen zusammen, da wollen wir sehen, ob ihr euch auch hier, wie bisher, als redlichen Kerls betragt!". Nach erfolgter Ordre, gegen den Feind anzurücken, und da uns zugleich die größte Eile anbefohlen wurde, ging alles von Anfang im starken Schritt, zuletzt im Trabe, vorwärts. Das ganze Regiment war in Sections links abmarschiert und ich also mit der Leibkompanie der letzte. Es konnte also nicht fehlen, dass die Leibkompanie bald einzeln zerstreut dem Regimente folgte. Um hierin dem Übel so viel wie möglich abzuhelfen, bat ich den Leutnant v. Mumme (meinen ältesten Leutnant), seinen zweiten Zug so viel wie möglich zusammen zu halten und sich nicht an mich zu kehren, ich würde dieses auch mit meinem ersten Zuge tun, und wo die Tete etwas langsamer marschierte, mich wieder ans Regiment anschließen.

Zum Unglück war mein Bruder beim Herrn Kommandeur und mein Fähnrich, der Graf v. Keller, beim Prinzen von Oranien kommandiert, und mein schurkischer Feldwebel hatte sich bei dem Aufbruch aus dem Leger bei Weimar krank gemacht, ich hatte also hierbei niemand, der mich gehörig unterstützen konnte. An einer Anhöhe hinter Auerstedt wurde der Aufmarsch befohlen. Was von meinen Leuten mir hatte folgen können, wurde sogleich in die Linie geführt, doch waren, ohnerachtet ich alles angewendet hatte, viele, noch ganz an Kräften erschöpft, im Grunde zurück. Auf der Anhöhe, wo der Marsch nur im Geschwindschritt fortging, sammelten sich dann nach und nach die Leute wieder. Während des Marsches rangierte ich die Kompanie so schnell wie möglich; indem durch das einzelne Nachkommen Glieder und Sections verloren gegangen waren. Sobald dieses geschehen war, suchte ich die Leute in einem der Fahne gleichen Schritt zu setzen, welches mir auch bald gelang. So wie wir gegen den Feind kamen, fanden wir zwar unsere linke Flanque gut gedeckt; allein die rechte Flanque befand sich in der Luft, da das Regiment „Möllendorf", welches rechts neben uns zu stehen kommen sollte, nebst unseren Kanonen noch nicht da war. So wie also halt kommandiert worden war, machte ich sogleich eine Flanque mit meinem ersten Peleton, um wenigstens gegen Kavallerie vorläufig etwas Seitenvertheidigung zu haben, bis das Regiment „Möllendorf" angelangt sein würde. Da dieses aber weiter rückwärts und in einer Intervalle von mehreren 100 Schritten seine Position nahm, so behielt ich meine Flanque bei.

Das Tirailleur- und Kartätschenfeuer der Franzosen hatte nun schon angefangen, während dem sich 2 Kolonnen französischer Infanterie gegen unseren rechten Flügel formierten. Einige Kugeln schlugen in die Compagnie. Der erste Gemeine, der getroffen wurde, ward von einer Kartätschenkugel am Patronentaschenriemen auf der Brust gestreift und wollte austreten, indem er rief, ich bin blessiert; da ich aber sahe, daß es nur eine leichte Contusion war, so sagte ich ihm, er möchte nur wieder eintreten, so etwas hätte nichts zu bedeuten. Eine zweite Kartätschenkugel schlug einem Gemeinen an den Schenkel und auch er wollte austreten, allein, da die Kugel, ohne den Schenkel zu verletzen, herabgefallen war, lies ich ihn gleichfalls nicht austreten und sagte ihm, „hebe dir diese Kugel zum Andenken auf, so ein Andenken bekömmt man nicht alle Tage".

Da ich meinen ersten Peleton anbefohlen hatte, nicht mit dem Bataillon zu feuern, sondern nur auf mein Kommando zu hören, so machte es auch nicht fertig, als der Herr Major v. Gfug das Bataillon fertig machen lies. So wie die erste Salve gegeben war und ich sahe, daß mein 3. Glied in dem 2. Peleton (welches leider auch unvernünftiger Weise mitgefeuert hatte), sich nach der Salve beinahe einen Schritt vom 2. Glied entfernt befand und die Vorderleute im 2. vorzüglich im ersten Glied bei einem zweiten Schuss Gefahr liefen, so drängte ich mich zwischen dem 2. und 3. Glied durch, sobald sie ausgeladen hatten, und lies letzteres Hahn in Ruh und Gewehr abnehmen, um vor allem Schaden sicher zu sein. Zugleich verbot ich auch dem 2. und 1. Glied des 2. Peletons nicht mehr zu feuern, bis ich es ihnen befehlen würde, denn die Distance war ungeheuer weit zu den Kolonnen, und denen uns näheren Tirailleurs konnte ein Bataillonsfeuer nichts anhaben, da die Klugheit, das Pulver ja nicht unnötig zu verschießen. Auch kam zu meiner Rechtfertigung der Herr Kommandeur sogleich geritten und verbot das Feuern aus eben dem Grund der zu weiten Distance.

Ein 2. Bataillonsfeuer wurde auf gleicher Weise unterbrochen. Die Kanonen des 1. Bataillons, die bisher etwas rückwärts placirt waren, wurden nun auf Befehl des Herrn Kommandeurs vorwärts unseres rechten Flügels placirt und ich mit meinem 1. Peleton beordert, selbige zu decken. Sobald ich auf dem Platz angekommen war, formierte ich meinen Zug auf zwei Glieder, um im Fall eines Angriffs ein lebhafteres, meinen eignen Leuten weniger gefährliches Feuer machen zu können. Als ich nun bemerkte, daß einige Leute, die ins erste Glied von mir gestellt worden waren, sich ins zweite Glied zurückgedrängt hatten, transportierte ich sie mit meinem Degenknopf wieder ins erste Glied, indem ich ihnen drohte, sie sogleich niederzustoße n, wenn sie sich dieses noch einmal einfallen lassen würden, indem es alsdann von mir als eine Marque von Feigheit angesehen werden müsste. Nachdem wir nun eine Zeit lang so gestanden hatten und der Munitionskasten der einen Kanone in die Luft geflogen war, wurden die Kanonen wieder auf ihren alten Platz postiert, und ich zog mich hierauf an mein zweites Peleton. Da die Franzosen unterdessen näher gekommen und sie zu erreichen waren, sagte mir der Herr Kommandeur: „lassen Sie mit Ihrer Kompanie nun feuern, der Feind wird wohl zu erreichen sein".

Ich ließ daher die Kompanie fünfmal nach meinem Kommando chargieren, wo denn das übrige kleine Gewehr- und Kanonenfeuer es mir unmöglich machten, ferner mit meiner Stimme durchzudringen und ich das einzelne Feuern gestatten musste. Nachdem wir nun bis um 1 Uhr des Nachmittags im Feuer gestanden hatten, der Leutnant v. Mumme und mehrere Leute der Kompanie tödlich blessiert wegtransportiert worden waren und auch an Toten Verlust erlitten worden war, ich auch gleich anfangs zwei Kugeln an den rechten Fuß bekommen hatte, wovon jedoch nur die eine am Gelenk eine starke Contusion verursachte, fing die Retraite an.

Aller Anstrengung ungeachtet, wie es eben auch die andern Offiziers des Bataillons erfahren haben werden, war es unmöglich, die Leute bei der Retraite in Reih und Glied zu erhalten. Weder Güte noch Strenge halfen hier etwas, und man musste nur suchen, das Feuer der Leute ihren eignen Mitgefährten nicht schädlich zu machen und ihnen den Punkt, wo sie hinfeuern sollten, beständig zu zeigen. So schlug ich mehreren das Gewehr aus dem Anschlag in die Höhe, die entweder aus Unvorsichtigkeit mit ihrem Feuer ihren Kameraden schädlich zu werden drohten oder unvernünftig in die Luft feuern wollten.

So viel als möglich suchte ich den Rückzug meiner Leute aufzuhalten oder zu erschweren, indem ich sogar ein Kurzgewehr nahm, es an dem einen Ende anfasste und es vom Unteroffizier Bader am anderen Ende halten lies, um so mit Gewalt die Retirierenden aufzuhalten. Allein dieses Mittel half auch nur kurze Zeit, da das ganze Bataillon retirierte. Endlich sagte mir der Herr Kommandeur v. Ebra: „wir wollen noch einen Versuch machen, die Franzosen mit dem Bajonett anzugreifen, suchen Sie Ihre Leute wieder zum Avancieren zu bringen, Graf Löwenstein".

Hierauf nahm ich ein Gewehr von einem Toten und rief meinen Leuten zu: „wer ein braver Kerl ist, folge mir, wir wollen die Franzosen mit dem Bajonett attaquiren". Einige von den Leuten folgten mir (unter andern Unteroffizier Rohde und Gemeiner Tasch, welche sich überhaupt musterhaft betrugen), allein außer ihnen nur noch wenige, und der Herr Kommandant v. Ebra sagte hierauf zu mir: „ich sehe, es ist nichts mehr zu tun, folgen Sie nur den andern Retirienden". So wie wir gegen Auerstedt hinkamen, fühlte ich mich gänzlich an Kräften erschöpft und meinen rechten Fuß beinahe außer Stande, mich ferner zu tragen. Ich konnte also nicht mehr den Fahnen folgen und wäre aus Ermattung den Franzosen in die Hände gefallen, hätte ich nicht an der rechten Seite des Dorfes ein Pferd gesehen, das ein Reitknecht hielt. Ich wankte also auf dieses zu und bat den Reitknecht, mich auf selbiges zu helfen, indem meine Kräfte mir nicht mehr erlaubten, selbst heraufzusteigen zu können.

Der Reitknecht geleitete mich sodann auf die Anhöhe, wo die Reserve stand, wo er mir das Pferd wieder abnahm, um seinen Herrn aufzusuchen. Auf der Anhöhe setzte ich mich nieder und ruhete aus, wo denn kurz nach mir der Herr Kommandeur v. Ebra auch zu Pferde, von zwei Soldaten gehalten, mit seiner zerschossenen Hand anlangte. Die Franzosen, die nun suchten, die linke Flanque der Reserve zu nehmen, zogen sich im Grund mit Kavallerie und Infanterie herum und errichteten eine Batterie, mit der sie sehr heftig nach der Höhe, worauf die Reserve postiert war, feuerten. Nachdem ich nun meine Kräfte wieder etwas gesammelt und mich der jetzige Herzog von Coburg durch ein Glas Wein etwas gestärkt hatte, machte ich mich auf die Beine, um wo möglich das Regiment aufzusuchen.

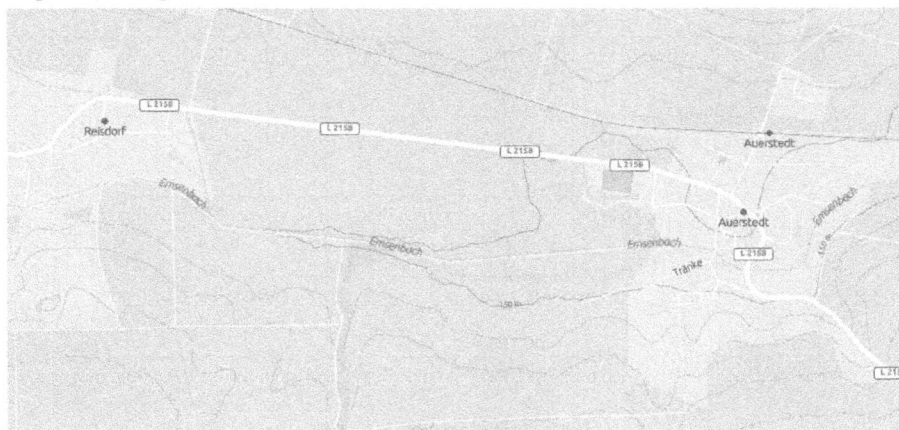

Reisdorf links, Auerstedt rechts

Durch vieles Bitten erhielt ich wieder ein Pferd, um die Anhöhe nach Reisdorf hin herabzureiten, musste aber auch hier mein Pferd bald abgeben und befand mich leider wieder zu Fuße. Da ich nichts vom Regiment Graf Wartensleben gewahr werden konnte, so hing ich mich fürs erste ans Regiment „Möllendorf" an. Kurz darauf begegnete ich dem Leutnant v. Woldeck unseres Regiments von zwei Soldaten geführt, dem eine Contusion am Kopfe, Kräfte und beinahe die Besinnung geraubt hatte.

Mit schwacher Stimme bat er mich daher, ihm in Reisdorf, wo wir bald anlangten, ein Pferd mit einem Karren zu verschaffen, um sich darauf nach Erfurt transportieren zu lassen; allein in Reisdorf war alles ausgewandert und kein Pferd zu haben. Ein Offizier des Regiments „Möllendorf" gab sodann, aus Mitleid bewogen, sein Pferd her, und so wurde der Leutnant Woldeck weiter nach Erfurt gebracht.

Lt. v. Reichenbach vom Infanterie-Regiment
Herzog von Braunschweig-Oels (No. 12)

Das Grenadier-Bataillon von Hülsen, in dem ich die Ehre hatte zu stehn, gehörte zu dem Reservecorps u.z. vom General v. Arnim als Divisionär und vom General v. Malschitzki als Brigadier kommandiert. In der Schlacht bei Auerstedt hatte das Bataillon fast den äußersten linken Flügel. Zum eigentlichen Angriff ist es so wie das ganze Reservecorps nicht gekommen, wenn ich das Plänkern der Schützen abnehmen will, die sich bald verschossen hatten. Das Bataillon hatte die 12-pfündige Batterie von Bychelberg auf dem rechten Flügel. Eine feindliche Batterie ward dagegen aufgefahren, wovon die Kugeln teils dicht vor dem Bataillon aufschlugen, teils darüber weggingen, ohne einen Mann des Bataillons zu beschädigen. Während das Feuer wohl eine Stunde mochte fortgesetzt sein, avertirte der Oberst v. Magusch, daß er mit seinem Regiment (Nr. 22, Pirch.) sich abziehen werde, und auf die Frage des Major v. Hülsen, ob der Oberst dazu Befehl habe, bekam er die Antwort „nein", allein sie täten es alle vom rechten Flügel und er würde folgen. Kaum ist der Oberst weggeritten, so kommt die französische Infanterie in unserer rechten Flanke aus einem Gebüsch feuernd avanciert, zu gleicher Zeit ist auch der Wald in unserer linken Flanke mit Franzosen besetzt, und das Bataillon dadurch in einem dreifachen Feuer. So wie ich mich erinnere, gab der Major v. Hülsen Befehl zum Abziehen, allein der General v. Malschitzki kommandierte halt und befahl zu feuern! Durch diese widersprechenden Befehle entstand schon große Unordnung. Man wusste nicht wohin man zuerst feuern sollte und anstatt 3 Glieder mochten an manchen Orten 4 und noch mehr entstanden sein, wodurch unstreitig mehrere unserer eigenen Leute sich einander getötet und verwundet haben. Das Bataillon stand auf der Kuppe des Berges und unmittelbar im Rücken fing der Abhang an, der teils Wald teils Plaine war.

Buttelstedt, Gebstedt, Auerstedt

Das Regiment Zenge, welches auf unserm linken Flügel stand, musste wahrscheinlich durch das Feuer aus dem Walde links noch mehr leiden als wir und fing seine Retraite an. Mehrere Leute des Bataillons wollten nach dem Walde hinfolgen, doch brachten wir sie dreimal wieder zum Stehen und feuern, bis die Retraite allgemein wurde. Die Retraite ging teils durch den Wald teils in die Plaine einem Dorf zu, wodurch der Teile, welcher zunächst in den Wald geriet, ganz abkam von dem andern Teil in der Plaine, wobei sich der Major und einige Offiziere, unter denen ich, sich befanden. Durch Zureden suchten wir in den Leuten Ordnung herzustellen, allein die Bahn war einmal gebrochen und erst hinter dem Dorf ward ein groß Quarre von mehreren Bataillonen formiert. Von dem einen Kanon waren Pferde todgeschossen und beim Umwenden das Kanon umgeworfen, sodass nur eins gerettet werden konnte. Auf eine unbegreifliche Weise kam das gerettete Kanon, auf welchem der Hauptmann v. Salisch verwundet saß, nachdem wir das Dorf passiert hatten, plötzlich aus unseren Augen, und obgleich der Leutnant Napolski sowohl als ich nachritten, um dessen Spur zu erreichen, so war doch aber die Mühe in der großen Masse vergebens.

Ein Adjutant des Königs, der uns schnell entgegengeritten kam, wollte den Befehl bringen, uns schnell zurückzuziehen, und wähnte uns schon abgeschnitten. Der Leutnant Graf Schwerin stieß mit seinem gesammelten Trupp, der die Direction im Walde genommen hatte, zum Bataillon, wodurch es 10 Offiziere und etwas über 100 Mann stark ward. Es folgte nun in der Kolonne unmittelbar auf das Bataillon des Prinzen August und stand durch diese veränderte Folge unter dem Befehl des General Hirschfeld.

Die Retraite ging mit Ordnung die Nacht hindurch bis Buttelstedt, nur waren die Leute durch Hunger und Anstrengung so ermüdet, daß bei einem etwaigen Stillstand sie sich niederlegten und beim Weitermarschiren geweckt werden mussten. Bei unserer Ankunft auf dem Biwak befahl der General Hirschfeld eine Feldwacht auszustellen, welches geschah.

Am andern Morgen marschierten die vor uns stehenden Bataillons ab und Major Hülsen wollte folgen, bekam aber den Befehl vom General Hirschfeld, zu bleiben und seine weiteren Ordres abzuwarten. Diese Ordre bestand nun ausdrücklich darin, den Weg nach Erfurt einzuschlagen, wozu uns sogar der Weg über das nächste Dorf durch des Generals Adjutanten, den Leutnant v. Alvensleben, bezeichnet ward, mit dem Zusatze, wir könnten ganz sicher marschieren, ohne fürchten zu müssen, angegriffen zu werden, da der General Kalkreuth mit den Garden und gehöriger Kavallerie unsere linke Flanke decke.

Der Major v. Hülsen gehorchte natürlich dem Befehl und passierte den Flecken Neumark (wenn ich mich nicht im Namen irre), wo ein Offizier mit einem großen Teil des Trains lag, der mir sagte, in Sondershausen sei ein Rendezvous ihm von Oberst Guionneau gegeben. Ich erzählte dies dem Major v. Hülsen und machte ihn aufmerksam, ob dieser Befehl nicht vielleicht der richtigere sei. Er erwiderte darauf, daß er den Befehl des Generals vollziehen müsse.

In Uderstadt, einem Dorfe 1 ½ Stunden von Erfurt entfernt, in welchem das Bataillon früherhin gelegen, erlaubte der Major den Leuten, bei ihren ehemaligen Wirten zu gehen und sich etwas Essen geben zu lassen. Der General v. Zenge befand sich für seine Person in dem Dorfe, der uns ganz sicher machte, da er meinte, die Armee würde wohl in Erfurt sich sammeln und daselbst mehrere Tage ausruhen. Diejenigen, so nicht in der Stadt Platz fänden, müssten in die Vorstädte und im Lager liegen. Er erwarte noch seine Brigade, um sie alsdann auch dorthin zu führen.

Nach einer Stunde Verzögerung sammelte sich das Bataillon, um nach Erfurt zu Marschiren. Ich ward vom Major vorangeschickt, um in Erfurt das Bataillon bestmöglichst unterzubringen. Als ich die Höhe erreichte, von wo aus die Plaine bei Erfurt ganz zu übersehen ist, bemerkte ich eine Kavallerie, die sich am Ende für feindliche erkannte. Nach Erfurt zu kommen, war nicht mehr möglich; ich ritt schnell zurück, um dem Major zu sagen, der Weg sei abgeschnitten und nur der mögliche Ausweg, nach Sondershausen zu marschieren, welchen Weg der Major auch sogleich einschlug. Hätten die Franzosen das Blitzen unserer Gewehre nicht gesehen, so wäre das Bataillon unstreitig durchgekommen.

In weiter Entfernung bemerkten wir ein kleines Gehölz; dies zu erreichen war des Majors Ziel und es geschah mit schnellen Schritten. Allein ein Detachment feindlicher Kavallerie ungefähr in 2 Esquadrons bestehend und wohl darüber schnitt uns den Weg dahin ab. Diesen zu widerstehen, wäre vielleicht möglich gewesen, indes die Leute waren ganz ermattet und seit dem gestrigen Tage entmutet, das Zutrauen zu sich war verloren gegangen. Wäre dies Detachment zurückgeschlagen, so war einzusehen, daß ihm bald Soutiens folgten, dagegen das Bataillon etwas über 200 Mann stark ohne Kanonen auf keine Soutiens zu rechnen hatte. Hiermit wage ich das Verfahren des Major Hülsen zu entschuldigen, wenn man ihn anklagen wollte, daß er sich diesem Detachment Kavallerie, ohne sich weiter zu verteidigen, ergeben hat.

General der Kavallerie Graf v. Kalckreuth

Den 8. hatten die Reserven Rasttag, in den am 7. bezogenen Quartieren. Der Adjutant, Major Graf Kalckreuth, der zur Parole nach Erfurt geschickt worden, kam eiligst mit der Nachricht, daß die große französische Armee uns auf der Landstraße nach Leipzig tournire, und mit dem Befehl, dass die beiden Reserven den folgenden Morgen gegen Erfurt anrücken sollten, zurück. Es geschah den 9.

Den 10. ging der Marsch nach Weimar. Seine Majestät der König geruhten Allergnädigst, die pommerschen Truppen der zweiten Reserve, die Sie noch nicht gesehen hatten, in Augenschein zu nehmen, fanden sie schön und bezeigten Ihre Allerhöchste Zufriedenheit, sagten vom Regiment der Königin: es marschiere zur Revue nach Stargard. Diese gnädigen Worte ließ der Neid dem schönen, braven Regiment bald schwer büßen. Die Infanterie kampierte beim Tiergarten von Weimar.

Den 11. war Rasttag; nur nicht fürs Regiment „Königin". Dies wurde ohne mein Vorwissen von zwei Herren vom Generalstabe gegen Abend aus seinen Quartieren herausgeholt und musste in einer sehr kalten Nacht ohne Nutzen in der Irre herum marschieren, welches ich nur zum Beweise anführe, dass es unnötig einen harten Nachtmarsch mehr, als die übrigen Regimenter erleiden musste. Ich klagte bei der Parole meine Not dem würdigen General v. Köckritz, der der Meinung war, ich möchte den Herren meine Unzufriedenheit bezeigen; es geschah, bekam mir aber nicht.

Den 12. war abermals Rasttag. Ungefähr drei Uhr Nachmittag (ich hatte die Ehre, bei der regierenden Herzogin zu essen), kam mein Adjutant Major v. Ziethen, meldete mir, dass das Regiment 200 Pferde zu 100 Kürassieren stoßen sollte, um eine Patrouille in der Absicht nach Auerstedt zu machen, zu erfahren, was dort vom Feinde stünde. Ich sollte den Major vom Regiment zur Patrouille ernennen. Ich ernannte den Major v. Schmude I, der praktisch geübt war, gute Patrouille zu machen. Mein Adjutant Major von Ziethen in gleichem Falle erbot sich in meinem Namen gegen des Herzogs Durchlaucht, die Patrouille selbst zu übernehmen. Der Herzog antwortete etwas höhnisch: er wüsste, dass er berühmt wäre, gute Patrouille zu machen, es wäre aber nicht nötig. Abends brachte der Major v. Ziethen die Nachricht: die bereits versammelte Patrouille wäre wieder abgestellt worden.

Den 13. früh bekam ich Befehl, das Regiment der „Königin" an den General-Leutnant Grafen v. Schmettau abzugeben; hiernächst, bei der Parole denselben Nachmittag um 4 Uhr in meiner Tour als Reserve, da links abmarschiert worden, nach Auerstedt zu folgen.

Um 3 Uhr Nachmittags erhielt ich vom Magistrat einer kleinen Stadt, die mir entfallen ist, mir däucht, es war Eckartsberge, durch einen reitenden Boten eiligst die Nachricht, dass das Korps des Marschalls Davoust über die Saale gegangen wäre und schon Streifpartien bis gegen diese Stadt kämen. Da dieser Übergang der Franzosen über die Saale bestritten wurde, so musste der Major Graf Kalckreuth mit diesem Bericht so schnell als möglich zum Herzog reiten. Der Herzog ließ sich sehr bedanken, äußerte aber, dass sich der Magistrat irre, es sei nichts herüber. Ungefähr gegen 10 Uhr Abends kam ich mit der Tete des Korps bei Auerstedt an; ich befahl, alles zu sammeln und zu bivouacquiren, wollte mich in Auerstedt bei Seiner Majestät dem Könige melden. Da Sich aber Allerhöchst dieselben niedergelegt hatten, ging ich zum Herzog, der sich eben zur Tafel gesetzt. Er empfing mich durchaus gnädig, liebreich und herablassend, befahl, zum Essen zu bleiben, bei welcher Gelegenheit ich fragte: ob Seine Durchlaucht Gewissheit hätten, dass die Franzosen nicht über die Saale wären. Der Herzog antwortete: Gewissheit, es können einige hundert Mann Kavallerie herüber sein, aber nichts von Bedeutung.

Ich führe die Gnade des Herzogs hier nicht aus Eitelkeit an, sondern nur, um denen zu begegnen, die beigebracht haben, dass, wenn ich den strategischen Maßregeln des Herzogs meinen Beifall versagte, es alte Animosität wäre. Ich hatte gegen den Herzog persönlich keine Animosität, im Privatleben standen wir recht gut, nur jammerte es mich, in seinen Händen, deren Kraftlosigkeit mir aus Holland und Frankreich bekannt war, den Staat verschmelzen zu sehen.

Den 14. früh um 6 Uhr ließ mich der Herzog zur Disposition rufen. Eben wie ich die Treppe hinaufging, rief mir jemand nach: Guten Morgen, Herr General! Es war seine Majestät der König. Es wurde, wie es schon am vorigen Abend bei der Parole geschehen, in der Disposition festgesetzt, immer auf dem Grunde, dass von der französischen Armee nichts über die Saale herüber wäre, dass beide Treffen links ab nach der Unstrut marschieren, das erste bei Freiburg; ich als das zweite Treffen, bei Laucha, um die Bagage mitzunehmen. Das Lager sollte zwischen Unstrut und der Saale genommen werden, es war mit keiner Silbe von einem Angriff die Rede. Jeder ritt auf seine Posten. Der Nebel war, wie bekannt, so stark, dass die Truppen wie in finsterer Nacht gesucht werden mussten.

Auerstedt mit Emsenbach heute. Der Übergang über den Bach muss in der Nähe der Tränke gewesen sein

Die Défilébrücke in Auerstedt war durch die Artillerie, welche zu den vordersten Divisionen gehörte, so verfahren, dass wenig Hoffnung war, meine Divisionen Arnim und Kunheim sobald hinüber zu bringen. Meine Adjutanten mussten also meine Kavallerie, die nur noch in den Regimentern „von Beeren", „Gensdarmes" und „Garde du Corps" bestand, zu eins durch einen Bauernhof und durchs Wasser führen. Es glückte. Damals war noch alles ruhig, und ich sammelte die 15 Eskadronen, Schwadron hinter Schwadron, die Avantgarde unter Rittmeister v. Göckingk vorauf, ungefähr der Tete der Infanterie „v. Wartensleben" gleich, also zwei Divisionen vorgesprungen. Wenn also der Pamphletschreiber in ihrer Unwissenheit beibringen wollen, dass die Reserve zu spät gekommen wäre, so trifft die Kritik nicht die Kavallerie, die weiter vor war, als sie nach der Ordre de Bataille sein sollte. Wenn die Infanterie später gekommen, welches mich nichts angeht, so habe ich die Ursache in der verlorenen Brücke in Auerstedt schon angezeigt. Ich war kaum fertig und hatte mich im Schritt in Marsch gesetzt, als das vorn bei Hassenhausen schon angefangene Kanonenfeuer heftiger *wu*rde.

Ich ließ die großen Röcke ausziehen. Einer meiner Adjutanten meinte, es wäre kalt, da mich aber mein Erfahrungsgefühl schon überzeugte, dass es eine starke Aktion werden würde, so gab ich zur Antwort: sie werden schon warm werden. Ich war kaum hiermit fertig und wieder im Marsch, als ein Befehl vom Könige kam, wer fertig wäre, möchte machen, dass er vor käme. Ich setzte mich also wie bei Roßbach en colonne in Eskadrons in Trab und hörte nicht auf zu traben, bis sie hart hinter Poppel und Tauschwitz rechts aufgelaufen waren. Ich kam eben an, wie man die Handpferde der vom Regiment der Königin erschossenen Offiziere durch diese Dörfer brachte. Ich schickte gleich meinen Adjutanten, den Major v. Ziethen zu Seiner Majestät, um Befehl zu holen, wo ich hin sollte und wo ich nützlich sein könnte? Eine kurze Weile darauf erfuhr ich, dass der Herzog blessiert wäre. Seine Majestät ließen zurücksagen, in dem Augenblick brauchen Sie mich nicht, ich möchte nur da halten bleiben. Ich benutzte diese Frist, um auf die gleich dahinter liegende Höhe zu reiten, die Position zu übersehen und durch Abschickung der Adjutanten den Anmarsch meiner Infanterie zu beschleunigen. Hier begegneten mir Seine Majestät der König, der mir befahl, meine Meinung zu sagen, welches geschah.

Blick auf Auerstedt, am unteren Bildrand der Emsenbach

Es mochte ungefähr 11 Uhr sein. Bis 3 Uhr waren Seine Majestät beständig in der Gegend des alten Schlosses und haben Allerhöchstselbst alles übersehen können, wissen also so gut wie ich, was vorgegangen ist. Wie ich Seiner Majestät dem König begegnete, war eben die Division Wartensleben im Anmarsch. Meiner Division Arnim hatte ich befehlen lassen, den Eckartsberg zu couroniren. Die erste Reserve unter General-Leutnant Graf Kunheim sollte auf der Prolongation dieser Berge gegen Auerstedt zum Soutien des Ganzen bleiben. Ich hielt mich die erste Zeit in der Gegend des alten Schlosses auf, weil ich die Hauptbatterie dort hatte, um immer nahe bei Seiner Majestät der Befehle wegen, die ich erhalten könnte, zu bleiben, auch weil es der Schlüssel des Postens, die Mitte, und von da alles zu übersehen war. Die Division Arnim extendierte sich zu weit links, nicht mit meiner Einwilligung, denn ich sah voraus, dass diesen zu weit links gegangenen Truppen bei dem unfehlbar erfolgenden Rückzuge solcher sehr erschwert werden würde, wie es auch geschah.

Von der ersten Division unter dem General-Leutnant v. Kuhnheim und von den drei Regimentern Kavallerie weiß ich aber nicht Rechenschaft zu geben. Nach meiner Idee sollte die erste intakt und die Hälfte des Ganzen bleiben. Wer die Garden, „Garde du Corps", „Gensdarmes" und Regiment „Beeren" mit ansehnlichem Verlust vorwärts gespielt, die Kavallerie ohne mein Vorwissen engagiert, ist mir so unbekannt, dass es mir nicht einmal als kommandierenden General der Reserve gemeldet worde n. Ich rechnete bei der Retraite gewiss auf diesen Soutien und erstaunte, als ich ungefähr um 3 Uhr, kurz vorher, ehe Major Wangenheim erschossen wurde, die Linie hinunter nach dem rechten Flügel ritt, keine Garden zu finden und keine Nachricht von denselb en zu erhalten als die, dass sie vorwärts gegangen. Von Seiner Majestät dem Könige konnte der Befehl nicht gekommen sein. General Graf Kunheim hat den genannt, der sie vorgezogen und die Garden, namentlich des III. Bataillons, und die „Grenadiergarde" in eine Stellung gebracht hat, wo sie wenig Nutzen stiften konnten und viel leiden mussten.

Ich fand auf dem rechten Flügel nur eine starke Eskadron „Garde du Corps", eine starke Eskadron „Gensdarmes", wobei Major v. Schack und im zweiten Treffen ein paar Eskadronen Leib-Regiment unterm General Graf Schwerin. In der Mitte hörte ich wohl, dass der Prinz August sich von Seiner Majestät dem Könige ausbat, mit drei Bataillonen aus der ersten Division vorzugehen; mit welchem Erfolg weiß ich nicht, nur kam das Bataillon von Gaudi zusammengeschossen zurück.

Um ¼ auf 3 Uhr ließen mir Seine Majestät der König durch den Obersten von Scharnhorst sagen, dass, da ich der älteste General wäre, so übergäben mir Allerhöchstdieselben das Kommando. Ich meldete mich deswegen gleich persönlich bei Seiner Majestät. Allmählich kam die Division Wartensleben und Prinz von Oranien, eine nach der anderen wie die Division Schmettau mit gleichem Schicksal von Hassenhausen zurück. Der Feind fing an, gegen unsere Position auf dem Eckartsberge nachzudrängen, wurde aber durch das Batteriefeuer sehr aufgehalten, und ob zwar die Truppen bei der alten preußischen Beharrlichkeit blieben, so standen die Sachen doch nicht zum Besten, als nach 4 Uhr Seine Majestät der König mir durch den Leutnant v. Schöning von der Garde du Corps befehlen ließen, ich möchte meine Retraite machen, als wenn ich allein da kommandierte. Da war nun an kein Manöverieren mehr, sondern nur daran zu denken, zu retten, was noch zu retten sein könnte.

Ich ließ also gleich mit Sektions abmarschieren. Die Leute waren so entkräftet, so müde, dass sie kaum ihre Rotten halten konnten. Zum Glück fand ich in der Geschwindigkeit zwei Debouchés oberhalb dem morastigen Bach, wovon eins für die Infanterie nahm, die einen zu großen Umweg auf Auerstedt zu gehabt haben würde; das zweite für die Kavallerie. Die zu weit links geschobene Infanterie, als: das Bataillon „Schlieffen", Bataillon „Hülsen", Regiment „Zenge", konnte ihrem Schicksal nicht mehr entgehen und verlor viele Menschen, hätte jedoch weit weniger verloren, wenn sie dem Rate gefolgt, den ihr mein Adjutant, der Major Ziethen, in meinem Namen gab, und den Weg um das hohe Eckartsberger Holz genommen hätten. Es wurde aber dazu eine ausdrückliche Ordre von mir verlangt, welche zu geben keine Zeit mehr war. Hier wurde der General-Leutnant Arnim blessiert, Oberstleutnant Schlieffen gefangen usw.

Bei der Ausmittlung des Debouchés bewies sich Major v. Lossau sehr tätig. Das II. Bataillon „Arnim" war nicht in der Aktion, ich hatte es mit Allerhöchster königlicher Bewilligung zur Deckung der Bagage zurückgelassen. Zur Ehre des Majors v. Biereck, der es kommandierte, muss ich hier erwähnen, dass ich es bei Magdeburg in der Ordnung wieder gesehen, in welcher es auf dem Dönhoffplatz in Berlin zu stehen pflegt. Nur drei Mann vom Bataillon hatten bei Gelegenheit der Aktion das Gewehr weggeworfen, die nach einem Recompens von 30 Hieben wieder eintraten. Der schon verstorbene Major Höpfner, der meine Artillerie kommandierte, hielt bei der Hauptbatterie fortdauernd mit einer lobenswerten Bravour, er war ein trefflicher Mann, dessen Namen in der Geschichte aufbewahrt zu werden verdient.

Der Marschall Davoust hat mir selbst gesagt, die Retraite wäre in so respektabler Ordnung gemacht worden, dass er sich nicht getraut, solche brave Leute verfolgen zu lassen, sondern sich mit Okkupierung des Eckartsberges begnügt habe. Seine Majestät der König machten mir über solche die gnädigsten Komplimente, die mir unvergesslich bleiben, weil sie mich ganz über die Memelschen unmilitärischen Verleumder trösten, die dem Leichtgläubigen einzuflüstern suchten, ich hätte den Herzog bei Auerstedt mehr secundiren können; ich möchte nur wissen wo?

Seine Majestät der König (es konnte ungefähr 6 ½ Uhr sein), befahlen, die Parole auszugeben, dass der Marsch nach Weimar gehen sollte. Damals wusste man noch nicht, dass der Feind schon in Weimar war. Sie befahlen mir, die Arriergarde hinter der Kolonne zu machen, bei welcher Sie blieben. Es geschah. Allerhöchstdieselben befahlen zwar, dass die Garden mit ihnen marschieren sollten, einen Augenblick war ich aber nicht da, weil sich rechter Hand eine Linie zeigte, die ich für feindlich gehalten wurde und ich hingeritten war; es waren aber zu anderen Divisionen gehörende Regimenter, die zum Teil vergeblich solicitirt worden, zur königlichen Kolonne zu stoßen; jedoch war der Prinz von Oranien sehr bereitwillig, mir das Regiment Bünting-

Kürassiere zu meiner Arriergarde zu überlassen. Wie ich wieder an die Arriergarde kam, fand ich die Kolonne schon in Bewegung, die drei Bataillone Garde aber bei der Arriergarde. Jetzt war mir nichts mehr zu ändern.

Die Arriergarde bestand demnach aus drei Bataillonen Garde, den Grenadier-Bataillonen „Prinz August", „Gaudi", den leichten Bataillonen „von Kloch", ein Rest „von Greifenberg", „Oswald", der Kavallerie „Bünting", „Königin", Württemberg-Husaren. Der Feldmarschall Möllendorf ließ kurz darauf von den Husaren einige Züge abrufen. Wie ich vermute, sind von meinem Korps bei der Kolonne des Königs geblieben: Bataillon Grenadiergarde, Grenadier-Bataillon „von Osten", Grenadier-Bataillon „von Rabiel", I. Bataillon „von Arnim", Regiment des „Königs", Regiment „von Pirch" und Regiment „von Zenge", was davon übrig war, wobei General-Leutnant Graf Kunheim blieb. General Hirschfeld, dessen treue Assistenz ich nicht genug rühmen kann, blieb bei mir bis jenseits Magdeburg.

Weg nach Hassenhausen der auch von der preußischen Armee 18906 benutzt wurde

Es war noch ganz hell und der Marsch nahm einen guten Anfang. Seine Majestät waren Selbst noch einen Augenblick bei der Arriergarde. Ich blieb bei der Kavallerie, um bei der Hand zu sein, wenn der Feind unternähme, die Queue anzugreifen. Kurz darauf, wie Seine Majestät wieder weggeritten waren, kam der Feldmarschall Möllendorf und suchte Allerhöchstdieselben; er fühlte innigst, so wie wir alle, den tiefen Schmerz des Tages. So lange es noch etwas helle war, ging es gut, in der Nacht stockte es aber wegen eines abscheulichen Defilés; doch war ich so glücklich, dass die Arriergarde immer ziemlich zusammen blieb. Es fing an, Nacht zu werden, wie Seine Majestät mir durch den Leutnant Graf v. Moltke befehlen ließen, meinen Adjutanten, den Major v. Ziethen, zum Marschall Davoust zu schicken, um zur Beerdigung der Toten und Wegschaffung der Blessierten einen zweistündigen Waffenstillstand zu unterhandeln. Es geschah. Durch einige Schüsse konnte ich hören, dass der Major v. Ziethen nach einer Stunde auf dem Eckartsberge, wo der Marschall bivouaquirte, eingetroffen war. Da aber der Marschall Davoust für sich nichts entscheiden konnte, so wurde Major v. Ziethen ins Hauptquartier nach Weimar geschickt und kam erst in Magdeburg wieder zu mir.

Den 15. Bei Fortsetzung des Nachtmarsches war eben die gut gebaute Brücke auf dem Wege nach Weimar passiert worden, als von vorn zurück die Ordre kam, dass, weil der Feind in Weimar wäre, nicht dahin marschiert werden könnte, sondern auf Buttelstedt. Das Wenige, was über die Brücke hinüber war, bog also wieder zurück und die Arriergarde schlug den Weg auf Buttelstedt ein. Sehr nahe marschierten wir bei den feindlichen Wachtfeuern vor Apolda vorbei. Das Carabinier-Regiment, das in der Nacht noch nicht zu mir gehörte, war auf solche gestoßen. Bei dem kleinen Halten, welches der Nachtmarsch veranlasste, gingen einzelne Leute auf einen Flintenschuss in ein Dorf nach Wasser und fanden es vom Feinde besetzt. Von vorne her kam ein königlicher Befehl, das Dorf Rosla in der linken Flanke des Marsches mit leichter Infanterie besetzen zu lassen. Ich schickte den Obersten Kloch mit seinem und dem Rest des Bataillons Greifenberg hin, habe seitdem aber weiter nichts von ihm gehört. Zwischen 1 und 2 Uhr in der Nacht suchte mein Adjutant, der Oberstleutnant v. Wuthenow, einen Boten im Dorfe, fand in solchem den General-Leutnant v. Kunheim, der einzeln abgekommen war und von dem ich erfuhr, dass die Kolonne, hinter der ich die Arriergarde machte, auseinander wäre. Ungefähr früh 7 Uhr kam ich mit der Kavallerie der Arriergarde bei Nermsdorf unweit Buttelstedt an.

General-Leutnant v. Blücher

Am 13. Oktober Nachmittags, als ich mit der neu formierten Avantgarde auf dem Marsch nach Auerstedt war, brachte der Leutnant v. Witzleben des Regiments Wartensleben mir den Befehl, meine Truppen für meine Person zu verlassen und mich bei Sr. Majestät dem König am folgenden Morgen zu melden. Ich ritt daher nach Auerstedt voraus, hinterließ aber meinen Truppen den Befehl, mir so schleunig als möglich zu folgen. Auf dem Wege dahin erreichte ich die Garden und mehrere auf dem Marsch begriffene Truppen, deren durchaus schöne Stimmung ich mit großer Freude bemerkte.

Es war dunkel, als ich in Auerstedt ankam, und der Ort durch Artillerie und Bagage so verfahren, dass nicht ein einzelner Mann zu Pferde durchkommen konnte. Da der König bereits schlief, so wartete ich in einer Scheune den Morgen ab und schickte noch einen Offizier zu meinen Truppen mit dem Befehl zurück, alles anzuwenden, um wo möglich der im Marsch begriffenen Kolonne vorbei zu kommen.

Als der Morgen anbrach, erfuhr ich, dass der König sich gleich zu Pferde setzen würde, ich folgte ihm also und fand ihn bei der Division von Schmettau vor dem Dorfe, wo ich mich bei ihm meldete. Sr. Majestät sagten mir: es sollen einige Regimenter feindliche Kavallerie das Defilee bei Kösen passiert haben; diese müssen zurück geworfen werden. Der Herzog von Braunschweig wird Sie näher instruieren. Ich meldete mich darauf beim Herzoge, der mir eben das mit dem Zusatze wiederholte, es sollte schon mehr Kavallerie das Defilee von Kösen passiert haben.

Als ich Sr. Durchlaucht anzeigte, dass meine Avantgarde noch nicht heran sei und vielleicht noch in einigen Stunden nicht eintreffen könnte, erwiderte Er, das schadet nichts; nehmen Sie nur die hier zunächst stehende Kavallerie. Dies war ein Teil des Regiments Königin und das Kürassier-Regiment Heising. Als ich mit ihnen abmarschieren wollte, kam der General-Leutnant v. Schmettau und sagte mir, die Kavallerie gehöre zu seiner Division; ich ritt darauf zum Herzoge zurück und machte ihm bemerkbar, dass der General-Leutnant v. Schmettau älterer General; sei als ich und dass die mir eben übergebene Kavallerie zu seiner Division gehöre. Der Herzog erwiderte, dass der General Schmettau seine Division behielt, ich sollte indes nur die Kavallerie nehmen und meinen Auftrag erfüllen. Dass ich bei dieser Gelegenheit versäumt habe, den Herzog zu fragen, welche sonst noch zu meiner Disposition wären, werde ich mir ewig zum Vorwurf machen, da in der Folge nur 3 Bataillons Infanterie und eine reitende Batterie mit noch einiger Kavallerie mich in den Stand gesetzt haben würden, den rechten Flügel des Davoustschen Korps, den ich durch ein glückliches ungefähr im Nebel schon völlig umgangen hatte und der in die Luft gestellt war, ganz aufzurollen. Da indes das, was ich anzugreifen bestimmt war, nur Kavallerie sein sollte, so fiel mir damals jene Frage gar nicht ein.

Ich ging mit der mir übergebenen Kavallerie vor und die Feindliche, auf welche ich zuerst stieß, zog sich, ohne einmal meinen Angriff abzuwarten, hinter ihre Infanterie zurück, die ich aber durch den Nebel noch nicht entdecken konnte. Ich ritt selbst mit etwa 20 Mann voraus, um die feindliche Stellung näher übersehen zu können. In diesem Augenblick erhielt ich ein starkes Artilleriefeuer in meiner linken Flanke. Die Batterie, von der es kam, stand zur Deckung des rechten Flügels der feindlichen Infanterie auf einer rückwärts gelegenen Höhe. Ich hatte sie aber eben so wenig bemerken können, als ich ahnden konnte, dass ich ein ganzes feindliches Korps vor mir hatte.

Ich ließ meine Kavallerie mit einer Eskadron Distanz deployiren und rückte vor, ohne auf das Artillerie Feuer zu achten. Jetzt wurde ich rechte vor mir eine Linie gewahr, die ich im Nebel für eine Hecke hielt; indem ich einen Durchgang zum Feinde zu finden hoffte und bis auf 50 Schritt heran ritt, sah ich, dass es eine ganze Linie Infanterie war. Ich schickte zugleich meinen Adjutanten, den Rittmeister Graf v. Goltz, mit der Meldung zum Herzoge, der Feind stände in Schlachtordnung aufmarschiert und bestehe nicht bloß aus Kavallerie. Ich überflügele ihn aber und bäte, man möge mir mehr Kavallerie und überhaupt mehr Truppen zum Soutien schicken, ich würde alsdann einen entscheidenden Streich ausführen können. Unterdessen zog ich mich immer mehr gegen den rechten Flügel des Feindes hinauf.

Der Graf v. Goltz kam nicht zurück, ich schickte den Rittmeister v. Blücher aufs neue zum Herzoge und ließ ihn dringend ersuchen, mir eiligst mehr Truppen zu schicken. Während dieser Zeit hielt ich die feindliche Kavallerie so en choc, dass sie hinter ihre Infanterie nicht vorkommen dürfte. Mein Vorsatz war, sobald ich Verstärkung erhielte, die feindliche Batterie, die mich sehr incommodirte, links zu umgehen und zu nehmen, was nicht fehlschlagen konnte, da sie nicht mehr durch Kavallerie gedeckt war. Mit dem Gros der Kavallerie wollte ich alsdann die feindliche Infanterie im Rücken und Flanke angreifen. Ein guter Erfolg konnte der Unternehmung nicht fehlen.[1])

Der Rittmeister v. Blücher kam zurück, brachte mir aber keine Antwort: er hatte dem Herzog seinen Auftrag zweimal wiederholt, aber keine Resolution erhalten. Als er endlich Obersten v. Klein, General-Adjutant des Herzogs fragte, was er mir sagen solle, verwies ihn dieser wieder an den Herzog. So kam er, ohne eine Entscheidung erhalten zu haben, zu mir zurück und tiefer Schmerz bemeisterte sich meiner. Ich sah unsere Truppen auf der Chaussee nach Hassenhausen, aber links von der Chaussee zu mir hinunter wandte sich Niemand.

Gleich zum Anfang, als ich das Dorf Hassenhausen rechts vor mir hatte, hörte ich starkes Fahren auf der Chaussee und bemerkte, dass eine Batterie die Chaussee en Carriere hinabfuhr, bei der, so viel ich beurteilen konnte, nur wenig Bedeckung war, sie fuhr vor Hassenhausen auf und wurde beim Auffahren genommen. Ich habe nachher erfahren, dass der Hauptmann Graumann sie kommandiert hat; dieser Offizier muss sagen, wer ihn zu diesem unüberlegten Vorgehen beordert hat. Wäre er meiner Kavallerie gefolgt, so würde er von großem Nutzen gewesen sein und seinem Beispiel wären dann vielleicht noch mehrere Truppen gefolgt. Mit dem Verlust dieser Batterie hat das Unglück des Tages seinen Anfang genommen und es ist nicht müde geworden, uns den ganzen Tag hindurch zu verfolgen. Obgleich ich sah, dass Niemand mir zu Hülfe kam und nicht mehr wusste, von wem ich mich eine Unterstützung fordern sollte, entschloss ich mich, doch die Vorteile, die sich mir zeigten, nicht unbenutzt zu lassen. Ich gab den Escadrons, die mit Intervallen formiert waren, das Signal zur Attaque, um die feindliche Infanterie in der Flanke zu durchbrechen; die Attaque ging anfangs sehr gut, obgleich wir von der links liegenden Höhe ein starkes Kartätschenfeuer erhielten, aber mit dem Signal zum Choq stockte der Angriff und die

---

[1]) Hätte Blücher die nötigen Verstärkungen erhalten, hätte dieser Angriff ohne weiteres zum Erfolg führen können.

Kavallerie wich zurück.[1]) Ich stellte die Ordnung wieder her, animierte die Leute und wiederholte den Angriff drei mahl, hierbei aber vereinigte sich alles mögliche Unglück wider mich, ich wurde ganz unerwartet von der Batterie von Meerkatz im Rücken mit Kartätschen beschossen und nun war es nicht mehr möglich, die Ordnung zu erhalten.

Ich war überdies, als ich von meinen Korps abgerufen wurde, nur den Major v. Kamptz und meine beiden Adjutanten mit mir zu nehmen im Stande gewesen. Der Erstere war tödlich verwundet, dem Rittmeister Graf v. Goltz wurde, ehe er noch vom Herzog von Braunschweig zu mir zurückkehrte, das Pferd erschossen und der Rittmeister v. Blücher erhielt durch eine Kartätschen-Kugel einen Streifschuss am Halse und sein Pferd wurde ebenfalls erschossen. Bei mir blieben also bloß ein reitender Jäger namens Wegner und zwei Trompeter vom Regiment von Reitzenstein. Indem ich es indessen noch einmal versuchte, die Kavallerie wieder vorzubringen, wurde auch mein Pferd erschossen und wie ich fiel, kehrte alles um. Wenn in diesem Augenblick nur 5 Chasseurs vorgekommen wären, so war ich gefangen, einer der Trompeter (Trompeter Feige) blieb allein bei mir und rettete mich, indem er mir sein Pferd gab.

Ich eilte nach dem hinter mir liegenden Dorf, um die fliehende Kavallerie aufzuhalten, ergriff eine Standarte und stellte mich mit derselben auf den Damm im Dorf den Flüchtlingen entgegen, aber vergebens - alles ging rechts und links bei mir vorbei, alles rief Halt, aber Niemand hielt. Ich rief den Offizieren zu, sie sollten sich umsehen, es wäre nichts vom Feinde hinter ihnen, aber der Strom riss alles mit sich fort und die Kavallerie blieb im Fliehen bis in einen Wald unweit des Eckarts-Berges. Die französische Kavallerie rückte jetzt vor und wurde mit einem Teil der unsrigen handgemein, der General v. Reitzenstein warf sie aber sogleich mit vieler Bravour zurück; dieser brave General wurde hierbei blessiert. Den Hauptmann v. Meerkatz zog ich auf der Stelle zur Verantwortung über die Unvorsichtigkeit, mich während der Attaque zu beschießen. Er entschuldigte sich damit, dass er von einem Offizier des Generalstabes dazu aufgefordert worden sei, weil er meine attaquirende Kavallerie für die fliehende Feindliche gehalten habe. Ich habe die Verantwortung des v. Meerkatz jetzt nochmals schriftlich eingefordert.

Ich ritte nun nach jenem Walde, um die da hingeflohene Kavallerie wieder zu holen, brachte sie wieder vor und verwies den kommandierenden Offizieren in starken Ausdrücken ihr Benehmen. Der General v. Roeder sagte mit tränendem Auge, er hoffe, daß ich von ihm nicht glaube, er sei davon gelaufen, er hätte aber die Leute nicht halten können. Als ich ihm erwiderte, im Luftballon sei das Regiment doch nicht hierher gekommen, trat ein Offizier vor, dessen Namen ich nicht wissen wollte, um, wie es schien, das Regiment zu verteidigen, ich bedeutete ihm aber, daß ich ihn zur Hölle schicken würde, wenn er sich noch ein Wort erlaubte. Es hieß nachher, es habe niemand während der Attaque kehrt kommandiert, ich habe es aber nicht mit Gewissheit erfahren können. Die Aussage eines Kürassiers, der die Sache noch vor kurzen hier erzählt hat, habe ich zu Protokoll nehmen lassen.

Der Stallmeister des Regiments „von Irwing" gab mir ein Pferd seines Generals und ich ritt nach dem Champ de Bataille zurück, wo ich Sr. Majestät der König fand und mit blutendem Herzen meldete, daß seine Kavallerie nicht ihre Schuldigkeit getan habe. Der König fragte; welche Regimenter? Ich nannte sie und der König sagte, ich weiß es schon, sie haben es mir nicht besser gemacht.

Ich wollte womöglich nun mein Regiment aufsuchen; der Major Graf v. Doenhoff kam mir aber nach und sagte, der König ließ mir sagen, ich könnte mit der Kavallerie nun tun, was ich wollte. Ich bat daher den Grafen Doenhoff, mir unsere Kavallerie zu suchen zu helfen, und schickte meinen Adjutanten v. Blücher zu dem nämlichen Zwecke ab, allein vergebens. Endlich sah ich auf dem linken Flügel der Reserve einige

---

1) Das im Frieden geübte Manöver des Umdrehens kurz vor dem Einbruch in den Gegner wurde mehreren Eskadrons verhängnisvoll. Die Offiziere von zwei Eskadronen des Kürassier-Regiments Beeren kamen allein in die französische Infanterie, die Leute hatten vorher kehrt gemacht.

Eskadron Kavallerie aufmarschiert.

Preußische Husaren-Regiment Nr. 6, „Schimmelpfennig

Ich ritt hin und fand das Regiment „Gens d'Armes" vor und bat Sr. Majestät dem König, die zurückkommende Infanterie bei der Reserve sich formieren zu lassen; wir konnten sodann das Gefecht wieder erneuern, es war noch nicht verloren. Sr. Majestät schienen auch meinen Vorschlag zu billigen. Unterdessen rückte die französische Kavallerie vor und stellte sich unter die Höhen, auf denen unsere Reserve stand, gegen deren linken Flügel; sie war im Kanonenschuss unserer Artillerie und diese schoss nicht, ich gab daher Befehl zum Feuern und dies geschah darauf mit dem besten Effekt.

Die feindliche Kavallerie bewies eine rühmliche Contenance, sie rückte von einem Fleck zum anderen und es blieben allemal, wo sie gestanden hatte, Menschen und Pferde liegen, aber das Terrain räumte sie nicht. Ich entschloss mich nun, sie mit dem „Gens d'Armes" Regiment anzugreifen. Ich redete die Staabs-Offiziere an und sagte, ich hoffe, sie würden ihren alten Ruhm zu behaupten wissen, ich würde sie selbst anführen. Alles zeugte die größte Bereitwilligkeit und es ist eine schändliche Verleumdung, wenn einige Schriftsteller behaupten, das Regiment „Gens d'Armes" habe bei der Bataille nicht seine Schuldigkeit getan. Das Regiment ist nicht zum Fechten gekommen, so wie unsere ganze Reserve nicht agiert hat. In dem Augenblick, als ich zur Attaque vorgehen wollte und das Regiment „Carabinier" zu meinen Soutien bestimmt hatte, brachte mir der Leutnant v. Unruh von Sr. Majestät dem Könige den Befehl, nichts mehr zu unternehmen. Die Reserve fing nun auch an, sich abzuziehen, und ich entschloss mich mit den genannten Regimentern die Retraite zu decken. Um diese Zeit kam ein Adjutant des General v. Kalkreuth zu mir und sagte mir in dessen Namen, Sr. Majestät hätten ihm übertragen, die Retraite nach seinem Gutbefinden anzuordnen.

Es schien mir nicht zweifelhaft, daß Sr. Exzellenz meine Gegenwart nicht angenehm war, weil er mir sonst den Auftrag gegeben haben würde, bei der Kavallerie zu bleiben und seine Befehle zu exekutieren. Ich verließ also die Reserve und ritt voll Unmut zurück. Indem ich mich auf den Höhen verweilte, sah ich eine Kolonne vom Feinde von dessen rechtem Flügel her auf der Straße nach Erfurt marschieren. Ich schickte den Rittmeister v. Blücher mit dieser Meldung zu Sr. Majestät. Wenn unsere Reserve links abmarschierte, so konnte sie dieser feindlichen Kolonne, die nicht stark war, zuvorkommen oder in ihre linke Flanke marschieren. Das Unglück bei Erfurt wäre, dann nicht erfolgt. Der Rückzug auf der Straße nach Weimar aber, die wir nachher doch verlassen mussten, bereitete uns alle die Übel zu, die auf diese unglückliche Schlacht gefolgt sind.

Es wird mir, so lange ich lebe, höchst schmerzhaft bleiben, daß mein Wirkungs-Creys an diesem verhängnisvollen Tage so sehr beschränkt gewesen ist. Ich sah mich, da ich bereits durch mehrere Jahre den Befehl über größere Armee Korps geführt hatte, während der Schlacht nur auf das Kommando von wenigen Eskadron beschränkt und habe das Schlachtfeld mit dem traurigen Gefühl verlassen müssen, nicht wesentlich für die Entscheidung des Tages mitwirken gekonnt zu haben.

Noch muss ich mir die Bemerkung erlauben, daß wohl nie während einer Schlacht eine Reserve untätiger gewesen ist als die unsrige bei Auerstedt. Wenn dieselbe während der Schlacht links abmarschierte, so konnte sie das Davoustsche Korps, welches nicht stark und schon in ein sehr mörderisches Gefecht verwickelt war, mit leichter Mühe umgehen und dies wäre alsdann ohne Rettung verloren gewesen.

Capitain Lange vom 3. Feld-Artillerie-Regiment

In Torgau wurde mir die 12-pfündige Batterie No. 36 von dem Leutnant Wolf in einem so vortrefflichen Zustande überliefert, als es die kurze Zeit, welche er dieselbe unter seinen Händen gehabt, nur immerhin möglich machen konnte. Aber abgeprotzt und exerziert hatte diese Batterie noch nie, denn sie wurde ja erst vor 3 Wochen aufgestellt. In Torgau hatte diese Batterie am 5. einen Ruhetag und setzte am 6. den Marsch zur Armee fort.

Am 11. Oktober erreichte die Batterie Naumburg und bezog Quartier im Dorfe Wethau. Nachmittags lief die unverbürgte Nachricht ein: der Feind sei in Zeitz, 3 Stunden von uns entfernt, eingerückt. Abends um 8 Uhr kam ein Unteroffizier von der Artillerie und meldete dem Major v. Stockhausen, daß der Feind ihm in Gera seine Brücken-Kolonne weggenommen habe. Major v. Stockhausen schickte diesen Unteroffizier mit extra Post an den Herzog von Braunschweig. Ob wir gleich diese Diversion nur für das Werk einer unbedeutenden Streifpartie hielten, so konnten wir uns doch bei Naumburg nicht mehr sicher halten, weil wir gar keine Bedeckung bei uns hatten; die Batterie marschierte also Nachts um 12 Uhr von Wethau ab. Hätte man dieser Batterie eine Bedeckung entgegengeschickt und sie bei den Übergängen der Saale platziert, so wäre vielleicht viel Unglück verhütet worden. Unser nächst angewiesenes Quartier war Auerstedt, woselbst wir den 12. Oktober, etwa Morgens um 8 Uhr, eintrafen.

In Auerstedt waren wir eben mit dem Empfange des Futters beschäftigt - die Mannschaft, welche etappenmäßig verpflegt wurde, hatte noch nichts gegessen -, da kam die Nachricht, der Feind sei nur noch eine halbe Stunde von uns entfernt. Wir spannten sogleich an und setzten den Marsch nach Weimar fort, woselbst wir gegen Abend ins Lager ankamen.

Weil die Batterie auf dem Marsch etappenmäßig verpflegt wurde, so hatte sie kein Brot bei sich. Weil die Mannschaft also schon den 12., da wir ins Lager rückten, nicht verpflegt worden war, so war den 13. früh meine erste Sorge Brot holen zu lassen. Der Wagen kam leer zurück, weil kein Brot da war; ich schickte ihn zum Zweiten male nach der Bäckerei, habe ihn aber nicht wieder gesehen, weil ich mit der Armee abmarschieren musste.

Den 13. ganz frühe erhielt ich Ordre, mit der Batterie in die Linie zu rücken. Nachdem ich bei verschiedenen Bataillons gewesen, wieder andere Ordre bekommen hatte und mir von dem Brigadier General-Major v. Wedel der Empfang des Futters, welches ich so sehr bedurfte, schlechterdings untersagt wurde, weil die Armee jeden Augenblick die Ordre zum Abmarsch erwartete, so marschierte ich zuletzt mit dem Grenadier-Bataillon „von Hanstein" ohne Futter und Brot für die Batterie ab. Unser Marsch ging, wie bekannt, nach Auerstedt, woselbst wir die Nacht bivouaqirten.

Den 14. Oktober setzten die Armee und ich mit dem Grenadier-Bataillon „von Hanstein" den Marsch fort. Ganz fremde mit der Lage der Dinge, ist mir nicht der Gedanke eingefallen, daß an diesem Tage eine Haupt-Schlacht sich ereignen würde, sondern glaubte, daß die Armee die Position verändern wolle.

Bei dem Dorfe Hassenhausen zog sich das Grenadier-Bataillon „Hanstein" rechts dem Dorfe. Mir brachte ein Offizier die Ordre, auf der Chaussee den Marsch mit der Batterie fortzusetzen. Im Dorfe begegnete ich dem Herrn Obristen v. Hüser, welcher mir im Vorbeireiten zurief: Lange! Wenn Sie aus dem Dorfe kommen, so fahren Sie gleich rechts auf die Anhöhe und da platzieren Sie die Batterie. Im Ausgange des Dorfes stand ein junger Offizier von der reitenden Artillerie, dieser wiederholte den nämlichen Befehl: daß ich rechts fahren und daselbst die Batterie platzieren sollte, welches mir zu sagen ihm der Obrist v. Hüser aufgetragen hatte.

Wäre mir dieser Befehl nicht so deutlich gegeben worden, so würde ich vorausgeritten sein und das Terrain rekognosziert haben, um meine Batterie vorteilhaft zu platzieren. Ich habe Fälle dieser Art genug beigewohnt, um darin nicht zu fehlen.

Wenn man aus dem Dorfe Hassenhausen kommt, erhöhet sich das Terrain; ein hohler Weg gehet gerade aus, neben diesem Wege befindet sich rechter Hand ein Platz von circa 150 Schritt ins Gevierte. In der Fronte ist dieser Platz durch einen Gartenzaun begrenzet, welcher sehr dick ist. Dies musste der Patz sein, auf welchem ich laut Befehl mit der Batterie auffahren sollte; ob ich gleich keinen Feind sahe, meine Batterie sich ganz ohne Bedeckung befand und nur 1 Offizier mit 20 Dragoner vor dem Dorfe hielt; so war mir doch der Befehl zweimal zu deutlich gegeben, um etwas anders zu wählen. Ich protzte daselbst die Batterie ab. Eben wie dies geschehen war und die Canons zum Schießen bereitstanden, wurde der erwähnte Garten von der feindlichen Infanterie attaquirt und zugleich von einer feindlichen schweren Batterie beschossen, welche meine Batterie flankierte.

Jetzt wurde es mir zuerst klar, wo der Feind eigentlich her kam. Ich sah zugleich, daß ich auf diesem Platze völlig unnütz war. Ich rief noch dem Leut. Wolf zu: es müsse schlechterdings ein Missverständnis sein, der Obrist v. Hüser hätte wahrscheinlich nach seiner rechten Hand gerechnet, wir wollten mit der Batterie links den Weg herauf fahren.

Ich kommandierte: Aufgeprotzt! Indem dies geschehen war, tötete eine feindliche Canon-Kugel 2 Pferde von der 1. Haubitze. Der Leutnant Wolf sprang vom Pferde, um andere einspannen zu lassen; in diesem Augenblick schlug eine Canon-Kugel unter mein Pferd, welches sehr rasch war und durch das Beschmeißen der Erde scheu gemacht, zu bocken anfing und mich herunter warf. Ohne mich um mein Pferd zu bekümmern, lief ich nach der 2. Haubitze wiederum links abzumarschieren, und führte dieselbe über den Weg links die Anhöhe herauf; die Knechte hatten zu kurz umgebogen, weshalb ich die Vorderpferde beim Kopf fasste. In diesem Augenblicke jagten alle anderen Fahrzeuge nach dem Dorfe, was die Pferde laufen wollten. Die Haubitze hielt ich fest. Ich rufe den Leutnant Wolf sie zu halten. Dieser, da er abgestiegen war, suchte zuerst sein Pferd, ritt nach, brachte aber nur 1 Canon, 1 Munitions- und 1 Granat-Wagen. Um nicht selbst das Ansehen zu gewinnen, als jagte er mit diesen Fahrzeugen zurück, brachte er nur diese letzten Fahrzeuge und schickte den Wagen-meister nach den Ersten, sie zurück zu holen.

Die 6 fortgejagten Geschütze sind dem Obristen v. Hüser gleich in die Hände gefallen, welcher sie an einem anderen Ort platziert hat. Der Unteroffizier Sieve, welcher sich bei diesen Geschützen befand, und der wegen seines malitieußen Charakters im ganzen Regimente bekannt ist, sagte auf befragen des Obristen v. Hüser, wo die Offiziers der Batterie wären, der Captain und Leutnant Wolf wären davon geritten und hätten die Batterie stehen lassen. Wegen seiner übertriebenen Liederlichkeit ist dieser P. Sieve vor einigen Jahren auf meine Anzeige auf ein Jahr zum Kanonier degradiert worden, ich muss es demnach für Rache halten; er hat Dienste beim Isenburgischen Korps genommen.

Granatwagen der Preußischen Artillerie

Nächst der ganzen Batterie, wird diese niedrige Verleumdung am sichersten der Bombardier Bratfisch widerlegen können. Dieser befand sich bei der Haubitze, welche ich fest hielt; wie ich in der Folge mit den Geschützen schoss und eine feindliche Kugel bei dem neben stehenden Canon zwei Canoniers die Füße weg riss, wollte der Bombardier Bratfisch von der Haubitze weglaufen, weshalb ich ihm durch den Leutnant Wolf auf der Stelle 10 Fuchtel geben ließ.

Mit diesen beiden Geschützen habe ich mich an einer Batterie angeschlossen, welche der Major Hoepfner und Stockhausen etablierten; mit dieser Batterie haben wir geschossen und sind beschossen worden. Ob ich mit meinen Geschützen zuerst oder zuletzt vom Platze gegangen bin, mag der Major v. Stockhausen beurkunden.

Der Rückzug ging durch Auerstedt, hinter diesem Dorfe kam die Ordre, dass die Artillerie die Arriergarde machen solle, weshalb ich die Geschütze noch einmal abprotzen und schießen ließ. Der Befehl wurde aber geändert; die Canons mussten zurück gehen und die Kavallerie sollte den Rückzug decken. Wir nahmen den Rückzug nach Buttstädt, auf dem Wege dahin fanden wir das Regiment „Gens d'Armes", unter deren Bedeckung wir den Marsch nach Buttstädt fortsetzten, woselbst wir in der Nacht ankamen. Etwa 500 Schritt von Buttstädt machte die Kolonne halt - vor meinen Canons marschierte das erwähnte Regiment „Gens d'Armes" mit einer reitenden Batterie, dann folgte die Batterie des Captain Heiden und zuletzt meine Geschütze. Nachdem wir wohl eine Stunde gehalten hatten und wir garnicht wussten, woran es lag, ritt ich zur Tete des Regiments „Gens d'Armes" und fragte: warum nicht marschiert würde. Ich erhielt zur Antwort: Buttstädt sollte schon vom Feinde besetzt sein. Ich gab den Rath, gleich eine Patrouille zum Recognosciren hereinzuschicken, welches dann erfolgte und der Ort sicher gefunden wurde.

Aus Buttstädt führet ein hohler Weg; die Einfahrt nach diesem hohlen Wege war für die Artillerie schwierig; ich war - wie schon erwähnt - mit meinen Fahrzeugen der Letzte. Ich habe mich mit dem Leutnant Wolf wenigstens eine Stunde beschäftigt, die vor uns marschierenden Fahrzeuge von der Batterie des Captains Heiden mit durchzuhelfen und meine eignen in diesem hohlen Weg zu bringen; unsere Pferde, welche in 2 Tagen kein Futter bekommen und den ganzen Tag nicht getränkt waren, wurden marode und wollten nicht mehr ziehen. Während ich damit beschäftigt war, marschierte das Regiment „Gens d'Armes" ab; ich fuhr damit fort die Fahrzeuge in den hohlen Weg zu führen und als ich dies bis auf das Letzte beendigt hatte, rufe ich wiederholentlich Marsch! Weil keine Bewegung erfolgte, so begab ich mich nach der Tete, wo ich denn fand, daß von der Bedeckung nichts mehr zu sehen war, die Batterie des Captain Heiden in dem hohlen Wege abgespannt hatte und die Knechte mit den Pferden fortgeritten waren und mir dadurch den Weg unüberwindlich versperret hatten, wodurch dann auch meine Geschütze stehen bleiben müssen.

Kartuschwagen der Preußischen Artillerie

Die 6 mir bei Auerstedt fortgejagten Geschütze sollen daselbst mit Vorteil gebraucht sein. 4 Canons nebst Munitionswagen sind in Magdeburg angekommen, die Übrigen sind bei Erfurt gefangen worden.

Der Rückzug nach Erfurt, Scharfschützen-Batl. „Weimar".

Gegen 11 Uhr wurde der Rückzug der preußischen Armee auf Weimar befohlen. Die Franzosen folgten in drei Kolonnen. Die über Sonnendorf anrückende Kolonne von der Division Morand zeigte sich gegen 12 Uhr dem leichten Bataillon Weimar gegenüber und fuhr auf dem vorliegenden Sonnenberge sechs Geschütze auf, von welchen gleich im ersten Augenblick Bedienungsmannschaften und Pferde durch das Feuer der weimarischen Schützen getötet wurden. Als kurz darauf eine starke feindliche Schützenlinie des 13. leichten Infanterieregiments über den vor der Stellung des weimarischen Bataillons liegenden Hang hinab zu eilen suchte, wurde sie durch lebhaftes und sicheres Feuer am weiteren Vordringen gehindert. Das Gefecht währte eine Weile und die feindliche Batterie richtete ihr Feuer gegen das Bataillon Weimar. Immer neue Schützenschwärme, gefolgt von Kolonnen des 56. Regiments rückten den Berg herunter. So sah sich das Bataillon schließlich genötigt, unter lebhaften Geschützfeuer, das Lohholz Schritt für Schritt verteidigend, der Übermacht zu weichen und sich hinter das Holz zurückzuziehen. Die darin schon befindlichen Franzosen wurden von den Scharfschützen wieder herausgeworfen. Der Rückzug wurde in bester Ordnung, unter anhaltendem Gefecht, teilweise durch das Lindenholz, teilweise durch ein sanft aufsteigendes freies Gelände bis auf die dahinter liegende Anhöhe von Stadt Sulza bewerkstelligt.

Bei dieser Gelegenheit wurde der weimarische Sekondeleutnant von Beulwitz zweimal schwer verwundet und später gefangen genommen. Auf dieser Anhöhe fanden die Weimarer vier zu ihrer Unterstützung aufgestellte Bataillone Garde, wurden auch mit jenen von den zahlreich durch das Holz vordringenden Schützen und von der Batterie vom Sonnenberge, jedoch mit geringen Erfolge, beschossen. Vergebens versuchte französische Kavallerie in die rechte Flanke des Bataillons Weimar einzudringen, sie musste mit Verlust wieder abziehen.

Die auf der Höhe von Stadt-Sulza aufgestellte preußische Batterie hatte inzwischen ihr Feuer eingestellt und sich zurückgezogen. Auch die vor Auerstedt noch aufgestellt gewesenen Reservetruppen und die Kavallerie unter Blücher gingen zurück und nahmen hinter dem Ort wieder Stellung. Der Feind folgte, bewarf, um die das Dorf noch besetzt haltenden Preußen und die weimarischen Schützen zu vertreiben, den Ort mit Granaten und schoss ihn in Brand, sodass ein weiteres Halten unmöglich war. Die Schützen schlossen sich dem Bataillon wieder an.

Nachdem das Bataillon Weimar noch ein unbedeutendes Schützenfeuer bis nach 3 Uhr unterhalten hatte, trat es als Nachhut der unter dem General Grafen Kalkreuth stehende Arriergarde den Rückzug an. Das Gewehr- und Schützenfeuer hörte nach und nach auf.

Das Bataillon Weimar erhielt unweit Auerstedt den Auftrag, mit einer Eskadron „Württemberg"-Husaren den Versuch zur Befreiung einer kleinen Anzahl gefangener Preußen zu machen, die von feindlicher Infanterie in der Richtung nach Dornburg transportiert wurden. Das Bataillon wurde jedoch, kurz nachdem es angetreten, durch das Anrücken zahlreicher französischer Kavallerie des Bernadotteschen Armeekorps daran verhindert. In Gefahr, vollständig umgangen zu werden, kehrte das Bataillon rasch um und schlug seinen Weg auf Niederroßla ein, wo er für die Nacht Unterkunft beziehen sollte. Auf dem Marsche riss in der dunklen Nacht die Kolonne auseinander. Der größere Teil, der von einem unkundigen Boten geführt wurde, kam an einem Wegekreuz von dem richtigen Wege ab und geriet in ein Biwak, das erst durch das Anrufen der französischen Posten als ein feindliches erkannt wurde. Vierzig Mann und Premierleutnant von Boyneburgk wurden hierbei gefangen genommen. Nach langem Umherirren bezog dieser Teil des Bataillons Biwak bei Mattstedt.

Oberstleutnant von Hönning, der den anderen Teil des Bataillons auf den richtigen Wege nach Niederroßla führte, fand den Ort schon von Franzosen besetzt, verlor 30 Gefangene, darunter den Stabshornisten, zog sich dann, durch die Dunkelheit geschützt, an zwei feindlichen Lagern vorüber nach Mattstedt zu und vereinigte sich dort durch einen glücklichen Zufall wieder mit dem übrigen Bataillon.

Bei Niederrossla war auch Premierleutnant von Lincker vom Bataillon abgekommen und hatte sich den nach Erfurt abziehenden preußischen Truppen angeschlossen, mit denen er am nächsten Tage in Gefangenschaft geriet. Er wurde auf Ehrenwort nach

Weimar entlassen.

Das Bataillon Weimar hatte dem Feinde empfindliche Verluste beigebracht (der Schütze Zeunert der 1. Kompanie aus Buttstädt erschoss bei dem ersten Vordringen einer Kompanie des 13. französischen leichten Infanterieregiments mit zwei hinter einander abgegebenen Schüssen den an der Spitze marschierenden Offizier und den schlagenden Tambour, während das Bataillon selbst verhältnismäßig wenig gelitten hatte. Es verlor außer den Gefangenen 41 Tote und Verwundete, unter letzteren den Major von Egloffstein und den Leutnant von Beulwitz. Napoleon selbst soll nach der Schlacht über die weimarischen Scharfschützen gesagt haben: „Wenn ihm sechs Regimenter solch tapferer Soldaten gegenübergestanden hätten, wäre ihm der Sieg sauer gemacht worden."

Die Lage des Bataillons war bedenklich. Die bis in die späte Nacht fortgesetzten Hin- und Hermärsche, das kalte und sehr beunruhigte Biwakieren, das anderthalbtägige Entbehren aller Lebensmittel, der unglückliche Ausgang der Schlacht, alles zusammen musste niederdrückend und entkräftend einwirken. Dazu kam, dass bald erkannt wurde, dass man eigentlich von der französischen Armee ganz eingeschlossen, von der eigenen abgeschnitten sei, dass auch die Munitionswagen gänzlich, die Packpferde zum größeren Teil verloren gegangen waren.

Es wurde deshalb der Aufbruch des Bataillons mit dem frühesten Morgen des 15. Oktober befohlen. Anfangs wurde die Richtung auf Erfurt eingeschlagen, dann aber, als die Einschließung der Festung und die Anwesenheit Napoleons in Weimar feststand, auf Kölleda abgeändert, wo das Bataillon auch schon feindliche Kavallerie vorfand und sich daher gegen Frohndorf zog, um dort zu biwakieren.

Mit einbrechender Nacht wurde Leutnant von Seebach mit 25 Mann nach Kölleda zur Beschaffung von Lebensmitteln geschickt; er kehrte aber unverrichteter Sache wieder zu dem in Frohndorf untergebrachten Bataillon zurück, da überlegene feindliche Kavallerie in und um Kölleda ihn an der Ausführung gehindert hatte.

Sömmerda und rechts oben Kölleda

Am 16. Oktober früh abmarschiert, stieß das Bataillon bei Sömmerda zu den unter Kommando des Generals der Kavallerie Grafen von Kalkreuth gesammelten Überresten der Reserve der Hauptarmee und wurde nun zur Nachhut der unter General von Blücher formierten Arriergarde bestimmt. In dieser marschierte es auf Greußen und biwakierte demnächst vor dem Flecken Klingen, wo es einer kleinen

Abteilung weimarischer Schützen gelang, sechs Chasseurs á cheval mit 800 Talern, die sie eben in der Umgebung gebrandschatzt hatten, gefangen zu nehmen.

Das Gros setzte alsdann, gedrängt durch den Marschall Soult, den Marsch nach Sondershausen fort, während die Arriergarde unter Blücher bei Greußen und Klingen, die Bataillone Weimar und von Oswald in den Weinbergen bei Klingen Stellung nahmen. Nach hartnäckiger Gegenwehr sah sich Blücher zum Abmarsch auf Sondershausen genötigt. Das Bataillon Weimar hatte erhebliche Verluste; auf dem nächtlichen Rückzug wurden die Sekondeleutnants von Boyneburgk und von Dankwerth vermisst. Nach Mitternacht, gegen zwei Uhr, rückte das Bataillon in das Dorf Kirchengel in enge und ärmliche Quartiere ein, musste aber wegen der Annäherung des Feindes schon nach zweistündiger Rast wieder aufbrechen; es traf über Sondershausen am Mittag des 17. Oktober vor Nordhausen ein, wo das Bataillon, weil es seine ganze Munition verschossen hatte, von den preußischen Gardebataillonen Patronen erhielt.

Auch bei Nordhausen erwehrten sich die Weimarer tapfer den nachdrängenden Soultschen Truppen und ließen zehn Mann als Tote und Verwundete auf dem Schlachtfeld zurück. Die fortwährende Zunahme der feindlichen Kräfte forderte den weiteren Rückmarsch auf Magdeburg, wobei dem Bataillon Weimar wieder die schwierige Deckung des Rückzugs zufiel.

In Schützen aufgelöst, bis zum späten Abend mit dem Verfolger in ununterbrochenem Gefecht, in schwierigen, bergigen Gelände, musste es erhebliche Verluste an Toten, Verwundeten und Gefangenen (unter letzteren der die äußerste Nachhut kommandierende Leutnant von Hönning) hinnehmen. In der Nacht wurde das Bataillon, wie am Abend vor Auerstedt, in zwei Teile zerrissen, die auf ihrem Marsch verschiedene Wege einschlugen. Es glückte ihnen aber, sich am 20. Oktober in Magdeburg wieder zu vereinigen. Hier fand sich auch der größte Teil der Bagage wieder ein.

Auf den letzten angestrengten Märschen hatte der bereits krank ins Feld gerückte Sekondeleutnant von Bechtolsheim dem Bataillon nicht mehr folgen können. Er starb dann bald darauf infolge der ausgestandenen Strapazen in Eisenach.

Am 20. Oktober wurde das Bataillon der leichten Infanteriebrigade von Oswald zugeteilt, welche zu der unter dem Befehl des Generals von Natzmer stehenden Arriergarde der Hohenloheschen Armee gehörte. Der Sekondeleutnant v. Seebach wurde als Ordonnanzoffizier ins Hauptquartier kommandiert.

Die Nähe der Muratschen Kavallerie und des rasch heranrückenden Soultschen Korps, besonders aber der Mangel an Verpflegungsmitteln bestimmten den Fürsten Hohenlohe, schon am 21. Oktober wieder mit der sehr erschöpften, neu organisierten Armee aus der Gegend von Magdeburg aufzubrechen. In der Festung blieben außer einer Anzahl kranker Mannschaften, Oberstleutnant v. Hönning wegen einer Verletzung, Major v. Egloffstein wegen seiner bei Auerstedt erhaltenen Wunde und der erkrankte Bataillonsadjutant Müller d' Euchacq, als krank zurück. Ersterer starb bald darauf, Major v. Egloffstein und Leutnant Müller, sowie die zurückgebliebenen Mannschaften wurden bei der Kapitulation der Festung gefangen genommen.

Die Führung des Bataillons, das die Nachhut des v. Natzmerschen Korps bildete, übernahm Major v. Germar, zu dessen Adjutant Sekondeleutnant v. Crayen ernannt wurde. Am 21. Oktober kam es in der Gegend von Pietzpuhl, am 22. bei Genthin, am 23. bei Neu-Klitsche, am 24. nach Havelberg ins Quartier. An diesem Tage übernahm General v. Blücher wieder das Kommando über die Arriergarde der Armee.

Am 25. biwakierte das Bataillon in der Gegend von Ganzer, am 26. nahm es Quartier in Storbeck und am 2. lagerte es wegen der großen Nähe des Feindes auf dem Marktplatz des Städtchens Lychen. Alle diese Märsche waren Tage größter Anstrengung und Entbehrung. Selbst die kärglichsten Nahrungsmittel waren oft nicht zu beschaffen, täglich mussten fünf bis sieben Meilen zurückgelegt werden. Die Biwaks ohne Stroh, oft ohne Feuer, die zerrissene Bekleidung erschwerten den

Rückzug sehr. Dabei folgte der Feind fast immer auf der Ferse, dem jetzt und an den nachfolgenden Tagen mancher brave, tapfere Schütze überlassen werden musste, weil es ihm an jeglicher Kraft fehlte, sich noch weiter fortzuschleppen. Trotz alledem beseelte die noch kampffähige Mannschaft des Bataillons das höchste Vertrauen zu ihrem Führer, und standhaft ertrugen sie weiter, was ihnen noch beschieden war.

Am 28. Oktober im Begriff, den Marsch über Boitzenburg nach Prenzlau anzutreten, wurde die Arriergarde, zu der das Schützenbataillon gehörte, von Bernadottescher Kavallerie angegriffen, diese aber von dem Husaren-Regiment „von Blücher" mit preußischer Bravour zurückgewiesen. Der Marsch des Blücherschen Korps wurde unter steter Beunruhigung durch den Feind bis in die Nacht hinein fortgesetzt, endlich aus Rücksicht auf die durch Ermattung und Hunger dem Tode nahen Menschen und Pferde enge Quartiere bei Boitzenburg bezogen, das die bereits dort eingetroffene Muratsche Kavallerie schleunigst räumte.

Nachdem am 29. die Kunde von der tags zuvor abgeschlossenen Konvention des Fürsten Hohenlohe eingetroffen war, wurde von dem Blücherschen Korps die Richtung auf Neu-Strelitz eingeschlagen in der Hoffnung, sich mit dem Korps des Herzogs von Sachsen-Weimar zu vereinigen. Abends rückten die Truppen in Quartiere bei Alt-Strelitz. Am 30. wurde nach Neu-Strelitz aufgebrochen, wo der kranke Hauptmann v. Linker zurückbleiben musste. Tags darauf rückte der Feind dort ein. Bei Dambeck angelangt, stießen die Blücherschen Truppen unerwartet auf das glücklich über die Elbe gegangene Korps des Herzogs von Weimar, jetzt unter dem Kommando des Generalleutnants v. Winning und wurden dann, am Abend vor dem Einrücken in die Quartiere bei Dambeck und Kratzburg, noch vom Bernadottschen Korps beunruhigt. Am 31, Oktober stand das vereinigte Blüchersche Korps bei Waren und Torgelow.

Inzwischen hatte Major v. Germar erfahren, dass der Herzog am Tage des Elbüberganges bei Sandau (26. Oktober) vom König von Preußen ein Handschreiben erhalten habe, worin ihm aufgegeben wurde, das Kommando über die Truppen dem ältesten General zu übergeben und sein Scharfschützen-Bataillon sogleich zurückführen zu lassen.

"An den Herzog zu Sachsen-Weimar.
Durchlauchigster Herzog,
Freundlich lieber Vetter!

So danknehmend Ew. Durchlaucht und Liebden Ich auch verpflichtet bin, daß Sie da Ihrem Befehle anvertraute Korps Meiner Truppen bisher geführt haben; so muss Ich doch Dieselben aus wahrer Achtung und Freundschaft ersuchen, diesen Befehl sogleich niederzulegen und Ihre Lande zurückzukehren. Herr v. Wollzogen hat Mir nach Magdeburg gemeldet, daß Kaiser Napoleon Ihre Rückkunft und die Abberufung Ihrer Jäger von Meiner Armee binnen 24 Stunden kategorisch verlangt habe und Mich im Namen Ihrer treuen Vasallen und Untertanen gebeten, Ihnen zuzumuten, diesem Verlangen schleunigst nachzukommen. Die mit einer Weigerung verknüpfte Gefahr ist ebenso augenscheinlich als groß.

Ich habe daher, da Ich damals nicht wusste, wo Ew. Liebden sich mit dem Korps befanden, dem Herrn von Wollzogen unterm 18. d. Mts. aufgetragen, Ihnen Meine Genehmigung so schleunig, als möglich zukommen zu lassen. Wahrscheinlich hat er es Ihnen bis jetzt nicht melden können und Ich eile daher in dem Augenblicke, wo Ich Ihren Standpunkt vernehme, Sie dringend zu ersuchen, sobald es Ihnen nur möglich ist, dem Verlangen des Kaisers Napoleon zu willfahren, das Kommando auf den im Range folgenden General zu übertragen, und für die Wohlfahrt Ihrer Lande und Ihres Hauses sich auf die bestmöglichste Weise zu arrangieren, indem Ich Sie von allen Verhältnissen gegen Mich, soweit dieselben Ihnen hierin hinderlich sein könnten, entbinde. Ew. Durchlaucht kennen Mich und Ich darf daher wohl nicht viele Worte darüber machen, wie schmerzlich es Mir fällt, Mich von einem so treuen Bundesgenossen zu trennen.

Aber die unglückliche Lage der Umstände gebietet dieses Opfer Mir, wie Ihnen, und

Ich werde übrigens bei den eingeleiteten Friedensunterhandlungen Ihr und Ihres Hauses, wie Ihrer Lande Bestes als Mein eigenes Interesse wahrnehmen.

Mit wahrer Hochachtung und Freundschaft verbleibe Ich

Ew. Durchlaucht und Liebden

Freundwilliger Vetter

Küstrin, 24. Oktober 1806

Friedrich Wilhelm"

Major v. Germar entsandte den Kapitän v. Arenswald in das Hauptquartier des Generals v. Winning, nachher in das des Generals v. Blücher, um weitere Befehle einzuholen. Ehe die Entscheidung fiel sollte dem Bataillon erst noch ein Ehrentag vergönnt sein:

Beim weiteren Rückmarsch am 1. November erhielt das weimarische Bataillon vom General v. Oswald den Befehl, gegen den nachdrängenden Feind an einem See bei dem Dorfe Glave Stellung zu nehmen. Es war aber bald gezwungen, vor dem überlegenen Gegner hinter das Dorf zurückzuweichen, bis es auf die zum Gefecht formierten übrigen Truppen des Korps stieß. Hier erhielt es von dem General v. Oswald den Befehl, das vorliegende, vom Gegner besetzte Dorf wieder zu nehmen. Major v. Germar ließ das Bataillon im Laufschritt, rechts und links auseinander gezogen, gegen den Ort vorgehen und warf den Feind, der noch von einer rückwärtigen Batterie unterstützt wurde, wieder heraus. Umsonst versuchten überlegene feindliche Schützen das Verlorene wiederzugewinnen. Auch eine versuchte Umgehung des Bataillons in der linken Flanke hatte keinen Erfolg; erst als die rückwärtigen Truppen genügenden Vorsprung gewonnen hatten, trat das Bataillon unter dem Schutze einer Batterie nach einem Verlust von acht Toten und neun Verwundeten den Rückzug an und biwakierte dann in der Gegend von Sanitz.

Der ins Hauptquartier entsandte Kapitän v. Arnswald war indessen mit dem Befehl zurückgekommen, dass sich der Major v. Germar am nächsten Tage beim General v. Blücher melden solle.

Nachdem die Truppen am 2. November nachts gegen zwei Uhr wieder aufgebrochen waren, marschierten sie bis in die Gegend von Goldberg, wo sie gegen Mittag eintrafen und rasteten, ohne das Geringste an Nahrungsmitteln vorzufinden. Hier traf der Bataillonskommandeur mit dem Befehl ein, dass der General v. Blücher das Bataillon, obgleich sehr ungern, doch der gebieterischen Umstände halber, unter Anerkennung seines braven und ausdauernden Verhaltens, nach Sachsen entlasse. Hierauf ritt der Generalmajor v. Oswald vor die Front des zusammengeschmolzenen Bataillons und sprach ihm ein gleich ehrenvolles Zeugnis aus. Das Bataillon verließ unter wehmütigsten Gefühlen, noch im Herzen festgekettet an die mit manchem Blutstropfen besiegelte Kameradschaft, die tapferen preußischen Kampfgenossen.

Das zum Nachtquartier ausersehene Dorf Granzin fand man gegen Abend schon vom I. Bataillon des Regiments „Tschammer" belegt; daher musste das Bataillon noch eine Stunde bis Strahlendorf marschieren. Am späten Abend hörte man noch in der Richtung auf Granzin Kanonen- und Gewehrfeuer; es stellte sich später heraus, dass das dortige Bataillon von den Franzosen überfallen worden war. Trotz tapferster Gegenwehr wurde bei der Dunkelheit der Nacht der Kommandeur und eine Kompanie gefangen genommen.

Am 3. November war das Schützenbataillon in Rom bei Parchim einquartiert, am 4. wurde ihm ein Rasttag gegönnt, am 5. rückte es in Grabow ein, setzte bei Lenzen über die Elbe und traf über Arendsee, Kalbe, Letzlingen, Ditfurth, Quedlinburg und Allstedt, wo zum zweiten mal auf dem ganzen Rückzug ein Ruhetag eingelegt wurde und erreichte endlich Weimar am 17. November.

Am nächsten Tage mussten die zurückgekehrten Offiziere dem französischen Kommandanten Oberst Denzel in Weimar auf Ehrenwort versprechen, in diesem Feldzuge nicht mehr gegen die französische Armee zu dienen.

König Friedrich Wilhelm III.

Von dem mit 24 Offizieren und 718 Unteroffizieren und Gemeinen ausmarschierten Bataillon kehrten nur 8 Offiziere, 239 Unteroffiziere und Gemeine in die Heimat zurück. Drei Offiziere, 46 Mann und 6 Husaren befanden sich noch beim Stabswagen des Herzogs und kamen erst später nach Weimar zurück. Die Kriegskasse des Bataillons, bei Frankenhausen durch die Entschlossenheit des Stabsfouriers Erfurt gerettet, wurde unter vielen Gefahren bis Anklam gebracht, wo Wagen und Pferde verkauft, die Barschaft aber, in Wechsel umgesetzt, nach Riga in Sicherheit gebracht wurde. Für das weimarische Scharfschützen-Bataillon war der unglückliche Feldzug nun endlich zu Ende.

Rückzug der letzten Teile der preußischen Armee

Wir hatten das Schlachtfeld von Auerstedt verlassen, um den Weg des Scharfschützen-Bataillons zu verfolgen. Nun kehren wir wieder auf das Schlachtfeld zurück, um den weiteren Verlauf des Rückzuges zu verfolgen.

Bei Auerstedt wurde an das Regiment „Wartensleben" das Grenadier-Bataillon „Knebel" herangezogen. Wie schon erwähnt war das Grenadier-Bataillon am Anfang der Schlacht zur Bewachung der Handpferde kommandiert worden. Im weiteren Verlaufe der Schlacht kämpfte es unter dem Befehl des Prinzen August, zusammen mit dem Grenadierbataillon von „Rheinbaben" bei Poppel. Vergeblich waren die Bemühungen, auch das Regiment „Möllendorf" heranzuziehen.

Das Regiment „Wartensleben" und das Grenadierbataillon verblieben westlich des Emsbaches, bis das Regiment „König", Nr. 18 von Rehehausen bei Auerstedt eintraf und sich auf der Chaussee nach Weimar in Marschkolonne setzte. Der Prinz von Oranien gab Befehl, mit dem Regiment „Wartensleben" und dem Grenadier-Bataillon „Knebel" zu folgen.

Die Richtung des Marsches sollte nach Weimar gehen. Die Reservedivisionen bildete die Arriergarde[1]) unter dem Befehl des Generals der Kavallerie Graf von Kalkreuth.

Die übrigen Regimenter und die gesammelten Truppenreste sollten als nächste in Richtung Weimar marschieren. Die Ordre de Bataille[2]) brauchte auf diesem Marsch nicht genau befolgt werden. Die Truppen formierten sich neben der Straße nach Weimar und marschierten links ab. Der Marsch ging auf der Straße in Richtung Weimar über die Ilm. Als Teile des Regiments „Wartensleben" die Ilm passiert hatten, wurde gehalten. Der König war mit einer Bedeckung der Kavallerie voraus nach Weimar geritten und war auf dem Wege dorthin schon auf feindliche Kavallerie gestoßen. Er wurde dadurch zur Umkehr gezwungen, kam zurück zu den Truppen und befahl den Marsch in eine neue Richtung.

Die Truppen, welche die Ilm noch nicht überschritten hatten, sollten rechts von der Straße abbiegen und auf dem rechten Ilmufer nach Weimar marschieren. Die anderen Truppen sollten ihnen folgen. Die Spitze bildeten die Grenadier-Bataillone „Knebel" und „Rheinbaben".

Da nun die Dunkelheit schon hereingebrochen war, gestaltete sich der Marsch noch schwieriger. Infolge der Richtungsänderung und der Dunkelheit wurden die Bataillone des Regiments „Wartensleben" voneinander getrennt. Bei den Bemühungen, das Regiment zusammenzuhalten, wurde der Brigadekommandeur von Husaren, die aus einem Dorfe zurücksprengten, angeritten und stürzte in einem Hohlweg. Es gelang ihm, auf einer Kanone der Batterie „Schienert" nach Sömmerda und von dort nach Magdeburg zu gelangen.

Die Reste des II. Bataillons „Wartensleben" unter Major Hofer von Lobenstein befand sich nachmittags nach der Schlacht auf einer Anhöhe hinter Auerstedt. Es hatte die Aufgabe, die versprengten Truppen zu sammeln. Dadurch wurde das II. Bataillon vom I. Bataillon getrennt.

Das II. Bataillon schloss sich auf dem Rückmarsch dem I. Bataillon Garde an. Der anstrengende Nachtmarsch vom 14. und 15. führte das Bataillon bis vor Buttelstedt, wo eine Rast eingelegt wurde. Am Morgen des 15. ging der Marsch weiter bis nach Sömmerda. Hier wurde die ganze Nacht gerastet, um den erschöpften Truppen eine längere Rast zu gewähren.

Hier schloss sich das Bataillon dem Regiment „von Tschepe" an und der Marsch ging nach Nordhausen weiter. Hier am Abend eingetroffen, erhielten die Truppen von Hohenlohe den Befehl, sich in die Festung Magdeburg zu begeben. Am 17. ging der Marsch zusammen mit dem Regiment „Tschepe" weiter bis nach Siege und nach einigen Stunden Ruhe den 18. nach Gröningen, wo auf dem Weg Generalleutnant von

---

1) Arriergarde: Nachhut des marschierenden Korps oder Armee.
2) Ordre de bataille: Aufstellung zur Schlacht.

Wartensleben zum Bataillon stieß.

Die Reste des Bataillons wurden der Brigade unter dem Kommando des Generalmajors von Alvensleben zugeteilt. Am 19. wurden Quartier in Thodeleben genommen. Am 20. wurde Befehl gegeben, nach Magdeburg einzumarschieren.

In dieser Nacht biwakierte das Bataillon in den Festungswerken von Magdeburg und am 21. rückten die Reste des Bataillons in die Stadt ein.

Auf dem Marsch nach Magdeburg wurden vom kommandierenden Offizier Lebensmittel erstanden, die er von seinem eigenen Gelde erwarb, da die Soldaten unter großen Hunger litten. In Magdeburg trafen die Reste des Bataillons auch mit einigen Wagen des Regiments zusammen.

Das II. Bataillon des Regiments „Wartensleben" wurde der Besatzung der Festung zugeteilt. Es nahm an der Belagerung und der schmachvollen Übergabe der Festung teil, wo es bei der Übergabe in Gefangenschaft geriet.

Als das II. Bataillon des Regiments „Wartensleben" in Magdeburg, aus dem Verband der Brigade des Oberst Lützows ausschied, bestand die Brigade noch aus dem Regiment „Möllendorf", den Grenadier-Bataillonen „Schack" und „Sack" und dem halben Grenadier-Bataillon „Rabiel".

Diese Truppen wurden neu formiert und der 2. Division unter dem Befehl des Generalleutnants Graf von Tauentzien zugeteilt. Die Division war ein Teil des Korps des Generals Hohenlohe. Das Korps verließ am 21. Magdeburg.

Am 8. November kapitulierte die Festung Magdeburg. Am 10. wurden von den Franzosen das Ulrichs Tor besetzt und am 11. streckte die Garnison das Gewehr und geriet in Gefangenschaft. In vier gleich starken Kolonnen, unter Bedeckung französischer Truppen, wurden die Gefangenen nach Bernburg in Marsch gesetzt.

Von den Offizieren des Regiments „Wartensleben" gerieten in Kriegsgefangenschaft: Generalleutnant Graf Wartensleben, Major Hofer von Lobenstein, Major von Benningsen (verwundet), Kapitän von Posern (verwundet), die Stabskapitäne von Linsingen (krank), Graf von Löwenstein-Wertheim, von Bender und von Schlechtendahl, die Sekondeleutnant von Thesdorf (Adjutant), von Heiderstedt und von Droste, die Fähnrich von Gfug, Graf von Keller, von Tettenborn, von Holleben, von Bodungen und von Grazikowski. Ferner vier Offiziere, welche bei den Wagen und Packpferden kommandiert gewesen waren.

Das I. Bataillon des Regiments „Wartensleben" verblieb bei der Kolonne, an deren Tete das Grenadier-Bataillon „Knebel" sich befand und das in Richtung Erfurt marschierte. Die Führung hatte Feldmarschall von Möllendorf und der Prinz von Oranien übernommen. Beide kamen aber in der Nacht von der Kolonne ab. In der Nacht stieß die Kolonne mit den Trümmern des Hohenloheschen und des Rüchelschen Korps zusammen. Es hörte jede Ordnung auf. Am frühen Morgen des 15. wurde die Stadt und Festung Erfurt erreicht.

Erfurt

Beim Abmarsch des Regiments „Wartensleben" vor der Schlacht aus Erfurt war als Besatzung das III. Bataillon „Wartensleben" und das III. Bataillon des Regiments „von Zweiffel" zurückgeblieben.

Kommandeur des III. Bataillons „Wartensleben" war der 65 jährige Oberst von Amelunxen. Kommandeur des III. Bataillons „Zweiffel" war der 63 jährige Major von Sobbe. Die Kompaniechefs waren in einem ähnlichen Alter. Die subalternen Offiziersstellen des III. Bataillons „Wartensleben" waren durch Abkommandierungen aus dem Etat des Regiments besetzt, beim III. Bataillon „Zweiffel" zum Teil durch ältere aus dem Gemeinenstande hervorgegangene, noch aus Ansbach-Bayreuthischen Dienste stammende Offiziere, zum Teil durch Abkommandierungen aus dem Etat. Das III. Bataillon, welche an und für sich bereits aus dem unansehnlichsten Ersatz der Regimenter bestand, hatte beim Ausmarsch des I. und II. Bataillons noch deren unbrauchbarste und unzuverlässigste Mannschaften eintauschen müssen.

Kommandant der Festung „Petersberg" war der invalide 63 jährige Major von Pruschenk. In Folge der Abwesenheit des Gouverneurs hatte er auch die Kommandanturgeschäfte in der Stadt Erfurt übernommen.

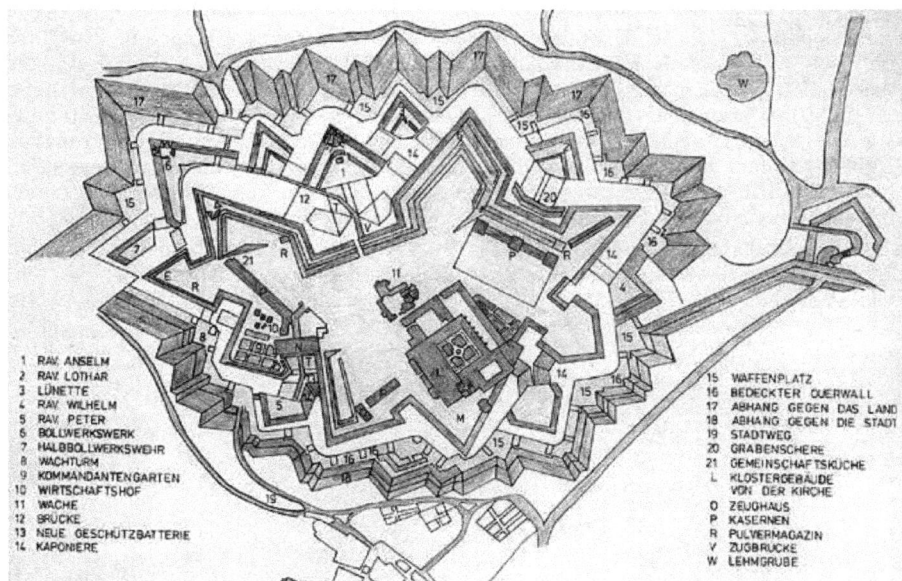

Zitadelle Petersberg

Als artilleristische Besatzung war eine einzige Festungsartilleriekompanie vorhanden. Ihr einziger Offizier war Stabskapitän von Götz. Ebenso war nur Kapitän von Lyncker der einzige Ingenieuroffizier der Festung.

Obwohl Erfurt auf im voraussichtlichen Kriegsgebiet lag, so war doch nur in Aussicht genommen worden, den Petersberg und die Cyriaksburg in einen Verteidigungszustand zu setzen. Die Werke des Petersberges und der Cyriaksburg wurden mit Palisaden sturmfrei[1] gemacht und mit Kanonen[2] bestückt. Letztere waren zum größten Teil aus Magdeburg herangeschafft worden. Auf dem Petersberg lagerte ein bedeutender Munitionsvorrat. Über 4.000 Zentner Pulver, darin einbegriffen war ein Teil der Munition des Hohenloheschen Korps und des Felddepots das hier eingelagert worden war. Ein Mangel an bombensicheren Räumen gestaltete die Einlagerung des Pulvers sehr schwierig. Für die Verteidigungseinrichtungen der Stadt, für die Wiederherstellung der alten Festungswerke geschah aber nichts. Man begnügte sich damit, Klöster und andere öffentliche Gebäude als Hospitäler einzurichten.

Am Morgen des 14. Oktober hatte man vom Petersberge aus in östlicher Richtung eine immer stärker werdende Kanonade gehört. Das in der Nähe eine große Schlacht geschlagen wurde, konnte man aus der heftigen Kanonade entnehmen. Gerüchte über einen Sieg oder einer Niederlage der preußischen Armee gingen durch die Stadt. Sicheres über den Ausgang der Schlacht wusste man noch nicht.

Am Nachmittag gegen 16 Uhr trafen in voller Flucht die ersten preußischen Truppen in der Stadt ein. Es waren Husaren des Regiments „Schimmelpfennig". Dieses Regiment hatte zum Detachment des Generals von Holtzendorff, einem

---

1) Die offenen Teile der Werke wurden mit Palisaden umgeben, um sie so vor einem Handstreich des Feindes zu schützen.

2) Der Großteil der Kanonen der Festung wurden erst im Kriegsfalle auf den Wällen aufgestellt. Dadurch wurden die Rohre, aber speziell die hölzernen Lafetten vor der Witterung geschützt.

Seitendetachment des Hohenlohenschen Korps gehört. Es hatte am Vormittage bei Lehesten gefochten und war dann auf Apolda zurückgegangen.[1]) Kurz darauf hatte der Kommandant die Mitteilung der Niederlage der Hohenloheschen Armee bei Jena und von dem unglücklichen Stande des Gefechts der Hauptarmee erhalten.

Er ließ sofort die Tore schließen und die Wälle der Stadt von dem Regiment "Kurfürst von Hessen" und dem III. Bataillon „von Zweiffel" besetzen. Das III. Bataillon „Wartensleben" war in der Festung Petersberg zurückgeblieben. Bald erreichten mehr und mehr Flüchtlinge, die der Kavallerie angehörten, die Stadt. Vor den Toren stauten sich Kürassiere, Dragoner, Husaren, vermischt mit Stückknechten auf abgestrengten Artilleriepferden, Reitknechte auf Handpferden, Bagage- und Markentenderwagen. Diese Flüchtlinge gehörten zur preußischen Hauptarmee, aber auch dem Hohenloheschen und Rüchelschen Korps an.

Ein General, der mit dem Strom der Flüchtlinge angelangt war, hatte die Tore der Stadt sprengen lassen und der Strom der Flüchtlinge hatte sich in die Straßen der Stadt ergossen.

Cyriaksburg, alter Festungsturm

Mit Anbruch der Dunkelheit waren die ersten Wagen mit Verwundeten und die ersten Flüchtlinge der Infanterie in der Stadt angelangt. Im Laufe der Nacht und mit Anbruch des 16. Oktobers waren immer mehr ungeordnete Haufen, nunmehr auch Infanterie, in der Stadt angelangt. Die Infanterie, durch den langen Marsch vom Schlachtfeld sehr ermüdet, war größtenteils in Erfurt geblieben. Die Kavallerie war nach einer kurzen Rast weiter gezogen.

Den 14. Oktober schildert der Erfurter Chronist Beyer in folgender Weise:
„Die Gerüchte, die von den Armeen im Umlauf waren, lauteten übrigens noch immer beruhigend, und wir brachten daher die Nacht vom 13. bis zum 14. Oktober noch so ziemlich sorglos zu. Aber am Morgen des 14. Oktober, wo ein dichter Nebel den

---

[1]) Nach dem Gefecht bei Lehesten ging das Korps über Apolda nach Erfurt zurück. Es nahm so nicht mehr an der Schlacht teil.

Horizont bedeckte, kamen mehrere Gärtner und Tagelöhner, die im Felde und in den Gärten des Dreienbrunnen gearbeitet hatten, ängstlich nach der Stadt gelaufen und brachten die Kunde, daß eine ferne Kanonade, nach der Gegend von Weimar zu, die Erde erschüttere; schon dauerte sie einige Stunden, und sie hätten vor Angst ihre Arbeit verlassen, um nach Hause zu den Ihrigen zu eilen, weil sicher eine Hauptschlacht geliefert würde, die unser Schicksal entscheiden dürfte.

Schmidtstädter Tor vor dem Abbruch

Alles harrte nun in banger, ängstlicher Erwartung auf die Nachricht vom Ausgange der Schlacht. Gegen Mittag hieß es, die Preußen siegten überall, schon wären 10.000 Franzosen und mit ihnen der Prinz von Ponte-Corvo gefangen, die man bald hier einbringen würde. Gegen 4 Uhr Nachmittags kamen plötzlich einzelne braune Husaren, blutig und mit verstörten Gesichtern zum Schmidtstädtertor hereingesprengt, ihnen folgten Wagen mit Gepäck, ausgespannte Artilleriepferde mit ihren Stückknechten und Marketenderinnen mit ihren Victualien und Branntweinfässern. Letztere versicherten jedoch, es sei nur ein panischer Schrecken, der unter dem Train sich plötzlich verbreitet und ihn zu dieser übereilten Flucht bewogen habe, bei den Armeen selbst stände es noch sehr gut.

Die tröstlichen Nachrichten beruhigten uns auf eine Weile, aber als die ganze Landstraße nach Weimar zu, so weit das Auge reicht, ganz mit Flüchtlingen bedeckt war, die in unordentlichen Haufen zum Schmidtstädter- und Krämpfer Tor hereinströmten, selbst einige braune Husaren, die über den Anger galoppierten, mit lauter Stimme verkündeten, „die preußische Armee habe die Schlacht verloren" so entfiel uns Allen der Mut und eine dumpfe Verzweiflung bemächtigte sich aller Gemüter, die um so größer war, da wir eine solche traurige Entwicklung der Katastrophe garnicht erwartet hatten.

Krämpfer Tor vor dem Abbruch

Überall war jetzt Schrecken und Jammer. Die Verwundeten lagerten sich vor den Häusern, weil die Anstalten zu ihrer Aufnahme und Unterbringung noch garnicht vollendet und die Spitäler noch nicht eingerichtet waren, weil man auf einen solchen Ausgang garnicht gerechnet hatte. Doch taten die mitleidigen Bürger, was in ihren Kräften stand, das Elend der armen Verwundeten und Flüchtlinge, die alle mit dem wütendsten Hunger kämpften, zu mildern. Die Straßen waren so voll, das nicht mehr durchzukommen war. Viele der zersprengten Truppen setzten ihren Weg eilends weiter fort, und dies war recht gut, weil unsere so schrecklich überfüllte Stadt, zumal bei der noch herrschenden Teuerung, diesen gewaltsamen Zustand nicht würde haben aushalten können. Jeder durchgehende oder dableibende Soldat musste ganz nach eigener Willkür handeln; denn noch war keine Spur von Ordnung und Kommando da, selbst Offiziere, die nach und nach mit den kleinsten Überresten ihrer Compagnien ankamen, entfernten sich im Stillen". Dieser Bericht des Erfurter Chronisten vermittelt uns ein sehr gutes Bild über die Zustände in der Stadt.

Die nach Erfurt geflüchteten Truppen konnten in der Stadt nicht einmal mit dem Nötigsten versorgt werden. Brot, das hier durch die Feldbäckereien einige Tage früher hätte gebacken werden können, fehlte. Eine so große Zahl von Flüchtlingen konnte nicht versorgt werden. Den Verwundeten konnte auch nicht die Pflege zuteil werden, die sie so dringend benötigten. Das Versorgungssystem war zusammengebrochen.

Der Feldmarschall Möllendorf und der Prinz von Oranien trafen am Morgen des 15. Oktober in Erfurt ein. Die teils einzeln, teils in kleineren Trupps, teils mit, teils ohne Offiziere eingetroffenen Mannschaften wurden nach Möglichkeit auf dem Petersberg gesammelt und neu geordnet.

Auf Befehl des Feldmarschalls Möllendorf wurden durch den Prinzen von Oranien die Generäle, die auf dem Rückzuge nach Erfurt gelangt waren, auf dem Petersberg zur Parole versammelt. Der Feldmarschall erteilte den Befehl, am Nachmittag sofort nach Langensalza weiter zu marschieren.

Im Laufe des Vormittags war die Vorhut unter dem Befehl des Herzogs von Sachsen-Weimar auf den Höhen bei Stetten südwestlich der Stadt und einige Regimenter unter General Larisch auf dem Galgenberg nordöstlich der Stadt eingetroffen.

Das Korps des Herzogs von Sachsen-Weimar war während der unglücklichen Kämpfe bei Jena und Auerstedt weit entfernt der Kämpfe gewesen.

Es hatte sich im Thüringer Wald befunden. Die Truppen unter dem Befehl des Generals Larisch waren Reste des Rüchelschen Korps, das bei Kapellendorf den letzten sinnlosen Angriff gegen die französischen Truppen vortrug.

Zwischen 1 und 2 Uhr nachmittags wurden stärkere französische Kavallerieeinheiten, Teile des Kavalleriekorps des Großherzogs von Berg an der Landstraße Weimar-Erfurt südlich von Linderbach gesichtet. Die Infanterie unter General Larisch warf sich sofort in großer Unordnung nach Erfurt hinein, die Kavallerie zog nördlich der Stadt bei Ilversgehofen über die Gera ab.

Der Großherzog von Berg[1] rückte bis an die Wälle der Stadt vor und ließ durch reitende Artillerie das Johannistor beschießen. Das Feuer wurde mit einigen Schüssen der Festungsartillerie erwidert.

Unter dem Eindruck des ungeordneten Abzugs der Truppen des Generals Larisch vom Galgenberg nach Erfurt, hielt der Prinz von Oranien einen geordneten Abzug aus Erfurt nicht mehr für möglich. Er fasste vorübergehend den Gedanken, die Stadt selber zu verteidigen. Er befahl dem General Larisch, welcher durch Erfurt nur durchmarschieren wollte, in Erfurt zu bleiben. Auch der Befehl zum Ausmarsch der Truppen nach Langensalza wurde widerrufen. Es erging der Befehl die Wälle zu besetzen. Das Grenadier-Bataillon „Knebel" besetzte die Andreasschanze. Das III. Bataillon „Wartensleben" verblieb auf dem Petersberg.

Es war unverantwortlich, dass nicht sofort sämtliche Truppen, die nicht zur Verteidigung der Festung Petersberg und des Forts Cyriaksburg notwendig waren, aus Erfurt herausgezogen wurden, wie dies vom Feldmarschall Möllendorf angeordnet worden war. Dieser Befehl entsprach einer Weisung des Königs, die gegen Mittag von einem Feldjäger überbracht wurde.

Auf dem linken Geraufer in nächster Nähe befand sich die noch völlig intakte Vorhutdivision unter dem Befehl des Herzogs von Sachsen-Weimar, in einer Stärke von 11 Bataillonen, 15 Eskadronen und 2 Batterien. Es wäre kein Problem für diese Division gewesen, mit den restlichen Truppen vereint in Richtung auf Langensalza weiterzumarschieren.

Die Stadt Erfurt selbst war nicht verteidigungsfähig. Die Festung Petersberg und das Fort Cyriaksburg waren die einzigen Befestigungen, die einer Belagerung hätten standhalten können.

Im Siebenjährigen Krieg waren der Petersberg und die Cyriaksburg in den Händen der Österreicher geblieben. Die Stadt Erfurt selbst hatte abwechselnd preußische Truppen, solche der Reichsarmee und die französischen Truppen des Prinzen von Soubise in ihren Mauern gesehen.

Im Jahre 1813/14 behauptete sich der französische General d'Alton fast ein halbes Jahr lang noch auf dem Petersberg, nachdem er die Stadt schon ein halbes Jahr früher

---

1) Der Herzog von Berg: Murat.

aufgegeben hatte.

Unzweifelhaft hätte eine Einnahme des Petersberges im Jahre 1806 durch die Franzosen einen mehrwöchentlichen regelrechten Angriff erfordert. Zu einem solchen fehlten im Moment der französischen Armee die Mittel. Ein französischer Belagerungspark war noch nicht in der Nähe und hätte erst herangebracht werden müssen.

Nachmittags erschien etwa um 14.30 Uhr ein feindlicher Parlamentär, der Kürassieroberst Preval vor dem Johannistor. Er wurde eingelassen und nach dem Platze vor der Graden geführt, wo er eine Zeit lang warten musste. Ungeordnete Haufen von Soldaten, die sich dort herumtrieben, wurden unruhig. Es wurden Schüsse auf den Parlamentär abgegeben, die aber jedoch nicht trafen.

Oberst Preval wurde mit verbundenen Augen auf den Petersberg zum Prinzen von Oranien und zum Major von Prüschenck geführt. Der Major wollte zuerst von einer Übergabe nichts wissen, doch fügte er sich der Ansicht des Prinzen, dass im Falle eines freien Abzuges der Truppen die Festungswerke übergeben werden sollten.

Preußischer Pulverwagen

Nachdem Oberst Preval die ihm mündlich erteilte Antwort dem Großherzog von Berg überbracht hatte, kehrte er zurück und verlangte den Feldmarschall Möllendorf zu sprechen, welcher in der „Hohen Lilie", untergebracht war, dem gleichen Haus in welchem einst Gustav Adolf zur Zeit seines Aufenthaltes in Erfurt gewohnt hatte.

Der 81 jährige Greis war in Folge der Anstrengungen der vorhergehenden Tage schwer krank, überdies leicht verwundet. Er erklärte sich außerstande, an weiteren Verhandlungen Teil nehmen zu können. Ein Blutauswurf raubte ihm bald darauf die Besinnung. Zur gleichen Zeit diktierte auf dem Petersberg der Prinz von Oranien de m Major von Lossau vom Generalstab die Kapitulationspunkte.

Am späten Abend brachte Oberst Preval die Antwort des Großherzogs von Bergs als ein an die Besatzung gerichtetes Ultimatum zurück. Hinzugefügt wurde die ausdrückliche Bestimmung, dass die Kapitulation auch die preußischen Generäle einschließe, die aus irgendeiner Ursache sich noch in der Stadt befanden.

Es ergab sich wie bei vielen anderen Kapitulationsverhandlungen der geforderte freie Abzug wird abgelehnt, nur Kriegsgefangenschaft wird gewährt un d und schließlich angenommen. Während des Verlaufes der Verhandlungen hatte sich natürlich die eigene Lage verschlechtert, die des Feindes verbessert.

Der Herzog von Sachsen-Weimar hatte wiederholt die Nachricht in die Stadt geschickt, einen Abmarsch aus Erfurt schnellstens zu bewerkstelligen. Schließlich sah er doch ein, dass seine Aufforderungen vergeblich waren. Um am 15. Oktober noch Langensalza zu erreichen, hatte er gegen 13 Uhr seine Infanterie und Fußartillerie dorthin in Marsch gesetzt.

Mit 10 Schwadronen Kavallerie vom Regiment „Rudorff" Husaren, an die er noch die Regimenter „Bailliodz" Kürassiere und „Irwing" Dragoner herangezogen hatte, und einer halben reitenden Batterie war er bei Schnira stehen geblieben. Er schickte das Regiment „Königin" Dragoner mit einer halben reitenden Batterie unterhalb Erfurts um das Überschreiten der Gera dort durch die französische Kavallerie zu verhindern. Die Kavallerie des Herzogs von Sachsen-Weimar war bis 6 Uhr abends stehen geblieben.

Der Großherzog von Berg hatte am Vor- und Nachmittage des 15. Oktobers nur Kavallerie bei sich. Er war stärkemäßig den preußischen Truppen unterlegen, da er einen Teil seines Kavalleriekorps bereits in der Richtung auf Kölleda abgeschickt hatte. Erst um 22 Uhr trafen die Infanteriespitzen des Korps des Marschalls Ney vor Erfurt ein.

Ein Abzug der in Erfurt befindlichen Truppen wäre daher selbst am Nachmittag des 15. Oktobers noch ausführbar gewesen. Die Kapitulationsbedingungen wurden im Sinne der französischen Antwort am 15. Abends gegen 23 Uhr unterzeichnet.

Das III. Bataillon „Wartensleben" wurde nebst Trümmern der Grenadier-Kompanien kriegsgefangen. Das III. Bataillon befand sich in voller Stärke. Die Stärke der Reste der Grenadier-Kompanien kann nicht angegeben werden, da nur kleine Reste sich nach Erfurt retteten. Die Verwundung des Regimentskommandeurs Major von Ebra, der am 14. Oktober gegen Abend nach Erfurt gebracht wurde, hatte sich als so schwer erwiesen, dass er keinen Einfluss auf die Geschicke des Regiments mehr nehmen konnte.

Das Schicksal der Kriegsgefangenschaft teilten das III. Bataillon des Regiments „von Zweiffel", das Grenadiergardebataillon Nr. 6, die Grenadier-Bataillone „Knebel" und „Rheinbaben", die Regimenter „Kurfürst von Hessen", „Schenk", „Alt Larisch", „Wedell", „Winning" und versprengte Teile verschiedener anderer Regimenter.

Im Ganzen gerieten 14.000 Mann in Kriegsgefangenschaft. In dieser Zahl sind jedoch auch die Kranken und Verwundeten mit einbegriffen. Noch am Abend des 16. Oktobers wurden 9.000 Kriegsgefangene von Erfurt nach Mechterstedt auf der Straße Gotha - Eisenach mit einer verhältnismäßig schwachen französischer Bedeckung in Marsch gesetzt.

Am 17. Oktober in der Frühe wurde dieser Gefangenentransport auf dem Weitermarsche nach Eisenach durch Leutnant Hellwig vom Regiment „Pletz" Husaren bei Eichenroda befreit. Die Kriegsgefangenen zerstreuten sich und gelangten einzeln in ihre Heimat zurück. Auch einen großen Teil der Offiziere gelang es bei der in Erfurt herrschenden Verwirrung, sich zu entziehen.

Der Erfurter Chronist gibt uns die folgende Beschreibung der schicksalsvollen Tage des 16. und 17. Oktobers 1806.

„Am 16. in der Frühe kamen schon französische Militärbeamte in einigen Chaisen gefahren, die das Inventarium der Festung übernehmen sollten, das nach dem 7. Bulletin in einem Artilleriepark von 120 Kanonen und einem ungeheuren Pulvervorrat bestand. Gefangen wurden 8.000 Kranke und Verwundete und 6.000 Gesunde.

Die Soldaten lagen indessen verdrüsslich und gefühllos in den Löchern und Böden, wo man sie aus Mangel an Raum einquartiert hatte. Sie waren in eine Art von Stumpfsinn geraten. Übrigens standen sie noch in dem Wahne, dass man ihnen freien Abzug ausgedungen hätte, und waren deshalb ruhig.

Der 16. war zur Übergabe des Platzes bestimmt, und deshalb war schon am frühen Morgen alles in Bewegung. Man sah vom Krämpferwalle die Franzosen in dichten Massen um die Stadt gelagert. Man hörte ihr Johlen und ihr Freudengeschrei, das mit dem Rauschen einer wilden Janitscharenmusik begleitet wurde. Die Einwohner quälten sich indessen mit bangen Erwartungen der Dinge, die da kommen würden. Alles war traurig und niedergeschlagen, und man erblickte kein heiteres Gesicht. Ängstlichkeit, Schmerz und Unmut leuchteten aus allen Mienen und malten sich in den Gesichtern der Soldaten. Die gemischte Menge von Compagnien und Bataillonen, die alle auf dem unglücklichen Rückzuge hierher verstreut worden waren, wurde so gut wie es möglich war, geordnet, und so ging der Marsch wie ein Leichenzug zum Thore hinaus.

Die auf dem Petersberg gelegenen hatten Gelegenheit gefunden, sich mehrere Fässer mit Branntwein zu bemächtigen, die zu den Magazinbeständen gehörten, um sich tüchtig darin zu berauschen, was ihre Lebensgeister so exaltierte, dass ihre Offiziere alle Mühe von der Welt anwenden mussten, sie im Zaume zu halten, und doch konnte man nicht verhindern, dass nicht einige derselben, die sich vormals am meisten bei ihren Soldaten verhasst gemacht hatten, von diesen misshandelt wurden.

Es dauerte nicht lange, so erschallten die Trommeln der Sieger. Sie kämen zum Johannis Tor herein, in dichten Kolonnen, nicht etwa in Parade! nein, sie kamen so wie sie vom Schlachtfelde gegangen oder von ihrem Lager, der bloßen Erde, unter freiem Himmel aufgestanden waren.

Sie waren zum Teil gar sonderbar drapiert. Manche hatten kattune oder schwarztuchene Mäntel um, die sie den Voigtländischen und Thüringischen Bauernweibern gestohlen hatten. Viele erschienen in schwarzen Chorröcken, den Dorfpastoren geraubt, und viele in Pantolons aus alten Zimmertapeten und Bettvorhängen zusammengeschneidert, der Tambourmajor eines Bataillons hatte einen blauen Bauernkittel statt der Uniform, und ein Voltigeur trug eine alte Meilerpelzmütze unter seinem Hute. - Die Avantgarde hatte hölzerne Löffel in den Hutkrempen, weshalb sie auch noch lange danach mit dem Namen der Löffelgarde von dem Pöbel bezeichnet wurde.

Über ihren, von geraubten Sachen schweren und ausgestopften Tornistern und Bündeln hingen große Stücke Fleisch, Hühner, Gänse, Enten und große Bauer nbrote, die sie auch zum Teil auf die Bajonette gespießt trugen. Ihre Offiziere hatten keine Schärpen, keine Portepees an den Säbeln, sie führten weder Packwagen, noch Packpferde bei sich, sondern trugen ihr Gepäck wie die Gemeinen auf dem Rücken und hatten ihre Mäntel dazu um.

Ihr Marsch ging außerordentlich schnell, und einige ihrer Musikchöre spielten, um unseren bangen Gefühlen an diesem angstvollen Tage gleichsam Hohn zu sprechen, die Melodie des Liedes „freut euch des Lebens", dessen Töne uns wie Dolchstiche in die Seele fuhren. Ihre Physiognomien waren furchterregend. Manche waren von Pulverdampf so schwarz wie die Mohren, und vor ihren fürchterlichen Schnauzbärten konnte man ihre Gesichter kaum erkennen. Die Kavallerie war noch am besten montiert und sah ziemlich gut aus, sowie auch die Artillerie nichts zu wünschen übrig ließ. Der Zug dauerte zum ungeduldig werden lang, bis endlich Halt gerufen wurde und ein Teil der einziehenden Franzosen Front gegen die Preußen machte, die am Fuße des Petersberges aufmarschiert standen". Soweit der Bericht des Erfurter Chronisten.

Ein anderer Augenzeuge berichtet: „Mit starren Augen und verbissenen Grimme hatten die preußischen Truppen die Sieger bei sich vorbei defilieren sehen. Bei vielen brach die verhaltene Wut in lauten Schimpfen aus. Viele standen stumm und wie betäubt, in dumpfes Hinbrüten versunken da und andere wurden von inneren Schmerz gefoltert. Man sah ihnen das Verlangen an, recht bald aus dieser Marter erlöst zu werden.

Das laute Halt! hatte kaum in den Reihen der Franzosen ertönt, als sich auch vor der preußischen Front ein dumpfes Kommando hören ließ. Es war ein leises Rufen: "Gewehr ab!" Dies war der Augenblick, wo alle von einem Gefühl ergriffen wurden, wo alle Gesichter erbleichten, wo sich die Arme, die nicht mehr fechten durften, krampfhaft zusammenzogen.

Mit verbissenen Grimm und verhaltenem Schmerz richteten sich die Blicke der alten Krieger gen Himmel zu dem verewigten Friedrich. Tausende der bittersten Tränen rollten über abgezehrte Wangen und ergraute Bärte.

Als die Unglücklichen die Bürde der Waffen los waren, mussten sie wieder antreten, und die Fahnenträger mussten die Fahnen alle zusammen vor ein Haus bringen. Hier erschien ein kleines Kommando Kavallerie nebst Offizieren und Trompetern, welche diese Siegeszeichen mit schmetterndem Trompetenschall und in vollem Galopp davon führten."

Dieser vom Freiherrn von Lützow geschriebene kurze Artikel gibt uns einen guten Einblick in das Geschehen nach der Schlacht von Auerstedt.

Ein anderer Bericht ist uns überliefert, der den Rückzug nach Erfurt beschreibt. Verfasst wurde der Bericht von Leutnant Eberstein vom Infanterie Regiment „Wartensleben". Der Bericht beginnt mit den letzten Kampfhandlungen bei Auerstedt.

„Den 13. Oktober 1806, nachmittags gegen 4 Uhr, brach das Regiment „Graf von Wartensleben" nebst der ganzen unter Kommando des Herzogs von Braunschweig Durchlaucht stehenden Armee aus dem Lager bei Ober-Weimar, woselbst solches im ersten treffen sich befunden, auf und nahm seinen Marsch nach Auerstedt zu, woselbst wir gegen 2 Uhr die Nacht ankamen und bis zum Anbruch des Tages an bivacq zubrachten, sodass das Dorf Auerstedt dem Regiments links lag. Da die Bagage der Armee zurückblieb und die Leute das Brod, welches auf Befehl Sr. Majestät des Königs ausgeteilt worden, mehrenteils zurückgelassen, auch das verteilte Fleisch vor dem Aufbruche nicht hatte gekocht werden können, so klagten die Leute nach einem neun Stunden gedauerten Marsche über Hunger. Die Nacht war trübe, neblich und der gegen Morgen fallende Reif erregte eine empfindliche Kälte. Jeder hatte 60 Patronen.

Früh, als es Tag geworden war, gegen 7 Uhr, marschierten beide Bataillons sowie die ganze unter dem Prinz von Oranien stehende Division links ab durch das Dorf Auerstedt über eine Menge tiefer Schluchten und steiler Anhöhen in dem dortigen coupirten Terrain, welcher Marsch, sobald das Regiment das Dorf Auerstedt passiert war, en ligne schnell, fast im Laufen, bis auf die eine Stunde von Auerstedt gelegenen Anhöhen fortgesetzt werden musste, welches die Leute nach der au bivacq ausgehaltenen Nacht mit nüchternen Magen, und da kein Branntwein vorhanden war (denn Markentender existierten nicht), sehr fatigierte, zu geschweigen, daß der Marsch en ligne wegen des coupirten Terrains und dem Begegnen der zurück sich ziehenden Bagage des ganzen Korps mit vielen Aufenthalt und Schwierigkeiten verknüpft war, welcher Aufenthalt, sobald ein Lokalhindernis überwunden war, durch desto schnelleres Marschieren ersetzt werden musste. Kaum war unser Regiment aus dem Dorfe Auerstedt eine Strecke herausmarschiert, so wurden wir auch schon von feindlichen Kanonen begrüßt, die auf den Anhöhen vor uns sich befanden.

Hier kam auch Sr. Majestät der König vor die Front des Regiments geritten, und das Regiment rief ihm unter dieser Kanonade ein Vivat! Und währen unseres zuweilen sehr schnellen Avancierens, wenn eine Lokalschwierigkeit überwunden war, riefen Se. Majestät, indem Sie vor der Front des Regiments ritten, den Leuten zuweilen zu: ruhig! Ruhig! Und nachdem dieselben mit unserm Kommandeur gesprochen hatten, passierte Se. Majestät unsere Front nach dem rechten Flügel zu; das Regiment aber erreichte die eine halbe Meile von Auerstedt liegende Anhöhenkette in einer Stunde Zeit. Unserm Regimente rechts befand sich eine Batterie und dann das Regiment von Möllendorf, auf unserer linken Flanke aber das Regiment von Puttkammer. Am Fuße der gedachten Anhöhenkette, als wir uns en fronte formierten, um solche zu occupiren, wurden wir in diesem Aufmarsch von französischen Tirailleurs, die sich auf der Anhöhe, selbst schon befanden, wodurch sich aber das Regiment nicht irren ließ, keinen Schuss erwiderte, sondern im ruhigen Avancieren auf die Anhöhe gelangte und sie fast eine Viertelmeile weit zurückdrängte, wobei die Fatalität sich ereignete, daß auf dem rechten Flügel hinter der Bataillonskanone stehende Protze in die Luft flog, wobei eine Menge Leute auf dem rechten Flügel unseres I. Bataillons teils schwer, teils minder blessiert wurden. Durch die feindlichen Tirailleurs selbst verlor das I. Bataillon unsers Regiments kaum 20 Mann, da im Gegenteil unter ihnen durch das Kartätschenfeuer unserer Bataillonsstücke eine ziemliche Niederlage bewirkt worden war, welches wir an den Toden sahen, über deren Leichen wir im Avancieren marschierten. Bei diesem Vordringen wurde das II. Bataillon des Regiments von Wartensleben von unserm I. Bataillon getrennt, indem das Regiment nach Vertreibung der Tirailleurs auf eine durch solche maskierte Batterie stieß, die durch ihr Kartätschenfeuer uns beträchtlichen Schaden tat. Hier wurden unserm Kommandeur Major v. Ebra, sowie kurz vorher dem Major v. Benningsen, die Pferde unter dem Leibe erschossen.

Preußische Infanterietrommel

Das I. Bataillon hielt dieses Feuer eine Weile mit Contenance aus, und unsere Bataillonsstücke unter Bedienung des Feuerwerkers Schulze wirkten durch ein wohl angebrachtes Feuer soviel, zumal als vom rechten Flügel her eine Preußische schwere

Batterie durch ein Kreuzfeuer mit dazu beitrug, daß diese uns gegenüber befindliche feindliche Batterie etwa zehn Minuten über zum Schweigen gebracht ward. Diesen kurzen Zeitraum benutzte der Kommandeur Major v. Ebra dazu, daß wir uns ralliierten, und mit gefälltem Bajonett ging das Bataillon auf die Batterie los und kam unter den Schuss. Allein ehe wir in diesem Avancieren an die Batterie selbst gelangten, stieß das Bataillon auf eine Masse feindlicher Linientruppen, die kurz vor der Batterie aus einem Hohlwege, worinnen sie zur Deckung derselben gelegen, aufmarschiert waren. Hier ward der brave Leutnant v. Münchhausen, der mit seiner gezogenen Büchse in der Hand, die er nie, ohne seinen Mann erlegt zu haben, absetzte, die Schützen unsers Regiments anführte, durch eine Kugel im Anschlagen seiner Büchse in den Kopf geschossen und fiel. Ebenso ward der Leutnant v. Osten durch einen Schuss, sowie der Leutnant Nordeck v. Rabenau dahin gestreckt, und der Leutnant v. Mumme und der Kapitän v. Kamptz getroffen, der an seinen Wunden nachher gestorben.

Das Bataillon machte Halt, gab drei Bataillonssalven, welche ebenso erwidert wurden, und nun engagierte sich ein fast drei Stunden dauerndes Bataillenfeuer in steten Avancieren der Bataillonslinie, indem der Feind immer gemach reculirte, während welchem wir uns im Avancieren etwas rechts zogen, wodurch wir der feindlichen Linie die Flanke abzugewinnen und zugleich die rechte Flanke unsers Bataillons an eine Anhöhe zu lehnen Gelegenheit hatten, welches uns mit für eine vom Feinde in der Direktion uns rechts aufgefahrene Batterie etwas schützte. Hierbei war nun schon für unser 1. Bataillon der traurige Umstand eingetreten, dass wir auf unsern Bataillonsflanken gar keine Kavallerie oder sonst einen Trupp zur Deckung hatten, indem die beim ersten Aufmarsche sich etwa bei uns befundene Kavallerie und die an uns stoßenden Infanterieregimenter von uns schon beim ersten Avancieren ganz abgekommen, mithin unser I. Bataillon, welches noch dazu kurz zuvor auch vom 2. Bataillon getrennt war, in dieser Periode ohne alle Flankendeckung sich befand. Nach Verfluß der vorerwähnten drei Stunden, während das I. Bataillon in diesem lebhaft unterhaltenen mörderischen kleinen Gewehrfeuer durch Tode, Blessierte und Abgekommene bis auf die Hälfte zusammengeschmolzen war, wobei zwar feindliche Batterien mit auf uns feuerten, aber die meisten Kugeln über uns wegpoussirten, bemerkte man ein vermindertes Feuer und ein Wanken in der vor uns stehenden feindlichen Linie.

Inmittelst waren gleich bereits anfangs beide Fahnenjunker blessiert und der Kommandeur Major v. Ebra, dem sowie dem Major v. Benningsen das Pferd bereits erschossen war, hatte die eine Bataillonsfahne aus der Hand des blessierten Major v. Benningsen sowie der Leutnant v. Eberstein der 2te die andere Bataillonsfahne aus der Hand des auch blessierten Kapitäns v. Brause ergriffen, um das Bataillon zu ralliieren. Außer dem bereits blessierten Kommandeur Major v. Ebra waren nur noch jetzt sechs Offiziers, als: die Kapitäns v. Löwenstein, v. Schlechtendahl, die Leutnants v. Löwenstein, v. Eberstein der 1ste, v. Eberstein der 2te und der Fähnrich v. Tettenborn übrig, um das Bataillon zusammen zu halten.

Bei dem oben bemerkten verminderten Feuer und Wanken der feindlichen Linie, welches etwa gegen 2 Uhr Mittags an der Zeit gewesen sein mag, kommandierte der Major v. Ebra, obgleich schon blessiert, zu Fuß a la Tete des Bataillons, mit der einen Fahne in der Hand, mit gefälltem Bajonett zu avancieren, wobei der Kapitän Graf v. Löwenstein ein Gewehr eines Toden ergriff, und so warfen wir die vor uns stehende etwas wankende feindliche Linie auch zurück. Aber in diesem Avancieren traf nun vollends eine Kugel den Major v. Ebra in den rechten Arm, und er gab bei dessen Bluten nach einiger Zeit die Fahne dem Leutnant v. Eberstein dem 1sten und war nun gezwungen, sich zurückbringen zu lasen. Hatten wir nun gleich diese feindliche Linie geworfen, da alle die vielen Toden, die wir erhielten, uns im Avancieren nicht hinderten, vielmehr unsre Leute sich stets zusammenhielten, so stießen wir nun auf eine in Karrees stehende Reserve, von welcher der Überrest des Bataillons mit einem heftigen Kleingewehr- und Kartätschenfeuer empfangen wurde. Und nur der

Umstand, daß successive, als wir nun wieder zurückweichen mussten, Trupps von 40 bis 60 Tirailleurs aus den Karrees heraussprangen und uns angriffen (wahrscheinlich um unsern bis auf kaum 150 Mann anderweit geschmolzenen Haufen, den wir zurückweichend in einen halben Mond) formierten, die Fahnen zu nehmen), bewirkte noch soviel Günstiges für uns, daß die Karrees nicht feuerten und Salven gaben, daher wir bloß das Feuer der Tirailleurs auszuhalten hatten, denen die Masse des Feindes nur langsam nachdrängte.

Der wenige Überrest unseres Bataillons hatte fast alle Patronen verfeuert. Frische Munition zu erhalten, war undenkbar. Nun ward auch ein Kartätschenfeuer auf uns gerichtet, und mit möglichst beibehaltener Ordnung eines halben Mondes zogen wir uns langsam zurück, indem unsere Leute auf eine verzweiflungsvolle Art fochten und die herauspressenden Tirailleurs mit den Kolben niederwarfen. Bei diesem langsamen Retirieren fanden unsre Leute oft Gelegenheit, den Toden, über die wir zurückmarschierten, Patronen aus ihren Patronentaschen zu nehmen und solche gegen den Feind zu brauchen. Allein nun wurde die Wirkung des auf uns gerichteten Kanonen- und Kartätschenfeuer stärker, unter welchem wir bis an einen sumpfigen Wiesengrund zwischen den bei Auerstedt herumliegenden Anhöhen unsre Retirade fortsetzen mussten.

Ehe wir an diese sumpfigen Wiesen gelangten, war in einiger Entfernung von uns rechts das in ziemlicher Ordnung retirierende Regiment Prinz Ferdinand vom Dorfe Rehehausen her zu bemerken. Allein mit demselben sich zu vereinigen, da feindliche Massen uns davon abschnitten, war keine Möglichkeit, doch glaubt man diesem Umstande es zuschreiben zu müssen, daß wir nicht gleich auf diesem Flecke gänzlich aufgerieben werden und wir unsre wenigen Leute noch bei den Fahnen zusammenhalten konnten. Als wir aber diesen sumpfigen Wiesengrund bei Auerstedt passierten, der an manchen Flecken durchwatet werden musste, erhielten wir von den Anhöhen ein heftiges Kartätschenfeuer. Nachdem passieren der Wiese waren noch 50 Mann um die Fahnen geschart.

An Offizieren waren nur noch die Leutnants von Löwenstein, von Eberstein I. und von Eberstein II., übrig den Haufen zusammenzuhalten. Als wir uns endlich durch diesen sumpfigen Wiesengrund durchgearbeitet hatten, traf der Major v. Gfug wieder bei uns ein. Er war verwundet zurückgebracht worden und hatte sich verbinden lassen. Unter seiner Führung gingen wir in Richtung Buttelstedt zurück.

Uns beiden Brüdern von Eberstein, welche die Fahnen trugen, war es gelungen unsere Leute bei den Fahnen zu behalten. Wir versuchten die Namen unserer Leute aufzuschreiben, sodass sie später eine Ehrenmedaille erhalten konnten. Unglücklicherweise aber ist mir, dem Leutnant von Eberstein I., die Schreibetafel, wo auch mein Leutnantpatent sich darin befand, während der Nacht aus der engen Uniformtasche verloren gegangen. Aus dem Gedächtnisse erinnern wir uns folgender Namen für jetzt (und behalten uns vor, künftig nach näherer Erkundigung und Erinnerung soviel wie möglich solche pflichtmäßig zu melden):

> der Schütze Müller
> der Unteroffizier Helbing
> der Musketier Helmbold, alle von Major Gfugs Kompanie,
> der Musketier Tasch von der Leib Kompanie
> der Musketier Guenther von der Kompanie des Kapitäns v. Brause,
> der Musketier Waldhelm von der Leib-Kompanie,
> der Unteroffizier Gundermann,
> der Musketier Kuenzler,
> der Musketier Mueller.

Auf dem Marsch nach Buttelstedt war es nun nicht mehr möglich, zumal in der Dämmerung, alle unsere Leute, welche bisher treulich bei uns geblieben waren, zusammen zu halten, obgleich man, solange es noch dunkel war, die Dörfer vermied und über die Felder und hinter den Dörfern durchzugehen versuchte. Einige unserer wenigen noch verbliebenen Leute blieben nun aus Erschöpfung auf dem Wege zurück oder verliefen sich auf dem Marsch. Zu uns stoßende andere Soldaten wollten sich nicht unseren Fahnen anschließen.

Als wir in der Finsternis in Buttelstedt anlangten, waren noch etwa 19 Mann um uns und die Fahnen. In diesem Orte lag alles voller Verwundeter und Fliehender. Zur Stillung des Hungers war nichts zu bekommen, so sehr unsere und unserer Leute Kräfte erschöpft waren. Leutnant Graf von Löwenstein sollte versuchen einige Erfrischungen hier für uns zu finden. Durch dieses Bemühen wurde er von uns getrennt. Wir konnten nicht länger auf ihn warten da wir die Fahnen retten wollten.

Ein Regimentsquartiermeister kam nach Buttelstedt hereingesprengt und sagte, dass französische Kavallerie sich dem Orte näherte, dass unsere Reserve geschlagen wurde und alles verloren sei. Da es nun in Buttelstedt hieß, das der Sammelpunkt des Rückzuges nach Erfurt ging, so beschlossen wir unter Anführung von Major von Gfug in der Finsternis unseren Zug nach Erfurt zu bewerkstelligen.

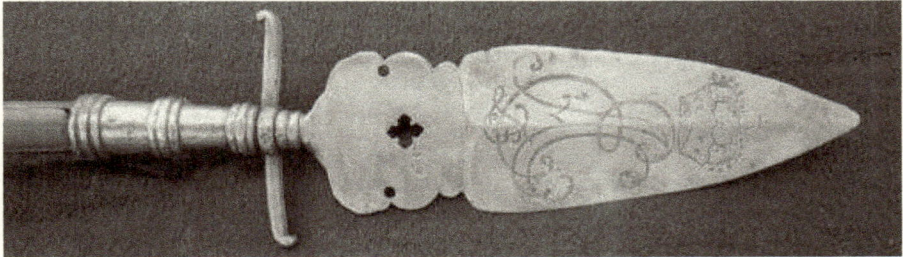

Sachsen-Weimar, Offiziers Sponton

Nun trafen wir von Zeit zu Zeit zwar Leute von allen Regimentern an, denn der Weg war mit einzelnen Flüchtlingen sowie mit ganzen Zügen von Bagagewagen bedeckt. Viele der Fliehenden schlossen sich von Zeit zu Zeit an uns an, blieben aber auch bei dem Durchdrängen durch die uns begegnenden Wagenzüge und in der starken Finsternis dieser Nacht, sowie in den Dörfern, die wir passierten, wieder zurück, so das unser Haufen bald groß bald klein war. Ungeachtet unseres Hungers und den uns plagenden Durstes, so gab sich Major von Gfug doch alle Mühe, in einigen Dörfern den schwer Verwundeten, die wir vorfanden, zu helfen.

Mir dem Leutnant von Eberstein I. befahl der Major in einem Bauerhofe einen Wagen zu suchen. Ich gab daher die Fahne dem Unteroffizier Gundermann zum Halten. Als ich nun meinen Auftrag mit großer Mühe ausgeführt hatte und ich einen zweirädrigen Karren mit einem Pferde glücklich bekommen hatte und zurückkomme, ist besagter Gundermann in der Verwirrung mit der Fahne davongeschlichen. Nach langen Herum-laufen und Erkundigungen fanden wir den Unteroffizier in einem Wirtshause, in einem fast eine Stunde entfernten Orte wieder. Ich übernahm die Fahne wieder. Von diesem Moment an haben wir den Unteroffizier nicht wiedergesehen.

Für die Stillung des Hungers war nichts vorhanden. Wir die beiden Brüder waren neben Major von Gfug die einzigen Offiziere unter den Fahnen. Wir waren sehr erschöpft. Wenn wir uns in einem Dorfe etwas ausruhten, verfehlten wir nicht ein paar einzelne Posten an den Stellen des Dorfes auszusetzen, die wir dann auch wieder an uns zogen. Wir müssen unseren wenigen Leuten, die bei uns geblieben waren, ein gutes Zeugnis geben. Auch wenn wir im Moment nicht gleich alle Namen

derselben im Gedächtnis haben. Das sie uns nicht verlassen haben und immer wieder zu unsern Fahnen zurückkamen, wenn wir sie abriefen. Es wäre für sie ein leichtes gewesen unter der Menge, auf die wir allenthalben stießen, bei der Verwirrung sich von uns zu entfernen.

Der ganze Weg war mit Fuhrwesen und Artillerietrains bedeckt. Viele Wagen waren teils umgefallen, teils konnten die Wagens ihrer müden Pferde halber nicht weiter. Das erschwerte auch unseren Marsch sehr.

Ungefähr drei Stunden von Erfurt entfernt, als wir eben bei der anbrechenden Morgendämmerung aus einem Dorfe marschierten, fand ich, der Leutnant von Eberstein II., auf dem Fahrwege zwei Infanteriefahnen liegen, von welchen wir aber nicht sagen können, welchem Regimente sie zugehört haben. Ungeachtet das Ich schon unsere Bataillonsfahnen trug, nahm ich eine der Fahnen selbst und ließ die andere einen Musketier von Kapitän Brauses Kompanie, dessen Name mir aber entfallen ist, nehmen.

Wir gerieten nun in eine große Menge Fuhrwerke, durch welches wir uns durchgedrängt hatten. Major von Gfug ritt ein verwundetes Pferd, das nur eben so schnell war, wie wir marschieren konnten. Hinter uns fielen nun einige Schüsse und es begann ein Geschrei, das der Feind hinten in unsere Bagage geraten sei und das einige Knechte von den Pferden herunter gehauen worden sind. Das ereignete sich in der Gegend von Kerpsleben. Unsere Ermüdung und erschöpften Kräfte waren nun zum Äußersten gekommen.

Ich, der Leutnant von Eberstein I., der eine Fahne trug und der Leutnant von Eberstein II., welcher zwei Fahnen auf der Schulter trug und als die einzigen Offiziere bei unserem kleinen Trupp hatten mit größter Anstrengung die Leute zusammengehalten, konnten auf unseren Füßen nicht mehr fort, und liefen nun Gefahr, noch kurz vor Erfurt zu unterliegen und dem Feinde mit unseren Fahnen in die Hände zu fallen. Doch glücklicherweise traf ich, der von Eberstein I., auf einen Reitknecht zu Pferde, den ich halb mit Gewalt, und halb im Guten sein Pferd nahm, ihm meinen Namen nannte und mich auf solches schwang.

Ich der Leutnant von Eberstein II., bemächtigte mich in dieser Verwirrung des verwundeten Knechtes Pferd des Majors von Gfug, das wir bei der Bagage antrafen. Da der Feind, welcher von Weimar her kam, sich hinter uns mit der Bagage selbst amüsierte, bekamen wir Zeit, uns zu entfernen.

Jedoch in dieser Verwirrung war der obengenannte Musketier, dem wir die zweite auf dem Wege gefundene Fahne zu tragen gegeben hatten, von uns abgekommen. Unser Häuflein, das um die drei Fahnen, die wir beiden Brüder führten, geblieben war, bestand nun aus dem Major v. Gfug, uns beiden und noch 7 Mann, von denen uns bloß die beiden Namen Musketier Künzler und Musketier Müller in Erinnerung sind.

Diese 7 Mann blieben bei uns, bis wir um die Mittagszeit nach 11 Uhr endlich ans Krämpfer Tor vor Erfurt gelangten. Wir hielten hier unseren Einzug (wie ihn auch das Erfurter Wochenblatt erzählt haben soll). Major von Gfug mit gezogenen Degen führte uns an, ich, der Leutnant von Eberstein I., die Bataillonsfahne der Leibkompagnie und ich, der Leutnant von Eberstein II., die andere Bataillonsfahne neben der noch unterwegs gefundenen Fahnen, hatten wir unter Begleitung der bei uns redlich verbliebenen 7 Mann bis vor das Quartier des Majors von Gfug gebracht.

Obgleich wir nun den Major baten, die Fahnen in seinem Quartier zu behalten, schlug er vor, unseren Trupp mit den Fahnen auf den Petersberg zu führen, wo wir gegen 13 Uhr anlangten und hier übergab er die drei Fahnen in die Hände des Kommandanten des Forts Petersbergs dem Major von Prüschenck."

Diese Berichte vermitteln uns einen Einblick in die Denkweise der damaligen Zeit geben uns aber auch einen guten Einblick in das militärische Leben in der Stadt Erfurt. Es schildert den Verlauf der Schlacht von Jena-Auerstedt, in der der altpreußische Staat Friedrich des Großens zugrunde ging. Schwere Zeiten für Deutschland begannen, die dann endlich den Weg zur Befreiung ebneten. Wo Deutsche zusammen auf einer Seite gegen den Tyrannen kämpften. Dies konnte nur erreicht werden, da alle Deutschen von demselben Gedanken der Befreiung beseelt waren. Ein Ziel, das nur durch die Zusammenarbeit aller erreicht werden konnte.

Preußische Truppen ergeben sich in Erfurt

Preußische Armee - König Friedrich Wilhelm III:
Truppeneinteilung am 14.Oktober 1806
Hauptarmee - Herzog von Braunschweig
Avantgarde: General Herzog Karl August zu Sachsen Weimar.
Leichte Truppen: General-Major von Rudorff.

Rechter Flügel: Oberst von Yorck.

Regiment Rudorff Husaren, 5 Schwadronen. Märkische Inspektion von der Kavallerie. Kanton: Berlin, Müllrose, Fürstenwalde, Beeskow. Chef: General-Major von Rudorff. Kommandeur: Oberst von Wahlen-Jürgast.

Feldjägerregiment „Yorck". Märkische Inspektion von der Infanterie. Kommandeur: Oberst von Yorck. Kanton: Mittenwalde, Treuenbrietzen, Zossen, Beelitz, Müncheberg.

Feldjäger-Kompanie „Valentini". Hauptmann v. Valentini der 1ste.

Linker Flügel: Oberst Graf von Wedel.

Füsilier Bataillon Graf Wedel. Magdeburgische Füsilier Brigade. Kanton: Hildesheim.

Regiment Rudorff Husaren, 5 Schwadronen.

General-Major Herzog von Braunschweig Oels

I. Brigade: Rechter Flügel, Oberst von Frankenberg

Musketier-Regiment „Graf Kunheim", No. 1. Berlinische Inspektion von der Infanterie. Chef: Graf von Kunheim. Kommandeur: Oberst von Thümen. Kanton: Berlin.

Musketier-Regiment vacant „Borcke", No.30. Pommersche Inspektion von der Infanterie. Kommandeur: Oberst von Bilow. Kanton: Stettin.

Artillerie: 6-pf. Batterie Thedden.

II. Brigade: Oberst von Kamiensky.

Musketier-Bataillon Herzog von Braunschweig-Oels No. 12. Märkische Inspektion von der Infanterie. Chef: General-Major Herzog von Braunschweig Oels.

Kommandeur: Oberst Kamiensky. Kanton: Prenzlau, Templin.

Musketier-Bataillon Owstien No. 7. Pommersche Inspektion von der Infanterie. Chef: General-Leutnant v. Owstien. Kommandeur: von Görtzke. Kanton Stettin.

Kavallerie: General-Major von Pelet.

Dragoner Regiment „König von Baiern" No. 1. Märkische Inspektion von der Kavallerie. Chef; General-Leutnant König von Baiern, General-Major von Pelet. Kommandeur: Oberst von Diezelsky 1ste. Kanton Schwedt, Greifenhagen, Wrienen, Schönfließ.

II. Bataillon Pletz Husaren. No. 3. Oberschlesische Inspektion von der Kavallerie. Chef: General-Major von Pletz. Kommandeur: Oberstleutnant von Schmidt. Kanton: Bernstadt, Pitschen, Reichthal, Festenberg, Medzibor, Trebnitz, Oels, Wartenberg, Constadt, Juliusburg.

Artillerie: Reitende Batterie Wegener.

1. Division: General-Leutnant Prinz von Oranien.

I. Brigade: Rechter Flügel, Oberst von Lützow.

Grenadier-Bataillon „Knebel". Grenadier-Kompanien „Möllendorf" No. 25 und No. 19 „Prinz von Oranien". Berlinische Inspektion von der Infanterie. Kommandeur: Oberst von Knebel. Kanton: Berlin.

Musketier-Regiment Möllendorf No. 25. Berlinische Inspektion von der Infanterie. Chef: General-Feldmarschall von Möllendorf. Kommandeur: Oberst von Lützow. Kanton: Berlin.

Musketier-Regiment „Wartensleben" No. 59. Fränkische Inspektion von der Infanterie. Chef: General-Leutnant Graf von Wartensleben. Kommandeur: Major von Ebra. Kanton: Erfurt.

II. Brigade: General-Major von Schimonsky.

Musketier-Regiment "Puttkammer" (vacant) No. 36. Potsdamer Inspektion von der Infanterie. Kommandeur: Oberst von Müller. Kommandeur: Oberst Holzschuer von Harlach. Kanton: Potsdam.

Musketier-Regiment „Prinz von Preußen" No. 34. Märkische Inspektion von der Infanterie. Chef: General der Infanterie, Prinz Ferdinand. Kommandeur: Oberst von Bömcken. Kanton: Ruppin.

Grenadier-Batl. „Rheinbaben". Grenadier-Kompanien „Alt-Larisch" No. 26 und No. 23 „Winning". Berlinische Inspektion von der Infanterie. Kommandeur: Major von Rheinbaben. Kanton: Berlin.

Artillerie: 12-pf. Batterie Riemer.

Kavallerie: Oberstleutnant Prinz Wilhelm

Regiment Leib-Regiment Cürassiers No.3. Magdeburgische Inspektion von der Kavallerie. Chef: General-Major Graf von Schwerin. Komandeur: Oberst Graf von Schmettau. Kanton: Schönebeck, Wansleben, Egeln, Calbe, Salze, Fröhse.

Regiment Leib-Carabiniers. Cürassiers. No.11. Magdeburgische Inspektion von der Kavallerie. Chef: General-Leutnant von Bismark. Kommandeur: Oberst von Winning. Kanton: Rathenau, Genthin, Neuhaldensleben, Havelberg und Sandau.

Artillerie: Reitende Batterie Willmann.

2 Division: General-Leutnant Graf Wartensleben.

I. Brigade: Rechter Flügel. General-Major von Renouard.

Grenadier-Batl. „Alt-Braun". Grenadier-Kompanien Regt „Herzog von Braunschweig" No. 21 und No. 3, „Renouard". Kommandeur: Oberst von Braun. Kanton: Quedlinburg.

Musketier-Regiment „Herzog von Braunschweig", No. 21. Magdeburgische Inspektion von der Infanterie. Chef: General-Feldmarschall Herzog von Braunschweig. Kommandeur: Oberst von Biela, Oberst von Elsner. Kanton:

Halberstadt, Quedlinburg.

Musketier-Regiment „Prinz Ludwig Ferdinand" No. 20. Magdeburgische Inspektion von der Infanterie. Chef: General-Leutnant Prinz Ludwig Ferdinand v. Preußen. Kommandeur: Oberst von Carlowitz. Kanton: Magdeburg.

Artillerie: 12-pf. Batterie „Heuser".

II. Brigade: General-Major von Wedell.

Brigade Wedell. General-Major von Wedell.

Musketier-Regiment „Renouard" No. 3. Magdeburgische Inspektion von der Infanterie. Chef: General-Major: von Renouard. Kommandeur: Major von Herwarth. Kanton: Halle.

Musketier-Regiment „Kleist", No. 5. Magdeburg. Magdeburgische Inspektion von der Infanterie. Chef: General der Infanterie von Kleist. Kommandeur: General-Major von Wedell. Kanton: Magdeburg.

Grenadier-Batl. „Hanstein". Grenadier-Kompanien Regt. „Prinz Ludwig Ferdinand" No. 20 und No. 5 „von Kleist". Magdeburgische Inspektion von der Infanterie. Kommandeur: Major von Hanstein. Kanton: Magdeburg.

Artillerie: 12pf. Batterie „Wilkens".

Kavallerie: General-Major von Quitzow.

Kürassier-Regiment „Quitzow" No. 6. Magdeburgische Inspektion von der Kavallerie. Chef: General-Major von Quitzow. Kommandeur: Oberst von Schubart. Kanton: Aschersleben, Oschersleben.

Kürassier-Regiment Reitzenstein No. 7. Magdeburgische Inspektion von der Kavallerie. Chef: General-Major von Reitzenstein. Kommandeur: Oberst von Kleist. Kanton: Salzwedel, Seehausen, Tangermünde, Osterburg.

Artillerie: Reitende Batterie „Meerkatz".

3. Division: General-Leutnant Graf von Schmettau.

I. Brigade: Rechter Flügel, General-Major von Alvensleben.

Grenadier-Batl. „Kraft". Grenadier-Kompanien „Graf Wartensleben", No. 59 und No. 48, „Kurfürst von Hessen". Fränkische Inspektion von der Infanterie. Kommandeur: Major von Kraft. Garnison: Mühlhausen.

Musketier-Regiment „Malschitzky" No. 28. Oberschlesische Inspektion von der Infanterie Chef: General-Major von Malschitzky. Kommandeur: von Rausner. Kanton: Brieg.

Musketier-Regiment „Schimonsky" No. 40. Niederschlesische Inspektion von der Infanterie. Chef: General-Major von Schimansky. Kommandeur: Oberst von Tholzig. Kanton: Schweidnitz, Striegau (Gr.)

Artillerie: 12pf.-Batterie „Stankar".

II. Brigade: General-Major von Schimonsky.

Musketier-Regiment „Prinz Heinrich", vacant No. 35. Märkische Inspektion von der Infanterie. Kommandeur: Oberst von Bardeleben. Kanton: Königsberg i.d.N.

Musketier-Regiment „Alvensleben" No. 33. Oberschlesische Inspektion von der Infanterie. Chef: General-Major von Alvensleben. Kommandeur: von Kalkstein. Kanton: Glatz.

Grenadier-Batl. „Schack". Grenadier-Kompanien vac. „Grevenitz", No. 57 und No. 37, „Tschepe".Südpreußische Inspektion von der Infanterie. Kommandeur: Major von Schack. Garnison: Rawitsch.

Artillerie: 12pf.-Batterie „Röhl".

Kavallerie: General-Major von Bünting.

Kürassier-Regiment „von Heising", No. 8. Niederschlesische Inspektion von der Kavallerie. Chef: General-Leutnant von Heising. Kommandeur: General-Major von Röder. Kanton: Ohlau, Grottkau, Strehlen, Löwen.

Kürassier-Regt. „Bünting", No. 12. Oberschlesische Inspektion von der Kavallerie Chef: General-Major von Bünting. Kommandeur: Oberst von Paczensky, Oberst von Sydow. Garnison: Ratibor, Leobschütz, Oberglogau, Bauerwitz.

Artillerie: reitende Batterie „Schorlemmer".

Reserve: General Graf von Kalkreuth

1.Division der Reserve: General-Leutnant von Arnimd

I. Brigade: Rechter Flügel, General-Major von Hirschfeld.

Grenadier-Garde Bataillon No.6. Potsdamsche Inspektion von der Infanterie. Chef: General-Major von Le Coq'. Kommandeur: Major von der Lith. Kanton: Potsdam.

Regiment Garde No. 15. Potsdamsche Inspektion von der Infanterie.Kommandeur Major von Franckenberg. Kanton: Postdam.

Garde zu Fuß, Nr. 15. Potsdamsche Inspektion von der Infanterie. Chef: Seine Majestät der König. Kommandeur: General-Major von Hirschfeld. Garnison: Potsdam

Regiment des Königs No. 18. Potsdamsche Inspektion von der Infanterie. Chef: Seine Majestät der König. Kommandeuer: Oberst von Plötz.

Grenadier-Batl. „Prinz August Ferdinand von Preußen". Grenadier-Kompanien Regiment „Kunheim" No. 1 und No. 13, „Armin". Berlinische Inspektion von der Infanterie. Kommandeuer: Oberstleutnant Prinz August Ferdinand von Preußen.

Grenadier-Batl.„Rabiel". Grenadier-Kompanien Regiment des Königs No. 18 und No. 27, „Tschammer". Potsdamsche Inspektion von der Infanterie. Kommandeur: Major von Rabiel.

Artillerie: Haubitz Batterie „Alkier".

Kavallerie: General-Major von Beeren.

Kürassier-Regiment No. 13. „Garde du Corps". Märkische Inspektion von der Kavallerie. Chef: Seine Majestät der König. Kommandeur: Oberstleutnant: Baron von Wintzingerode, Oberstleutnant Prinz Wilhelm v. Preußen. Kanton: Potsdam, Berlin, Charlottenburg.

Kürassier-Regiment No. 10. „Gend'armes". Märkische Inspektion von der Kavallerie. Chef: General-Leutnant von Elsner. Kommandeur: Major von Löschebrand. Kanton: Berlin.

Kürassier-Regiment „Beeren". No. 2. Märkische Inspektion von der Kavallerie. Chef: General-Major von Beeren. Kommandeur: Major von Lützow. Kanton: Kyritz, Wusterhausen, Perleberg, Granse, Wittstock.

Artillerie: reitende Batterie „Scholten".

2. Division der Reserve: General-Leutnant von Arnim.

I. Brigade: Rechter Flügel, General-Major von Zenge

Grenadier-Batl. „Gaudy". Grenadier-Kompanien, Musketier-Regiment „Zenge" und Regiment „Prinz Heinrich", vacant No. 35. Märkische Inspektion von der Infanterie. Kommandeur: Major von Gaudi.

Grenadier-Batl „Osten", Grenadier-Kompanien, Musketier-Regiment „Pirch" No. 22 und Regiment „Putkammer" No. 36. Pommersche Inspektion von der Infanterie. Kommadeur: Oberst von der Osten.

Musketier-Regiment „Arnim". No. 13. Berlinische Inspektion von der Infanterie. Chef: General-Leutnant von Arnim. Kommandeur: Major von Kladen. Kanton: Berlin.

Musketier-Regiment „Pirch". No. 22. Pommersche Inspektion von der Infanterie. Chef: General der Infanterie von Pirch. Kommandeur: von Magusch. Kanton: Stargard.

Artillerie: 12pf.-Batterie „Heiden".

II. Brigade: General-Major von Malschitzky.

Musketier-Regiment „Zenge" No. 24. Märkische Inspektion von der Infanterie. Chef: General-Major von Zenge. Kommandeur: Oberst von Hohendorf. Kanton: Frankfurt a.d.O.

Grenadier-Batl. Schlieffen Grenadier-Kompanien, Musketier-Regiment „Rüchel" No. 2 und Regiment „Schöning" No. 11. Pommersche Inspektion von der Infanterie. Kommandeur: Oberstleutnant von Schlieffen.

Grenadier-Batl. Hülsen. Grenadier-Kompanien, Musketier-Regiment „Brunswick-Oels" No. 12 und Regiment „Prinz Ferdinand" No. 34. Kommandeur Major von Hülsen. Märkische Inspektion von der Infanterie. Kanton: Templin.

Artillerie: 12pf.-Batterie Bychelberg.

Kavallerie: General-Major von Irwing.

Dragoner-Regiment „Königin" No. 5. Pommersche Inspektion von der Kavallerie. Chef: General der Kavallerie Graf von Kalkreuth. Kommandeur: General-Major von Heyking.Kanton: Pasewalk.

Artillerie: reitende Batterie Graumann

Arrieregarde: General-Leutnant von Blücher.

Sachsen-Weimar Scharfschützen-Batl.

Füsilier-Batl. „Oswald". Füsilier-Batl. No. 16. Zweite Warschauer Füsilierbrigade. Kommandeur: General-Major von Oswald. Kanton: Petrikau.

Füsilier-Batl. „Baron von Kloch". Füsilier-Batl. No. 8. Zweite Warschauer Füsilierbrigade. Kommandeur: Oberst Baron von Kloch. Kanton: Sieradz.

Füsilier-Batl. „Greiffenberg". Füsilier-Batl. No. 4. Zweite Warschauer Füsilier-brigade. Kommandeur: General-Major von Greiffenberg. Kanton: Wraclaweck.

Husaren-Regiment „Herzog Eugen von Württemberg" No.4. Oberschlesische Inspektion von der Kavallerie. Chef: Herzog Eugen von Württemberg. Kommandeur: Major von Müller. Kanton: Namslau, Kempen, Radomsk, Dzialotzin, Wielun, Wiernschau, Rosenberg, Siewierz, Boleslawice, Ostrowe.

Dragoner-Regiment „Irwing" Nr. 4. Pommersche Inspektion von der Kavallerie. Chef: General-Major Irwing. Kommandeur: Oberst von Sellenthin. Kanton: Friedberg.

Husaren-Regiment "Blücher", No. 8. Garnison: Stolpe. Pommersche Inspektion von der Kavallerie. Chef: General-Leutnant von Blücher. Kommandant: Oberst von Kalkreuth. Garnison: Stolpe.

Armee des Fürsten von Hohenlohe. General der Infanterie: Friedrich Ludwig Fürst von Hohenlohe-Ingelfingen.

Division der Avantgarde: General-Leutnant Prinz Louis Ferdinand von Preußen. Stabschef: Hauptmann Valentini.

Niederschlesische Füsilierbrigade (Füsilierbrigade Pelet):

Füsilier-Batl. No. 14 „Pelet", Kanton: Bunslau. Kommandeur: General-Major von Pelet

Füsilier-Batl. No. 15 „Rühle", Kanton: Löwenberg. Kommandeur: Oberst von Rühle

Füsilier-Batl. No. 16 „Rabenau", Kanton: Jauer. Kommandeur: Oberst von Nordeck zu Rabenau.

2 Jäger Kompanien, „Masur", „Valentini".

Husaren-Regiment No. 11, „Schimmelpfennig von der Oye". Oberschlesische Inspektion von der Kavallerie: Chef: General-Major Schimmelpfennig von der Oye. Kommandant: Oberst Fürst von Anhalt-Pleß, Oberst von Corvin-Wiersbitzki, Oberst von Kaphengst. Kanton: Gleiwitz, Pleß, Nocolai, Groß-Strehlin, Uest, Beuthen, Loslau, Lublitz, Rybnik, Peißkretscham.

Sächsische Husaren.

Reitende Batterie Gause

Infanteriebrigade Belvilaqua: General-Major von Bevilaqua.

Musketier-Regiment No. 49 „Müffling". Oberschlesische Inspektion von der Infanterie: Chef: General-Major von Müffling. Kommandant: Oberst von Diericke. Kanton: Neiße.

Musketier-Regiment „Prinz Clemens" (Sachsen)

Musketier-Regiment „Churfürst" (Sachsen)

Artillerie: 6-pf. Batterie „Reimann", 4-pf. Batterie „Hoyer".

1. Division Grawert: Rechter Flügel. General-Leutnant von Grawert.

I. Infanteriebrigade Müffling: General-Major von Müffling.

Musketier-Regiment „Sanitz" No. 50. Oberschlesische Inspektion von der Infanterie. Chef: General-Major von Sanitz. Kommandeur: Oberst von Schimonsky. Kanton: Frankenstein.

Musketier-Regiment „Fürst v. Hohenlohe" No. 32. Niederschlesische Inspektion von der Infanterie. Chef: General der Infanterie Fürst von Hohenlohe. Kommandeur: Oberst von Kalkreuth. Kanton: Breslau.

Grenadier-Batl. „Hahn". Grenadier-Kompanien Regt. „Hohenlohe" No. 32 und No. 29 „Treuenfels". Niederschlesische Inspektion von der Infanterie. Kommandeur: Major von Hahn. Kanton: Breslau.

Artillerie: 12-pf. Batterie „Glasenapp".

II. Infanteriebrigade Schimonsky. Linker Flügel. General-Major von Schimonsky.

Musketier-Regiment „Zastrow" No. 39. Südpreußische Inspektion von der Infanterie. Chef: General-Major von Zastrow. Kommandeur: Oberst von Fürtenbach. Kanton: Posen.

Musketier-Regiment „Grawert" No. 47. Oberschlesische Inspektion von der Infanterie. Chef: General-Leutnant von Grawert. Kommandeur: Oberst von Eberhard. Kanton: Glatz.

Grenadier-Batl. „Sack". Grenadier-Kompan. Regt. „Grawert" No. 47 und No. 33 „Alvensleben". Oberschlesische Inspektion von der Infanterie. Kommandeur: Major von Sack. Kanton: Glatz.

Artillerie: 12-pf. Batterie „Wolframsdorf".

I. Brigade: General-Leutnant von Holtzendorff. Rechter Flügel.

Kürassier Regiment „Holtzendorf". No. 9. Oberschlesische Inspektion von der Kavallerie. Chef: General-Major Henckel v. Donnersmarck. Kommandeuer: J. G. W. von Manstein, F. J. von Holtzendorff. Kanton: Oppeln, Krappitz, Neustadt/Oberschlesien, Falkenberg.

Kürassier-Regiment „Graf Henckel" No. 1. Niederschlesische Inspektion von der Kavallerie. Chef: General-Major Graf von Henckel. Kommandant: Oberst von Posen. Kommandant: Oberst von Keltsch. Kanton: Breslau.

Dragoner-Regiment „Krafft" (vac. Voss), No. 11. Niederschlesische Inspektion von der Kavallerie. Kommandeur: Oberst von Heister. Kanton: Sagan, Freystadt, Sprottau, Grüneberg.

Artillerie: reitende Batterie „Steinwehr".

Leichte Truppen: Oberst von Erichsen. Linker Flügel.

Husaren-Regiment No. 1 „Gettkandt". Niederschlesische Inspektion von der Kavallerie. Chef: General-Major von Gettkandt. Kommandeur: von Heugel. Kanton: Guhrau, Trachenberg, Wohlau, Winzig, Militsch, Koeben, Steinau, Sulau (1796-1799); zusätzlich Prausnitz, Herrnstadt (1800); Wohlau, Guhrau, Trachenberg, Militsch, Koeben, Sulau, Prausnitz, Steinau, Herrnstadt, Winzig (1804-1806)

Füsilier-Batl. „Erichsen" No. 10, Kanton: Breslau. Oberschlesische Füsilierbrigade. Kommandeur: Oberst von Erichsen.

Artillerie: ½ reitende Batterie „Studnitz".

2. Division. General der Kavallerie v. Zezschwitz. General-Leutnant von Niesemeuschel.

I. Brigade: General-Major, von Burgsdorf

Musketier-Regiment „Thümmel" (Sachsen)

Musketier-Regiment „Prinz Xavier" (Sachsen)

Musketier-Regiment „Prinz Friedrich August" (Sachsen)

Artillerie: 8-pf. Batterie „Hausmann", 8-pf. Batterie „Ernst".

Infanteriebrigade von Dyherrn. General-Major von Dyherrn.

Musketier-Regiment „Low" (Sachsen).

Musketier-Regiment „Niesemeuschel" (Sachsen).

II. Bataillon, Musketier-Regiment „Belvaqua" (Sachsen).

Artillerie: 12-pf. Batterie „Bonniot".

Kavallerie: General-Leutnant von Zezschwitz. Rechter Flügel.

Regiment „Karabiniers" (Sachsen),

Chevauxlegers „Albrecht"

Kürassier Regiment „Kochtitzky"

Artillerie: reitende Batterie „Großmann".

Leichte Truppen: General-Leutnant v. Polenz.

Chevauxlegers „Polenz"

½ Füsilier-Batl. „Boguslawsky", No. 22. Oberschlesische Füsilier Brigade: Kommandeur: Oberst von Boguslawsky. Kanton: Neumarkt.

Artillerie: ½ reitende Batterie „Studnitz".

Reserve Division: General-Leutnant von Prittwitz.

Rechter Flügel: General-Major von Sanitz.

Grenadier-Batl. „von Losthin". Grenadier-Kompanien Regiment „Müffling" No. 49 und No. 38 „Pelchrzim". Oberschlesische Inspektion von der Infanterie. Kommandeur: Major von Losthin. Kanton: Neiße.

Grenadier-Batl. „Stosch". Grenadier-Kompanien Regt. „Strachwitz" No. 43 und No. 40 „Schimonsky". Niederschlesische Inspektion von der Infanterie. Kommandeur: Major von Stosch. Kanton: Striegau.

Grenadier-Batl. „Borke". Grenadier-Kompanien Regt. „Malschitzky" No. 28 und No. 50 „Sanitz". Oberschlesische Inspektion von der Infanterie. Kommandeur: Major von Borcke. Kanton: Münsterberg.

½ Grenadier-Batl. „Collin". Grenadier-Komp. von Nr. 39, „Zastrow". Südpreußische Inspektion von der Infanterie. Kommandeur: Major von Collin. Kanton: Posen.

Artillerie: 12-pf. Batterie „Schulenburg".

Linker Flügel: General-Major von Cerrini

Grenadier-Batl. „Thiollaz" (Sachsen).

Grenadier-Batl. „Le Coq" (Sachsen).

Grenadier-Batl. „Lichtenhayn" (Sachsen).

Grenadier-Batl. „Metzsch" (Sachsen).

Grenadier-Batl. „Hundt" (Sachsen).

Granat Batterie „Tüllmann" . (Sachsen)

Kavallerie: General-Major von Krafft.

Prittwitz Dragoner. Niederschlesische Inspektion von der Kavallerie. Chef: General-Leutnant von Pritwitz. Kommandeur: Oberst von der Osten. Kanton:

Lüben, Beuthen, Raudten, Haynau, Polkwitz

Dragoner-Regiment „Prinz Clemens", (Sachsen)

Artillerie: 1- 12 pfündige Fußbatt. (Schulenburg), 1 mittlere Batterie zu Fuß (Hahn).

Seiten-Corps: General-Major Graf von Tauentzien.

Infanteriebrigade von Zweiffel. General-Major von Zweiffel.

Musketier-Regiment „von Zweiffel" No. 45. Fränkische Inspektion von der Infanterie. Chef: Generalmajor von Zweiffel. Kommandeur: Oberst von Brandenstein. Kanton: Bayreuth.

½ Grenadier-Bat. „Herwarth". Grenadier-Kompanie des Regiments „von Zweiffel" No. 45. Fränkische Inspektion von der Infanterie. Kommandeur: Major von Herwarth. Kanton: Erlangen.

Infanteriebrigade von Schönberg. General-Major v. Schönberg. (Sachsen)

Musketier-Regiment „Rechten" (Sachsen).

Musketier-Regiment „Maximillian" (Sachsen).

Grenadier-Bataillon „Winkel" (Sachsen).

Artillerie: Granat-Batterie „Kotsch".

Leichte Truppen: General-Major von Bila (II)

Husaren-Regiment „Bila" No. 11. Fränkische Inspektion der Kavallerie. Chef: General-Major von Bila. Kommandeur: Oberst von Schauroth. Kanton: Neustadt a. d. Aisch.

2 Jäger Kompanien: „von Cronhelm", „Werner".

Füsilier-Batl. „Rosen" Nr. 7. Oberschlesische Füsilierbrigade. Kommandeur: Oberst von Rosen. Kanton: Creutzberg.

Kavallerie: General-Major Senfft von Pilsach (Sachsen)

Chevauxlegers Johann (Sachsen)

Französische Armee - Napoleon

Kaiser-Garde, Napoleon

Infanteriedivision Lefebvre:

I. und II. Regt. Grenadiere z. Fuß   I. und II. Regiment Jäger zu Fuß

Dragoner zu Fuß

Kavalleriedivision Bessieres.

Jäger zu Pferde   Grenadiere zu Pferd

Artillerie Korps: 3 mittlere Batterien und 1 berittene Batterie.

Armee Artillerie Park, de Lamartiniere

2 - 12 pfündige Batterien Fußartillerie.

1. Korps, Bernadotte.

Kavalleriebrigade Tilley.

2. Husaren-Regiment   4. Husaren-Regiment.

Artilleriekorps, Eble.   1 - 8 pf.Batterie Fußartillerie.

I. Infanteriedivision, de l'Etang.

9. Leichtes Infanterieregiment.   32. Linieninfanterieregiment.

96. Linieninfanterieregiment.   1 - 8 pf. Batterie Fußartillerie.

II. Division, Rivaud.

8. Leichtes Infanterieregiment.   45. Linieninfanterieregiment.

54. Linieninfanterieregiment   1 - 8 pf. Batterie Fußartillerie.

III. Division, Drouet.

27.Leichtes Infanterieregiment.   94. Linieninfanterieregiment.

95. Linieninfanterieregiment.   1 - 8 pf. Batterie Fußartillerie.

3. Korps, Davout.

Kavalleriebrigade Viallanes

1. Regiment Jäger zu Pferd.   2. Regiment Jäger zu Pferd.

I. Division, Morand.

13. Leichtes Infanterieregiment.   17. Linieninfanterieregiment.

30. Linieninfanterieregiment.   51. Linieninfanterieregiment.

61. Linieninfanterieregiment.   1 - 8 pf. Batterie Fußartillerie.

II. Division, Friant.

33. Linieninfanterieregiment.   48. Linieninfanterieregiment.

108. Linieninfanterieregiment.   111. Linieninfanterieregiment.

1 - 8 pf. Batterie Fußartillerie.

III. Division, Gudin.

12. Linieninfanterieregiment.   21. Linieninfanterieregiment.

25. Linieninfanterieregiment.   85. Linieninfanterieregiment.

1 - 8 pf. Batterie Fußartillerie.

4. Korps, Soult.

Kavalleriebrigade Guyot.

11. Regiment Jäger zu Pferde.   22. Regiment Jäger zu Pferde.

Artilleriekorps: 1 - 12 pf. Batterie Fußartillerie.

I. Division, St.Hilaire.

10. Leichtes Infanterieregiment.   35. Linieninfanterieregiment.

43. Linieninfanterieregiment.   55. Linieninfanterieregiment.

1 - 8 pf. Batterie Fußartillerie.

II. Division, Leval.

24. Leichtes Infanterieregiment.   4. Linieninfanterieregiment.

28. Linieninfanterieregiment.   46. Linieninfanterieregiment.

57. Linieninfanterieregiment.   1 - 8 pf. Batterie Fußartillerie.

III. Division, Legrand.

26. Leichtes Infanterieregiment.   Kors. leichtes Infanteriereg.

Pol. leichtes Infanterieregiment.   18. Linieninfanterieregiment.

75. Linieninfanterieregiment.   1 - 8 pf. Batterie Fußartillerie.

5. Korps, Lannes.

Kavalleriebrigade Trelliard.

9. Husaren-Regiment.   10. Husaren-Regiment.

Artilleriekorps, 1 - 12 pf. Batterie Fußartillerie.

I. Division, Suchet.

17. Leichtes Infanterieregiment.   34. Linieninfanterieregiment.

40. Linieninfanterieregiment.   64. Linieninfanterieregiment.

88. Linieninfanterieregiment.   1 - 8 pf. Batterie Fußartillerie.

II. Division, Gazon.

21. Leichtes Infanterieregiment.   28. Leichtes Infanterieregiment.

100. Linieninfanterieregiment.   103. Linieninfanterieregiment.

1 - 8-pfündige Batterie Fußartillerie.

6. Korps, Ney.

Kavalleriebrigade Charbanais.

 9. Husaren-Regiment.   10. Jäger Regiment zu Fuß.

 Artilleriekorps: 2 - 8 pf. Batterien Fußartillerie.

I. Division, Marchand.

 6. Leichtes Infanterieregiment.   39. Linieninfanterieregiment.

 69. Linieninfanterieregiment.   76, Linieninfanterieregiment.

II. Division, Gardanne.

 25. Leichtes Infanterieregiment.   27. Linieninfanterieregiment.

 50. Linieninfanterieregiment.   59. Linieninfanterieregiment.

7. Korps, Augerau.

Kavalleriebrigade Durosnel.

 7. Jäger Regiment zu Pferd.   20. Jäger Regiment zu Pferd.

 Artilleriekorps: 1 - 12 pfündige Batterie Fußartillerie.

I. Division, Desjardin.

 16. Leichtes Infanterieregiment.   14. Linieninfanterieregiment.

 44. Linieninfanterieregiment.   105. Linieninfanterieregiment.

 1 - 8 pf. Batterie Fußartillerie.

II. Division, Bierre.

 7. Leichtes Infanterie Regiment.   24. Linieninfanterie Regiment.

 63. Linieninfanterie Regiment.   Infanterieregt."Hessen-Darmstadt".

 Nassau Linieninfanterieregiment   1 - 8 pf. Batterie Fußartillerie.

Kavallerie Reserve Korps, Murat.

Artilleriekorps: 2 berittene Batterien.

I. Kürassierdivision, Nansouty.

 Brigade Defrance (Carabinier)   Brigade Housaye.

 2. Kürassier-Regiment.   9. Kürassier-Regiment.

II. Kürassierdivision, d'Hautpoul.

 Brigade Verdiere.

 1. Kürassier-Regiment.   5. Kürassier-Regiment.

Brigade St.Sulpice

 10. Kürassier-Regiment.

I. Dragonerdivision, Klein.

Brigade Fenerolz.

 1. Dragoner-Regiment.   2. Dragoner-Regiment.

Brigade Picard

 4. Dragoner-Regiment.   14. Dragoner-Regiment.

II. Dragonerdivision, Grouchy.

Brigade Roget.

 10. Dragoner-Regiment.   11. Dragoner-Regiment.

Brigade Milet.

 13. Dragoner-Regiment.   22. Dragoner-Regiment.

III. Dragonerdivision, Beaumont.

Brigade Boye.

5. Dragoner-Regiment.	8. Dragoner-Regiment.

Brigade Lt.-Maubourg.

12. Dragoner-Regiment.	16. Dragoner-Regiment.

IV. Dragonerdivision, Sahut.

Brigade Margaron.

17. Dragoner-Regiment.	27. Dragoner-Regiment.

Brigade Laplanche.

18. Dragoner-Regiment.	19. Dragoner-Regiment.

Leichte Kavalleriebrigade.

Brigade Lasalle.

5. Husaren-Regiment.	7. Husaren-Regiment.

Brigade Milhaud.

1. Husaren-Regiment.

Verbleib der preußischen Regimenter:

No. 1, Regiment „Graf Kunheim".

Regimentschef: Graf Johann Ernst von Kunheim (1792-1807). Garnison: Berlin (1796-1806).

Die Grenadiere gehörten zum Grenadier Batl. „Prinz August", welches auf 9 Offiziere und 100 geschmolzen, sich am 28. Oktober bei Bandelow ergeben musste. Die Musketiere wurden teils an der Brücke in Schwartau gefangen, teils kapitulierten sie bei Ratkau am 7. Nov. 1806. Vom 3. Batl. wurde 1 Kompanie bei Löckenitz den 28. Okt. gefangen genommen. Die 3 anderen Kompanien kapitulierten in Stettin am 30. Okt. 1806.

No. 2, Regiment „Rüchel".

Regimentschefs: Wilhelm Magnus von Brünneck (1793-1805); Ernst Friedrich Wilhelm v. Rüchel (1805-1807). Garnison: Königsberg (1791-1806).

Focht in Preußen und blieb bestehen.

No. 3, Regiment "Renouard". Auerstedt.

Regimentschefs: Johann Leopold von Thadden (1788-1800); Johann Jeremias von Renouard (1800—1807), Garnison: Halle (1796-1806)

Die Grenadiere lösten sich nach der Schlacht bei Auerstedt auf dem Rückzug zur Elbe größtenteils auf; der Rest und die Musketiere kapitulierten am 8. Nov. 1806 zusammen mit dem 3. Batl. mit der Festung Magdeburg.

No. 4, Regiment „Kalckreuth".

Regimentschefs: Benjamin von Armandruz (1789-1797), Wilhelm Heinrich Adolph v. Kalckreuth (1797-1806). Garnison: Elbing, Preußisch-Holland (1796-1799); Elbing (1800-1806)

Die Grenadiere wurden am 7. Nov. teilweise bei Schwartau aufgerieben, der Rest kapitulierte am selben Tage bei Ratkau. Bei Schwartau wurden am 7. Nov. 2/3 der Musketiere aufgerieben. Der Rest des einen Batl. kapitulierte bei Ratkau der Rest des anderen Batl. ergab sich bei Travemünde am gleichen Tag. Das 3. Batl. verteidigte Danzig und blieb erhalten.

No. 5, Regiment „Kleist". Auerstedt.

Regimentschefs: Ludwig Karl von Kalckstein (1789-1800), Franz Kasimir von Kleist (1800-1806). Garnison: Magdeburg (1796-1806)

Das gesamte Regiment ergab sich mit dem Fall der Festung Magdeburg am 8. Nov. 1806.

No. 6, „Grenadiergarde-Bataillon". Auerstedt.

Regimentschefs: Friedrich Adam Dietrich von Roeder (1796-1798), Friedrich von Ingersleben (1798-1801), Karl Jacob Ludwig Le Coq, Kdr. en Chef (1801-1806). Garnison: Potsdam.

Das Batl. ergab sich mit dem Fall der Festung Erfurt am 18. Okt. 1806. Vier Offiziere und 177 Mann ergaben sich bei Prenzlau am 28. Okt. 1806.

No. 7, Regiment „Owstien".

Regimentschef: Karl Philipp von Owstien (1790-1806). Garnison: Stettin (1792—1806)

Die Grenadiere lösten sich zum größten Teil nach der Schlacht bei Auerstedt auf dem Rückzug zur Elbe auf. Der Rest ergab sich mit dem Fall der Festung Magdeburg. Die Musketiere mussten sich bei Ratkau ergeben. Das 3. Batl. in Kolberg blieb bestehen.

No. 8, Regiment „Rüchel".

Regimentschef: Friedrich Leopold von Rüts (1795-1806). Garnison: Warschau (1795-1806)

Das Regiment kämpfte in Preußen und blieb bestehen.

No. 9, Regiment „Schenck". Jena.

Regimentschefs: Johann Friedrich von Brehmer (1796-1802), Johann Friedrich v. Schenck (1802-1806). Garnison: Duisburg, Meinertshagen (1797), Hamm (1801-1802), Hamm, Bochum (1803), Hamm (1804-1806)

Die Grenadiere wurden am 7. Nov. bei Schwartau zersprengt, der Rest musste sich bei Ratkau am gleichen Tag ergeben. Die Musketiere mussten sich mit dem Fall der Festung Erfurt ergeben. Das 3. Batl. ergab sich am 22. Nov. in Hameln.

No. 10, Regiment „Wedell". Jena.

Regimentschefs: Eisbert Wilhelm Freiherr v. Romberg (1788-1799), Wilhelm Albrecht von Burghagen (1799), Gottlieb Ehrenreich von Besser (1799-1803), Karl Alexander von Wedel (1803-1806). Garnison: Bielefeld (1801-1806)

Die Grenadiere wurden bei Schwartau zersprengt, der Rest musste sich bei Ratkau ergeben. Die Musketiere ergaben sich mit dem Fall der Festung Erfurt. Das 3. Batl kapitulierte am 26. Nov. 1806 in Nienburg.

No. 11, Regiment „Schöning".

Regimentschefs: Herzog Fried. Karl Lud. v. Holstein-Beck (1790-1798), Ernst Sigismund von Schöning (1798-1807), Garnison: Königsberg (1796—1806).

Kämpfte in Preußen und erhielt später den Namen „Prinz Heinrich".

No. 12, Regiment „Herzog von Braunschweig-Oels".

Regimentschefs: Franz Kasimir von Kleist (1788-1800), Herzog Friedrich Wilhelm v. Braunschweig-Oels (1800-1806). Garnison: Prenzlau (1796—1806)

Die Grenadiere lösten sich zum großen Teil nach der Schlacht bei Auerstedt auf dem Rückzug zur Elbe auf. Der Rest ergab sich mit der Festung Magdeburg. Die Musketiere ergaben sich am 7. Nov. bei Ratkau. Das 3. Batl. ergab si ch mit dem Fall der Festung Stettin am 30. Okt. 1806.

No. 13, Regiment „Arnim".

Regimentschef: Alexander Wilhelm von Arnim (1794-1806). Garnison: Berlin (1796-1806)

Die Grenadiere gehörten zum Grenadier-Batl. „Prinz August". Siehe unter Regt. Nr. 1. Ein Musketier-Bataillon ergab sich am 28. Okt. bei Prenzlau. Ein Musketier-Bataillon geriet bei Pinnow am 4. Nov. in Gefangenschaft. Ein Detachment geriet beim Fall der Festung Erfurt in Kriegsgefangenschaft. Das 3. Batl. kapitulierte am 30. Oktober in Stettin.

No. 14, Regiment „Besser".

Regimentschefs: Prinz Georg zu Hohenlohe-Ingelfingen (1795-1803), Gottlieb Ehrenreich von Besser (1803-1807). Garnison: Goldapp, Oletzko, Gumbinnen (1796-1799), Bartenstein, Schippenbeil (1800-1806).

Die Grenadiere kämpften in Preußen. Das 1. Batl. half Neufahrwasser, das 2. Graudenz und das 3. Batl. half Danzig verteidigen. Das Regiment blieb bestehen.

No. 15, 1. Batl. „Garde". Auerstedt.

Regimentschef: König Friedrich Wilhelm III. (1797-1806). Garnison: Potsdam

Ergab sich bei Prenzlau am 28. Oktober 1806. Die Flügel Grenadier-Kompanie kapitulierte mit dem Fall der Festung Erfurt. Ein Detachment der Leib-Kompanie in Stärke von 1 Offizier und 27 Mann erreichten Graudenz.

No. 15, Regiment „Garde".

Kapitulierte bei Prenzlau den 28. Oktober 1806.

No. 16, Regiment „Diericke".

Regimentschefs: Friedrich Wilhelm Heinrich v. Hausen (1792-1799), Otto Friedrich von Diericke (1799-1806). Garnison: Rastenburg, Angerburg, Rossel (1797-1799), Braunsberg (1800-1806)

Das Regiment verteidigte Danzig und blieb bestehen.

No. 17, "Regiment „Treskow". Auerstedt.

Regimentschefs: Karl Friedrich von Lange (1795-1802) Karl Peter von Treskow (1802-1806). Garnison: Danzig (1794-1806)

Die Grenadiere ergaben sich bei Ratkau am 7. Nov. 1806. Die Musketiere gerieten auf der Dölauer Heide bei Halle am 17. Oktober in Kriegsgefangen-schaft. Eine Kompanie ergab sich mit dem Fall der Festung "Magdeburg". Das 3. Batl. half Neufahrwasser und Weichselmünde verteidigen und blieb bestehen.

No. 18, Regiment „des Königs". Auerstedt.

Regimentschef: König Friedrich Wilhelm III. (1797-1806). Garnison: Potsdam (1796-1806) Berlin

Die Grenadiere und Musketiere ergaben sich bei Prenzlau am 28. Oktober 1806. Das 3. Batl. kapitulierte in Spandau den 25. Oktober 1806.

No. 19, Regiment „Prinz von Oranien". Auerstedt.

Regimentschefs: Karl Ludwig Bogislav von Götze (1794-1806), Prinz Wilhelm Friedrich von Oranien (1806). Garnison: Berlin (1764-1806)

Die Grenadiere ergaben sich bei Ratkau. Die Musketiere ergaben sich in Hameln den 22. Nov. 1806. Das 3. Batl. ergab sich in Küstrin am 1. Nov. 1806.

No. 20, Regiment „Prinz Louis Ferdinand". Auerstedt.

Regimentschef: Prinz Louis Ferdinand von Preußen (1795-1806). Garnison: Magdeburg (1801-1806)

Grenadiere, Musketiere und das 3. Batl. kapitulierten mit dem Fall der Festung Magdeburg am 8. Nov. 1806.

No. 21, Regiment „Herzog von Braunschweig". Auerstedt.

Regimentschef: Herzog Karl Wilhelm Ferdinand v. Braunschweig (1773-1806).

Garnison: Halberstadt (1800-1806)

Die Grenadiere lösten sich nach der Schlacht bei Auerstedt zum großen Teil auf dem Rückzug zur Elbe auf. Der Rest ergab sich mit dem Fall der Festung Magdeburg. Die Musketiere kapitulierten bei Prenzlau am 28. Oktober 1806. Das 3. Batl. kapitulierte in Magdeburg am 8. Nov. 1806.

No. 22, Regiment „Pirch". Auerstedt.

Regimentschef: Franz Otto von Pirch (1795-1806). Garnison: Stargard (1796-1806).

Die Grenadiere ergaben sich bei Prenzlau am 28. Oktober 1806. Das 1. Batl. geriet am 15. Oktober bei Niederroßla in Gefangenschaft. Das 2. Batl. ergab sich bei Pasewalk am 29. Oktober. Das 3. Batl. ergab sich in Stettin am 30. Oktober 1806.

No. 23, Regiment „Winning". Jena.

Regimentschef: Christian Ludwig von Winning (1796-1806). Garnison: Berlin (1796-1806)

Die Grenadiere lösten sich zum größten Teil nach der Schlacht bei Auerstedt auf dem Rückzug zur Elbe auf. Der Rest kapitulierte mit Blüchers Korps bei Ratkau am 7. Nov. Teile der Musketiere kapitulierten in Erfurt, Teile ergaben sich bei Prenzlau, und der Rest ergab sich bei Ratkau. Das 3. Batl. ergab sich in Stettin am 30. Oktober 1806.

No. 24, Regiment „Zenge". Auerstedt.

Regimentschefs: Johann Ludwig von Grünberg (1795-1799), August Wilhelm von Zenge (1799-1806). Garnison: Frankfurt/O. (1796-1806)

Die Grenadiere wurden teilweise bei Schwartau zersprengt, der Rest ergab sich am folgenden Tag am 7. Nov. bei Ratkau. Die Musketiere lösten sich nach der Schlacht von Auerstedt auf. Ein aus den Resten gesammeltes Batl., noch 300 Mann stark, ergab sich bei Pasewalk am 29. Oktober 1806. Das 3. Batl. ergab sich in Küstrin am 1. Nov. 1806.

No. 25, Regiment „Möllendorf". Auerstedt.

Regimentschef: Wichard Joachim Heinrich v. Möllendorf (1782-1806), Garnison: Berlin (1791-1806)

Die Grenadiere ergaben sich bei Ratkau. Die Musketiere ergaben sich am 28. Oktober bei Prenzlau. Das 3. Batl. ergab sich in Stettin am 30. Oktober 1806.

No. 26, Regiment „Alt-Larisch". Jena.

Regimentschef: Karl Leopold von Larisch (1795-1806). Garnison: Berlin (1791-1806)

Die Grenadiere lösten sich nach der Schlacht von Auerstedt zum großen Teil auf dem Rückzug aus. Der Rest ergab sich bei Ratkau. Ein Teil der Musketiere ergab sich in Erfurt am 16. Oktober, der Rest kapitulierte bei Ratkau. Das 3. Batl. kapitulierte in Stettin am 30. Oktober 1806.

No. 27, Regiment „Tschammer".

Regimentschefs: Alexander Friedrich von Knobelsdorff (1776-1800), Friedrich Wilh. Alexander v. Tschammer (1800-1806). Garnison: Stendal, Gardelegen (1800-1806)

Die Grenadiere wurden teilweise bei Schwartau zersprengt. Der Rest ergab sich bei Ratkau. Die Musketiere lösten sich in der Nacht vom 28/29. Oktober zum großen Teil auf. Der Rest ergab sich bei Ratkau am 7. Nov. 1806. Das 3. Batl. ergab sich in Hameln am 22. November 1806.

No. 28, Regiment „Malschitzky".

Regimentschefs: Graf Karl Friedrich v. Klinckowström (1795-1799), Johann von Malschitzky (1799-1806). Garnison: Brieg (1797-1806)

Die Grenadiere ergaben sich bei Prenzlau am 28. Oktober 1806. Die Musketiere mussten sich am 8. Nov. 1806 mit dem Fall der Festung Magdeburg ergeben. Das 3. Batl. ergab sich am 17. Januar 1807 in Brieg.

No. 29, Regiment „Treuenfels". Jena.

Regimentschefs: Balthasar Ludwig Christian v. Wendessen (1782-1798), Karl von Treuenfels (1798-1806). Garnison: Breslau (1791-1806)

Die Grenadiere ergaben sich bei Prenzlau. Die Musketiere kapitulierten am 29. Oktober bei Pasewalk. Eine Kompanie ergab sich bei Anklam am 1. Nov. 1806. Das 3. Batl. kapitulierte in Breslau am 7. Januar 1807.

No. 30, Regiment vacat „Borcke".

Regimentschefs: Ernst Friedrich Wilhelm von Rüchel (1793-1798), Friedrich Adrian von Borcke (1798-1806). Garnison: Stettin (1796-1806)

Die Grenadiere lösten sich nach der Schlacht von Auerstedt auf dem Rückzug zur Elbe zum großen Teil auf. Der Rest kapitulierte in Magdeburg am 8. Nov. 1806. Die Musketiere kapitulierten bei Ratkau am 7. Nov. Das 3. Batl. blieb in Kolberg erhalten.

No. 31, Regiment „Kropf".

Regimentschefs: Philipp Friedrich Leberecht v. Lattorff (1792-1800), Bernhard Vollrad von Oldenburg (1800-1805), Heinrich von Kropff (1805-1806). Garnison: Warschau (1796-1806)

Die Grenadiere und das 3. Batl. blieben bestehen. Die Musketiere kapitulierten in Schweidnitz den 16. Febr. 1807.

No. 32, Regiment „Fürst von Hohenlohe". Jena.

Regimentschef: Fürst Friedrich Ludwig zu Hohenlohe-Ingelfingen (1786-1806). Garnison: Breslau (1796-1806)

Die Grenadiere und Musketiere kapitulierten am 28. Oktober bei Prenzlau. Das 3. Batl. kapitulierte in Breslau am 7. Jan. 1807.

No. 33, Regiment „Alvensleben". Auerstedt.

Regimentschefs: Franz Andreas v. Favrat (1794-1804), August Ludwig von Schierstedt (1804), Ludolph August Friedrich v. Alvensleben (1804-1806). Garnison: Glatz (1796-1806)

Die Grenadiere ergaben sich bei Anklam am 1. Nov. 1806. Die Musketiere kapitulierten am 8. Nov. 1806 in Magdeburg. Das 3. Batl. verteidigte Silberberg und blieb bestehen.

No. 34, Regiment „Prinz Ferdinand". Auerstedt.

Regimentschef: Prinz Ferdinand von Preußen (1740-1806). Garnison: Ruppin (1796-1806)

Die Grenadiere lösten sich nach der Schlacht von Auerstedt auf dem Rückzug zur Elbe zum größten Teil auf. Der Rest kapitulierte in Magdeburg. Die Musketiere waren nach der Schlacht von Auerstedt zersprengt. Ein aus den Resten formiertes Batl. ergab sich bei Pasewalk am 29. Oktober. Das 3. Batl. ergab sich am 26. Nov. 1806 in Nienburg.

No. 35, Regiment vacat „Prinz Heinrich". Auerstedt.

Regimentschef: Prinz Heinrich v. Preußen, gest. 1802 (1740-1806). Garnison: Königsberg/Neumark, Pyritz, Soldin (1795-1799), Königsberg/Neumark, Pyritz

245

(1800-1806)

Die Grenadiere wurden bei Schwartau teilweise zersprengt. Der Rest kapitulierte am gleichen Tag, den 7. Nov., bei Ratkau. Die Musketiere ergaben sich in Magdeburg. Das 3. Batl ergab sich am 1. Nov. in Küstrin.

No. 36, Regiment vacat „Puttkammer". Auerstedt.
Regimentschef: Georg Henning von Puttkamer (1793-1806). Garnison: Anklam (1797), Brandenburg (1798-1806)
Die Grenadiere ergaben sich am 28. Okt. bei Prenzlau. Die Musketiere lösten sich zum Teil nach der Schlacht von Auerstedt auf. Der Rest und das 3. Batl. kapitulierten in Magdeburg.

No. 37, Regiment „Tschepe". Jena.
Regimentschefs: Johann Rudolph Hiller v. Gärtringen (1794-1799), Johann Friedrivch Gustav v. Stockhausen (1799-1804), Karl von Tschepe (1804-1806). Garnison: Fraustadt, Lissa, Rawitsch (1796-1799), Fraustadt, Lissa (1800-1806)
Die Grenadiere kapitulierten bei Prenzlau. Die Musketiere kapitulierten in Magdeburg. Das 3. Batl. kapitulierte am 3. Dez. in Glogau.

No. 38, Regiment „Pelchrzim".
Regimentschefs: Christian August von der Marwitz (1796-1806), Karl von Pelchrzim (1800-1806). Garnison: Neiße (1797-1806)
Die Grenadiere kapitulierten bei Prenzlau. Die Musketiere ergaben sich am 16. Juni 1807 in Neiße. Das 3. Batl. verteidigte Cosel und blieb bestehen.

No. 39, Regiment „Zastrow". Jena.
Regimentschefs: Daniel Ludwig von Crousasz (1793-1806), Friedrich Wilhelm von Zastrow (1800-1806). Garnison: Posen (1796-1806)
Die Grenadiere lösten sich zum großen Teil nach der Schlacht von Jena auf. Der Rest und die Musketiere ergaben sich in Magdeburg. Das 3. Batl. ergab sich am 3. Dez. in Glogau.

No. 40, Regiment „Schimonsky". Auerstedt.
Regimentschefs: Friedrich Wilhelm von Steinwehr (1794-1805), Dietrich Leberecht von Schimonsky (1805-1806). Garnison: Schweidnitz (1795-1806).
Die Grenadiere ergaben sich bei Prenzlau. Die Musketiere ergaben sich in Magdeburg. 250 Mann kapitulierten in Erfurt. Das 3. Batl. ergab sich am 16. Febr. 1807 in Schweidnitz.

No. 41, Regiment "Lettow".
Regimentschefs: Karl Friedrich von Schladen (1792-1804), Karl Ernst von Lettow (1804-1806). Garnison: Minden (1801-1806)
Die Grenadiere wurden teilweise bei Schwartau zersprengt. Der Rest ergab sich bei Ratkau. Die Musketiere ergaben sich am 22. Nov. 1806 in Hameln. Das 3. Batl. ergab sich bei Nienburg am 26. Nov. 1806.

No. 42, Regiment „Plötz".
Regimentschef: Christian Friedrich Heinrich von Plötz (1796-1806). Garnison: Warschau (1796-1806)
Die Grenadiere und Musketiere kämpften in Preußen und blieben bestehen. Das 3. Batl. kapitulierte in Czenstochau am 19. Nov. 1806.

No. 43, Regiment „Strachwitz". Jena.
Regimentschefs: Graf Alex. Leopold v. Wartensleben (1795-1803), Ludwig von Strachwitz (1803-1806). Garnison: Liegnitz (1796-1806)

Die Grenadiere kapitulierten am 28. Okt. 1806 bei Prenzlau. Die Musketiere kapitulierten am 8. Nov. 1806 in Magdeburg. Das 3. Batl. ergab sich in der Festung Schweidnitz am 16. Febr. 1807.

No. 44, Regiment „Hagken".
Regimentschefs: Franz Georg von Kunitzky (1793-1799), Ludwig von Strachwitz (1799-1803), Christian Alexander von Hagken (1803-1806). Garnison: Wesel (1796-1804), Münster (1803-1806)

Die Grenadiere wurden teilweise bei Schwartau am 7. Nov. 1806 zersprengt. Der Rest ergab sich am gleichen Tage bei Ratkau. Die Musketiere und das 3. Batl. ergaben sich am 22. Nov. 1806 mit der Festung Hameln.

No. 45, Regiment „Zweiffel". Jena.
Regimentschefs: Karl Philipp von Unruh (1795-1805), Johann Christian von Zweiffel (1805-1806). Garnison: Bayreuth, Kulmbach (1796-1799), Bayreuth (1800-1806)

Die Grenadiere lösten sich auf dem Rückzug zur Elbe nach der Schlacht von Jena auf. Der Rest und die Musketiere kapitulierten mit der Festung Magdeburg am 8. Nov. 1806. Das 3. Batl. ergab sich in Erfurt am 16. Okt. 1806.

No. 46, Regiment „Thile".
Regimentschef: Alexander Heinrich von Thile (1794-1806). Garnison: Warschau (1796-1806).

Die Grenadiere und das 3. Batl. kämpften in Preußen und blieben bestehe n. Die Musketiere kapitulierten am 7. Jan. 1807 in Breslau.

No. 47, Regiment „Grawert". Auerstedt.
Regimentschef: Julius August. von Grawert (1797-1806) Garnison: Glatz (1796-1806)

Die Grenadiere ergaben sich am 1. Nov. bei Anklam. Die Musketiere ergaben sich am 8. Nov. 1806 in Magdeburg. Das 3. Batl. verteidigte die Festung Glatz und blieb bestehen.

No. 48, Regiment „Kurfürst von Hessen". Auerstedt.
Regimentschefs: Landgraf (Kurfürst) Wilhelm von Hessen-Kassel (1797-1806). Garnison: Wesel (1796-1803), Paderborn (1804-1806)

Die Grenadiere lösten sich nach der Schlacht von Auerstedt auf dem Rückzug zur Elbe zum großen Teil auf. Der Rest ergab sich am 8. Nov. 1806 in Magdeburg. Die Musketiere ergaben sich in Erfurt am 16. Okt. 1806. Das 3. Batl. und 40 Schützen ergaben sich in Hameln am 22. Nov. 1806.

No. 49, Regiment „Müffling". Jena.
Regimentschefs: Friedrich Wilhelm von Schönfeldt (1794-1800), Friedrich Wilhelm von Müffling (1800-1806). Garnison: Neiße (1796-1806)

Die Grenadiere ergaben sich am 28. Okt. bei Prenzlau. Die Musketiere ergaben sich am 8. Nov. in Magdeburg. Das 3. Batl. ergab sich am 16. Jan. 1807 in Neiße.

No. 50, Regiment „Sanitz". Jena.
Regimentschefs: Georg von Steensen (1794-1799), Karl Wilhelm von Sanitz (1799-1806). Garnison: Cosel (1797-1799), Frankenstein (1800-1806

Die Grenadiere ergaben sich am 28. Okt. 1806 bei Prenzlau. Die Musketiere lösten sich zum großen Teil nach der Schlacht von Jena auf dem Rückzug zur Elbe auf. Der Rest kapitulierte am 8. Nov. 1806 in Magdeburg. Das 3. Batl. verteidigte Cosel und blieb bestehen.

No. 51, Regiment „Kaufberg".

Regimentschefs: Ernst Friedrich Karl von Hanstein (1789-1803), Friedrich August von Kauffberg (1803-1806). Garnison: Danzig (1794—1806)

Die Grenadiere und Musketiere ergaben sich am 7. Nov. 1806 bei Ratkau. Das 3. Batl. verteidigte Danzig und blieb bestehen.

No. 52, Regiment „Reinhardt".

Regimentschef: Joachim von Reinhart (1795-1807). Garnison: Preußisch-Holland, Marienburg (1796-1797), Marienburg (1798-1799), Rastenburg, Rössel (1800-1806).

Die Grenadiere und Musketiere verteidigten Danzig und das 3. Batl. verteidigte Graudenz. Das Regiment blieb bestehen.

No. 53, Regiment „Jung-Larisch".

Regimentschefs: Graf Albert zu Anhalt (1794-1800), Wilhelm Christoph von Larisch (1800-1806). Garnison: Thorn (1796-1806)

Die Grenadiere kapitulierten am 7. Nov. 1807 bei Ratkau. Vier Musketier Kompanien gerieten auf der Straße von Moisling nach Lübeck am 6. Nov. 1806 in Gefangenschaft. Der Rest ergab sich am gleichen Tage bei Ratkau. Das 3. Batl. verteidigte Graudenz und blieb bestehen.

No. 54, Regiment „Natzmer".

Regimentschefs: Christian Friedrich von Mosch (1794-1799), Hans Christoph von Natzmer (1799-1806), Garnison: Graudenz, Kulm (1795-1806).

Die Grenadiere wurden am 7. Nov. 1806 teilweise bei Schwartau zersprengt. Der Rest ergab sich am gleichen Tage bei Ratkau. Das 3. Batl. verteidigte Graudenz und blieb bestehen.

No. 55, Regiment „Manstein".

Regimentschef: Ernst Johann von Manstein (1796-1806). Garnison: Bromberg, Gnesen, Inowrazlaw (1797-1799), Bromberg, Gnesen (1800-1806)

Die Grenadiere und Musketiere ergaben sich am 7. Nov. 1806 bei Ratkau. Das 3. Batl. verteidigte Graudenz und blieb bestehen.

No. 56, Regiment „Tauentzien". Jena.

Regimentschefs: Friedrich Gottlieb von Laurens (1796-1804), Graf Fried. Bogislav Emanuel v. Tauentzien (1804-1806). Garnison: Ansbach, Crailsheim (1796-1797), Ansbach, Erlangen (1798-1799), Ansbach, Neuenkirchen (1800-1806).

Die Grenadiere lösten sich auf dem Rückzug zur Elbe zum großen Teil auf. Der Rest, die Musketiere und das 3. Batl. ergaben sich am 8. Nov. 1806 in Magdeburg.

No. 57, Regiment vacat "Grevenitz".

Regimentschef: Friedrich August von Grevenitz (1795-1806). Garnison: Glogau (1796-1806)

Die Grenadiere ergaben sich am 28. Okt. bei Prenzlau. Das 1. Batl. ergab sich am 1. Nov. bei Anklam. Eine Kompanie des 2. Batl. ergab sich am 26. Nov. 1806 bei Nienburg. Vier Kompanien ergaben sich am 22. Nov. in Hameln. Das 3. Batl. ergab sich am 3. Dez. in Glogau.

No. 58, Regiment „Courbiere".

Regimentschef: Guillaume Rene de L'homme de Courbiere (1797-1806). Garnison: Bartenstein, Preußisch-Friedland, Schippenbeil (1797), Bartenstein (1798), Bartenstein, Preußisch-Friedland (1799), Goldap, Gumbinnen (1800-1806).

Das Regiment verteidigte Danzig und blieb bestehen.

No. 59, Regiment „Wartensleben". Auerstedt.

Regimentschef: Graf Alex. Leopold von Wartensleben (1803-1806). Garnison: Erfurt (1803-1806)

Die Grenadiere lösten sich zum großen Teil auf dem Rückzug zur Elbe auf. Der Rest und die Musketiere ergaben sich am 8. Nov. in Magdeburg. Das 3. Batl. ergab sich am 16. Okt. 1806 in Erfurt.

No. 60, Regiment „Chlebowski".

Regimentschef: Christian Wilhelm von Chlebowsky (1802-1806). Garnison: Warschau (1802-1806)

Bei Beginn des Feldzuges bestanden erst 2 Kompanien und das 3. Batl. Daraus wurde ein Feldbatl. formiert, das in Preußen kämpfte.

Feld-Jägerregiment.

Regimentschefs: Friedrich Karl von Voß (1790-1800), Hans David Ludwig von Yorck (1800—1805), Ernst Heinrich von Witzleben (1805-1806). Garnison: Mittenwalde, Zossen, Beelitz, Müncheberg (1796-1797), zusätzlich Hildesheim, Paderborn (1804-1806)

12 Kompanien stark. Die Kompanien „Kronhelm" und „Massars" gerieten am 14. Okt. an der Schnecke bei Jena in Gefangenschaft. Die Kompanie „Kalkreuth" erreichte sehr geschwächt Magdeburg und musste sich dort ergeben. Die „Leibkompanie", die Kompanien „Witzleben", „Rougecambe", „Lichtenhayn", „Eichler" und „Massenbach" wurden am 6. Nov. 1806 in Lübeck zum großen Teil vernichtet. Der Rest von ungefähr 100 Mann ergab sich am 7. Nov. bei Ratkau. Die Kompanie „Charcot" löste sich am 7. Nov. in Stade auf, um der Kapitulation zu entgehen. Jäger der Kompanie gelangten nach Kolberg wo aus diesen Mannschaften die Kompanie „Dombrowski" errichtet wurde. Die Kompanien „Werner" und „Valentini" gingen nach der Schlacht von Jena über Magdeburg und Schwedt nach Danzig und Graudenz. Dort halfen sie diese Plätze zu verteidigen.

Verbleib der Füsilier Bataillone:

No. I, Batallion „Kaiserlingk".

Kommandeur: Karl Alexander von Wedel (1793—1799), Karl Gottfried Wilhelm v. Carlowitz (1799-1806), Ernst Ewald Freiherr v. Kayserlingk (1806-1807). Garnison: Münster (1803), Hildesheim (1804-1806).

Das Batl. ergab sich am 7. Nov. bei Ratkau. Das Depot blieb weiterhin bestehen.

No. II, Batallion „Bila". Jena.

Kommandeur: Christoph Friedrich von Bila (1794-1806). Garnison: Paderborn (1803); Burg (1804-1806).

Das Batl. kapitulierte am 7. Nov. bei Ratkau. Das Depot blieb bestehen.

No. III, Batallion „Wakenitz".

Kommandeur: Leopold von Wackenitz (1797-1806). Garnison: Bialystock (1796-1806).

Kämpfte in Preußen und blieb bestehen.

No. IV, Batallion „Greiffenberg". Auerstedt.

Kommandeur: Karl August von Greiffenberg (1794-1806). Garnison: Woklaweck (1796-1806).

Das Batl. ergab sich am 7. Nov. bei Ratkau. Das Depot verteidigte Danzig und blieb bestehen.

No. V, Batallion „Graf Wedell".

Kommandeur: Graf Ehrhard Gustav von Wedel (1797-1806). Garnison: Hildesheim (1803—1806).

Das Batl. ergab sich am 7. Nov. bei Ratkau. Das Depot kam nach Kolberg und blieb bestehen.

No. VI, Batallion. „Rembow".

Kommandeur: Michael Szabginsky von Rembow (1790-1806). Garnison: Stallupönen (1797-1806).

Verteidigte Danzig und blieb bestehen.

No. VII, Batallion „Rosen". Jena.

Kommandeurs: Karl August von Schultz (1788-1800), Joachim Ernst von Rosen (1800-1806). Garnison: Siwiercz (1796-1799), Kreuzburg/Oberschlesien (1800-1806).

Das Batl. wurde am 14. Okt. bei Umpferstedt vernichtet. Das Depot ergab sich am 16. Febr. 1807 in Schweidnitz.

No. VIII, Batallion „Kloch". Auerstedt.

Kommandeur: Franz Leopold Freiherr von Kloch (1795-1806). Garnison: Sieradz (1797-1799), Sieradz, Widawa (1800-1803), Sieradz (1804-1806).

Das Batl. kapitulierte am 15. Okt. bei Zottelstedt. Das Depot verteidigte Danzig.

No. IX, Batallion „Borel du Bernay".

Kommandeurs: Hermann Christoph von Ledebur (1797-1802), Jakob Borell du Vernay (1802-1807). Garnison: Bielzk (1796-1799), Pultusk (1800-1806).

Das Batl. wurde zum großen Teil am 17. Okt. bei Halle aufgerieben. Der Rest erreichte Graudenz. Das Depot verteidigte Danzig.

No. X, Batallion „Erichsen". Jena.

Kommandeurs: Karl Friedrich von Martini (1795-1802), Karl Gustav von Erichsen (1802-1806). Garnison: Breslau (1796-1806).

Das Batl. wurde am 14. Okt. bei Umpferstedt vernichtet. Das Depot ergab sich am 16. Febr. 1807 in Schweidnitz.

No. XI, Batallion „Bergen.

Kommandeurs: Ernst Wilhelm von Eichler (1795-1798), Heinrich Ludwig August von Thümen (1798-1805), Karl Ludwig von Bergen (1805-1806). Garnison: Memel (1796-1806).

Das Batl. kämpfte in Preußen und blieb bestehen.

No. XII, Batallion „Knorr".

Kommandeurs: Johann August von Eicke (1795-1805), Johann Karl von Knorr (1805-1806). Garnison: Bielsk (1797-1806).

Das Batl. kapitulierte am 7. Nov. bei Ratkau. Ein Detachment erreichte Graudenz. Das Depot verteidigte Danzig.

No. XIII, Batallion „Rabenau". Jena.

Kommandeur: Leop. Lud. Max. v. Nordeck zu Rabenau (1794-1806). Garnison: Jauer (1796-1802), Erfurt (1803), Jauer (1804—1806).

Das Batl. wurde am 14. Okt. bei Umpferstedt vernichtet resp. gefangen. Das Depot ergab sich am 16. Febr. 1807 in Schweidnitz.

No. XIV, Batallion „Pelet". Jena.

Kommandeur: Karl von Pelet (1794-1807). Garnison: Bunzlau (1796 - 1802), Mühlhausen/Thüringen (1803), Bunzlau (1804-1806).

Das Batl kämpfte bei Jena. Teile entkamen nach Preußen, wo die Einheit den Namen "Schüler" erhielt. Das Batl. verteidigte Danzig.

No. XV, Batallion „Rühle". Jena.
Kommandeur: Franz von Rühle (1791-1806). Garnison: Lowenberg/Schlesien (1796-1802), Erfurt (1803), Löwenberg/Schlesien (1804-1806).

Das Batl. kämpfte bei Jena, der Rest entkam nach Danzig und half die Festung zu verteidigen. Das Depot ergab sich am 16. Febr. 1807 in Schweidnitz.

No. XVI, Batallion „Oswald". Auerstedt.
Kommandeur: Friedrich Gottwald von Oswald (1789-1806). Garnison: Petrikau (1796-18).

Das Batl. ergab sich am 7. Nov. bei Ratkau. Das Depot verteidigte Danzig.

No. XVII, Batallion „Hinrichs".
Kommandeur: Johann Christoph von Hinrichs (1788-1806). Garnison: Plock (1796-1806).

Zwei Kompanien gerieten am 17. Okt. bei Halle in Gefangenschaft. Der Rest ergab sich am 7. Nov. bei Ratkau. Ein Detachment erreichte Preußen. Das Depot verteidigte Danzig.

No. XVIII, Batallion „Sobbe". Jena.
Kommandeurs: Sigmund Heinrich von Holzschuher (1794—1800), August von Sobbe (1800-1807). Garnison: Essen (1803); Wesel (1804-1806).

Das Batl. löste sich auf dem Rückzug zur Elbe auf. Der Rest ergab sich am 8. Nov. in Magdeburg. Das Depot kam nach Kolberg und blieb bestehen.

No. XIX, Batallion „Ernest". Jena.
Kommandeur: Johann Viktor von Ernest (1797-1806). Garnison: Münster (1803-1806)

An der Ilmbrücke in Weimar mussten sich am 14. Okt. 200 Mann ergeben. Der Rest ergab sich am 8. Nov. in Magdeburg. Das Depot erreichte Kolberg und blieb bestehen.

No. XX, Batallion „Ivernois".
Kommandeurs: Friedrich Adrian von Borcke (1797-1798), Philipp von Ivernois (1798-1806). Garnison: Münster (1803-1806).

Das Batl. ergab sich am 7. Nov. bei Ratkau. Das Depot erreichte Kolberg und blieb bestehen.

No. XXI, Batallion „Sutterheim".
Kommandeur: August Ludwig von Stutterheim (1795-1806). Garnison: Heilsberg (1795-1806).

Kämpfte in Preußen und blieb bestehen.

No. XXII, Batallion „Boguslawski". Jena.
Kommandeurs: Friedrich Ludwig Freiherr zu Puttlitz (1797-1800), Karl Andreas von Boguslawski (1800-1806). Garnison: Neumarkt/Schlesien (1797-1806).

Das Batl. wurde am 14. Okt. an der Straße von Jena nach Weimar von feindlicher Kavallerie zusammengehauen. Der Rest musste sich ergeben. Das Depot ergab sich am 16. Febr. 1807 in Schweidnitz.

No. XXIII, Batallion „Schachtmeyer".
Kommandeurs: Hans David Ludwig von Yorck (1797-1799), Benjamin von Schachtmeyer (1799-1806). Garnison: Johannisburg/Preußen (1797-1806).

Kämpfte in Preußen und blieb bestehen.

No. XXIV, Batallion „Bülow".

Kommandeur: Friedrich Wilhelm von Bülow (1797-1806). Garnison: Soldau (1797-1806).

Kämpfte in Preußen und blieb bestehen.

Kürassier-Regimenter

Kürassier-Regiment No. 1 „Henckel von Donnersmarck"

Grawerts Division, Jena.

Regimentschefs: Dietrich-Goswin von Bockum-Dolffs (1788-1805), Graf Elias Max. Henckel v. Donnersmarck (1805-1806).

Garnison: Breslau (1796-1806).

Ergab sich bei Pasewalk 29.10.1806.

Kürassier-Regiment No. 2 „Beeren"

Division Kuhnheim Auerstedt.

Regimentschefs: Gustav Ludwig von der Marwitz (1789-1797), Peter Ewald von Malschitzky (1797-1802), Freiherr Andreas Dietrich von Schleinitz (1702-1805), Karl Friedrich Hermann von Beeren (1805-1806).

Garnison: Kyritz, Wusterhausen, Perleberg, Zehdenick, Wittstock, Pritzwalk, Gransee (1791-1800), ohne Zehdenick (1800-1806)

1., 2., 4., 5.. Eskadron kapitulierten bei Ratkau am 7.1.1806, 3. Eskadron kapitulierte in Erfurt 16.10.1806.

Kürassier-Regiment No. 3 „Leibkürassier-Regiment:

Division Prinz von Oranien, Auerstedt.

Regimentschefs: Graf Leopold Heinrich von der Goltz (1794-1797), August Friedrich von der Drössel (1797-1799), Ulrich Karl von Froreich (1799-1801), Ernst Hermann von Kölichen (1801-1805)m, Fried. August Karl Leop. Graf v. Schwerin (1805-1806).

Garnison: Schönebeck, Salze, Wanzleben, Egeln (1797), zusätzlich Kalbe (1801-1806).

Ergab sich bei Prenzlau (28.10.1806). 1 Detachment und Depot am 1. Nov. bei Anklam gefangen.

Kürassier-Regiment No. 4 "Wagenfeld"

Regimentschef: Freiherr Joh. Karl Friedrich v. Mengden (1785-1796), Graf Karl Fried. Ernst Graf Truchsess zu Waldberg (1796-1800), Ernst Philipp von Wagenfeld (1800-1806).

Garnison: Warschau (1797-1806).

Beim Korps L'Estocq in Preußen. Einzige preußische Kürassier-Regiment bei Eylau.

Kürassier-Regiment No. 5 „Bailliodz"

Regimentschefs: Maximilian von Mauschwitz (1780-1800), Abraham Franz von Bailliodz (1800-1806).

Garnison: Treptow a. d. Rega, Körlin, Greifenberg, Wollin, Dramburg (1796-1806).

120 Pferde ergaben sich bei Anklam, 1 Nov. 1806, ein Detachment auf dem Marsch nach Anklam am 1. Nov. und eins bei Ratkau 7. Nov/. gefangen, das Regiment und Depot entkamen.

Kürassier-Regiment No. 6 „Quitzow"

Division Wartensleben, General-Major v. Quitzow's Brigade, Auerstedt.

Regimentschefs: Herzog Karl August v. Sachsen-Weimar (1787-1794), Karl

Wilhelm von Byern (1794-1800), Christian Heinrich von Quitzow (1800-1806).

Garnison: Aschersleben, Oschersleben, Kroppenstedt (1801-1806).

3 Eskadronen kapitulierten am 1. Nov. bei Anklam. 2 Eskadronen und Depot entkamen.

Kürassier-Regiment No. 7 „Reitzenstein"

Division Wartensleben, Brigade General-Major v. Quitzow, Auerstedt

Regimentschefs: Otto Friedrich von Ilow (1788-1792), Hans Friedrich Heinrich von Borstell (1792-1804), Freiherr Heinrich Friedrich August von Reitzen-stein (1804-1806).

Garnison: Salzwedel, Tangermünde, Osterburg, Seehausen (1801-1806).

Ergab sich in Magdeburg.

Kürassier-Regiment No. 8 „Heising"

Division Schmettau, Brigade General-Major v. Bünting, Auerstedt.

Regimentschefs: Graf Karl Fried. Adam v. Schlitz (gen. Görtz) (1787-1797), Ludwig Ferd. Friedrich v. Hessing (1797-1806).

Garnison: Ohlau, Strehlen, Löwen, Grottkau (1796-1806).

Ergab sich bei Pasewalk.

Kürassier-Regiment No. 9 „Holtzendorff"

Division Grawert, Brigade General-Major Henckel v. Donnersmarck, Jena.

Regimentschefs: Johann Gottlieb Wilhelm von Manstein (1787-1797), Friedrich Jakob von Holtzendorff (1797-1806).

Garnison: Oppeln, Krappitz, Neustadt/Oberschlesien, Falkenberg (1796-1806).

Ergab sich bei Pasewalk.

Kürassier-Regiment No. 10 „Gens d'Armes"

Division Kuhnheim, Brigade General-Major von Beeren, Auerstedt.

Regimentskommandeurs: Joachim Bernhard v. Prittwitz u. Gaffron (1775-1793), Karl Friedrich von Elsner (1793-1806).

Garnison: Berlin (1796-1806).

Ergab sich bei Anklam (01.11.1806).

Kürassier-Regiment No. 11, Leib-Karabiniers

Division Oranien, Brigade Prinz von Preußen, Auerstedt.

Regimentskommandeure: Hein. Sebastian v. Reppert (1784-1794), Aug. Adam Hein. von Bismarck (1794-1806).

Garnison: Rathenow, Neuhaldensleben, Havelberg, Genthin, Sandau (1801-1806).

Teile ergaben sich bei Pasewalk und Anklam.

Kürassier-Regiment No. 12, „Bünting"

Division Schmettau, Brigade General-Major von Bünting, Auerstedt.

Regimentschefs: Freiherr Georg Ludwig von: Dalwig (1763-1796), Jakob Friedrich von Berg (1796-1798) ,Georg Ehrenreich von Werther (1798-1803), Karl Wilhelm von Bünting (1803-1806).

Garnison: Ratibor, Katscher, Loebschütz, Oberglogau (1797-1803), Ratibor, Loebschütz, Oberglogau, Bauerwitz (1804-1806).

Ergab sich bei Pasewalk.

Kürassier-Regiment No. 13, „Garde du Corps"

Division Kuhnheim, Brigade General-Major von Beeren, Auerstedt.

Regimentskommandeure: Karl Wilhelm von: Byern (1785-1794), Friedrich Heinrich Wilhelm v. Zollikofer (1794-1798), Christian Friedrich von Rabenau (1798-1801), Ernst August von Wintzingerode (1801-1806).

Garnison: Potsdam, Berlin, Charlottenburg.

Rettete sich nach Preußen.

Dragoner-Regimenter
Dragoner-Regiment No. I, „König von Bayern"

Beim Korps des Herzogs von Sachsen-Weimar.

Regimentschefs: Herzog Ludwig v. Pfalz-Zweibrücken (1797-1799), Pfalz-Bayern (1799), Kurfürst von Pfalz-Bayern (1799—1806).

Garnison: Schwedt, Schönfließ, Lippehne, Wriezen, Greifenhagen (1796-1806).

4 Eskadronen bei Lüneburg gefangen (12. Nov.) 1 Eskadron bei Hansfeld (6. Nov.) kapituliert, ein Detachment bei Möllen gefangen (5. Nov.) 1 detachment bei Krempelsdorf (7. Nov.) kapituliert.

Dragoner-Regiment No. II, „Prittwitz"

Brigade Generalmajor von Krafft, Jena.

Regimentschef: Wolf Moritz von Prittwitz (1797-1806). Garnison: Lüben, Raudten, Hainau, Polkwitz, Neusalz (1796-1806).

Ergab sich bei Prenzlau am 28.10.1806.

Dragoner-Regiment No. III, „Irwing"

Brigade General-Major von Blücher, Auerstedt.

Regimentschefs: General-Major Georg Ludwig v. Gilsa (1788-1792), General-Major Wolfg. Moritz v. Prittwitz (1792-1797), Hans Karl Ludolph von Strantz (1797-1800), Friedrich Wilhelm von Irwing (1800-1806).

Garnison: Friedeberg/Neumark, Driesen, Arnswalde, Berlinchen (1796-1806).

Ergab sich bei Ratkau am 07.11.1806.

Dragoner-Regiment No. IV, „Katte"

Beim Korps Rüchel, Kapellendorf.

Regimentschefs: Georg-Balthasar von Normann (1789-1792), Friedrich Heinrich von Katte (1792-1806).

Garnison: Landsberg/Warthe, Woldenberg, Bärwalde (1796-1806).

Teile ergaben sich bei Ratkau.

Dragoner-Regiment No. V, „Königin"

Bei der Hauptarmee, Auerstedt

Regimentschefs: Markgraf Christian Friedrich Karl Alexander von Ansbach und Bayreuth (1769-1806), Königin Louise von Preußen (1806).

Garnison: Pasewalk, Gartz, Uckermünde, Treptow, Gollnow, Massow, Naugard, Bahn (1796-1806).

1 Detachment bei Nossentin (1.Nov.) kapituliert, der Rest gerettet.

Dragoner-Regiment No. VI, „Auer"

Beim Korps l'Estocq in Preußen.

Regimentschefs: Philipp August Wilhelm von Werther (1790-1803), Johann Kasimir von Auer (1803—1807).

Garnison: Königsberg, Wehlau, Allenburg, Darkehmnen, Labiau, Gerdauen (1800—1806).

Focht in Preußen.

Dragoner-Regiment No. VII, „Rhein"

Beim Korps l'Estocq in Preußen.

Regimentschefs: Wilhelm Friedrich von Schenck (1792-1803), Friedrich Ludwig von Pastau (1803-1805), Adrian Gottlieb von Rhein (1805-1806), Joseph Theodor Siegmund von Baczko (1806-1807).

Garnison: Tilsit (1796-1806).

Focht in Preußen.

Dragoner-Regiment No. VIII, „Esebeck"

Beim Korps l'Estocq in Preußen.

Regimentschefs: Georg Friedrich von Bardeleben (1790-1801), Karl Gottlieb von Busch (1801-1803), Christian Karl von Esebeck (1803-1806).

Garnison: Insterburg (1796-1806).

Focht in Preußen.

Dragoner-Regiment No. IX, „Herzberg"

Beim Korps des Herzogs von Württemberg.

Regimentschefs: General-Major Hans Friedrich Heinrich von Borstell (1788-1792), Hieronymus von Bruckner (1792-1798), Graf Friedrich Wilhelm von Herzberg (1798-1806)

Garnison: Riesenburg, Christburg, Liebemühl, Bischofswerder, Deutsch-Eylau (1796-1801); Riesenburg, Christburg, Bischofswerder, Deutsch-Eylau, Saalfeld (1802-1806)

2 Eskadronen(6.Nov.) bei Solmsdorf, 3 bei Ratkau gefangen, 1 Detachment (1.Nov.) auf dem Marsch nach Anklam, eins bei Anklam gefangen. .

Dragoner-Regiment No. X, „Heyking"

Beim Korps des Herzogs von Württemberg.

Regimentschefs: Karl Gottlob von Franckenberg und Ludwigsdorf (1790-1795), Karl Gottlieb Ferdinand v. Busch (1795-1801), Christian Heinrich von Manstein (1801-1806), Ulrich Leberecht von Heyking (1806).

Garnison: Prasnicz, Mlawa, Bialla, Johannisburg, Szuczyn (1797), Prasnicz, Mlawa, Bialla, Szuczyn, Myzinicz (1798-1800); Osterode (1801); Osterode, Hohenstein, Ortelsburg, Strasburg/Westpreußen, Lobau (1802-1806).

Ergab sich bei Ratkau.

Dragoner-Regiment No. XI, „Krafft"

Brigade General-Major Graf Henckel von Donnersmarck, Jena.

Regimentschefs: General-Major Karl Wilh. v. Tschirschky (1789-1793), Ludwig Ernst von Voß (1793-1806), August Friedrich Erdmann von Krafft (1806-1807).

Garnison: Sagan, Freystadt, Sprottau, Grünberg (1796-1806).

Ergab sich bei Prenzlau.

Dragoner-Regiment No. XII, „Osten"

Beim Korps l'Estocq in Preußen.

Regimentschefs: Karl Gustav von Bieberstein (1793-1797), Karl Friedrich von Brüsewitz (1797-1806), Friedrich von der Osten (1806-1807).

Garnison: Kosten, Koschmin, Kargel, Schmiegel (1797), Kosten, Schmiegel, Peisern, Karge, Koschmin (1798-1799), Kosten, Krotoschin, Peisern, Schmiegel, Meseritz (1800-1806).

Ein Teil bei Schwartau (7.Nov.) zersprengt, der Rest kapitulierte bei Ratkau.

Dragoner-Regiment No. XIII, „Rouquette"

Regimentschefs: Johann Stephan von Rouquette (1802-1806).

Garnison: Prasznycz, Mlawa, Myczycz, Kollno, Scuczyn (1802-1806).

Focht in Preußen.

Dragoner-Regiment No. XIV, „Wobeser"

Regimentschefs: Georg Friedrich von Wobeser (1803-1806)

Garnison: Münster, Hildesheim, Warburg, Duderstadt, Warendorf (1802-1806).

4 Eskadronen kapitulierten bei Prenzlau, 1 desgleichen bei Ratkau, 40 Pferde desgleichen bei Nossentin, das Depot desgleichen bei Wolgast.

Husaren-Regimenter:

Husaren-Regiment No. 1 „Gettkandt"

Regimentschefs: Anton Wilhelm von L'Estocq (1797-1803), Ernst Philipp von Gettkandt (1803-1806).

Garnison: Guhrau, Trachenberg, Wohlau, Winzig, Militsch, Koeben, Steinau, Sulau (1796-1799); zusätzlich Prausnitz, Herrnstadt (1800); Wohlau, Guhrau, Trachenberg, Militsch, Koeben, Sulau, Prausnitz, Steinau, Herrnstadt, Winzig (1804-1806).

Ergab sich bei Anklam 01.11.1806

Husaren-Regiment No. 2 „Rudorff"

Beim Korps des Herzogs von Weimar

Regimentschefs: Fried. Eberh. Sieg. Günther v. Göckingk (1794-1805), Wilhelm Heinrich von Rudorff (1805-1806).

Garnison: Berlin (1796-1802, II.-Bat.), Berlin, Beeskow, Miillrose, Fürstenwalde (1803-1806).

Ergab sich bei Ratkau.

Husaren-Regiment No. 3 „Pletz"

Beim Korps Rüchel, Kapellendorf.

Regimentschefs: Dietrich Wilhelm von Schulz (1797-1803), August Wilhelm von Pletz (1803-1806).

Garnison: Bernstadt, Constadt, Öls, Trebnitz, Wartenberg, Pitschen, Reichthal, Festenberg, Juliusburg, Rosenberg (1796-1799); ohne Rosenberg, zusätzlich Medzibor (1800-1806).

Ergab sich bei Ratkau.

Husaren-Regiment No. 4 „Prinz von Württemberg"

Bei der Brigade Blücher, Auerstedt.

Regimentschefs: Herzog Eugen Friedrich Heinrich von Württemberg (1781-1794), Karl-Friedrich von Lediwary (1794-1797), Prinz Eugen von Württemberg (1797-1806).

Garnison: Kempen, Ostrowo, Krzepicze, Wireschau, Zoreck, Bojaslawice, Dzialoczin, Pilicze, Wielun, Ramslau (1797-1803); ohne Krzepicze, zusätzlich Rosenberg (1804-1806).

Husaren-Regiment No. 5 „Prittwitz"

Regimentschefs: Friedrich Wilhelm von Suter (1794-1804), Moritz von Prittwitz (1804-1806

Garnison: Wirballen, Neustadt, Westitten, Prenn, Sokolka, Serrey, Przeroslen.

Husaren-Regiment No. 6 „Schimmelpfennig"

Brigade General-Major Senfft, Jena

Regimentschefs: Erich Magnus von Wolffrath (1791-1799), Ludwig Schimmelpfennig v. d. Oye (1799-1807).

Garnison: Gleiwitz, Beuthen, Strehlitz, Nicolai, Ujest, Peiskretscham, Plefi,

Loslau, Lublinitz, Zelasno (1796-1799); ohne Zelasno, zusätzlich Rybnik (1800-1806).

Husaren-Regiment No. 7 „Köhler"
Beim Korps Rüchel
Regimentschefs: Adolf Detlev von Usedom (1755-1792), Friedrich Ludwig von der Trenck (1792-1796), Georg Ludwig Egidius von Köhler (1796-1806).
Garnison: Kutno, Sagurowo, Kowal, Kollo, Wartha, Klodowa, Rava, Illow (1796-1797); zusätzlich Wolberzo, Szarek (1798); Kutno, Konin, Kowal, Kollo, Wartha, Stawiczin, Piontek, Scadek, Kladowa, Unjewo (1800-1806)
Ergab sich bei Ratkau.

Husaren-Regiment No. 8 „Blücher"
Brigade Blücher, Auerstedt.
Regimentschefs: Graf Johann Wilhelm von der Goltz (1787-1797), Gebhard Leberecht von Blücher (1794-1806).
Garnison: Bütow, Neustettin, Belgard, Rummelsburg (1796-1801, II. Bat.), Münster (1802-1806,1. Bat.), Stolp, Rummelsburg, Belgard, Bütow, Neustettin, Schlawe (1802-1806, II. Bat.)
Ergab sich bei Ratkau.

Husaren-Regiment Nr. 9 „Bosniaken/Towarczys"
Unter L'Estocq in Preußen.
Regimentschefs: Freiherr Heinrich Joh. von Günther (1788-1803), Anton Wilhelm von L'Estocq (1803-1806), Tartaren: Murza Janosch von Baranowsky (1795-1807).
Garnison: Tykoczyn, Ostrolenka, Drochocyn, Zabluddo, Bransk, Wyskowa, Knyczin, Ostrow, Bocky, Lomza (1797-1799), Tataren: Augustowo, Goniendz, Suchowola, Raygrod, Janowa (1796—1800); Augustowa, Goniendz, Suchowola, Raygrod, Janowa, Sokolka (1801-1803); ohne Goniendz, zusätzlich Lipsk (1804-1806).

Husaren-Regiment No. 10 „Usedom"
Beim Korps Württemberg.
Regimentschefs: Friedrich Gideon von Wolky (1787-1797), Karl Ludwig von Lediwary (1797-1799), Friedrich Daniel von Glaser (1799-1804), Friedrich von Usedom (1804-1806).
Garnison: Warschau, Gura, Neuhof, Biczun, Mzezannow, Lipno, Rypnin, Praga, Novamiasta (1797-1798), ohne Gura, zusätzlich Sciernewicze (1799), Sciernewicze, Warschau, Neuhof, Biczun, Mzezannow, Lipno, Rypin, Rawa, Racionz, Blonie (1800-1806).

Husaren-Regiment No. 11 „Bila"
Regimentschefs: Freiherr Gerhard Alexander von Sass, Generalmajor Karl Anton Ernst von Bila (1806).
Garnison: Neustadt, Feuchtwangen, Gunzenhausen, Ansbach, Uffenheim, Troppach (1797-1806).

Stammrolle des Infanterieregiments "Graf Wartensleben" No. 59
General-Leutnant Graf von Wartensleben: 1822 gestorben
Major und Kommandant von Ebra: 1815 Generalmajor und Militärgouverneur zwischen Elbe und Weser, als Generalleutnant mit Pension verabschiedet. Gestorben 1818.

Major von Kraft (Grenadiere): 1828 Generalleutnant und Kommandant des I. Armee-Korps.

Major von Schenck: 1806 an Wunden gestorben.

Major von Gfug: 1813 im 14. Schlesischen Landwehr Infanterie Regt. mit Pension verabschiedet. 1821 gestorben.

Major Hofer von Lobenstein: 1813 pensioniert.

Major von Benningsen: 1807 verabschiedet 1815 gestorben.

Kapitän von Posern: 1813 pensioniert.

Kapitän von Brause: 1815 Major im 1. Pomm. Landwehr Reserve Batl., gest.

Kapitän von Schlegel: 1820 Oberst 19. Infanterie Regt.

Kapitän von Nassau: 1818 in Freiburg bei Schweidnitz gestorben.

Kapitän von Reckowski: 1819 Major 11. Garnison Batl. gest.

Stabs-Kapitän Baron v. Rücsingen: 1813 Major im 2. Infanterie Regt. geblieben.

Stabs-Kapitän. Graf von Wartensleben, Gen.Adj.: 1827 Oberst und Kommandant, 7. Landwehr Regt., als Gen.-Maj. mit Pension in Ruhestand.

Stabs-Kapitän Prinz zu Wittgenstein: 1806 verabschiedet, 1818 Kaiserl. Osterr. Major.

Stabs-Kapitän Graf von Löwenstein-Wertheim: 1813 Major im 1. Garde Regt zu Fuß, an Wunden gestorben.

Stabs-Kapitän von Kamitz: 1807 an Wunden gestorben.

Stabs-Kapitän von Hüttel (Gre.): 1820 Oberst und Kommandant in Schweidnitz mit Pension in Ruhestand. 1828 gestorben.

Stabs-Kapitän von Schlechtendal: 1822 Major und Kommandant 17. Landwehr Regt. ausg. 1825 Assistent beim Kriegsministerium, als OberstLt. mit Pension in Ruhestand.

Premier-Lt. von Bender: 1819 Kapitän im 12. Garnison Batl. pensioniert, 1822 gestorben.

Premier-Lt. von Witzleben: 1807 Kapitän des Guides, verabschiedet. Danach im Großherzl. Bergischen und Kaiserl. Russ. Dienst. 1814 Oberst und Brigadier der Hanseatischen Legion. 1828 a.D. in Berlin.

Premier-Lt. von Ingersleben: 1813 Major im 9. Infanterie Regt. geblieben.

Premier-Lt. v. Knod, gen. Helmenstreitt: 1828 Oberstlt. im 39. Infanterie Regt.

Premier-Lt. von Woldeck: 1808 als Kapitän verabschiedet. 1812 Großherzogl. Badenscher Stabs-Kapitän im Infanterie Regt. Markgraf Wilhelm No. 2 in der Schlacht an der Beresina geblieben.

Premier-Lt. von der Osten 1.: 1806 geblieben.

Premier-Lt. von Ingenheim: 1811 Kapitän im Schlesischen Schützen Batl. als Major mit Pension verabschiedet. 1812 gestorben.

Premier-Lt. von Helmboldt: 1816 Kapitän 16. Infanterie Regt., 1828 Landrat des Eckartsbergaer Kreises im Regierungsbezirk Merseburg.

Premier-Lt. von Niesemeuschel: 1810 gestorben.

Second-Lt. von Könneritz: 1806 Prem.Lt., 1809 entlassen, danach in Königl. württembergischen Diensten.

Second-Lt. von Briesen (Gre.): 1806 Prem-Lt., 1809 entlassen.

Second-Lt. von Hacke (Generalstab): 1828 Obrist.Lt. und Brigadier der 5. Land.-Gendarmerie Brigade.

Second-Lt. von Mumme: 1808 als Kapitän verabschiedet, 1822 Herzogl. nassauischer Major.

Second-Lt. von Seckendorf (Gre.): 1814 Kapitän 14. Infanterie Regt., an Wunden gestorben.

Second-Lt. von Galiffe (Gre.): 1807 im 4. Westpreuß. Res.Batl., 1808 als Prem-Lt. verabschiedet. Danach in Königl. Neapolit. Diensten.

Second-Lt. Prinz zu Carolath-Schönaich: 1814 Rittmeister Schles. National Husaren Regt. Verabschiedet, 1820 gestorben.

Second-Lt. von Restorff (Adjutant): 1828 Major im Kriegsministerium.

Second-Lt. von Hoff (Gre.): 1807 als Stabs-Kapitän verabschiedet. Danach Königl. württembergische Dienste.

Second-Lt. Graf v. Löwenstein-Wertheim: 1808 als Kapitän verabschiedet. 1818 Königl. Württembergischer Kammerherr, Hausmarschall und Zeremonienmeister.

Second-Lt. von Münchhausen: 1806 geblieben.

Second-Lt. Graf v. Wartensleben (Adj): 1825 Major im 1. Kürassier-Regt. abgegangen.

Second-Lt. Baron v. Nordeck zu Rabenau: 1806 an Wunden gestorben.

Second-Lt. Graf von Bassan: 1808 gestorben.

Second-Lt. von Heiderstedt: 1811 verabschiedet. Danach in Fürstlich Lippeschen Diensten, soll 1813 in Danzig verstorben sein.

Second-Lt. von Forer (Gre.): 1807 verabschiedet, in Bern.

Second-Lt. von Droste: 1828 Droste von Senden, Major im 1. Batl. 13. Landwehr Regt. verstorben.

Second-Lt. von Biela (Gre.): 1828 in Sundhausen bei Nordhausen.

Second-Lt. von Eberstein 1ste.: 1821 Kapitän im 5. Infanterie Regt., als Major verabschiedet.

Second-Lt. von Eberstein 2te.: 1818 Kapitän im 5. Infanterie Regt., als Major verabschiedet.

Second-Lt. von Knorr: 1820 anders genannt von Knorr, im 3. Breslauer Landwehr Regt. verabschiedet, in Thielau bei Steinau.

Second-Lt. von Francois: 1828 Major im 26. Infanterie Regt.

Second-Lt. von der Osten 2te. (Adj.): 1807 verabschiedet, 1817 Königl. Württembergischer Kapitän.

Second-Lt. von Berlepsch: 1811 verabschiedet.

Second-Lt. von Amelunxen: 1807 verabschiedet, 1812 in westphälischen Diensten. In Russland geblieben.

Second-Lt. von Reymond: 1816 Premier-Lt. im Bergischen Landwehr Infanterie Regt. pensioniert, 1825 gestorben.

Second-Lt. von Hagen: 1828 Kapitän im 21. Infanterie Regiment.

Second-Lt. Baron von Cramer: 1808 mit Erlaubnis in auswärtige Dienste zu gehen verabschiedet, nachher im Kaiserl. Österr. Dienst im Kürassier Regt. Sommariva, in Cracau.

Fähnrich von Brause: 1828 Kapitän im 30. Infanterie Regt.

Fähnrich von Gfug: 1828 Kapitän im 22. Infanterie Regt.

Fähnrich des Barres: 1828 Kapitän im 36. Infanterie Regt., gestorben.

Fähnrich von Biela: 1810 als Lt. verabschiedet, in Sundhausen bei Nordhausen.

Fähnrich von Wolfersdorf: 1810 verabschiedet, danach Forstmeister in Sondershausen.

Fähnrich Graf von Keller: 1808 als Prem.-Lt. verabschiedet, nachher Kaiserl. Russ. Major.

Fähnrich von Sobbe: 1820 Rittmeister im 2. Mindenschen Landwehr Regt., 1821 verabschiedet, Salzfactor in Salzkotten.

Fähnrich von Tettenborn: 1823 Prem.-Lt. im 27. Infanterie Regt., als Kapitän mit Pension verabschiedet.

Fähnrich von Holleben: 1815 Prem.-Lt. im 8. Infanterie Regt., geblieben.

Fähnrich von Bodungen: 1811 Second-Lt. im 7. Infanterie Regt., verabschiedet.

Fähnrich von Weiße: 1806 ernannt, 1807 verabschiedet, in Sondershausen.

Fähnrich von Graskowski: 1806 ernannt, 1807 als Lt. verabschiedet, nachher in polnischen Diensten.

Fähnrich von Dachroeden: 1806 ernannt, 1807 als Lt. verabschiedet.

Drittes Musketier Batl., Erfurt

Obrist und Kommandeur v. Amelunxen: 1807 verabschiedet, 1814 Lazarett - Kommandant in Erfurt, 1817 gestorben.

Major von Cave: 1826 pensioniert, gestorben.

Kapitän du Faye: 1818 pensioniert, gestorben.

Kapitän von Reimond: 1813 im 3. Schlesischen Landwehr Infanterie Regt., pensioniert, 1825 gestorben.

Invaliden Kompanie, Heiligenstadt

Kapitän von Schlammersdorf: 1828 in der 5. Invaliden Kompanie.

Second-Lt. Richter: 1826 Prem.-Lt., in der 6. Invaliden Kompanie mit Pension verabschiedet.

Unterstab, Erfurt

Regimentsquartiermeister Löber: 1808 Postdirektor in Erfurt, 1814 verabschiedet.

Feldprediger Marquardt: 1812 gestorben.

Auditeur Berndes: 1809 verabschiedet.

Regiments Chirurg Dr. Schilling: 1811 pensioniert, 1827 gestorben.

Regiments Chirurg Loose: 1811 im Pomm. Grenadier-Batl. mit Pension verabschiedet, gestorben.

Bat. Quartiermeister und Auditeur von Heyligenstedt (Gre.): 1814 Prem.-Lt. bei der Infanterie des Lützowschen Freicorps, verabschiedet. 1828 pensioniert Regierungs-Journalist in Magdeburg.

Das Regiment und 3. Musketierbataillon wurden 1806 aufgelöst, die Invalidenkompanie 1809 der 5. Kurm. Prov.-Invalid.-Komp. einverleibt.

Anlagen

Geschichte des königlich preußischen Garde-Pionier-Bataillons, Berlin 1910

Modder-Brücken

Fuer Großfürstlichen Durchlaucht Gnädigstes Schreiben vom 19. dieses habe ich zu erhalten die Ehre gehabt. Wir haben bei der Armee weder im 7-jährigen noch im Bayrischen Kriege andere Brücken gehabt als diejenigen, welche die Artillerie mit einem sehr unrichtigen und unbequemen Namen Modder-Brücken, wir aber jederzeit Kolonnenbrücken genannt haben. Diese Brücken können nicht nur als Laufbrücken für die Infanterie gebraucht werden, sondern die Zimmerleute, so dabei befindlich, können aus den Balken oder aus irgend andern Bauholz, dergleichen in Mühlen befindlich, Joche oder Böcke machen, worüber die Brücke geschlagen wird, wenn sie doppelt belegt wird, auch canons tragen kann, überdem gehet auch ei Altstadt ein guter Furth, durch den anno 1778 sowohl Artillerie als Kavallerie ging.....

Schönwalde, den 22ten July 1790

gez. v. Geusau

Das Preußische Pontonmaterial unter Friedrich dem Großen.

In den Aufzeichnungen und Betrachtungen des 18. Jahrhunderts spielen neben den stolzen Truppen der Schlachtlinie die technischen Verbände nur eine zweite Rolle. So ist es auch mit dem kleinen altpreußischen Pontonierkorps und dem von ihm betreuten Material. Die „Geschichte der Kriegswissenschaften" von Max Jähns erwähnt die ganze Materie systematisch überhaupt nicht, sondern nennt nur unter den Schriften des vielseitigen und fruchtbaren sächsischen Pontonieroffiziers 1. J. Hoyer auch dessen 1793-94 erschienenes Werk „Versuch eines Handbuches der Pontonierwissenschaften".

Schon unter dem Vater Friedrichs des Großen tritt uns 1715 eine Pontoniertruppe und im Mobilmachungsplan von 1729 ein wohlgeordnetes Pontonwesen entgegen: Unter einem Kapitän, 2 Unteroffizieren und 20 Pontoniers sollten gegen Hannover 24 Pontons ins Feld gehen. Sie wurden von 5 Pferden auf Karren gezogen, zu denen 2 Knechte gehörten. 1734/35 konnte Österreich zum Feldzug am Rhein sein Pontonmaterial in Preußen vervollständigen: es kaufte gegen bar (14000 Taler) 40 Pontons und lieh sich ein Pontonierkommando dazu aus.

Von 1740 an begleitet das kleine Korps die preußischen Armeen auf allen Schauplätzen des schlesischen Krieges. Es wird zumal im Siebenjährigen Kriege erheblich verstärkt und spielt bei zahlreichen Übergängen eine wichtige Rolle, ohne besonders erwähnt zu werden. Seine Schwäche an Menschen und Material wächst zu geschichtlicher Bedeutung, als es dem Fürsten Moritz von Anhalt am 6. Mai 1757 während der Schlacht bei Prag aus Mangel an Pontons nicht gelingt, im Rücken der österreichischen Armee die Moldau zu überschreiten, um so den Sieg zu einer vernichtenden Entscheidung zu machen, die dem preußischen Heere den Tag von Kolin und dem Staat vielleicht fünf harte Jahre erspart hätte.

Ein besonderes Ruhmesblatt in der Geschichte des Korps ist dagegen der Brückenschlag bei Güstebiese in der Nacht vom 23. und 24. August 1758, der dem König den Oderübergang im Angesicht des russischen Feindes und den Aufmarsch zur Schlacht bei Zorndorf ermöglichte.

Wie sah nun das Pontonmaterial dieser Feldzüge aus? Der Ponton selbst war ein offener Kasten von überzinntem Eisenblech; Bord und Boden waren rechteckig, die Außenmaße des Bordes betrugen etwa 20 x 5 Fuß rheinländisch (1 Fuß rheinisch = 0,31 m), die des Bodens etwa 17 x 5 Fuß. Die äußeren Seitenwände waren also senkrecht, Vorder- und Hinterwand dieses viereckigen und nirgends gerundeten Kahnes nach dem Boden zu abgeschrägt. Der Bord war oben ½ Fuß breit, unten war die Wand 1 ½ Fuß breit; die lichte innere Breite betrug also am Bord etwa 4, am Boden 2 ½ Fuß, die Höhe des Bordes 2 Fuß. Der zwischen Außen- und Innenwand geschlossene Hohlraum war durch Eisenbleche in Kammern unterteilt, die — luftgefüllt — auch dem beschädigten Ponton einen gewissen Auftrieb gaben. Der Boden des Kahns war innen mit einem Lattenrost, außen mit 4 Längsbalken belegt. An jedem Längsbord außen befanden sich 4, an jedem Querbord 2 eiserne Ringe. Der Ponton war leuchtend zinnoberrot gestrichen, als Rostschutz. Hoyer gibt dies für alle Mächte 1790 an. Für Preußen zeigt der Entwurf einer Pontonierflagge im Darmstädter Fahnenmusterbuch von 1747 ebenfalls leuchtend rote Pontons als Emblem.

Das Fahrzeug zum Überlandtransport des Pontons war bis in die späte Regierungszeit Friedrichs des Großen eine zweiräderige Karre, Haquet genannt. Sie bestand aus einem einfachen Rahmen, etwa von der Ausdehnung des oberen Pontonbords, darunter in der Mitte die Achse mit den beiden 12-speichigen Rädern von etwa 5 ½ Fuß Durchmesser. Am vorderen Querbalken des Rahmens und an der Achse waren die beiden Arme der Gabeldeichsel fixiert. Da der Rahmen der Achse ohne größeren Schemel ziemlich direkt auflag, kam der Ponton auf dem Rahmen zwischen den beiden Rädern eingesenkt zu liegen. Unter ihm auf dem Rahmen lagen dabei noch Brückenbretter, Streckbalken und ähnliches Material, auch Stangen, Handspaken, Anker und anderes Zubehör. Vorschriftsmäßig sollte der Ponton mit dem Boden nach oben auf dem Haquet liegen, praktisch lag aber doch wohl meist der Bord oben, um im Kahn noch das liebe Gepäck und das zugehörige Zelt zu verstauen. Auch wurde das Abladen durch Herunterziehen nach hinten bei gekipptem Haquet hierdurch erleichtert, weil das Umkehren des Pontons fortfiel.

Der Anstrich der Karre wird dem beim Artillerietrain üblichen entsprochen haben, nämlich Holz blau und Eisenteile schwarz. Denn Pontonmaterial und Mannschaft (letztere ausgenommen 1742—45) unterstanden im Frieden wie im Kriege organisatorisch der Artillerie; nur ökonomisch gehörte die Mannschaft von 1742 bis 1773 zum Etat der Mineurs und trug auch ihre Uniform (s. u.).

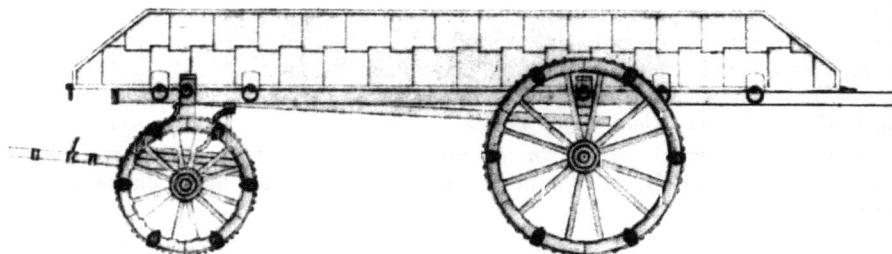

Ponton und Transportwagen

Die Bespannung war für heutige Begriffe höchst eigenartig: Vor dem Haquet ging ein Pferd in der Gabeldeichsel, diesem waren weitere 4 Pferde einzeln in Tandem-Manier vorgespannt (siehe Hoyer). Das Pferdematerial entsprach dem der Artillerie. Eine Order von 1735 schreibt für die Pferde der nach dem Rhein gehenden Pontons ein Maß von 16 Hand hoch vor. Über die Beschirrung gibt uns eine Aufstellung von 1754 Auskunft (Malinoswky-Bonin). Das Pferd in der Gabel trug Kummet und Hintergeschirr, die vier anderen waren mit Sielengcschirren vorgespannt. Auf dem Gabelpferd ritt auf Tragsattel der eine der beiden Knechte, der andere auf Reitsattel wohl auf dem Spitzenpferd. Die Nachteile dieser Bespannungsart waren recht erheblich. Denn bei schlecht ausbalancierter Last oder an- und absteigendem Wege wirkte sich ein entsprechender Druck oder Zug der Deichselbäume auf das Gabelpferd aus. Weiter war dieses stets gezwungen, auf dem im ausgefahrenen Wege stehen gebliebenen Grat dahinzubalancieren, während die Vorderpferde rechts oder links in die ausgefahrene Spur abwichen. Der Vorzug der Wendigkeit zweirädriger Fahrzeuge fiel beim Pontonkarren weniger ins Gewicht als bei den Munitionskarren der Infanterie und der leichten Artillerie, die deshalb auch erst später als das Haquet endgültig durch vierrädrige Fahrzeuge abgelöst wurden.

Bereits im Siebenjährigen Kriege gingen England und Frankreich vom zweirädrigen Haquet zum vierrädrigen Pontonwagen über. Auch in Preußen wurden Abänderungen erwogen. So schreibt der Inspekteur der Artillerie, von Dieskau, am 5. Mai 1759 an den König: „Betreffend den ganz neu inventierten Brückenwagen, so kann ich, da ich weder Zeichnung noch Modell davon gesehen selbigen nicht beurteilen; es sind aber die hölzernen Pontons, weil selbige, wenn sie aus dem Wasser gezogen werden, durch die Luft und Sonne sehr austrocknen, und mehr Reparaturen kosten als die blechernen Pontons erfordern, schon längst verworfen worden. Unter „Brückenwagen" ist hier ausnahmsweise ein wirklicher Pontonwagen gemeint, während mit diesem Wort, das in den Trainetats der preußischen Artillerie im Siebenjährigen Kriege vielfach genannt wird, sonst stets nur die wenigen Wagen mit den kleinen hölzernen „Modder-Brücken" aus Balkenwerk ohne Pontons gemeint sind. Diese Tatsache lässt sich aus den Etats selbst genau nachweisen. Amtliche Bezeichnung für das Pontonfahrzeug war und blieb „Haquet", auch als aus der zweirädrigen Karre der vierräderige Wagen geworden war.

Späterer Ponton auf Wagen

Das Datum dieses Wechsels lässt sich nur annähernd bestimmen. Österreich und Sachsen traten in den Siebenjährigen Krieg schon mit vierrädrigen Pontonwagen ein, Frankreich und England nahmen im Verlaufe des Krieges an.

263

Hoyer kennt 1790 das alte zweirädrige Haquet nur noch in dem - flachen - Holland. Preußen hat dagegen zu dieser Zeit bereits vierrädrige Wagen, die aber in ihrer Bauart noch deutlich das alte Haquet verraten, im Gegensatz zu teilweise recht komplizierten Mustern anderer Mächte. Der Rahmen ist der Alte, die Achse mit den großen Rädern ist nach hinten verlegt, das vordere Ende des Rahmens ruht mit einem Drehschemel auf einer zweiten Achse mit wesentlich kleineren zehnspeichigen Rädern, die den Rahmen unterlaufen. Vorderes Rahmenende und Hinterachse sind durch zwei Langbäume verbunden. Die Deichsel ist einfach, die Bespannung jetzt also paarweise angeordnet. Der erste Hinweis auf paarweise Bespannung findet sich in einer Übersicht von 1772: Für jedes Haquet sind 6 Pferde und 3 Knechte angesetzt. Da noch 1760 neue Pontons zu je 5 Pferden und 2 Knechten, also der nur bei zweirädrigen Gabelfahrzeugen angewandten Tandem-Bespannung, mobilgemacht wurden, lässt sich vermuten, dass der Übergang von der Karre zum Wagen erst nach 1763 stattfand und dass in den fünf ersten Jahren des Siebenjährigen Krieges jedenfalls noch das alte Material gebraucht wurde.

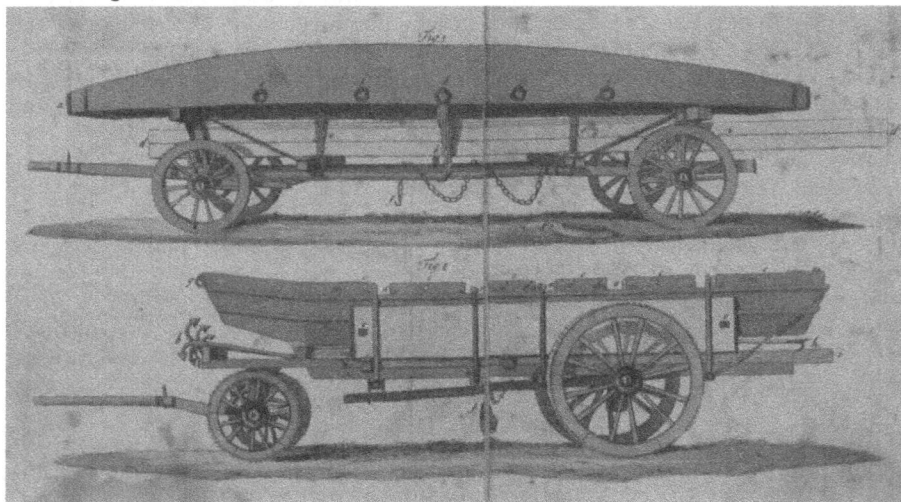

Sächsische Pontonwagen

Auch erbeutetes Pontonmaterial wurde eingesetzt, so im Frühjahr 1757 26 sächsische Pontons. Es handelte sich dabei um gedeckte Pontons von Eisenblech, 24 Fuß lang, oben 4 ½ Fuß breit, 2 1/3 Fuß hoch mit einem ½ Fuß hohen und breiten Bord, darin 6 Einschnitten für die Balken. Auch österreichische Pontons wurden zahlreich erbeutet, z. B. bei Prag 1757, während die bei Torgau erbeuteten preußische gewesen zu sein schienen. Österreich führte zwei Typen: für größere Ströme Holzpontons von 28 Fuß Länge, 6 ½ Fuß größter Breite und 2 1/3 Fuß Tiefe in Form der üblichen Holzkähne. Außerdem scheinen im 7 jährigen Krieg Blechpontons verwendet worden zu sein, die in Form und Ausmaßen den Preußischen entsprachen.

Feldschmieden und Requisitenwagen wurden dem Brückenwesen nach Bedarf aus dem Artilleriepark zugeteilt. Es handelt sich also um die dort üblichen Modelle, deren Beschreibung sich hier erübrigt.

Zur Abrundung des äußeren Bildes sei noch ein Blick auf die Uniformierung des Korps erlaubt. Die Pontoniers trugen, solange sie ökonomisch ein Teil der Mineurs bildeten, auch deren Uniform. Bestätigt wird dies durch die Anführung einer preußischen „Pontonierkappe" im Buchsweiler Inventar Landgraf Ludwigs des IX., die der dort an anderer Stelle mitgeteilten des Pionierregiments durchaus gleicht. Ebenso wie die Mineurs werden die Pontoniers zur Arbeit wohl auch die an gleicher Stelle beschriebene einfache schwarze Lederkappe getragen haben. Ob sie entsprechend den Bombardiers der Artillerie im Siebenjährigen Kriege ihre Mütze mit dem Hut vertauschten, muss offen bleiben. Im allgemeinen war der Hut, zur Arbeit aber die Mütze praktischer. Einige Zweifel bestehen hinsichtlich der Uniform der Offiziere: Ihr Kommandeur, der Pontonier-Kapitän, gehörte eigenartigerweise nicht zum Etat der Mineurs, sondern zum Unterstab der Artillerie in Berlin, wird also wohl die Offiziersuniform der Artillerie getragen haben. Im Siebenjährigen Krieg haben die Pontoniers jedoch mindestens 2 Offiziersstellen gehabt, z. B. laut Feldetat im Frühjahr 1759 je einen Offizier beim schlesischen und beim sächsischen Korps. Vom Subaltern ist also wohl jene Pontonieroffiziersuniform getragen worden, die der Leibgardist Carl Wellner in seinem relativ zuverlässigen und oft recht charakteristischen Uniformbüchlein vom Februar 1763 zeigt (Schlossmuseum Breslau): Sie entspricht der des Offiziers vom Regiment Pioniers (Nr. 49), nur fallen die Schleifen weg, und der Hut zeigt im Gegensatz zu diesem Regiment keinen Tressenbesatz. Schließlich bleiben noch die Fahrknechte zu erwähnen: Sie trugen entsprechend der Zuteilung der Haquets zum Artillerietrain die Uniform der Artillerieknechte.

Pontonniere
Garnison: Berlin, Königsberg und Glogau.

Uniform. Die Montierung der Pontonniere ist der der Artillerie gleich.

1715 bestanden sie aus 1 Kapitän, 2 Unteroffizieren, 1 Klempnermeister und 20 Pontonnieren. 1716 wurden sie, bis auf den Kapitän, 2 Unteroffiziere und 4 Gemeinen, abgedankt. 1725 wurden noch 20 Mann dazu geworben, und standen in Berlin bei der Artillerie, bis 1742 eine neu errichtete Mineurkompanie dazu kam, mit welcher sie vereinigt wurden. 1743 wurden sie wieder von den Mineuren getrennt; 1756 wurden sie vermehrt; 1763 aber wieder, bis auf den Kapitän, Premier-Leutnant, 3 Unteroffiziere und 24 Mann, reduziert. 1773 wurden sie von den Mineuren gänzlich abgesondert, und erhielten Artilleriemontierung. 1787 wurden sie mit 2 Sekonde-Leutnants, 3 Unteroffizieren und 24 Mann vermehrt.

1797 wurden die Pontonniere wiederum vermehrt, dergestalt, daß 1 Kompanie, bestehend aus 1 Major, 1 Premier-Leutnant, 1 Sekonde-Leutnant, 6 Unteroffiziere und 48 Gemeinen in Berlin; eine gleiche, bestehend aus 1 Kapitän etc. in Königsberg, und ein Kommando von 1 Stabskapitän und 1 Sekonde-Leutnant, 3 Unteroffizieren und 24 Gemeinen in Glogau steht. Die Pontonniere stehen unter der General-Inspektion der Artillerie.

Pontonier Kompanie
Die Berliner Pontier-Kompanie formierte im August 1806:
1. eine Pontonkolonne aus 60 Pontons in Magdeburg für das fränkisch-thüringische Korps, welches unter Befehl des Fürsten Hohenlohe stand.
2. eine Pontonkolonne von 40 Pontons in Berlin für das unter den Befehlen des Herzogs von Braunschweig stehende niedersächsische Armeekorps und besetzte:
3. einen in Hannover mobil gemachten Pontontrain von 12 Pontons, welcher für das Korps des Generals v. Rüchel (3. Reservekorps) bestimmt war.

Die in Magdeburg ausgerüstete Pontonkolonne befehligte Major Linde, welchem bestimmungsgemäß 1 Sergeant, 4 Unteroffiziere, 60 Pontoniere unterstanden.

Der Brückentrain bestand aus 60 Pontonhakets, 12 Requisitenwagen und 464 Pferden.

Die Berliner Pontonkolonne hatte 46 Fahrzeuge - 40 Pontonhakets und 6 Requisitenwagen - und wurde dem Sekondeleutnant Linde unterstellt. An Personal waren zugeteilt: 1 Train-Offizier (Lt. Platting),

4 Unteroffiziere,	1 Wagenbauer,
40 Pontoniere,	6 Schirrmeister,
1 Chirurgus,	3 Handwerker und
1 Wagenmeister,	97 Knechte mit 285 Pferden.

Den Hannöverschen Pontontrain, welcher aus 12 Pontonhakets und 3 Requisitenwagen bestand und in Hannover mobil gemacht war, brachte ein Feuerwerksoffizier bis Kreuz-Ebra, zwischen Heiligenstadt und Mühlhausen, wo ihn Premierleutnant Linde 1te mit 1 Unteroffizier und 12 Pontonieren übernahm. Außerdem befanden sich noch 1 Unteroffizier und 12 Mann vom Infanterie-Regiment v. Grevenitz bei der Kolonne, welche zum Pontonierdienst kommandiert waren und

1 Wagenmeister,

1 Schirrmeister,

1 Handwerker,

1 Trainchirurgus und

34 Knechte mit 95 Pferden.

Bericht über den Verbleib des Ponton-Trains des Major Linde

Der unter meinem Befehl stehende Pontontrain bestand den 7ten Oktober 1806 aus 60 Pontons und 12 Requisitenwagen. Mit der hierzu benötigten Besetzung der Mannschaften und Bespannung. Mit demselben stand ich von Anfang des Krieges bis zur Übergabe der Festung Magdeburg in derselben ohne zu marschieren oder Teil an der Schlacht oder Gefechten zu haben. Der Pontontrain wurde am 17ten Oktober 1806 durch einen Pontontrain des Pontonier-Kapitän Schultze, so in Magdeburg eintraf, 89 Pontons und 28 Requisitenwagen stark.

Verbleib des Ponton-Trains der Preußischen Hauptarmee, Leutnant Linde 2te

Der unter meinem Kommando stehende Ponton-Train bestand aus:

40 Pontons und

6 Requisitenwagen

46 Fahrzeugen,

nebst hierzu kompletter Besetzung und Bespannung. Mit demselben kantonierte ich am 7ten Oktober 1806 im Dorfe Umpferstedt unweit Weimar, wo ich den 8ten Oktober Ruhetag hatte. Am 9ten Oktober marschierte ich nach dem Dorfe Dasdorf, wo ich mit dem Ponton-Train bis zum 12ten Oktober Abends blieb. Auf ordre Sr. Durchlaucht des Herrn Herzogs von Braunschweig marschierte ich den 12ten Oktober spät durch Weimar auf die Chaussee nach Jena und von dieser rechts ab hinter das zwischen Ober-Weimar und Umpferstedt stehende Lager, wo ich den 13ten früh ankam. Nach neuerer Ordre marschierte ich von dem Lager von Umpferstedt mit der ersten Reserve-Division unter Befehl des Generalleutnants v. Kunheim nach dem Dorfe Auerstedt, wo der Ponton-Train am 14ten Oktober Morgens eintraf.

In Auerstedt sollte ich weitere Befehle erhalten. Da aber Sr. Majestät der König und Sr. Durchlaucht der Herr Herzog von Braunschweig schon Auerstedt verlassen hatten, war ich mir selbst überlassen. Da die Schlacht ihren Anfang genommen, der Ponton-Train nicht isoliert in Auerstedt bleiben konnte, marschierte ich auf Ratgebung Sr. Exzellenz des General-Feldmarschalls v. Kalkreuth, an den ich mich um Befehle wandte, mit der ersten Reserve-Division mit. Da aber diese Reserve auch bald mit dem Feinde engagierte musste ich mit dem Ponton-Train halten und solchen auffahren lassen, um denselben nicht in Linie zu bringen. In dieser Zeit kam ein großer Teil Bagage und geschlagene Truppen, besonders Kavallerie, die sich auf den Ponton-Train einstürzten, wo den Ponton-Knechten die Stränge abgehauen, solche von den Pferden heruntergeworfen, die größte confusion hierdurch im Train eingeführt, und durch Einfahrung einer Menge Bagage der Ponton-Train getrennt und, da der Feind stark drängte, ging in diesem Pelemele trotz aller angewandten Anstrengung meiner Pflicht, als auch des Train-Leutnant Platting dieser Ponton-Train verloren.

Der Ponton-Train hat bis zur Auflösung keine Desertion gehabt und war so stark an Mannschaften den 14ten Oktober wie beim Ausmarsch. Die effektive Stärke des Ponton-Trains bestand am 14ten Oktober aus folgenden Mannschaften:

Pontonier-Lieutenant Linde 2te,
Train-Lieutenant Platting

4 Unteroffiziere,	1 Wagenbauer,
40 Pontoniers,	6 Schirrmeister,
1 Chirurgus,	3 Handwerker,
1 Wagenmeister,	97 Knechte

gez. Linde 2te
Sekonde-Lieutenant im Pontonier-Korps

Bericht Berliner Pontonier-Kompanie mobil gemachte Ponton-Train

Stärke: 1 Offizier Premierleutnant Linde 1te
1 Unteroffizier
12 Mann.

Den 13ten Oktober 1806 übernahm ich zu Kreuz-Ebra zwischen Heiligenstadt und Mühlhausen einen Ponton-Train mit 12 hölzernen Hannöverschen Pontons nebst 3 Stück Requisitenwagen, welche in Hannover mobil gemacht und durch den Artillerie-Feuerwerks-Leutnant Tiedecke bis zur Übergabe an mich geführt waren. Diese Pontons waren zum Korps des General-Leutnant v. Rüchel bestimmt, von dem ich auch die Marschroute hatte, in die Gegend von Erfurt zu marschieren und dort vom Artillerie-Major Menz nähere Befehle zu erwarten.

Den 14ten marschierte der Ponton-Train nach Mühlhausen.

Den 15ten marschierte solcher von Mühlhausen bis Langensalza. Am 30ten Abends gegen 8 Uhr wurde Wittstock erreicht wo der Ponton-Train in Gefangenschaft geriet.

gez. Linde 1te
Premier-Leutnant im Pontonier-Korps

Bericht über den Glogauer-Ponton-Train

Am 1sten Oktober Ankunft in Dresden, wo Befehl von Fürst Hohenlohe und Marschroute, daß Glogauer und Neisser Ponton-Train (letzterer unter Leutnant Hirte) von dort ab vereinigt marschieren sollen. Sind am 9. 10. in Naumburg, wo 10 Uhr Nachts Befehl des Quartier-Meisters Oberst v. Massenbach eingeht, stehen zu bleiben, statt auf Erfurt weiter zu marschieren. Daher Ausbesserung von Marschschäden an Fahrzeugen und Pontons. Am 12.10 Mittags passierten die ersten Flüchtlinge aus Jena, welche sich mit Brot und Fourage versorgen ließen und Nachricht von Umgehung des linken Flügels brachten. Captain Schultze ging daher aufs Rathaus, wo nichts bekannt davon, dann zu Marsch. Kommissarius v. Pleß, der auch ohne Nachricht. Trotzdem beschließt Schultze, nach Freiburg zu marschieren, trifft aber wenige Häuser von der Wohnung des v. Pleß bereits 7 Chausseurs, die ihn gefangen nehmen, desarmieren und misshandeln, in den Straßen umherschleppen, schließlich aufs Rathaus, von wo er entkommt und alarmieren lässt, um bei Naumburg über die Saale zu gehen. Es gelingt die Fahrzeuge zu bespannen und abzurücken, aber schon auf Saalebrücke Angriff von 50 Chausseurs, die einen Teil des Trains, der noch nicht herüber, gefangen nehmen, vom Glogauer Train 14 Ponton-Hakets, 9 Brot- und 1 Fourage-Wagen. Verloren geht noch 1 Kassenbestand zur Verpflegung mit 460 Taler, 3 Sgr., 6 Pfennig, die Friedensverpflegung für den halben Monat Oktober mit 49 Taler, 18 Sgr., 3 Pfennig und Schultzes ganze Feldequipage.

Von Buttstedt schriftliche Meldungen an Herzog von Braunschweig, Fürst Hohenlohe und Artillerie-General v. Schönermark. Schultze fouragiert in Manstadt und Gutmannshausen, wo sächsische Truppen mit Fahrzeugen passieren, angeblich vom nahen Feinde verfolgt. Daher sogleich weiter und halbe Nacht gefahren, kurzes Biwak bei Cölle. Am 14. Oktober Zusammentreffen mit Feld-Haupt-Kriegskasse der Hauptarmee, mit welcher Weitermarsch. Am 15. Oktober früh in Sonderhausen, wo Herzog von Braunschweig, dessen General-Adjutant Oberst v. Kleist, befiehlt, mit fliehenden Truppen nach Magdeburg zu marschieren, woselbst Rest des Ponton-Trains am 17. Oktober anlangt.

Der Glogauer Ponton-Train war vor dem Naumburger Überfall am 12. Oktober 1806 an effektiver Mannschaft stark:

1 Stabskapitän,	10 Train-Bediente,
1 Train-Leutnant,	20 Handwerker,
3 Unteroffiziers,	114 königliche Knechte und
43 Pontoniers,	6 Offizier-Knechte.
2 Train-Chirurgi,	

Von vorstehender Mannschaft gerieten unweit Naumburg a. S. in feindliche Hände:

2 Unteroffiziers	12 Handwerker
18 Pontoniers	33 königliche Knechte und
1 Train-Chirurgus	6 Offizier-Knechte

Von dieser gefangenen Mannschaft sind aber auf dem Marsche von Naumburg a. S. bis Magdeburg und kurze Zeit darauf in Magdeburg wieder zum Pontonier-Train gekommen, welche sich bei Naumburg ranzoniert hatten und aus Gefangenschaft entlaufen waren:

2 Unteroffiziers	12 Handwerker
17 Pontoniers 1 Chirurgus,	18 königliche Knechte und
	3 Offizier-Knechte

Das Feld-Artillerie Korps

Besteht aus 4 Regimentern Fuß-Artillerie und 1 Regiment reitender Artillerie.

Garnison. In Berlin das 1. und 3. Regiment und 6 reitende Kompanien. In Breslau das 2. Regiment und 1 reitende Kompanie. In Königsberg das 4. Regiment und 2 reitende Kompanien. In Warschau 1 reitende Kompanie.

Uniform der Fuß-Artillerie. Schwarzsammtene (die Gemeinen schwarztuchene) Aufschläge, Klappen und Kragen. Die Offiziere haben schmale goldene Huttressen, auf dem Rocke 18 geschlungene goldene Schleifen mit losen

Puscheln, drei über dem Aufschlage, drei auf jeder Tasche, zwei unter den Rabatten, und zwei hinten. Auf jeder Rabatte befinden sich 10 gleich weit auseinander gesetzte, etwas erhabene vergoldete Knöpfe; lange Hosen und Stiefeln. Die Feuerwerker haben 12 leichte geschlungene goldene Schleifen mit losen Puscheln. Die Unteroffiziere 12 goldene Bandschleifen mit aufgenähten Puscheln. Die Bombardiere haben eben so viele goldene Bandschleifen, welche aber mit keinen Puscheln versehen, und hinten zugespitzt sind; diese Schleifen sind folgendermaßen verteilt: 2 unter den Rabatten, 3 über dem Aufschlage, und 2 hinten. Die Gemeinen haben keine Besetzung.

Uniform der reitenden Artillerie. Die Offiziere dunkelblaue Leibröcke, mit schwarzsammeten Rabatten, Aufschlägen, Kragen, und einer Garnierung von 18 geschlungenen goldenen Schleifen, weißtuchene Schoßwesten, lange lederne Hosen und Stiefeln. Auf dem Hut ein weißer Federbusch, aber keine Tresse.

Die Feuerwerker, Unteroffiziere und Bombardiere dunkelblaue Collets mit schwarztuchenen Rabatten, Aufschlägen und Kragen, und einer gleichen Einfassung um die aufgehakten Schöße. Alles dieses ist mit einem roten Vorstoß versehen. Weiße runde Westen oder Gillets. Bei den Feuerwerkern, Feldwebeln und Unteroffizieren ist das Collet auf dem Kragen, Aufschlägen, und auf dem Dragoner, bei den Bombardieren aber nur auf den Aufschlägen und dem Dragoner mit einer goldenen Tresse besetzt. Hierzu werden lange lederne Hosen, kurze Husarenstiefel, Kavalleriehüte mit Kokarde, Cordon und Federbusch getragen. Die Feldwebel und Feuerwerker haben zur Distinktion schmale goldene Agraffen an den Hüten.

Die Fuß-Artillerie ist mit Pallaschen, die reitende Artillerie mit Säbeln bewaffnet. Beide tragen kleine schwarzlederne, an einem weißen Riemen hängende, Kartuschen, auf deren Deckel sich ein gelbes metallenes Schild in Form einer Feuerkugel befindet. Rote Halsbinden wurden getragen.

Cantons. Die in Berlin garnisonierende Artillerie hat die Städte: Trebbin, Mittenwalde, Sommerfeldt, Zielentzig, Drossen, Fehrbellin, Charlottenburg, Freienwalde, Wrietzen, Oderberg, Nörenberg, Neuwedel, Bernstein, Callies, Platho, Regenwalde, Beeskow, Mülrose, Seelow, Alt-Landsberg, Biesental, Müncheberg, Deutsch-Krone, Märkisch-Friedland, Jastrow, Uscz, Schneidemühl, Czarjnickow, Radolin, Schönlanke, Tuetz, Schloppe, Filehne, Bromberg, Poln.-Krone, Fordon, Schulitz, Camin, Zemelburg, Bandsburg, Flatow und Krojanke. In Südpreußen, die Städte: Buck, Stenczewo, Opalnice, Gräz, Rackwitz und Willichowo; auch ein Teil von Caminschen, Croneschen, Brombergschen, Jnowraclawschen, Posenschen und Kostenschen Kreise. Zusammen 24408 Feuerstellen. Hiervon wird zugleich die Magdeburgsche und Pommersche Garnison-Artillerie completiert. Das 2. Regiment in Breslau hat in Südpreußen den Krebenschen Kreis, einen Teil des Krotozynschen, Adelnauschen, Fraustadtschen und Ostrzeszowschen Kreises, mit den Städten: Ostrzeszow, Kobila, Gura, Friedestatt, Kempen, Postkowe, Boleslawice, Baranau, Rawitsch, Sarnowo, Gorchen, Dupin, Landsberg, Gostin, Kreben, Punitz, Bojanowo, Lissa, Storchnest, Zaborowo, Schmetzkau, Reisen, Zduny, Introczin, Ostrowe, Sulmierzize und Adelnau. Zusammen 13282 Feuerstellen. Aus diesem Canton wird die reitende Artillerie in Warschau und die ganze schlesische Garnison-Artillerie ergänzt. Das 4. Regiment in Königsberg hat in Westpreußen die Städte: Mehlsack, Braunsberg, Gutstadt, Wormeditt, Tollkemit, Allenstein, Wartenburg, Frauenburg, Elbing, und das Elbingische Territorium; auch einen Teil des Marienburgschen, Braunsbergschen und Heilsbergschen Kreises. Zusammen 16085 Feuerstellen. Aus diesem Canton wird auch die reitende Companie in Königsberg, und die preußische Garnison-Artillerie ergänzt.

Stamm. Als Kurfürst George Wilhelm 1627 mit seinen Völkern nach Preußen marschierte, um es vor den Schweden und Polen zu decken, nahm er schon Artillerie mit. Sie bestand aber nur aus 41 Mann. Kurfürst Friedrich Wilhelm unterhielt ein größeres Korps Artillerie, welches 1676 aus 300 Mann bestand, in kleinen Festungen zerstreut lag und von dem Obrist von Schoerdt kommandiert wurde. Dieser nahm 1677 den Abschied. Ihm folgte der Obrist von Weiler, starb 1690 als Generalmajor. Sein Sohn, der Obrist von Weiler, war sein Nachfolger. 1695 wurde der Markgraf Philipp von Brandenburg zum General-Feldzeugmeister ernannt. Unter diesem kam das Korps auf 9 Kompanien. 1698 folgte auf den Obrist von Weiler, welcher das Korps unter dem Markgrafen kommandiert hatte, der Oberst von Schlund. 1704 war die 10. Kompanie errichtet. 1705 wurde Oberst von Schlund, verdächtiger Korrespondenz wegen, verhaftet. Sein Nachfolger war der Obrist von Rühlen. Der Markgraf starb 1711 und der Oberst von Rühlen wurde zum General-Major und Chef ernannt, 1715 aber vor Stralsund erschossen.

An dessen Stelle kam der Oberst von Linger. 1717 bestand die Artillerie aus 10 Kompanien; die in Minden stehende Kompanie wurde unter 4 andere, in Festungen liegende Kompanien verteilt, und diese bekamen den Namen: Garnisonsartillerie; die übrigen 5 Kompanien wurden nach Berlin gezogen, vermehrt und Feldartillerie genannt. 1713 wurde die 6. Kompanie und 1741 das 2. Bataillon, nämlich 1 Bombardier- und 5 Kanonier-Kompanien errichtet und dem Obrist von Holzmann als Chef gegeben.

1741 kam der General-Feldmarschall Graf von Schmettau aus kaiserlichen Diensten, wurde General-Feldzeugmeister und starb 1751. Linger starb 1755 als General von der Infanterie, und der Obrist von den Osten wurde Chef des 1. Bataillons; er blieb 1757 bei Breslau. Sein Nachfolger war 1758 der Obrist von Dieskau. Dieser wurde zum Generaldirecteur und Inspekteur über die sämtlichen Artilleriemagazine ernannt. 1758 sind 2 neue Kompanien, eine in Dresden, die andere in Greifswalde errichtet. 1759 starb Obrist von Holtzmann. 1760 bestand die Artillerie aus 14 Kompanien. Im Januar 1762 nahm der König eine ansehnliche Vermehrung vor und setzte das Korps auf 6 Bataillone, jedes 5 Kompanien stark. Obrist von Dieskau, welcher im selben Jahre General-Major wurde, blieb Chef der 3 ersten Bataillone, Obrist von Moller wurde Chef der 3 letzteren; starb aber im November desselben Jahres. Nach dem Kriege 1763 musterte der König das Artilleriekorps. Auf seinen Befehl wurden aus allen Kompanien die Leute, welche schon vor 1756 gedient hatten, gezogen, und unter die 2 ersten Bataillone gegeben; wogegen diese den Kompanien ihre jungen Leute abgaben. Der General-Major von Dieskau blieb Chef; doch wurde die Artillerie in 3 Regimenter geteilt.

In 1772 ward das 4. Regiment errichtet. Die 1782 und 1783 errichteten Kompanien wurden 1787 vom 1. Regiment ausgezogen, woraus die 3 reitenden Kompanie formiert sind. 1796 wurde die 1. Bataillon vom 4. Regiment nach Königsberg versetzt und 1797 ein neues Bataillon daselbst errichtet, wie auch eine reitende Kompanie in Königsberg und eine in Warschau. Alle Kompanien der Artillerie gaben zu dieser Errichtung die Feuerwerker, Unteroffiziere, Bombardiere, und zu jeder neuen Kompanie 36 Gefreite Kanoniere ab. Das bisherige 2. Bataillon vom 4. Regiment wurde nunmehr das 9. Bataillon und erhielt auch einen besonderen Kommandeur. Bei dieser Augmentation erhielt auch jedes Bataillon 1 Feuerwerksleutnant, 1 Adjutanten und jede Fußartillerie-Kompanie noch einen Tambour.

Der Unterstab der Artillerie wurde auch dergestalt vermehrt, daß sowohl in Breslau als in Königsberg ein eigener Regiments-Chirurgus, ein Regiments-Quartiermeister und ein Auditeur befindlich ist. Im Jahre 1805 wurden die sieben Kompanien reitende Artillerie dadurch zu einem vollständigen Regimente formiert, daß die drei Kompanien des neunten Bataillons Fuß-Artillerie, welche bisher unter Kommando des Obrist von Boumann gestanden hatten, gleichfalls auf den Etat reitender Artillerie gebracht wurden. Der Unterstab des Regiments reitender Artillerie wurde für einen Regiments-Quartiermeister und für einen

Auditeur festgesetzt.

Das erste Artillerieregiment in Berlin

Chefs: 1762 Oberst von Dieskau, starb als General-Leutnant, General Inspekteur und Directeur der sämtlichen Artillerie.

1777 General-Major von Holtzendorff, starb als General-Inspekteur und Directeur der Artillerie.

1785 Oberst von Dittmar, wurde 1787 Directeur des 3. Departments, General-Inspekteur und Directeur der Artillerie, starb als General-Major.

1792 von Meerkatz, jetziger General-Leutnant und General Inspekteur sämtlicher Feld- und Festungs-Artillerie.

Das zweite Artillerieregiment in Breslau.

Chefs: 1762 Oberst von Moller starb noch in diesem Jahre.

1761 Oberst von Ritscher starb.

1770 Oberst von Lüdritz starb.

1778 Oberst von Höfer starb.

1785 Oberst von Dittmar erhielt das erste Regiment.

1785 Oberst von Pritzelwitz starb.

1787 Oberst von Bardeleben nachher General-Major, Abschied mit Pension.

1795 Oberst von Block starb.

1797 Oberst von Lentken nahm Abschied als General-Major.

1803 Oberst von Schönermarck jetzt General-Major.

Das dritte Artillerieregiment in Berlin.

Chefs: 1763 Oberst von Winterfeldt, wurde 1776 nach Neiße als Kommandeur der schlesischen Artillerie versetzt.

1776 Oberst von Holtzendorf, wurde Chef des ersten Regiments und des ganzen Korps.

1777 Oberst von Meerkatz, starb.

1786 Oberst von Moller, General-Inspekteur, erhielt als General-Leutnant Abschied mit Pension; starb.

1795 Oberst von Tempelhof, jetzt General-Leutnant.

Das vierte Artillerieregiment in Königsberg.

Dieses Regiment wurde 1772 auf 10 Kompanien errichtet, bekam aber keine Bombardiere. Die Gemeinen hatten, statt der Pulverflasche, über der einen Schulter einen ledernen weiß angestrichenen Riemen, an welchem eine Pistole hing, über der anderen aber eine Schippe und Hacke. 1782 verlor es diese Armatur, und erhielt an deren Stelle, wie die anderen Regimenter, Pulverflaschen, auch Bombardiere. Eine gewisse Mannschaft von jeder Kompanie lernt sappieren.

Chefs: 1772 Oberst von Pritzelwitz, ward Kommandeur des 1., und der Oberst von Möller des 2. Bataillons. Als dieser 1779 Kommandeur des 1. Regiments wurde, blieb der Oberstleutnant von Pritzelwitz allein Kommandeur. Dieser erhielt 1785 das 2. Regiment.

1785 Oberst von Meerkatz, wurde 1792 Chef des 1. Regiments.

1792 Oberst von der Lochau, starb als General-Major.

1801 General-Major von Hartmann.

Das reitende Artillerie-Regiment. Im Jahre 1805 wurden zu den bisher bestandenen 7 Kompanien, wovon 3 Kompanien in Berlin, 2 in Königsberg, 1 in Warschau, und 1 in Breslau in Garnison sich befanden, die drei Kompanien des 9. Bataillon Fuß-Artillerie in Berlin, welche bis dahin von Obrist von Boumann kommandiert wurden, hinzugefügt und daraus ein ganzes Regiment formiert. In Berlin sind gegenwärtig 6 Kompanien reitender Artillerie in Besatzung. Bei den ehemaligen 7 Kompanien war vom Jahre 1796 – 1804 der Oberst von Prosch als Kommandeur angestellt, dem der Oberst von Eckenbrecher folgte, der auch gegenwärtig diese Stelle noch bekleidet.

Chef: 1805 Oberst von Hüser.

Festungs-Artillerie. Die 4 Kompanien, welche 1716 unter den Namen: Garnisonsartillerie, von dem Feldartilleriekorps abgesondert wurden, lagen in Pillau, jetzt aber in Königsberg, Stettin, Wesel und Magdeburg. 1771 wurde die 5. Kompanie in Kolberg errichtet und 1784 kam eine neue Kompanie nach Graudenz. Nach der Eroberung von Schlesien wurde 1742 zu Breslau eine starke Kompanie errichtet, von welcher alle schlesischen Festungen mit Kommandos besetzt wurden. 1748 wurde das Kommando in Neiße, 1750 das in Glatz und Schweidnitz, 1756 das in Cosel und 1771 das in Breslau und Glogau, jedes auf eine Kompanie errichtet. 1782 kam eine neue Kompanie nach Silberberg; desgleichen wurde 1793 eine Kompanie nach Danzig verlegt. 1797 wurde das Artilleriekommando in der Plassenburg und der Wülzburg zu einer Kompanie formiert. Es besteht jetzt die Garnisonsartillerie aus 15 Kompanien und einem Kommando in Brieg und Küstrin. 1794 wurde der Oberstleutnant von Strampff Kommandeur en Chef der schlesischen Festungsartillerie. 1797 wurde derselbe Kommandeur des 2. Regiments und der Obrist Becker wurde an seiner Stelle Kommandeur en Chef, erhielt 1804 Pension. Der Oberstleutnant Wernitz wurde sein Nachfolger. 1794 wurde der Obrist von Steinwehr Kommandeur en Chef der preußisch-pommerschen Festungsartillerie. Dieser starb 1797 und der Oberst-Leutnant Schramm, jetzt Obrist, erhielt seinen Posten.

Die Festungsartillerie auf dem Petersberg stand unter dem Kommando von Stabs-Kapitän Götz. Als Zeugoffizier war ihm Zeugleutnant Schmidt der Zweite zugeteilt.

Sehr wenig wurde über das preußische Artilleriematerial veröffentlicht. Die Hauptquellen sind von Malinowsky-Bonin „Geschichte der brandenburgisch-preußischen Artillerie" (Dunker und Humblot, Berlin 1840-42) und das Werk von Schöning „Historisch-biographische Nachrichten zur Geschichte der brandenburgisch-preußischen Artillerie (E.S. Mittler, Berlin 1844-45). Um hier eine Lücke zu füllen soll hier kurz auf die verschiedenen Modelle eingegangen werden.

Die Kanone wird nach dem Gewicht der verwendeten Kugel in Eisen, die Haubitzen nach dem gleichen Gewicht in Stein bezeichnet. Von wesentlicher Bedeutung ist die Konstruktion der Seele: gleichmäßige zylindrische Seelenführung von der Mündung bis zum Boden bezeichnet das Ordinär-System, während eine zylindrische oder konische Verengung des letzten Abschnittes vor dem Boden das „Kammerstück" charakterisiert; auf die letztere System zugrunde liegenden ballistischen Anschauungen wird noch einzugehen sein.

Die Modelle heißen nach dem Konstrukteur, haben manchmal aber auch Sonderbezeichnungen (Brummer). Die Jahreszeiten sind gelegentlich doppelt und bezeichnen dann meist erstens das Jahr der Konstruktion, zweitens das der Einführung durch Serienguss.

Die Rohrlänge als wichtiges äußeres Charakteristikum des einzelnen Modells wird in Kugeln-Durchmesser D angegeben, und zwar von der hinteren Bodenkante bis zur Mündungsfläche gemessen. D in Zentimetern

bei Dreipfündern 7,2 cm

bei Sechspfündern 9,1 cm

bei Zwölfpfündern 11,4 cm

bei Vierundzwanzigpfündern 14,4 cm.

Wesentlich erscheint das Gewicht der Rohre, sowohl absolut, wie im Verhältnis zur Länge; letztere Ziffer lässt die Metallstärke der Wandung und damit – entsprechend der zulässigen höchsten Ladung – Reichweite und

Durchschlagskraft beurteilen im Verhältnis zu anderen Modellen gleichen Kalibers.

Für die Bedienungsstärken sei allgemein erwähnt, daß das offizielle Minimum an Fachpersonal bei vier Mann pro leichtes und etwa sechs Mann pro schweres Geschütz lag. Da die leichten im Gefecht jedoch ausschließlich, die schweren vielfach durch Menschenkraft bewegt wurden, waren dazu weitere vier bis acht Mann pro Geschütz erforderlich, bei denen es allerdings mehr auf Körperkraft als auf Fachkenntnisse ankam.

Im taktischen Einsatz haben wir zu unterscheiden:

Bataillons-Geschütze und Positions-Geschütze: sind die schwere Feldartillerie, die je nach Zweck besonders eingesetzt wird, zunächst in Batterien von wechselnder Stärke, seit 1759 bei zunehmender Zahl der schweren Geschütze jedoch in Brigaden zu je 10 Geschützen organisiert. Die reitende Artillerie: wird 1759 errichtet.

Bataillons Kanone M 1768

B. Daten der einzelnen Modelle:

I. Bataillons-Geschütze :

1. Dreipfünder

1756., etwa ¾ der Bataillons-Artillerie, nehmen seit Frühjahr 1759 allmählich zugunsten der Sechspfünder bis auf etwa 40% der Bataillons-Artillerie ab.

a) Konischer Dreipfünder Holtzmann 1740 (16 D)

1756 etwa ¾ aller Batls.-Geschütze, später durch Sechspfünder und den ordinären Dreipfünder Dieskau 1754/58 zunehmend verdrängt. Lag in Breslau für 13, in Königsberg/Stettin für 18, in Magdeburg für 17 Batls. bereit. Rohrgewicht ca. 480 Pfund, Metallstärke ca. 30 Pfund / D Länge.

b) Ordinärer Dreipfünder Beauvrye 1746 (22 D)

1747 in Berlin gegossen, im gleichen Jahr 18 Stück auf dem Feldetat; spätere Vermehrung nicht nachzuweisen, aber noch 1754 und 1755 (Tagebuch. Scheelen) im Feldetat erwähnt. Mit diesem Modell werden 1756 alle bzw. fast alle Batls., ausgerüstet, die überhaupt Dreipfünder aus Berlin erhielten. Fraglich sind nur die Modelle ganz weniger Batls., die über den Mob. Plan 1753 hinaus noch ausgerüstet wurden, Rohrgewicht 500 Pfund, Metallstärke 27 Pfund /D) Länge.

Der „Beauvrye" ist das einzige im Zeitraum 1740-57 wirklich eingeführte Ordinär-Modell gegenüber mindestens 12 neuen Kammermodellen, die z. T. allerdings 1756 schon wieder verschwunden waren. Seine Metallstärke ist aber besonders gering.

c) Konischer Dreipfünder Linger 1746 (20 D)

1747 fehlen im Feldetat 60 dreipfündige Kammer-Kanonen, 1749 sind sie beschafft. Nach Jany II, S. 256, sind diese 60 Dreipfünder Lingersche 1746. Erwähnt bei Scharnhorst, Handbuch für 1757.

Der Mob.-Plan 1753 hielt das Modell in Breslau für 32, in Königsberg/Stettin für 16 und in Magdeburg für 12 Batls. bereit. Rohrgewicht 440 Pfund, Metallstärke 21 Pfund/D Länge.

d) Ordinärer Dreipfünder Dieskau 1754/58 (18 D)

Seriengüsse sind zwar nicht nachweisbar. Soweit jedoch ab 1758/59 verlorene Batls. Geschütze noch durch Dreipfünder ersetzt wurden (und das war bei einem Teil der Verluste nachweislich der Fall), entsprach dieses Modell dem seit 1758/59 herrschenden Prinzip der Ordinär-Kanonen von geschwächtem Metall. Rohrgewicht 430 Pfund, Metallstärke 24 Pfund /D Länge.

Preußischer 6-Pfünder

2. Sechspfünder

Der Sechspfünder war vor 1755 in der Feldartillerie praktisch ausgestorben; in diesem Jahr wurde das unter a) genannte Modell angenommen und 1756 an die Batls. der Heeresgruppe Berlin ausgegeben, die für das I. Treffen der Ordre de Bataille vorgesehen waren.

Die Verluste an Sechspfündern sind 1757 offenbar durch Dreipfünder ersetzt worden, sodass im Frühjahr 1758 bei 23 obiger Batls, nur noch 32 Sechspfünder stehen.

In den Folgejahren dringt der Sechspfünder aber immer weiter vor und macht bereits 1759 über die Hälfte der Batls. Artillerie aus, ohne den Dreipfünder völlig verdrängen zu können. Im allgemeinen sollte das I. Treffen Sechspfünder, das II. Dreipfünder führen. Die reitende Artillerie führte sechspfündige Kanonen.

a) Konischer Sechspfünder Dieskau 1754 (16 D)

1756 in Berlin 62 Stück gegossen. Das 1757 und 1758 Güsse getätigt wurden, ist nicht nachzuweisen; wahrscheinlich ist das Modell n i c h t ergänzt worden, denn im Frühjahr 1758 sind bei der Hauptarmee nur noch 32 Stück vorhanden, beim sächsischen Korps nur einige österreichische Beute-Sechspfünder, beim Pommerschen Korps nur solche aus Festungsbeständen.

Preußischer 6-Pfünder

b) Ordinärer Sechspfünder Linger 1759 (16 D)

Güsse in größeren Mengen sind ab 1759 zu belegen, das Modell in den Mobilmachungsplänen jedoch nicht sicher gegen österreichisches Beute-Material abzugrenzen. Das Modell heißt oft selbst „nach österr. Art". Die Beigabe von Kartuschwagen (trotz Kastenprotzen) ist auch kein typisches Unterscheidungs- zeichen: diese Erweiterung des Munitionsbestandes wird in den letzten Jahren des Siebenjährigen Krieges für alle Batls. eschütze durchgeführt, z. T. unter Verwendung österreichischer Beutewagen oder wenigstens von Modellen nach österreichischem Vorbild. Dieser Sechspfünder verdrängt als „Ordinär-Geschütz" ab Frühjahr 1759 allmählich den unter a) beschriebenen Sechspfünder mit Kammer. Rohrgewicht 690 Pfund, Metallstärke 43 Pfund/D Länge.

Die in den letzten Jahren des Krieges auftretenden „schweren" Sechspfünder Dieskau 1760/66 (26 D) und Dieskau 1762 (22 D) gehören zur Positions - Artillerie; ebenso ist die gelegentlich zu den Batls. eingeteilte siebenpfündige Haubitze eigentlich ein Positionsgeschütz.

Positions-Artillerie:
1. Sechspfünder
a) Ordinärer schwerer Dieskau 1760 (26 D)
Schon 1759 beim Korps des Prinzen Heinrich 4 schwere Sechspfünder Feldkanons bestellt, die mit Kartuschwagen ausgerüstet zur Reserve-Artillerie kommen, 1761 sind 18 belegt, für 1762 werden 14 veranschlagt, von denen 4 umgegossen werden sollen, also wohl zu b) gehören.
Rohrgewicht ca. 1950 Pfund, Metallstärke 75 Pfund/D Länge.

b) Ordinärer schwerer Dieskau 1762 (22 D)
Werden lt. Scharnhorst Handbuch 1762 wirklich gegossen, aber wohl nur noch in geringer Anzahl verwendet.
Rohrgewicht 1540 Pfund, Metallstärke 70 Pfund/D Länge.

Mittlere 12-pfündige Kanone Dieskau 1759

2. Zwölfpfünder
Sie sind der Kern der Positionsartillerie, 1756/57 gingen nur leichte Kammer-Zwölfpfünder zu Felde; die Verteilung der Modelle auf die einzelnen Heeresgruppen 1756 lässt sich errechnen. Ab Frühjahr 1758 treten sie immer weiter hinter dem „ordinären" leichten Modell zurück; ab November 57 erscheinen außerdem schwere, ab Frühjahr 1758 mittlere Zwölfpfünder, durchweg „Ordinär"-Kanonen, neben denen die „leichten" Zwölfpfünder überhaupt nur noch eine bescheidene Rolle spielen.

a) Zylindrischer (leichter) Zwölfpfünder Holtzmann 1740 (16 D)
Je 10 Stück gingen von Magdeburg mit der Hauptarmee zu Felde. Noch 1760 werden beim Korps Dohna 5 Stück erwähnt (Jany 11, S. 521). Rohrgewicht 1260 Pfund, Metallstärke 79 Pfund/D Länge.

b) Konischer (leichter) Zwölfpfünder 1744 (16 D)
Die 30 Stück in Berlin wurden 1755 in Modell Dieskau 1754 umgegossen, dagegen nicht die 10 Stück in Breslau, die für die schlesische Heeresgruppe mobil gemacht wurden. Rohrgewicht 1040 Pfund, Metallstärke 65 Pfund/D Länge.

c) Konischer (leichter) Zwölfpfünder Dieskau 1754 (14 D)
Wurde 1754 zum zukünftigen Allein-Modell bestimmt, doch wurde nur der Berliner Bestand aus Zwölfpfündern Linger-Modell 1744 umgegossen - die anderen Gruppen von Feld-Zwölfpfündern in Magdeburg, Breslau und Königsberg nicht.

Vermutlich sind aber die Ersatz- und Ergänzungsgüsse 1756/58 von diesem Modell gewesen. In der Kategorie der „leichten" Zwölfpfünder dominieren sie bis Frühjahr 1759, sind aber auch 1760 noch nachweisbar - in allen

Mobilmachungsplänen dadurch kenntlich, dass sie als einzige Zwölfpfünder Protzkästen für einen Teil der Munition haben. Rohrgewicht 770 Pfund, Metallstärke 55 Pfund/D Länge.

d) Ordinärer (leichter) Zwölfpfünder Dieskau 1754/59 (14 D)

Das bereits 1754 konstruierte Modell wurde erst ab Frühjahr 1759 gegossen, beim Übergang von den Kammer-Kanonen zum „Ordinär"-System, - dann allerdings in großen Serien und wahr-scheinlich in der „leichteren" Kategorie ausschließlich. Rohrgewicht nach Malinowsky-Bonin 850 Pfund, Metall-stärke 61 Pfund/D Länge.

Rohrgewicht nach Scharnhorst, Handbuch 1.100 Pfund, Metallstärke 78 Pfund/D Länge.

e) Ordinärer mittlerer Zwölfpfünder „Österr. Art" 1758 (16 D)
f) Ordinärer mittlerer Zwölfpfünder „Österr. Art" 1759 (18 D)

Diese „Österreicher" waren 1758 teils eingestellte Beute-Geschütze, teils Nachgüsse nach österreichischem Modell. 1759 verfügte Dieskau eine Verlängerung des Modells um 2 Kugel-Durchmesser. In den Quellen werden die beiden Varianten kaum getrennt — die zahlreichen Güsse ab Frühjahr 1759 scheinen durchweg 18 D lang gewesen zu sein, sodass die 1758 vorhandenen 16 D – zunächst 30 bis 40 Stück — bald zahlenmäßig zurückgetreten sein dürften.

Rohrgewicht bei e) 1.700 Pfund, Metallstärke 100 Pfund/D Länge. (Nach Scharnhorst um ein Geringes leichter.) bei f) 2.040 Pfund, Metallstärke 113 Pfund /D Länge.

g) Ordinärer schwerer Zwölfpfünder „Brummer" 1735 (26 D)

Es handelt sich um schwere Festungsgeschütze aus der Zeit FW I, die Nov. 57 von den Wällen Glogaus in die Schlacht bei Leuthen mitgenommen werden und sich dort so bewähren, dass sie sich als schwere Feldartillerie halten. Bis Frühjahr 1759 hatte man sie allerdings nur als Provisorium angesehen — Bespannung und Munitionstransport durch Bauernpferde und -wagen bewerkstelligt. Diese Notmaßnahme bezeichnet zugleich die beginnende Abkehr von den leicht beweglichen Kammerkanonen.

Nachgegossen wurden diese 40 Ztr. schweren Stücke offenbar nicht, — meist lässt sich nachweisen, dass sie aus Festungen entnommen wurden; es waren jeweils bis 50 Stück im Felde. Rohrgewicht ca. 3.800 Pfund; Metallstärke ca. 146 Pfund/D Länge.

h) Ordinärer schwerer Zwölfpfünder „Brummer" 1761 (22 D)

Ein erleichtertes Modell, von dem im Frühjahr 1761 20 Stück, 1762 6 Stück gegossen wurden. Sie haben also das ältere, sehr lange und entsprechend schwere Modell keineswegs mehr verdrängen können. Rohrgewicht 3.100 Pfund, Metallstärke 145 Pfund/D Länge.

3. Vierundzwanzigpfünder
Zylindrischer Vierundzwanzigpfünder („Steinstück") Holtzmann 1744 (12 U)

Es werden 1744/45 28 Stück gegossen; da lt. Feldetat 1756 26 Stück ausrücken, dürften ältere Modelle nicht mehr verwendet worden sein.

1758 stehen noch 18 Stück auf dem Feldetat,

1759 ein einziges noch beim Pommerschenen Korps,

1760 sind sie verschwunden.

Rohrgewicht 1.470 Pfund, Metallstärke 122 Pfund /D Länge.

4. Haubitzen

Relativ kurze Geschütze erheblichen Kalibers, D in Zentimetern:

Siebenpfündige Haubitzen: 14,3 cm

Zehn-(elf) pfündige Haubitzen: 16,5 cm

Achtzehnpfündige Haubitzen: 19,1 cm,

aus denen im Bogenschuss Granaten, außerdem im Flachschuss Kartätschen geschossen wurden. Sie bilden 1756 einem Modell knapp ein Sechstel, 1762 mit drei Modellen knapp ein Viertel der Positions-Artillerie.

Siebenpfündige Haubitze 1758 (6,5 D).

Zum Feldzug 1758 wird sie — nach österreichischen Vorbildern gegossen — mit 45 Stück eingeführt, die allerdings erst allmählich bei der Armee eintreffen. Sie halten sich als „leichte" Haubitzen etwa in der gleichen Zahl, während der folgenden Feldzüge und werden vielfach an die Infanterie-Bataillone verteilt, vor allem an Avantgarden und Grenadier-Bataillone. Einzelne siebenpfündige Haubitzen werden auch den verschiedenen, nach und nach errichteten kleinen Abteilungen der reitenden Artillerie beige-geben. Rohrgewicht ca. 700 Pfund, Metallstärke ca. 107 Pfund/D Länge.

Eine spätere Modifikation von 1762 (Dieskau) hat für den Krieg keine Bedeutung mehr erlangt.

Englische Haubitze

b) Zehnpfündige lange Haubitze Holtzmann 1743/46 (8 D). Elfpfündige dito („Steinkartaune", entsprach dem Kaliber einer 36 pfündigen Kanone) (8 D).

Diese im allgemeinen „zehnpfündig" benannte Haubitze ist sowohl in der zehn- wie in der elfpfündigen Ausführung von Anfang an stark variiert worden, ohne dass die Varianten sich noch in sichere Beziehung zu den Guß-Nachrichten bringen lassen. Jedenfalls stellt diese Gruppe die einzigen Feldhaubitzen (14 Stück) des Mob.-Planes 1756; seit dem Auftreten der Siebenpfündigen zum Unterschied schweren genannt, wachsen sie bis auf 30 Stück zum letzten Feldzug 1762 an.

Die technischen Daten sind für die beiden Hauptvarianten different und auch innerhalb der Gruppen variabel:

Zehnpfündige: Rohrgewicht 910 bis 1210 Pfund,
Metallstärke 114 bis 151 Pfund/D Länge.
Elfpfündige: Rohrgewicht 935 bis 1045 Pfund,
Metallstärke 117 bis 130 Pfund/D Länge.

Die Modelle von 1753/58 (nur knapp 7 D lang und deshalb kurze zehnpfündige Haubitze bzw. „kurze Steinkartaune Linger" benannt) waren nur für Festungsgebrauch bestimmt, doch hat die schlesische Heeresgruppe offenbar 1757 aus Neiße 6 dieser Haubitzen mit ins Feld genommen (Brief Schwerins vom

4. IV. 57). Eigenartigerweise wiederholt sich auch bei ihnen die Variation zwischen 10 und 11-pfündigen Modellen. Eine Konstruktion von 1762 — „Ordinäre" benannt — dürfte für den Feldgebrauch keine Rolle gespielt haben.

c) Achtzehnpfündige Haubitze Linger 1717/44

Sie verschwinden bereits im Zweiten Schlesischen Krieg aus dem Feldgebrauch, tauchen aber 1759 beim Pommerschen Korps wieder auf (2 Stück) und halten sich dann ab Frühjahr 1760 mit konstant 6 Stück auf dem Feldetat in Sachsen und Schlesien.

Rohrgewicht 990 bis 1.080 Pfund, Metallstärke ca. 180 Pfund/D Länge. Mit den achtzehnpfündigen Haubitzen sind nicht zu verwechseln einige Sechzehnpfündige, die das Ostpreußische Korps 1757 mit nach Pommern bringt. Es sind dies Stücke aus der Zeit vor 1713, die alsbald wieder vom Feldetat verschwinden.

Diese überschwere Haubitzenkonstruktion von 1762 (Dreißigpfündige) ist für den Siebenjährigen Krieg ohne Bedeutung.

Die Schussweite der einzelnen Modelle festzustellen, war leider meist nicht möglich. Die Angaben sind an sich schon spärlich, außerdem dadurch meist entwertet, dass die Voraussetzungen der genannten Schussweiten nicht gegeben werden. Sie richten sich ja sowohl nach der Elevation des Rohres wie nach der Stärke der Ladung: Es ist zu unterscheiden:

Kernschuss: horizontale Richtung - der erste Aufschlag der Kugel gibt die Schussweite.

Bogenschuss: die Elevation wird nur selten genannt - die überlieferten Schusstafeln sind z. T. völlig unmöglich und auf geradezu scherzhaft primitive Weise berechnet; sie bestätigen nur, dass die Ballistik - einiger guter Lehrbücher ungeachtet - den Bereich primitiver Spekulation noch nicht verlassen hatte. Auch hier ist für die Schussweite der erste Aufschlag maßgeblich.

Rollschuss: (auch Rikoschettschuss genannt): Die Kugel „springt" in mehreren Aufschlägen - praktisch beliebt und im Zeichen der Lineartaktik vorteilhaft - aber theoretisch noch schwerer zu fixieren, da außer Elevation und Ladung auch noch die Bodenbeschaffenheit eine Rolle spielt.

Die spärlich überlieferten Daten werden dadurch weiter in ihrer Beweiskraft gemindert, dass die Ladung je nach Metallstärke, Zweck oder persönlicher Ansicht von 1/6 bis 1/2 des Kugelgewichts variiert, die halbkugelschwere Ladung galt bei „geschwächtem Gut" schon als bedrohlich für die Bedienungsmannschaft.

Mit dieser äußersten Ladung erzielte der Kammer-Dreipfünder Holtzmann 1740 in der Modifikation von 1747 (erweiterte Kammer):

im Kernschuss   300 Schritt
bei 45 Grad Elevation 1.500 Schritt
mit Kartätschen bis   400 Schritt.
Der Kammer-Sechspfünder Dieskau 1754 erreichte laut Tagebuch Scheelen
¼ bis ⅓ kugelschwerer l.adung
im Kernschuss   1.000 Schritt
im Bogenschuss   1.500 Schritt (Elevation nicht genannt)
im Rollschuss   2.000 Schritt
mit Kartätschen   600 Schritt.

Über die Zwölfpfünder drückt sich auch der vorsichtige Jany nur ganz allgemein aus: der Kammer-Zwölfpfünder Dieskau 1754 habe über 2.000 Schritt „getragen", der „Österreicher" von 1759 war über 3.000 Schritt „wirksam" - letzterer ein relativ metallstarkes „Ordinär"-Modell. Der „Brummer", sehr lang im Rohr und bei hoher Metallstärke für starke Ladung geeignet, dürfte etwa 4 -

5.000 Schritt weit gewirkt haben, was auch durch kriegsgeschichtliche Beispiele gelegentlich wahrscheinlich gemacht wird.

Wir sehen also, dass man schließlich durch Opfer an Beweglichkeit doch Entfernungen erreichte, die unter den räumlichen Verhältnissen damaliger Schlachtfelder durchaus genügten.

C. Schlussfolgerungen.

Aus den angeführten Daten geht hervor, dass die preußische Artillerie im Siebenjährigen Krieg fast ausschließlich mit Kammer-Kanonen ging, dieses System aber seit Ende 1757 konsequent verließ. Ab Anfang 1759 (wahrscheinlich schon 1758) sind keine Kammerkanonen mehr nachgegossen worden, sodass sie allmählich aus dem Feldartilleriebestand verschwinden.

Das Kammersystem besteht darin, dass der zur Aufnahme der Pulverladung bestimmte Teil des Hohlrohres verengt wird zugunsten der Metallstärke in diesem Bereich, wobei die Verengung konisch, zylindrisch oder in besonderen komplizierten Formen gesetzt werden kann. Dies Konstruktionsprinzip wurde seit 1738/39 in der preußischen Artillerie immer stärker berücksichtigt, und zwar aus einem logischen Fehlschuss: man hatte die Rolle des Gasdrucks und der Anfangsgeschwindigkeit des Geschosses begriffen und glaubte, (durch Verengung der Pulverkammer entweder bei gleicher Ladung höheren Druck oder aber gleichen Druck schon durch geringere Ladung zu erzielen. Man wählte im allgemeinen die letztere Möglichkeit und „schwächte" das Rohr im Metall entsprechend der geringeren Ladung um so unbedenklicher, als die Stelle der Hauptbeanspruchung, das die Kammer umgebende Metall, ja durch die gegenüber den übrigen Rohrabschnitten verjüngte Kammer schon an sich im Metall relativ stärker ausfiel. Der Vorteil dieses Systems lag in einer ganz wesentlichen Gewichtsersparnis, die der Beweglichkeit der Infanterie-Begleitgeschütze wie der schweren Feldartillerie entscheidend zugute kam. Dieser Vorzug entsprach so völlig den taktischen (und strategischen) Idealen preußischer Kriegführung, dass man darüber den sofort zu bemerkenden Nachteil schwierigen Ladens (zumal bei zylindrischer Kammer) und etwas komplizierter Munitionsfertigung gern in Kauf nahm.

Man hat allerdings auch bald bemerkt, dass die Prämisse: verengte Kammer = gleicher Gasdruck auch durch geringe Ladung, nicht zutraf; deshalb treten schon vor dem Siebenjährigen Krieg Versuchsmodelle auf, welche die geforderte Beweglichkeit einfach durch Metallschwächung, ohne die komplizierte Kammerkonstruktion, anstreben. Diese „geschwächten Ordinär-Kanonen" verzichten bewusst auf das, was auch die Kammerkanonen wider erstes Erwarten nicht geleistet hatten - nämlich gleiche Wirkung bei verminderter Ladung - verzichten also auf Reichweiten und Durchschlagskraft, haben aber die gleiche Beweglichkeit wie die Kammerkanonen, lassen sich darüber hinaus leichter und mit simpel zu fertigenden Kartuschen laden.

Diese Modelle sind:

Dreipfünder: a) der Beauvrye M 1746 zu 22 D

               b) der Dieskau   M 1754/58 zu 18 D

               Sechspfünder: der Linger M 1759 zu 16 D

               Zwölfpfünder: der Dieskau M 1754/59 zu 14 D

Diese „geschwächten Ordinär-Kanonen" hatten somit den militärischen Gegebenheiten und Absichten, mit denen jener Weltkrieg begonnen wurde, durchaus noch entsprochen — sie erwiesen sich aber als immer ungenügender, je deutlicher der Krieg sein Gesicht veränderte. Schneller als die niedere Taktik auf dem Schlachtfeld selbst wandelten sich dabei die Gesichtspunkte der Strategie und der höheren Taktik: der „Blitzkrieg" erlosch bei Kolin und Pläne wie praktische Möglichkeiten wurden zunehmend durch das Missverhältnis der

Kräfte zu Preußens Ungunsten belastet. Die eigentliche Taktik, d. h. die technische Abwicklung des Zusammenstoßes mit dem Feind, hat sich erst nach den Erfahrungen von Kunersdorf und Torgau den neuen Gesichtspunkten gebeugt: aus dem rapiden Angriff, dem „Vorwärts um jeden Preis", werden nach der schöpferischen Pause von 1761 die breit angelegten Unternehmungen der Posten und Detachements, des Angriffs mit verteilten Rollen, den zwar Torgau schon andeutet, aber erst Burkersdorf und Freiberg 1762 in gereifter Form zeigen.

Diese Entwicklung wird dadurch ermöglicht, dass das Artilleriewesen im technischen System das neue taktische Verfahren früher annimmt als die Infanterie. Auch im alten taktischen Stil der Flügelschlacht, des gewaltsamen Verdrängens durch Gewehrfeuer mit Bajonett-Drohung im „Pars pro tote"-Verfahren war die Artillerie doch bereits zu entscheidender Bedeutung gekommen dadurch, dass die immer wieder dezimierte Infanterie nicht mehr die Leistungen von 1756/57 vollbringen konnte. Die Scharen ausgebildeter Urlauber in den Kantons hatten sich erschöpft, der Drill der (immer kürzeren und unruhigeren) Winterquartiere konnte nicht die Friedensschulung erreichen, und trotz des notgedrungen stark inländischen Ersatzes dürfte auch in der preußischen Armee jene Stimmung im Laufe der Jahre um sich gegriffen haben, die sich klassisch im Ausruf eines vom König vorgeführten Bataillons äußert: „Wir dächten, für anderthalb Groschen wärs heute genug!"

All das erforderte, jeden Infanterie-Angriff von möglichst langer Distanz her vorzubereiten. Wohl oder übel bleibt also das „geschwächte ordinäre" Material auf die leichte Kategorie, d. h. die Bataillons-Geschütze und die leichten Zwölfpfünder, beschränkt - für die Masse der Positions-Artillerie bedarf man nunmehr langer Kanonen, deren metallstarke Wandung kräftige Ladung aushält - zwecks Erschütterung des anzugreifenden Gegners schon aus der Distanz und damit in längerer, den Angriff vorbereitender Frist.

Die erste praktische Verwirklichung dieser Gesichtspunkte ist - sehr prägnant und entbehrt nicht des dramatischen Moments. Als die Sieger von Roßbach nach Schlesien eilen, finden sie dort eine fast aussichtslose Lage vor: Schweidnitz und Breslau sind verloren, die schlesische Armee ist nicht nur geschlagen, sondern völlig demoralisiert, größere Teile einfach auseinander gelaufen, und auch die „Hauptarmee" ist nur ein kleines Korps, das sich einem siegreichen Gegner von doppelter Zahl gegenübersieht. Derartige Umstände sind geeignet, Erkenntnisse zu realisieren: aufs Schlachtfeld von Leuthen folgen der Armee überschwere Festungs-Zwölfpfünder von den Wällen Glogaus, mit je 16 Bauernpferden bespannt, und bewähren sich derart, dass sie als „Brummer" fast 40 Jahre lang das schwerste preußische Feldgeschütz bleiben. Das Ereignis leitet den beschriebenen Systemwechsel ein, der sich in den Rohrlängen und den Metallstärken pro D-Rohrlänge bei den Sechs- und Zwölfpfündern überzeugend ausdrückt.

Die Haubitzen spielen anfangs nur eine bescheidene Rolle, zumal man zunächst neben ihnen für Steilfeuerzwecke noch Mörser mitführte. Letztere — im Feldkrieg niemals zur Anwendung gekommen - werden ab 1758 nur noch in ganz geringer Zahl, ab 1761 gar nicht mehr mit ins Feld genommen. Dafür erhöht sich aber die Zahl der Haubitzen kontinuierlich: sie gewinnen als einziges Feldgeschütz für direktes Bogenfeuer und Sprenggranaten umso mehr an Bedeutung, je näher die österreichische Heeresleitung - durch die Erfahrung von Leuthen gewitzt - sich an natürliche und künstlich verstärkte Geländehindernisse anlehnt. Dabei wird nicht nur das ursprünglich einzige Feldmodell - die schon relativ leichte zehn- bzw. elfpfündige Haubitze von 1744 - vermehrt, sondern außerdem 1758 eine leichte Haubitze von sieben Pfund neu eingeführt, die grundsätzlich zur Positionsartillerie rechnet, jedoch nach Lage und Absichten auch häufig an Infanterie-Batls. einzeln zugeteilt wird. Dass außerdem - auf dem Umweg über eine Behelfsverwendung im Pommerschen Korps - seit 1758 auch die alte achtzehnpfündige Haubitze von 1717/44 wieder bei den Hauptarmeen erscheint, macht auch auf diesem Gebiet das Fiasko des Strebens deutlich, Beweglichkeit und Wirkung in einem Modell zu vereinen: auch hier ist die Dissoziation der Modelle nach diesen beiden Polen artilleristischer Wünsche unaufhaltsam.

Da die Versuche mit besonderen Ausgangsmaterialien (Messing, Schmiedeeisen u. a.) missglückten, hat sich die technische Spekulation schließlich den gezogenen materiellen Grenzen gefügt: für lange Zeit stagniert die Entwicklung der Artillerie, bzw. wandelt auf ausgetretenen Wegen vor- und rückwärts (z. B. mit der „Carronade"), bis Stahl, Hinterladesystem, gezogene Rohre, Rücklauf und brisantere Sprengstoffe im 19. Jahrhundert den Charakter der modernen Artillerie völlig neu prägen.

Sächsische Artillerie (1757) beim Feuern

Die Mobilmachung der Artillerie 1756.

Verteilung und Mobilisierung der preußischen Artillerie 1756 beruhen noch ganz auf dem Plan von 1755. Dass die Wandlung der politischen Lage durch die Westminster-Konvention vom 16. 1. 1756 die Material-Lagerung noch beeinflusst hatte, ist weder zu belegen noch in der Kürze der Zeit überhaupt wahrscheinlich.

Die Konvention stellte das bisherige System „Hie Preußen/Frankreich - hie Österreich/England" durch den Austausch der Partner auf den Kopf. Friedrich II. erhoffte dadurch erstens die Ausschaltung Russlands (das in engen Beziehungen zu England stand) aus den österreichischen Plänen auf Rückgewinnung Schlesiens, zweitens aber Ruhe für Westdeutschland im französisch-englischen Konflikt, der ja seit 1754 bereits mit den Waffen ausgetragen wurde. Beide Hoffnungen haben getrogen; die feindliche Haltung Russlands war aber 1756 bereits völlig klar, während die Verteidigung der preußischen Kernlande nach Westen hin zumindest noch nicht akut erschien. So wird nach Süden und Osten hin mobilisiert, — das traditionelle Westkorps zur Deckung gegen Hannover entfällt, und statt dessen wird aus der Mark und Pommern ein „Observations-Korps" nach Hinterpommern verlegt, als Rückhalt für Ostpreußen.

I. Bataillons-Geschütze

Wider Erwarten hat sich der Anteil der einzelnen Modelle an den Lagerbeständen lt. Plan 1753 klären lassen. Von den Ziffern der folgenden Tabelle sind nur die eingeklammerten errechnet, alle übrigen zu belegen.

Modell	Berlin	Breslau	Königsb. Stettin	Magdeburg	Summe
Dreipfünder:					
Konisch Holtzmann	(36)	(26)	36	34	96
Ord. Beauvrye	18				18
Konisch Linger		(32)	(16)	(12)	60
Sechspfünder					
Konisch Dieskau	62				62
Mob.-Gruppen					
Summen	80	58	28/24	46	236

Die Summen der Mob.-Gruppen sind Jany II, S. 257, entnommen, die der Modelle ergeben sich aus den Mob.-Plänen von 1747, 49 und 53 bei Malinowsky-Bonin und Schöning, unter genauer Beachtung nach der Bespannung und der Munitionsfahrzeuge, sowie der Transport- mit Guß-Nachweisungen. Dabei ist zu beachten, dass die Sechspfünder Dieskau erst 1755 aus den zylindrische Kammer-Dreipfündern gegossen wurden; dass die 60 Dreipfünder, die lt. Plan von 1749 zusätzlich erscheinen (bzw. geplant sind, - die Güsse laufen offenbar bis 1750!) solche des Lingerschen Modells waren, ist nirgends direkt ausgesprochen, aber doch zu erschließen: 1752 wird an den Lafetten „der Lingerschen Dreipfünder" eine Neuerung eingeführt.

Dass in Berlin 62 (Dieskausche) Sechspfünder standen, wissen wir aus den Gussnachrichten und der Mob. Übersicht des Generalstabswerkes (Bd. I, Anlagen S. 106), dass außerdem 18 Beauvryesche Dreipfünder dort standen, teilt nur Scheelens Tagebuch gelegentlich mit; damit ist die Summenziffer auch genau erfüllt.

Von Breslau haben wir nur die Summenziffer, von den drei übrigen Zeughäusern aber die Ziffern der Holtzmannschen Dreipfünder, die 1753 bei der erstmaligen Verteilung von Mob.-Gruppen an die peripheren Zeughäuser dorthin gingen.

Wir wenden uns nun der Mobilmachung der einzelnen Gruppen zu.

1. BERLIN und STETTIN

Laut Plan 1753 lagern in Berlin die Batls.-Geschütze für 40, in Stettin für 12 Batls., obwohl die 5 Regimenter des pommerschen Bereichs 12 ½ Batls. bilden; ein Grenadier-Kontingent war also von vornherein auf Ausrüstung durch Berlin angewiesen. 1756 gibt jedoch Stettin seine 12 Ausrüstungen an die 11 Batls. des Observationskorps in Hinterpommern, das aus 2 ½ pommerschen und 8 ½ märkischen Batls. gebildet wird. (Die 12. Ausrüstung wird im Frühjahr 1757 nach Ostpreußen weitergeleitet, wo ja Garnisonstruppen zu mobilisieren waren. Jany II, S. 348 und 375.) Diese märkischen Batls. marschieren also immobil bezüglich der Geschütze ab, wodurch man Transportkosten sparen wollte. Dafür kommen die restlichen 10 pommerschen Batls. immobil zur Hauptarmee, werden also vom Berliner Zeughaus mit ausgerüstet.

Damit wäre Berlin zuständig gewesen für insgesamt 43 Batls. statt planmäßig (1753) 40 Batls., wozu 62 Sechspfünder M Dieskau 1754 und 18 Dreipfünder M Beauvrye 1746 zur Verfügung standen. Wir können mit Wahrscheinlichkeit eine Anzahl Batls. bestimmen, welche Dreipfünder erhalten: Nr. 35 und 36 (= 4 Batls.): als Füsiliere, also nicht ins I. Treffen bestimmt, - die Sechspfünder sollten ja an Batls. des I. Treffens gegeben werden!

Grenadierkontingent G 6, 17, 22, 24, 34, 36 (= 3 Batls.): sie werden erst viel später zu Batls. zusammengefasst, z. T. mit anderen Kontingenten, die bestimmt Dreipfünder führen; ihr Verbleib stand also z. Zt. der Geschütz-Zuweisung noch gar nicht fest, so dass sie Dreipfünder erhalten mussten, um Kaliber-Differenz innerhalb der später zu bildenden Batls. zu vermeiden.

Grenadier-Bataillon 35/VII: wird später umkombiniert, mit dreipfündig ausgerüsteten Kontingenten. Nr. 151 ist wahrscheinlich als Bataillon II. Treffens mit Dreipfündern ausgerüstet gewesen, - wird jedenfalls in Kolin ins II. Treffen gestellt. Von den übrigen 34 Batls. erhielten 31 Batls. Sechspfünder, die drei restlichen wurden zusätzlich über den Plan hinaus ausgerüstet, - vermutlich mit ordinären Dreipfündern 1717/22 von 24 D Länge; sie waren vor 1741 das eigentliche Batls.-Geschütz gewesen und in den Festungen noch vorhanden.

Die Übersicht der 1756 ausgegebenen Zeughausbestände (Gstw. I, Anlagen S. 106) führt für Berlin 26 Dreipfünder auf, also über die 18 planmäßigen Beauvryeschen hinaus weitere 8, von denen 2 allerdings Reserve gewesen sein müssen, da auf diese Weise bei nur 43 Bataillonen 88 Batls.-Geschütze ausgegeben wurden. Leider lassen sich diese 3 Batls. mit Dreipfündern nicht sicher bestimmen; da aber die Potsdamer Garnison It. Tagebuch Scheelen noch im Herbst 1755 mit Beauvryeschen Dreipfündern übt und die Garde-Batls. bis zum Herbst 1757 durchaus zurückgehalten werden, gehen die folgenden Erörterungen von der Annahme aus, dass alle 4 Garde-Batls. (Nr. 6 und 15) Dreipfünder führten. Unter diesen Voraussetzungen hatten folgende Truppen also die 62 Sechspfünder M 1754 (Dieskau) geführt: Rgt. Nr. 1, 7, 13, 17, 18, 19, 22, 23, 24, 25, 26, 30, 34. Gren.-Batl. 1/23, 7/30, 13/26, 15/18, 19/25. Summa 31 Batls.

Damit sind vom ersten Tage des Krieges an Pommern und Märker bestimmt, die Hauptlast des Kampfes im I. Treffen der Armee zu tragen. Verf. hat versucht, eine Leistungsberechnung für die einzelnen Truppenteile der preußischen Infanterie im Siebenjährigen Kriege aufzustellen: dann besetzen die Rgt. Nr. 18, 23, 30, 19 die ersten vier Plätze, auf den nächsten 10 Plätzen sind weitere fünf von den oben benannten 14 Rgt. anzutreffen, nämlich Nr. 26, 7, 13, 25, 24, - die übrigen fünf der ersten 14 Plätze werden von dem pommerschen Regt. Nr. 8, den beiden Regimentern der Magdeburger Garnison Nr. 20 und 5, sowie den Garden Nr. 6 und 15 II und III eingenommen, die sich in obiger Aufstellung nicht finden, weil sie entweder nicht von Berlin ausgerüstet oder als Garden mutmaßlich ursprünglich nicht fürs I. Treffen bestimmt, also mit Dreipfündern versehen wurden. Die psychologische Einschätzung der pommerschen und märkischen Verbände hat sich also voll gerechtfertigt gezeigt — nur die beiden Magdeburger traten ihnen ebenbürtig zur Seite, während Ostpreußen und Schlesier in weitem Abstand folgen. Dies interessante Thema kann hier nur insoweit gestreift werden, als wir aus der erschöpfenden Behandlung materieller Details einen der seltenen Einblicke in die psychologischen Voraussetzungen damaliger militärischer Planung gewinnen.

Leider liegen weder für den Aufmarsch 1757 noch für Prag ähnlich spezifizierte Einzelheiten vor. Erst für Kolin hören wir wieder, dass die Armee für 32 Batls. nur 60 Batls. Geschütze hatte, darunter 12 Sechspfünder und 48 Dreipfünder. Die Ordre de Bataille führt von obigen Truppen nur Nr. 7, 17, 22, 25 und das Gren. Batl. 13/26 auf - es fehlen also bei diesen Truppen 6 Sechspfünder, wohl infolge des Verschleißes bei Prag, wo Nr. 13/26 hart, Nr. 17 mäßig, die drei anderen Rgt. gar nicht eingesetzt waren.

Diese und spätere Verluste an Sechspfündern (z. B. bei Breslau) sind offensichtlich durch Dreipfünder ersetzt worden - jedenfalls sind im Frühjahr 1758 bei den einzelnen Heeresgruppen trotz Ergänzung der Sechspfünder aus österreichischen Beutebeständen (Schöning II, S. 92) nur noch vorhanden.

Armee des Königs (Schlesien): nur 32 Sechspfünder bei 23 Batls. obiger Liste.
Dagegen Armee in Sachsen: 9 österr. Sechspfünder bei nur 3 Batls. obiger Liste. Damit sind neben der Verminderung der Sechspfünder auch schon gewisse Umschichtungen in der Zuteilung deutlich; später, z. B. 1760, ist Austausch der Batls. Geschütze entsprechend veränderter Ordre de Bataille direkt zu belegen (vergl. Malinowsky-Bonin I, S. 283, dazu Jany II, 568, Anm. 22), und im Herbst 1762 sollen bei der Kapitulation von Schweidnitz sogar österreichische Sechspfünder ausgesucht und gegen die Dreipfünder bestimmter Infanterie-Regt. ausgetauscht werden (vergl. Schöning II, S. 453).

2. MAGDEBURG

Die Verhältnisse liegen hier wesentlich einfacher: Magdeburg rüstet die im Plan 1753 vorgesehenen 23 Batls. aus, dazu noch das Regt. Nr. 41 (2 Batls.), das erst 1755 auf den Feldetat kam; dementsprechend dürften diese beiden Batls. oder zwei andere ordinäre Dreipfünder M 1717/22 erhalten haben, — statt der sonst ausgegebenen Kammer-Dreipfünder.

Die ausgerüsteten Batls. sind die des rechten Flügels der Hauptarmee unter Prinz Ferdinand von Braunschweig sowie die westfälische Kolonne Quadt, die als äußerste rechte Gruppe zum Zentrum der Hauptarmee gehörte.

3. BRESLAU

Breslau rüstete mit Kammer-Dreipfündern den gesamten linken Flügel der Hauptarmee aus, dazu die Kolonne Lestwitz als äußerste linke Gruppe des Zentrums. Die Summe von 29 Batls. (inkl. Gren. Batl. 28/32, das mit Feldausrüstung die Besatzung von Cosel verstärkte) entsprach genau den lt. Mob.-Plan 1753 eingelagerten Beständen.

4. Königsberg

sah sich vor der Aufgabe, über die 14 Batls. des Mob.-Planes 1753 hinaus zunächst 4, später nochmals 4 Garnison-Batls. zusätzlich zu mobilisieren und mit Artillerie auszustatten; es wurden dazu verwendet 9 Stück „dreipfündige ordinäre Metall-Kanonen, so nicht zur Feldartillerie gehören" (Schöning I, 470/71), also offenbar M 1717/22 von 24 D; dazu erhält Lehwaldt im Frühjahr 1757 zwei Kammer-Dreipfünder aus Stettin, die bei der Mobilisierung des Observations-Korps übrig blieben (s. o.). Es bleibt aber zweifelhaft, ob im Einsatz bei Großjägersdorf alle 8 Garnison-Batls. Geschütze besaßen.

5. WESEL

war zwar kein offizieller Mob.-Platz - die Festung wurde vor dem Anrücken der Franzosen geräumt, die Artillerie fortgeschafft -, doch nahm die „Weseler Garnison" (Inf.-Regt. Nr. 44, 45, 48 mit zusammen 6 Batls.), die zur Armee des Herzogs von Cumberland stieß, dorthin Dreipfünder und Sechspfünder (insgesamt ca. 30 Stück) aus den Festungsbeständen mit (Schöning I, 495), von denen dort ohne Zweifel die Dreipfünder als Bataillons-, die Sechspfünder als Feldgeschütze verwendet worden sind.

II. Positions-Artillerie

Im Gegensatz zu den Bataillons-Geschützen sind hier wesentliche Veränderungen gegenüber dem Plan 1753 nicht zu vermerken, — wenn wir von den Mörsern aus Magdeburg und Berlin absehen, die ja im Felde niemals zu eigentlicher Verwendung kamen; man hat sie ohne Zweifel als Steilfeuergeschütze für den Feldgebrauch mitgeführt, doch scheiterte diese an sich richtige Idee praktisch an der Lafettierungsfrage; „hängende Mörser" in der üblichen Geschützlafette wurden im dem Kriege erprobt, aber aus jenen Gründen verworfen, die zu ihrer Abschaffung schon früher geführt hatten, — die Geschützlafette war dem Vertikaldruck nicht gewachsen, und die übliche Lafettierung auf Klötzen und Sattelwagen war für die rasch wechselnden Anforderungen des Bewegungskrieges viel zu umständlich.

Plangemäß marschiert also der rechte Flügel der Hauptarmee mit 10

Zwölfpfündern vom Modell Holtzmann und 6 Vierundzwanzigpfündern (vom allein noch geführten Modell der kurzen „Steinstücke") aus Magdeburg, das Zentrum mit 30 Zwölfpfündern Dieskau, 10 Vierundzwanzigpfündern und 10 Haubitzen (10 bis 11-pfündig, von 1744) aus Berlin. Die schlesische Armee erhält aus Breslau die 10 Zwölfpfünder Linger und 4 Vierundzwanzigpfünder; Haubitzen werden - entgegen neueren Arbeiten - dort erst im Frühjahr 1757 aus den Festungsbeständen von Neiße mobilisiert. In Ostpreußen verfügt I.ehwaldt über den Bestand des Zeughauses Königsberg: 10 Zwölfpfünder Holtzmann, 6 Vierundzwanzigpfünder, 4 Haubitzen.

Regimentsartillerie

Die Regimentsartilleristen bedienten die beiden Bataillonskanonen jedes Infanterie Bataillons. Seit 1796 waren sämtliche Infanterie-Regimenter mit leichten Sechspfündern ausgerüstet, während sie bis dahin teils Dreipfünder, teils Sechspfünder gehabt hatten. Die dritten Musketier-Bataillone erhielten durch Kabinettsorder vom 30.12.1796 je 2 Dreipfünder.

Die Füsilier-Bataillone, früher mit je einem Dreipfünder ausgestattet führten gemäß Kabinetts-Order vom 5. Juli 1806 keine Geschütze mehr mit. Zu jeder Bataillonskanone gehörten 8 Mann Bedienung, (der 17. Artillerist war Gefreiter und Geschützführer des 2. Geschützes. Die 4 Garde-Bataillone hatten keine eigenen Artilleristen, auch keine Zimmerleute; sie erhielten dafür zur Bedienung ihrer Geschütze bei der Mobilmachung je 1 Unteroffizier, 25 Mann der Feldartillerie) denn die Geschütze wurden im Gefecht an Avancierriemen durch Menschenkraft bewegt, vorwärts der Bataillonszwischenräume. Der leichte Sechspfünder Holtzendorff 1774 wog abgeprotzt etwa 850 kg. Das Gewicht des Bronzerohres betrug ca. 439 kg, die Rohrlänge betrug 1630 mm. Die Rohrlänge in Kalibern der Kugel betrug 18D. Eine 1 kg schwere Ladung Pulver wurde zum Schuss benutzt.

Das Bataillons- oder Regimentsgeschütz wurde 1774 von Oberst von Holtzendorff proportioniert und basiert im wesentlichen auf einer früheren Konstruktion von Dieskau. Nach den Bestimmungen von 1774 fielen die Henkel weg und die Traube erhielt eine mehr kugelförmige Gestalt. Das Rohr wurde somit zwischen 1774 und 1786 von der königlichen Geschützgießerei Berlin oder Breslau gegossen. Seit 1766 hörte die Brechung der unteren Lafettenkante auf, es kamen die „unten geraden Lafetten" in Gebrauch.

Eine Kriegsaugmentation waren auch die beiden Zimmerleute jeder Kompanie. Es ist bekannt, dass unter Friedrich dem Großen die Verwendung der damaligen Grenadier-Zimmerleute zur Bedienung der Bataillonskanonen aufkam; zuerst nachweisbar bei Hohenfriedeberg, allgemein eingeführt durch den Reglementsanhang 1748, durch Kabinetts-Order vom 20. März 1788 wurden sie ganz zu „Regimentsartilleristen" umgewandelt. März 1796 wurde aber von neuen die Einstellung von je 2 Zimmerleuten bei jeder Kompanie für den Mobilmachungsfall angeordnet, ohne Gewehr, mit Schurzfell und Axt, Hacke oder Schippe; weiteres Handwerkszeug befand sich am Bataillons-Patronenwagen. Diese Zimmerleute wurden in den Kantons aufgezeichnet, ihre Ausrüstung lag bereit, aber sie übten im Frieden nicht.

Die beiden Kanonen des Bataillons kommandierte ein von der Feldartillerie abkommandierte Unteroffizier, der auch die Uniform der Artillerie trug, während die Artilleristen die Regimentsuniform trugen, bei den Musketier-Bataillonen mit schwarzen Busch auf dem Hute. Diesen schwarzen Busch erhielten 1796 auch die Zimmerleute. Die Artilleristen der Grenadier-Bataillone trugen die Grenadiermütze. Die Bataillonsgeschütze hatten sechsspännige Kastenprotzen, die 1766 für die Sechspfünder Geschütze eingeführt wurden, mit 50 Kugeln, 30 Kartätschen und wurden von je 2 Knechten gefahren. Bei jedem Bataillon befand sich zur Reserve ein fünfter Knecht.

Die Wirkung der Kugeln des leichten Sechspfünders war im Bogenschuss über

1200 Schritt unbedeutend; im Rollschuss, bei dem die Kugel in mehreren Aufschlägen weiterging, traf bis 2000 Schritt. Bei morastigen Boden oder Heideland ging die erreichte Entfernung natürlich drastisch zurück. Der Kartätschenschuss hatte eine gute Wirkung bis auf 800 Schritt.

Über die Auswahl der Unteroffiziere wie der Artilleristen waren auf Grund der in den Feldzügen der 1790er Jahre gesammelten unerfreulichen Erfahrungen nach dem Baseler Frieden verschärfte Bestimmungen ergangen. Die Artilleristen sollten Stellmacher, Schlosser, Zimmerleute usw. sein. Sie waren als sichere Leute sämtlich Beurlaubte, wurden gleichzeitig mit den übrigen Beurlaubten eingezogen und wenigstens fünf Wochen der sechswöchigen Exerzierzeit bei der Feldartillerie ausgebildet. Diesem Exerzieren sollte ein Adjutant des Regiments beiwohnen. Von jeder Kompanie wurden ferner laut Kabinetts-Order vom 29. Oktober 1789 jährlich 2 Mann als Reserveartilleristen ausgebildet.

Aber auch das Exerzieren der Artilleristen fand wie das der übrigen Beurlaubten zuletzt nur noch alle zwei Jahre statt und erzielte also eine ziemlich oberflächliche Einübung.

Die Truppen kümmerten sich wenig darum, die Auswahl traf wohl besonders solche Leute, die in der Front der Kompanie keine gute Figur machten. Auch gaben die Kompaniechefs der Artillerie nicht ihre besten Unteroffiziere zur Infanterie ab. Diesen waren nun bei der Mobilmachung die beiden Bataillonskanonen und der Bataillonspatronenwagen anvertraut.

Bei der Mobilmachung von 1805 zeigte es sich, „dass bei einigen Bataillons das Pulver aus den Kartuschen und Patronen verkauft worden und letztere dagegen mit Sand und Hammerschlag gefüllt vorgefunden wurden; dass bei manchen Regimentern die Munition aus Mangel an Aufsicht in die Luft geflogen und bei anderen die Munition durch Vernachlässigung zum größten Teil verdorben war." Die Missstände waren so schreiend, dass das Oberkriegskollegium vorschlug, aus sämtlichen Regimentsartilleristen 14 Artillerie-Kompanien zu Formieren, die im Kriegsfalle für jedes Regiment eine kleine Regimentsbatterie zu vier Geschützen unter einem Artillerieoffizier stellen sollten

Der Herzog von Braunschweig hielt es für ausreichend, zu jedem Regiment ständig einen Artillerieoffizier zu kommandieren. Dagegen aber sprach sich der im 1. Department des Oberkriegskollegiums die Artilleriesachen bearbeitende Oberst von Pontanus, Kommandeur des 1. Artillerieregiments, mit der Begründung aus, dass „die Artillerieoffiziers, wenn sie nicht täglich unter spezieller Aufsicht stehen, zum Teil ebenfalls ihren Obliegenheiten nicht nachkommen und sowohl die Konservation des Geschützes und der Munition als auch das Exerzieren der Artilleristen vernachlässigen werden. Dieses ist noch mehr zu befürchten, wenn sie von Zeit zu Zeit abgelöst werden sollen, ...weil immer Einer die Schuld auf den Anderen schieben wird". Dieser Bericht ist vom 6. August 1806 datiert, die Erörterungen über die bei der Mobilmachung von 1805 hervorgetretenen Missstände hatten also gerade bis zur Mobilmachung von 1806 gedauert.

Der Bedarf an Knechten und Pferden im Falle einer Mobilmachung war im Jahre 1806 sehr groß. Zum Vergleich soll hier der Bedarf der Jahre 1806 und 1809 gezeigt werden.

	1806		1809	
	Knechte	Pferde	Knechte	Pferde
Für ein Infanterie-Regiment ohne Grenadier-Komp. in 1806, ohne Füsilier Komp. in 1809	137	287	36	63
für ein Grenadier-Bataillon	61	130	15	28
für ein Füsilier-Bataillon	40	85	15	28

Der Hauptunterschied liegt in dem Fortfall der Offiziersreitpferde, der Zelterpferde und der Regimentsartillerie. Dass die Offiziersreitpferde entbehrt werden konnten, zeigen die Befreiungskriege. Anders stand es dagegen mit den Zelterpferden, so lange die Infanterie keine Mäntel hatte. Größeren Schaden als die vielen Pferde, die wenigstens überall durchkamen und die Marschkolonnen mehr abkürzten als Wagen, richtete jedenfalls die Nachlässigkeit an, womit Überschreitungen der etatsmäßigen Bagage geduldet wurden. Nach der Mobilmachung von 1806 hören wir: „Kein Subalternoffizier begnügt sich mehr mit seinem Packpferde, ein jeder vermehrt den Tross seines Regiments oder Bataillons mit einem Fahrzeuge. Die Kompaniechefs geben hierunter nicht selten das Beispiel, und sogar Offiziersfrauen und Kinder begleiten ihre Männer und Väter. Aber auch damit ist es nicht abgemacht, und man hat außer den etatsmäßigen Pferden besonders bei der Mobilmachung des letzten Herbstes jedem Bataillon oder Eskadron noch eine Menge beladener Bauerfuhren stets nachziehen sehen, die sich bei manchen Bataillon oder Eskadron auf 30 bis 40 belaufen hat." (Mitteilungen aus dem Archiv des Kriegsministeriums III, 209) Im Jahre 1806 war es an vielen Stellen nicht besser.

Auch bei der leichten Infanterie war der Tross, wie die gegebenen Zahlen zeigen, groß. Die Füsilier Bataillone hatten 1806 allerdings keine Zelte mehr. Wenn die Armee im Lager stand, so kantonierten sie in den Dörfern vor der Front und in den Flanken des Lagers, oder sie biwakieren in selbst errichteten Hüttenlagern von Stroh und Strauchwerk. Die Zelterpferde fielen also fort, und es blieben nur zwei Packpferde bei jeder Kompanie für das Lagergerät (Zeltkessel, Feldkessel). Auch die dreipfündigen Füsiliergeschütze wurden 1806, wie erwähnt zurückgelassen. Dennoch brauchte ein Füsilier Bataillon immer noch 85 Pferde.

Wirkung der Waffen

Auf Veranlassung von Scharnhorst wurden 1810 Versuche mit verschiedenen Infanteriegewehren durchgeführt. Je Waffe wurden auf die verschiedenen Entfernungen 200 Schuss abgegeben. Das Ziel bildete eine 1,88 m hohe und 31,40 m breite Holzwand. Diese Ergebnisse konnten in einem Gefecht oder einer Schlacht nicht erreicht werden. Die Trefferergebnisse der französischen Tirailleure in einer Schlacht konnten also auch nicht bedeutend besser gewesen sein.

(Tabelle aus: Arnold Wirtgen, Handfeuerwaffen und die preußische Heeresreform 1807 bis 1813.)

Waffe	Auf 100 Schritt (75 m)	Auf 200 Schritt (150 m)	Auf 300 Schritt (225 m)	Auf 400 Schritt (300 m)
Altpreuß. Gewehr, gerader Schäftung	92	64	64	42
Dasselbe mit krummem Kolben	150	100	68	42
Nothardt-Gewehr	145	97	56	67
Neupreuß.-Gewehr	149	105	58	32
Franz. Gewehr (M. 1777/1800/01)	151	99	53	55
Englisches Gewehr (Brown Bess)	94	116	75	55
Schwedisches Gewehr	80	116	58	47
Russisches Gewehr	104	74	51	49

Thierbach (Die geschichtliche Entwicklung der Handfeuerwaffen) gibt die folgenden Ergebnisse wieder:

Was nun die Trefffähigkeit dieser Gewehre anbelangt, so war diese nach den heutigen Begriffen eine sehr Geringe. Nimmt man das Mittel aus preußischen, bayerischen und französischen Versuchen, so ergibt sich, dass auf dem Übungsplatze, bei nicht ungeübten Schützen, von 60 kugeln eine 100 Fuß lange und 6 bis 7 Fuß hohe Planke auf

100 Schritt Entfernung	36 Kugeln, das sind	60 p.C.
200 Schritt Entfernung	24 Kugeln, das sind	40 p.C.
300 Schritt Entfernung	15 Kugeln, das sind	25 p.C.
400 Schritt Entfernung	12 Kugeln, das sind	20 p.C.

trafen. Das war auf dem Übungsplatze und bei günstiger Witterung. Im Gefechte stellten sich die Resultate ganz anders.

Genauer schossen natürlich die Waffen mit gezogenen Läufen. Die Jägerbüchsen schossen zwar genauer aber der Ladevorgang brauchte länger als bei den glatten Gewehren.

Eckardt-Morawietz gibt die folgenden Angaben:

Die Treffleistungen der Büchsen entsprachen in solchen Lagen auch vollkommen den an sie gestellten Anforderungen. Man konnte mit einer gewissen Wahrscheinlichkeit darauf rechnen, auf 80 - 100 schritt (60 - 75 m) eine Fläche von der Größe einer Hand zu treffen, auf 150 Schritt (120 m) ein Kopfziel und auf 200 Schritt (150 m) ein Brustziel. Die Pulverladung der Jägerbüchse betrug zwischen 7 und 8 Gramm pro Schuss. Die Pulverladung der Infanteriegewehre betrug zwischen 9 und 10 Gramm. Die Exerzier-Patronen enthielten 7,3 g Pulver.

Thierbach gibt uns die folgende Information über die Jägerbüchse. Von 100 Schuss trafen dabei:

		Treffer		
	Entfernung	In die Scheibe	In die Wand	Das zöllige Brett durchschlagen
Preußische Corpsbüchse mit Pflasterkugel	150 Schr.	68	93	92
	200 Schr.	49	87	85
	300 Schr.	31	72	56
	400 Schr.	20	53	29

über die Trefffähigkeit der Jägerbüchsen gibt Scharnhorst vorstehende Resultate der älteren preußischen Corpsbüchse. Beide Ladearten (Pflaster-kugel und Patrone) wurden zum Vergleich verwendet. Als Ziel diente eine Wand von einzölligen Kieferbretter, 6 Fuß hoch und 24 Fuß lang, worauf eine Abtheilung von 4 Fuß Breite und 6 Fuß Höhe als Scheibe bezeichnet war.

Veteranen der Napoleponischen Armee, Uniformen 1813-15

Maréchal de Logis Fabry, 1. Husaren Regiment

Grenadier Burg, 24th Garde Regiment

Sergeant Lefebvre, 2. Pionier Regiment

Monsieur Loria 24. Regiment Jäger zu Pferde

Monsieur Dreuse, 2. Regiment Garde Uhlanen

Monsieur Ducel, Mameluke de la Garde

Monsieur Dupont, Fourier 1. Husaren Regiment

Monsieur Maire, 7. Husaren Regiment

Monsieur Mauban, 8. Dragoner Regiment

Monsieur Moret, 2. Husaren Regiment

Sergeant Delignon, Regiment Garde Jäger zu Pferde

Monsieur Schmitt, 2. Regiment Jäger zu Pferde

Sergeant Taria, Garde Grenadier

Monsieur Verline, 2. Regiment Garde Uhlanen.

Monsieur Vitry, Garde Départementale